給排水衛生設備実務
パーフェクトマニュアル
［第2版］

土井 巖 著

秀和システム

本書サポートページ

●秀和システムのウェブサイト
https://www.shuwasystem.co.jp/

●ダウンロードサイト
本書で使用するダウンロードデータは以下のサイトで提供しています。
https://www.shuwasystem.co.jp/support/7980html/7112.html

使用方法は、『「設備計算 書式集」の使い方』をご覧ください。
・「設備計算_書式集」(実務に必要な各種計算を網羅した計算書式集)
・「ちょこっと計算集」(ちょっとした計算練習や公式学習に便利な計算集)

注意

(1) 本書およびダウンロードサービスのエクセルファイルは、内容について万全を期して作成いたしましたが、万一、ご不審な点や誤り、記載漏れなどお気付きの点がありましたら、出版元まで書面にてご連絡ください。
(2) ダウンロードサービスのファイルはエクセル形式です。本書では、エクセルの使い方や操作方法に関する解説は行っておりませんので、これらに関するご質問にはお答えできかねます。
エクセルの使い方や操作方法については、ソフトウェアの提供元などにご確認いただけますようお願いいたします。
(3) 本書の内容に関して運用した結果の影響については、前項にかかわらず責任を負いかねます。あらかじめご了承ください。

はじめに

～給排水衛生設備設計技術者の心構え～

本書は2012年6月1日に初版を発行して11年が経過しました。

給排水衛生設備の実務には、原則大きな改正等はありませんが、地方公共団体が制定する条例、内閣が制定する政令等の加筆や削除などがありますので、ここで再度、この本の意義を見直し次なる発展を目指したいと思います。

今、社会・経済の変動、技術の革新は急務です。給排水衛生設備の分野においても、地球環境問題(気候変動)、安全・安心な健康問題、新型コロナ等の感染症など多くの課題に直面しています。

これらの要望に対して技術者は、既存技術を見直し、最新技術の導入を加味しなければなりません。設備方式や構成機器の選定が適切であり、その建物の目標・評価を満たすことが技術者の第一の使命でもあります。設備技術者には、少しの危険も失敗も許されません。

建築設備設計は、挑戦の積み重ねの冒険ですと、以前からお伝えしていますが、時には無駄があっても構いません。

建築設備設計とは、元来、予測の技術の上に成り立っていますが、予期せぬ危険は常に潜んでいます。よって、技術者は冒険者でありつつ慎重に挑戦しなければならない。そのバランスが建築設備設計の醍醐味です。

本書は、給排水衛生設備の設計法を基本に、代表的な設計手法を基にしながら初心者でも容易に理解できるよう、平易な解説を加え、独習に活用できるよう心掛けしました。

ただし、だからと言って本書だけで良しとはせず、日々進歩する技術資料や行政による法改正の指導等も確認してまいりましょう。面倒な手間でも１つ１つ解決していくことが、設備設計の原則です。その意味で本書を役立てていただき、技術向上の一助になれば幸いです。

2023年11月

土井　巖

目次

第4章 排水通気設備 147

第5章 衛生器具設備 205

第6章 消火設備 225

資料 319

索引 327

アイコンの見方

計算

本文にて **計算** が付いている公式を、ダウンロード提供ファイルの「ちょこっと計算集」というエクセルデータに収録しています。

公式を理解するために、エクセル上で計算の練習ができます。いろいろな数値を入れて公式をしっかり理解してください。

<例>

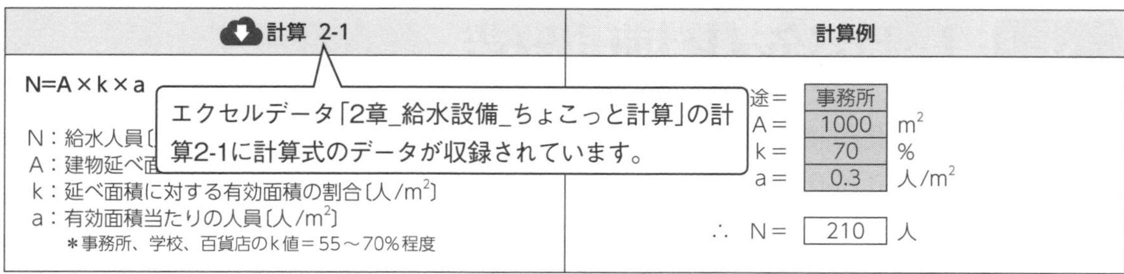

序章

水問題について

今の日本に水問題があるのでしょうか？現状とその取り組みは？

序章　水問題について

今の日本に水問題があるのでしょうか？現状とその取り組みは？

日本では蛇口をひねれば水を飲むことができるのは当たり前のようですが、世界の中では数少ない国に含まれています。世界では、命の存続に必要な水について、いろいろな問題が起こっています。

水問題とは

水問題とは、水に関連するあらゆる問題を総称したものです。気候変動や人口増加による水不足や上下水道の劣化、さらに台風や豪雨による洪水や土砂災害も含まれます。

安全な水の確保は、人間の健康や命に関わるため欠かすことはできません。しかし、水問題は年々深刻化しており、日本だけではなく世界全ての国の問題であり、他人事としてではなく、水の現状から考えていきましょう。

日本の水資源の現状

日本は海に囲まれ、河川も多くあり水に恵まれた国です。その上、年平均降水量は世界平均の約２倍あり、淡水を容易に確保することもできます。

しかし、日本には四季があり、雨がよく降る時期と降らない時期があり、その差が激しいときは、安定した水の確保が難しい場合もあります。

では、水がどのような用途に使用されているのかを見てみましょう。
水は３つの用途に大別されています。

1. 生活用水

生活用水は、家庭で使用される「家庭用水」、オフィス、飲食店、ホテル等で使用される「都市活動用水」があり、これらを併せて「生活用水」と呼んでいます。

2. 工業用水

工業用水は、製造業などの産業活動に供給される水です。

一度使用した水を回収して再利用することが多いので、工業用水が占める割合は生活用水の割合とほぼ同じ量です。

3. 農業用水

農業用水は、畜産や農業灌漑等で使用される水です。その量は、日本の水利用の大半を占めています。

近年は、第一次産業でのＩＴ技術の導入などにより水利用は多少減少していますが、その割合はあまり変化していません。

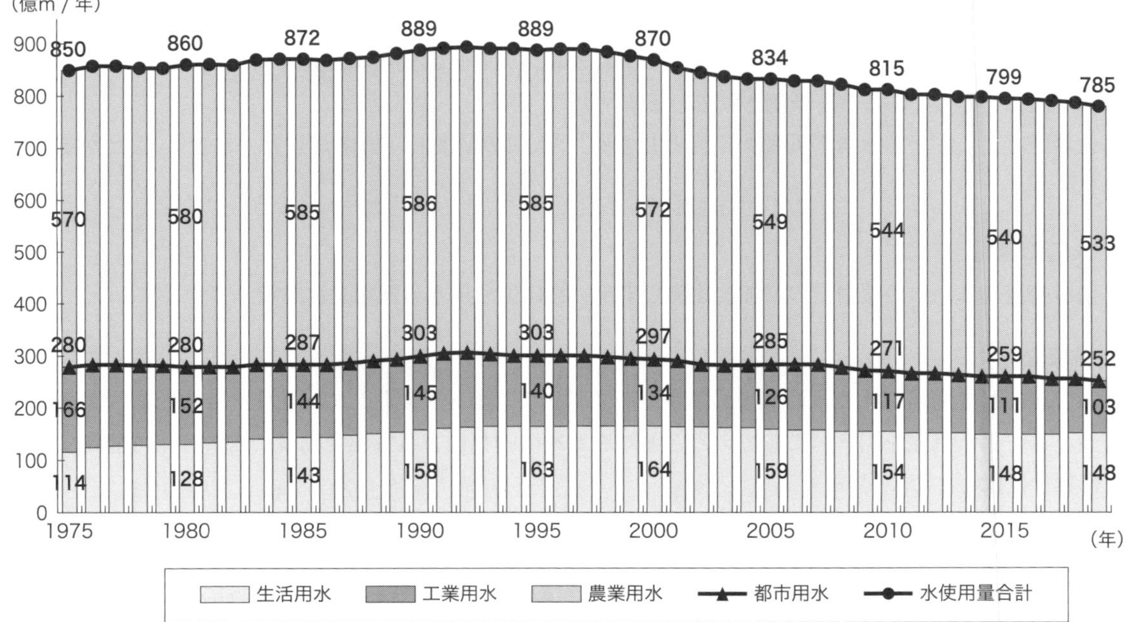

(注)
1 国土交通省水質資源部の推計による取水量ベースの値であり、使用後再び河川等へ還元される水量も含む。
2 工業用水は従業員４人以上の事業所を対象とし、淡水補給量である。ただし、公共事業において使用された水は含まない。
3 農業用水については、1981～1982年値は1980年の推計値を、1984～1988年値は1983年推計値を、1990～1993年値は1989年の推計値を用いている
4 四捨五入の関係で合計が合わないことがある。

全国の水使用量

日本での水問題

1. 豪雨による洪水や土砂災害

日本は世界の中でも自然災害の多い国です。その被害規模は、年々増加しており、河川の氾濫や土砂災害の被害が相次いでいます。

2. 渇水

渇水問題は、季節に応じた雨や雪が降らないことにより起こる水不足です。

日本は、水が豊富な国ではありますが、気候変動により渇水が生じています。その原因は、日本の地形が原因です。多くの河川は、他国の河川と比べると短くて急な河川が多いのです。そのために、水の流れが速く、水の安定確保が難しい状況にあります。このように、気候と地形の問題が渇水問題を激化させています。

3. 水質悪化

河川や湖沼の水質は、戦後の急速な上下水道の整備や排水規制の強化によって全体的に改善傾向にありますが、ゴミの不法投棄や施設の老朽化等により水質が悪化する可能性もあります。また、上下水道の整備に取り組む建設作業員の高齢化や人手不足による影響も受けています。

水問題は多岐にわたり、あらゆる社会問題と相互に関連しています。

水資源問題の原因

現在、世界で安全な飲み水を確保できない人は20億人ほど。2050年には世界人口の半数以上の50億人が水不足に苦しむであろうと予測されています。

世界で起こっている水資源問題の原因としては、「人口の増加」、「気候変動」、「水紛争」などが挙げられます。

1. 人口の増加

人口の増加は、水の使用量の増加と比例します。特に生活用水の使用量は急増しています。

2. 気候変動

水資源として利用可能な水の量は、降水量の変動により絶えず変化しています。そのため、大雨や干ばつなどの異常気象を引き起こしているとされる地球温暖化による気候変動は、水の利用可能量に大きな影響を及ぼします。

3. 水紛争

日本は国土が隣国と接していない為、水紛争にはなじみがありませんが、世界各国では様々な要因により水紛争が起きています。

- ・水資源配分の問題（湖沼や河川の上流地域での過剰取水）
- ・水質汚濁の問題（上流地域での汚染物質排出など）
- ・水の所有権の問題
- ・水資源開発と配分の問題

水問題解決に向けた取り組み

SDGs 目標6「安全な水とトイレを世界中に」

持続可能な開発目標で2030年までに達成することを明記しています。世界の水問題が深刻化する中、淡水の持続可能性や水と衛生分野での国際協力、上下水道への地域コミュニティの参画などが重要です。

1. 海水淡水化技術

地球上の水の97％を占める海水をろ過し、飲用水や生活水として利用できる淡水に変える海水の淡水化が開発研究されています。海水の淡水化は渇水問題の解決に向けた大きな取り組みです。

2. 下水の浄化処理技術

海水と比較して3分の1のコストで飲み水を作れる資源として、下水が注目されています。日本では下水の再利用率は2％にとどまっていますが、水資源の少ない中東地域では80％が再利用されています。この下水処理に最適なのは、日本が開発した膜分離活性汚泥法（MBR）とRO膜を組み合わせたシステムです。

この下水処理システムは、使い汚した水を、微生物の働きにより処理し、元の水に近い状態で自然にかえすための装置です。海から離れた地域でも使用できるので、北アフリカ、中東を中心に多くの途上国で導入が進んでいます。

3. 生物浄化法(EPS)

自然界に生息する微生物の浄化能力を活かして水をろ過し、安全な水を作り出す浄水法が生物浄化法(EPS)です。

貯水槽に貯めた水を、砂利や微生物が住み着いた槽で何段階かに分けて浄化するシンプルな仕組みで、コストも安く、メンテナンスも容易なことから貧困に苦しむ開発途上国でも導入しやすいというメリットがあります。

4. スーパー堤防

水に関連する災害の減殺の為に、日本ではスーパー堤防の整備が進んでいます。スーパー堤防とは、高低差の激しい堤防を、高さに対して堤体の幅を長くなだらかにした堤防です。勾配が緩くなることで市街地への水の侵入を遅らせる効果があります。また、幅があることで浸食への耐久性が向上し、堤防決壊を防ぎます。

私たちにできる解決策

1. 直接消費する水のムダ遣いを減らす

つまり、節水することです。

2. 間接消費する水を意識して暮らす

「1キロカロリーの食べ物の栽培に平均1リットルの水が必要」とされています。

3. ハザートマップの確認

自分の住む地域のハザートマップの確認が大切です。水関連の問題は、土砂災害や避難所生活をも想定しなければなりません。そのため、事前にできる対策を試みることが必要です。

水問題の緩和に向けて身近にできることは、少しの心掛けからできる簡単なものばかりです。もしものための対策を一人一人が実行することで、将来的な水問題の解消にもつながります。

第1章
給排水衛生設備の基礎知識

給排水衛生設備は、さまざまな設備を組み合わせた総合的なシステムとして機能しています。供給系としての給水設備、給湯設備等があり、排出系としては排水・通気設備、処理設備、除害施設などがあります。この供給系と排出系の接点に衛生器具設備と特殊設備があります。これらが相互に関連して機能しています。

なお、このほかに、水系の消火設備、ガス設備、ごみ処理設備などを広く含めて、一般に給排水衛生設備といいます。

1-1 衛生設備の概要

水を中心に供給系・排出系を含むすべての設備のこと

Point

- ▶ 水系の消火設備、ガス設備、ごみ処理設備等も給排水衛生設備です。
- ▶ 特殊設備には、ろ過装置、厨房設備、洗濯設備、医療用配管設備も含みます。
- ▶ 省エネやエコ設備が注目され、種類が多様化しています。

給排水衛生設備

給排水衛生設備は、さまざまな設備を組み合わせた総合的なシステムとして機能しています。供給系としての給水設備、給湯設備等があり、排出系としては排水・通気設備、処理設備、除害施設などがあります。この供給系と排出系の接点に衛生器具設備と特殊設備があります。これらが相互に関連して機能しています。

なお、このほかに、水系の消火設備、ガス設備、ごみ処理設備などを広く含めて、一般に給排水衛生設備といいます。

「衛生」とは

「衛生」という用語が、本来の意味からやや異なった狭い意味しか表さないのではと、好まれない時期がありましたが、「生命を衛(まも)る」、あるいは「衛生的環境を実現する」ということを目的とする本設備の本来を考慮すれば、「給排水衛生設備」という用語が最適でしょう。

給排水・衛生設備の定義

HASS206「給排水設備規準」では、給排水・衛生設備を「建物内における給水と排水にかかわる管、継手、器具などの総体」と定義づけしており、新設、増設、変更、修理、撤去などの工事および維持管理などを含むものとしています。

給水、給湯、排水、通気、衛生器具などの総称とされていますが、現在では、ごみ処理、排水再利用、浄化槽、ガスなども含むものとされています。

- 建築設計
- 構造設計
- 設備設計
  - **給排水衛生設備設計**
    - **給水設備**
    - **給湯設備**
    - **排水通気設備**
    - **衛生器具設備**
    - **し尿浄化槽設備**
    - **消火設備**
    - **ガス設備**
    - **特殊設備 ── 厨房・洗濯設備など**
  - 空気調和設備設計
    - 空気調和設備
      - ・熱源機器および付属機器
      - ・冷凍機設備
      - ・空気調和機設備
    - 風道(ダクト)設備
    - 配管設備
    - 換気設備
    - 排煙設備
    - 自動制御設備
  - 電気設備設計
    - 受変電設備
    - 電灯コンセント設備
    - 動力設備
    - 弱電設備
    - 防災設備
    - 構内線路設備

図1-1 建築設備の構成

1-2 法規の体系

建築設備に関する法規

▶ **Point**

- ▶ 法規の中身を理解してください。
- ▶ 法規用語の解釈不足から、ミスが発生する場合があります。
- ▶ 用語の定義は必ず覚えてください。

法律の体系

日本の法体系の頂点は憲法です。憲法の内容を実現するために、民法や商法、刑法といった法律が定められています。

さらに、法律の内容を補完するために、地方公共団体が制定する条例、内閣が制定する政令などが定められています。

■憲法：国の組織、活動の基本事項を定めたもので、国の最高法規。

↓

■法律：国会の議決によって制定される法をいう。憲法につぐ効力をもっているが、一般には基本的事項についてのみ定め、具体的な細目はその法律によって政令や省令などに委任するのが普通。例えば、「建築基準法」は法律。

（← 規制）

（→ **■条例**：地方公共団体が、議会の決議により、その行政事務について規定したもの。その内容は国の法令の範囲内で制定されている。例えば、「東京都建築安全条例」など。）

■細則：地方公共団体が法律、政令、省令、条例を施行するために必要な事項を定めた規則を細則とよんでいる。

＊その他にも通達、基準、要綱、指針などがあり、これらも法規と似たような拘束力を持っていることが多くある。

↓

■政令：国の行政機関が制定する法形式の総称を命令といい、政令や省令がこれに当たる。政令は法律を実施するため、内閣で閣議が決定し制定する命令。国の行政機関が制定する法形式の総称を命令といい、政令や省令がこれに当たる。政令は法律を実施するため、内閣で閣議が決定し制定する命令。

↓

■省令：各省大臣が所管の行政事務について、法律や政令を施行するため、法律や政令の特別な委任により発する命令。例えば、「建築基準法施行規則」は、大臣が発令した省令。「ボイラー及び圧力容器安全規則」など、他にもいろいろある。

↓

■告示：法令などの補足事項を示すために、各省から発令される命令。「建設省告示第1875号」などがそれに当たる。

図1-2 憲法・法律・政令・省令・告示・条例・細則の違い

法律用語「以上、以下」「超える、未満」

「以上」「以下」

以上、以下の場合、そこに出ている数値は含まれます。

例えば、「1000m^{2}以上」とあったら、1000m^{2}も含まれます。また、「1000m^{2}以下」とあった場合は、その中には1000m^{2}が含まれます。

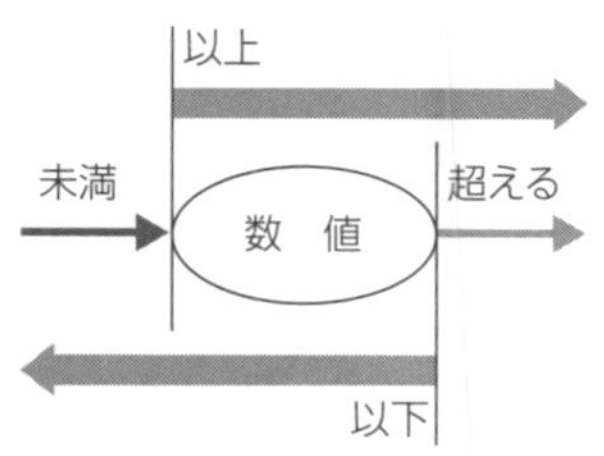

図1-3 以上と未満

「超える」「未満」

そこに出ている数値は含まれません。例えば、「1000m^{2}を超える」とあったら、その中には1000m^{2}は含まれず、1000m^{2}を少しでも超えた面積のものについてのみ法律などが適用されることになります。同様に、「1000m^{2}未満」の場合は、1000m^{2}は含まれません。

給排水衛生設備にかかわる法令

給排水衛生設備には、各設備に関する関係法令が数多くあります。それぞれが関係する主な法令を列記してみました。この関係法令を無視しては、計画も実施もできません。事前の確認が必要となります。

表1-1 関連法令一覧

設備項目	対象	建築基準法	ビル管理法＊1	労働安全衛生法	水道法	下水道法	地下水採取規制法＊2	水質汚濁防止法	浄化槽法	廃棄物処理法＊3	消防法	ガス事業法	液化石油ガス法＊4	高圧ガス取締法
各設備共通	配管一般	○												
給水設備	水道直結部分				○									
	その他の部分	○			○＊5									
	圧力タンク			○										
	井戸						○							
給湯設備	水道直結部分				○									
	その他の部分	○												
	ボイラ・貯湯槽			○										
排水・通気設備	屋内部分	○												
	屋外部分	○				○＊7								
	放流先					○		○						
浄化槽設備	放流水質	○						○						
	構造	○												
	施工								○					
衛生器具設備	トラップ・阻集器	○												
	設置個数			○＊6										
消火設備											○			○
ガス設備	都市ガス系統										○	○		
	液化石油ガス系統										○		○	○
	給排気	○												
維持管理	給排水衛生設備	○	○		○＊8									
	し尿浄化槽設備								○	○				
	消火設備										○			

＊1　建築物における衛生的環境の確保に関する法律。
＊2　建築物用地下水の採取の規制に関する法律。
＊3　廃棄物の処理および清掃に関する法律。
＊4　液化石油ガスの保安の確保及び取引の適正化に関する法律。
＊5　簡易専用水道となる場合。
＊6　ほかにも適用法規あり。
＊7　公共下水道の排水区域内の場合。
＊8　給水設備。

給排水に関する許認可

設備設計に当たっては、法規に基づいて仕事を行うことを事前に所管官庁などに届け出て、その計画・設計内容、施工方法・施工手順や運転維持管理の方法などの検討・確認を得、さらに許可などを得ておかなければなりません。このような手続の一連の行為を許認可と呼んでいます。

給排水関連の規格には、国際規格（ISO規格）、国家規格（JIS規格・JAS規格）、官公庁規格、業界団体規格などがあります。

表1-2 許認可一覧

申請・届出の名称	届出先	提出時期	法　令
建築確認申請	建築主事	着工前	建基法第6条
消防用設備等着工届	消防長または消防署長	着工10日前	消防法
火を使用する設備等の設置届	消防長	着工7日前	消防法
危険物設置許可申請	市町村長など	着工前	消防法
ボイラー設置届	労働基準監督署	着工30日前	安衛法第38条
第一種圧力容器設置届	労働基準監督署	着工30日前	安衛法第38条
ばい煙発生施設設置届	知事または市長	着工60日前	大気法第6条
高圧ガス製造許可申請書	知事	製造開始20日前	冷凍保安規則
給水装置工事申込書	水道事業管理者	着工前	地方給水条例
排水工事計画届	下水道事業管理者	着工前	地方給水条例
液化石油ガス貯蔵開始届	消防長または消防署長	着工前	消防法
道路使用許可申請	警察署長	着工前	道交法第77条

ISO規格

規格を、国際的に統一し、標準化することを目的として制定された規格です。

現在話題になっている、品質管理および品質保証に関するISO9000sや、環境保護に関するISO14000sがあります。

表1-3 規格の種類

名称	内容説明
国際規格	国際標準化機構（ISO）で、国際的に適用される規格。ISO規格。
国家規格	日本工業規格（JIS）、日本農林規格（JAS）、消防の用に供する機械器具などの検定（認定など）などがある。
官公庁規格	建設省の建設大臣官房官庁営繕部の機械設備工事共通仕様書、東京都機械設備工事標準仕様書、公団のものとして、都市基盤整備公団共通仕様書などがある。
団体規格	学会、事業者団体などが、関係者の合意により制定したもの。空気調和・衛生工学会が定めたHASS規格、日本冷凍空調工業会のJRA規格などがある。

表1-4 給排水関連の主な規格

規格名（略称）
日本工業規格（JIS）
空気調和・衛生工学会規格（HASS）
日本水道協会規格（JWWA）
日本冷凍空調工業会標準規格（JRA）
ステンレス協会規格（SAS）
日本銅センター規格（JCDA）
日本水道鋼管協会規格（WSP）
日本産業機械工業会規格（JIWS）
日本農林規格（JAS）
鉄管継手協会規格（JPF）
排水鋼管継手工業会規格（MDJ）
日本鋳鉄ふた・排水器具工業会規格（JCW）
日本電気工業会標準規格（JEM）
日本電線工業会規格（JCS）
日本バルブ工業会規格（JV）

表1-5 設備関係書類一覧

項目		必要となる時期			
書類等の名称	内容(特に重要な点)	受注時	基本設計時	実施設計時	設計完了時
設計業務工程表	発注側より受け取り、給排水設備の使用開始時の確認。	○			
設計作図計画書	設計作業工程の確認。事前協議には注意が必要。	○			
設計与条件書	発注者の主旨、要望をしっかり把握する。	○			
現地調査書	都市インフラの既設物の有無の確認。近隣調査等。		○		
官公庁調査書	都市インフラの可能範囲等の協議と特別指導の有無。		○		
設備計画計算書	発注者の要望や建築計画に合わせての概要設備計算。		○		
LCC比較検討書	概算イニシャルコストとランニングコスト比較。		○	○更新	○更新
設備設計企画計画書	設備方式と機器容量および外形寸法等。		○	○更新	○更新
雨水流出抑制施設計画書	地域別指導がある。必要な場合は確認申請時までに。		○	○更新	○更新
防災計画書	消防と協議で、防火対象物に必要な消防設備の可否。		○	○更新	○更新
法規チェック	建築基準法と消防法を基本に、各条例等にも注意する。		○	○更新	○更新
防火区画計画書	建築説明を受け、その計画での設備低減策を提案。		○	○更新	○更新
排煙区画計画書	建築説明を受け、その計画での設備低減策を提案。		○	○更新	○更新
避難区画計画書	建築説明を受け、その計画での設備低減策を提案。		○	○更新	○更新
是正処置記録簿	防災・区画問題で協議後是正する場合の記録。	○		○	○更新
予防処置記録簿	防災・区画問題で協議後予防処置必要な場合の記録。	○		○	○更新
共通企画検討設計図書	詳細検討必要箇所(特に納まり問題など)。		○	○更新	○更新
各種設備技術基準および標準仕様書	各社で、しっかりした基準や標準仕様書を常備する。	●常備	●常備	●常備	●常備
標準詳細図集	納まり、指示事項を明記した標準詳細図集を常備する。	●常備	●常備	●常備	●常備
基本設計審査・検証	審査および検証基準値を明確にしておく。	○	○更新		
設備設計チェックリスト(確認申請用)	確認時に必要なチェックリスト。		○		
設備設計チェックリスト(実施設計完了時用)	受注時の主旨・要望を含み、各設備項目ごとに検証。			○	
設計完了報告書(届)	建物規模、設計実務期間、設備内容等を担当が報告。				○
設計打合せ記録簿	受注から完了までの設計議事録等すべてをまとめる。	○	○更新	○更新	○更新
建築設備設計合否判定基準	容量・算出計算等で、採用となる合否判定基準。		○	○更新	○更新

1-3 設計の手順と検討事項

各段階での検討が建物の良否を決める

Point

- 企画計画時は、施主の要求事項をしっかり把握しましょう。
- 基本設計時は、建築設計や関係設計との通知・連絡を密にし、検討を加えます。
- 実施設計時は、設計品質の詳細設定、納まり検討と検証確認で設計図書を完成します。

設計の概略

給排水衛生設備設計の手順の大枠は、企画計画 → 基本計画 → 基本設計 → 実施設計です。

企画計画とは、プロジェクト(Project)のことです。つまり、特定の意図をもって綿密に考えられた計画であり、プランニングです。設計の成功の秘訣は企画計画にあります。

企画計画は「整理整頓」が鍵です。整理とは、ルールを必要とする知的な作業であり、整頓とは見かけを整えるその場かぎりの作業です。

両者を考慮して基本構想づくりをすることです。

基本計画 ――― 事業の基本構想を受けて実施のための具体的な課題や条件を整理し、具体的な設計の指針とするものです。

基本設計 ――― 設計の指針をもとに基本的な設計(構成・仕様や機能)の概要をまとめたもの。

実施設計 ――― 実際の工事に使う図面や見積もりを作成する作業。法令等と予算と施工の裏付けを取ることが中心となる。

企画計画の段階での検討事項

まず、施主の要求事項等の情報収集からはじまります。

要求事項、立地条件・建物用途や規模・資金計画および採算計画・工期などの設定条件を鑑み、各設備の概略負荷の推定を行います。この企画計画時に、現地調査と所轄の官公庁との協議および打ち合わせを行います。

打ち合わせの記録は、現地調査書として作成しておく必要があります。現地調査書には、水道局、下水道局、雨水流出抑制施設、ガス会社、消防署への確認事項および、し尿浄化槽の放流先など適用法規を検討・協議し、結果を記録します。

そのうえで、当該設備の種類の検討を、計画・設計上の基本条件と照らし合わせて、施主の要求事項を盛り込んだ設計条件の設定を作成します。

その際、建築意匠、構造、電気設備などの他部門との協議も忘れずに行い、基本構想図書の整理を経て、企画計画案を完成させます。

成果図書には、基本構想概要書、基礎的調査報告書、施主要求確認書などがあり、これらを施主へ提出して企画計画を終了します。

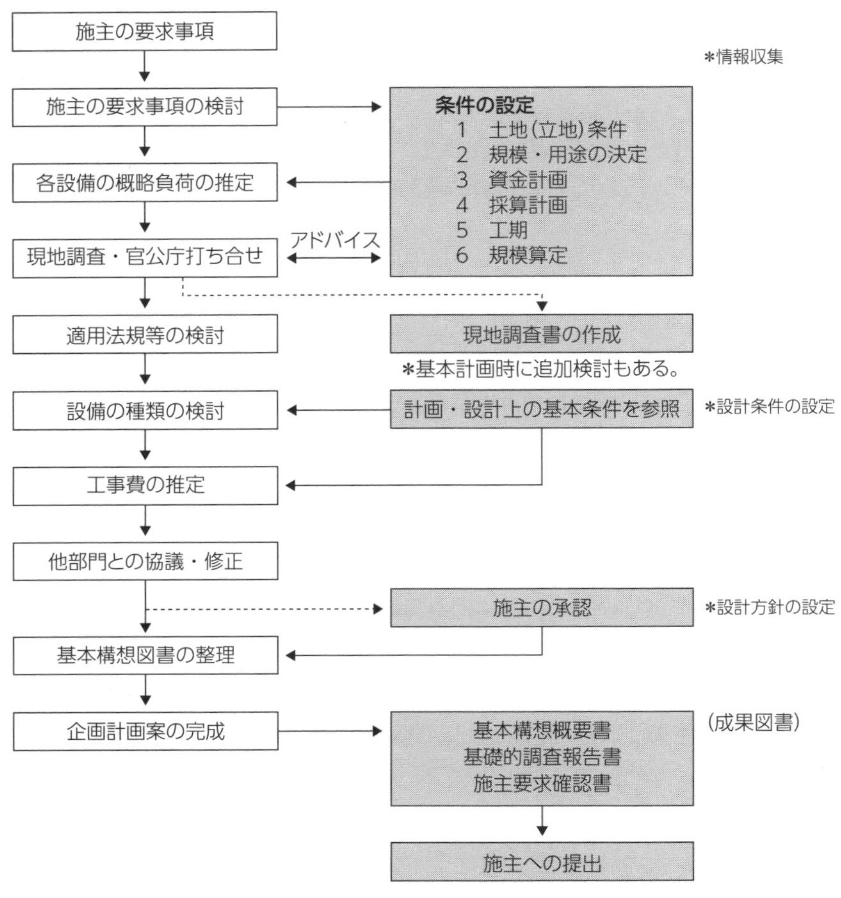

図1-4 企画計画の手順

基本計画の段階での検討事項

基本計画では、企画計画案図書より施主からの要望事項を含めた与条件を把握し、計画概要の作成を行います。

計画概要では、設計条件と設計方針の設定を行い、各設備の概略負荷の算定をします(企画計画時に概略計算がなされていれば修正を加えます)。

また、各設備の選定要因の検討を加え、建築意匠の修正図も協議依頼します。

現地調査時の官公庁からの法的アドバイスを含め、設備方式を検討します。ゾーニング、モジュールの検討、機器容量・大きさ・重量の算出、PS(パイプスペース)・機械室等の位置および所要スペースの検討、階高の検討も行います。

そのうえで、主要機器・主配管の概略配置を作成し、設計の工事区分の検討を行います。この間、検討を繰り返しますが、その都度建築設計や関係設計へ通知報告を行う必要があります。通知報告により、関係者による検討内容が確認され、設備項目と範囲が明確化されるのです。

合わせて工事費も検討しながら、基本計画案を完成させます。この基本計画案で、現地調査の時に行った官公庁との協議を再確認します。同様に、施主への承認も取り付けます。

成果図書とは、検討を加えた図面や条件書・計算書などのことです。各設計段階での成果図書として提出を求められるものを示します。

基本計画の成果図書としては、計画概要書、仕様概要書、現地調査報告書、官公庁等打ち合わせ記録、所要スペース関係資料、工事費概算書、各種検討資料が残されます。

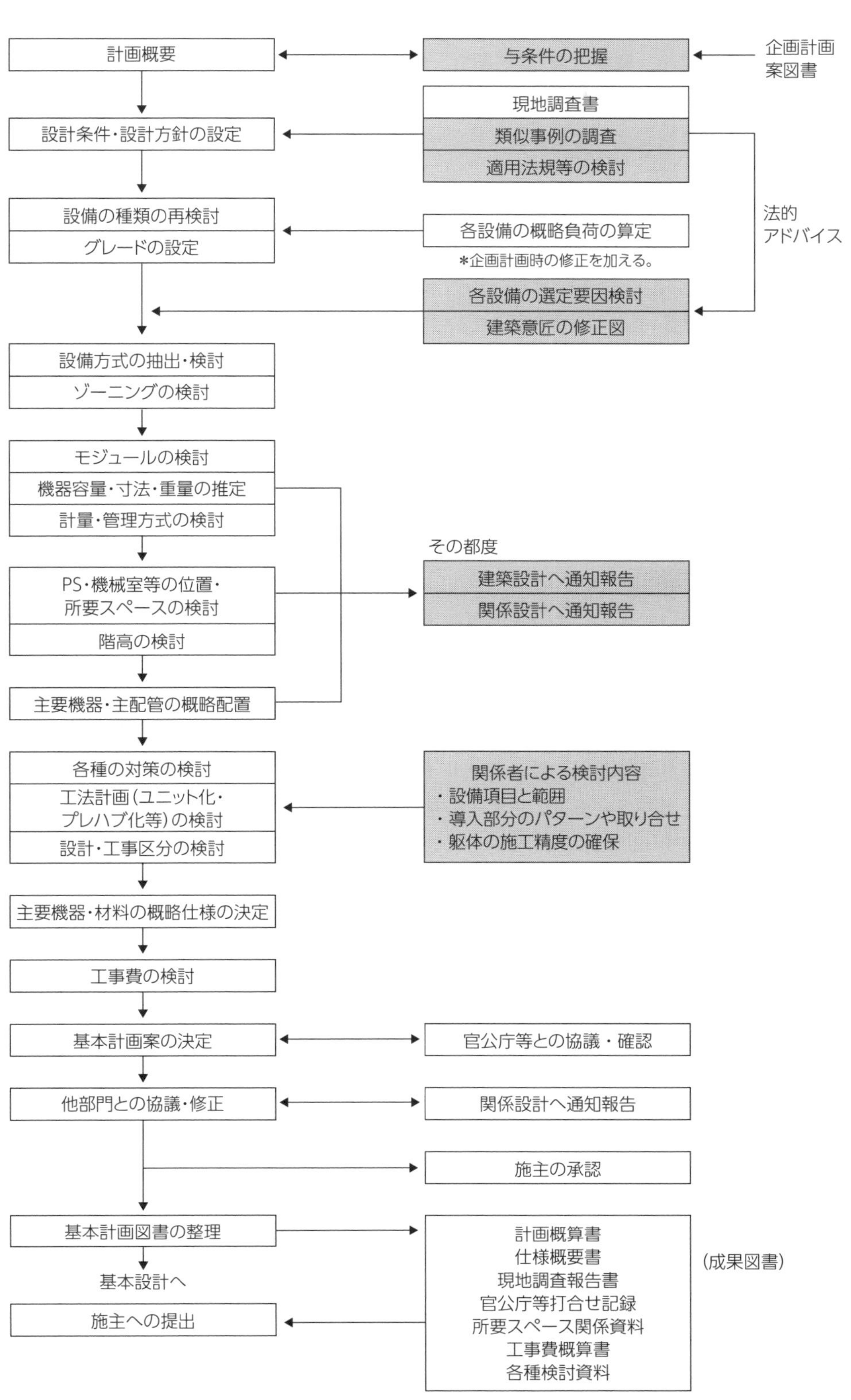

図1-5 基本計画の手順

基本設計の段階での検討事項

基本計画時の図書類をもとに、各設備の負荷の算定を修正を加えながら見直します(図1-6)。その後、設備方式の細部検討を行います。

機器の形式・容量・数量の選定後、概略設計(機器配置・配管経路の決定など)と工事区分の決定をします。そのあいだ、機器の重量や大きさを建築設計に、動力容量などは電気設計へ通知報告をし、機器・配管等の配置・所要スペースの再検討を、建築意匠と構造上の検討を経て梁貫通計画も含めて決定します。

法令等の審査確認は、この段階で行います。

この段階で、他部門への要求・調整事項のまとめおよび取り決め議事録を作成しておきましょう。特に、細部の検討として、ピット、トレンチ・受水槽、高置水槽・排水槽、消火水槽など、他部門との関連のあるものは実施設計と同等に扱い、1つ1つ決定していきます。

給排水衛生設備として、主要機器・材料の仕様を決定し、工事費の検討を行い基本設計案ができあがります。

成果図書として、設計概要書(特記仕様書)、基本設計図(系統図、主配管平面図、機器配置図、特殊部分詳細図など)、説明図、各種計算書、設計・工事区分表、荷重・動力表、梁貫通図、工事費概算書、開発行為等の申請図書などがあります。

実施設計の段階での検討事項

基本設計をもとに実施設計を開始します。各設備の負荷等の算定を確認し、修正があればこの段階で行います(図1-7)。

詳細納まりおよび詳細仕様の検討をして、他部門との調整事項のまとめを行います。

建築意匠より建築図を受取り、設備設計図の作成に入ります。作図を進めるなかで、配管管径の計算、ポンプ容量等の決定、設備用耐震計算を終え、設計図にサイズ等を記入します。

建築図を常に確認しながら設計図の作成を進めます。他部門との整合(工事区分、取り合わせ)、細部の検討も最終確認となります。ガラリ、PS(パイプスペース)立上り部、点検口、その他確認事項です。

設計図書が完成した後、特記仕様書および特記事項を作成し実施設計図書の終了となります。その後、数量調書、工事費概算書を作成します。

これで実施設計のすべてが終わりました。施主への承認後、提出となります。

成果図書は、実施設計時の実施設計図書一式、仕様書、計算書等と基本計画・設計時の成果図書を整理整頓して保管するものとします。

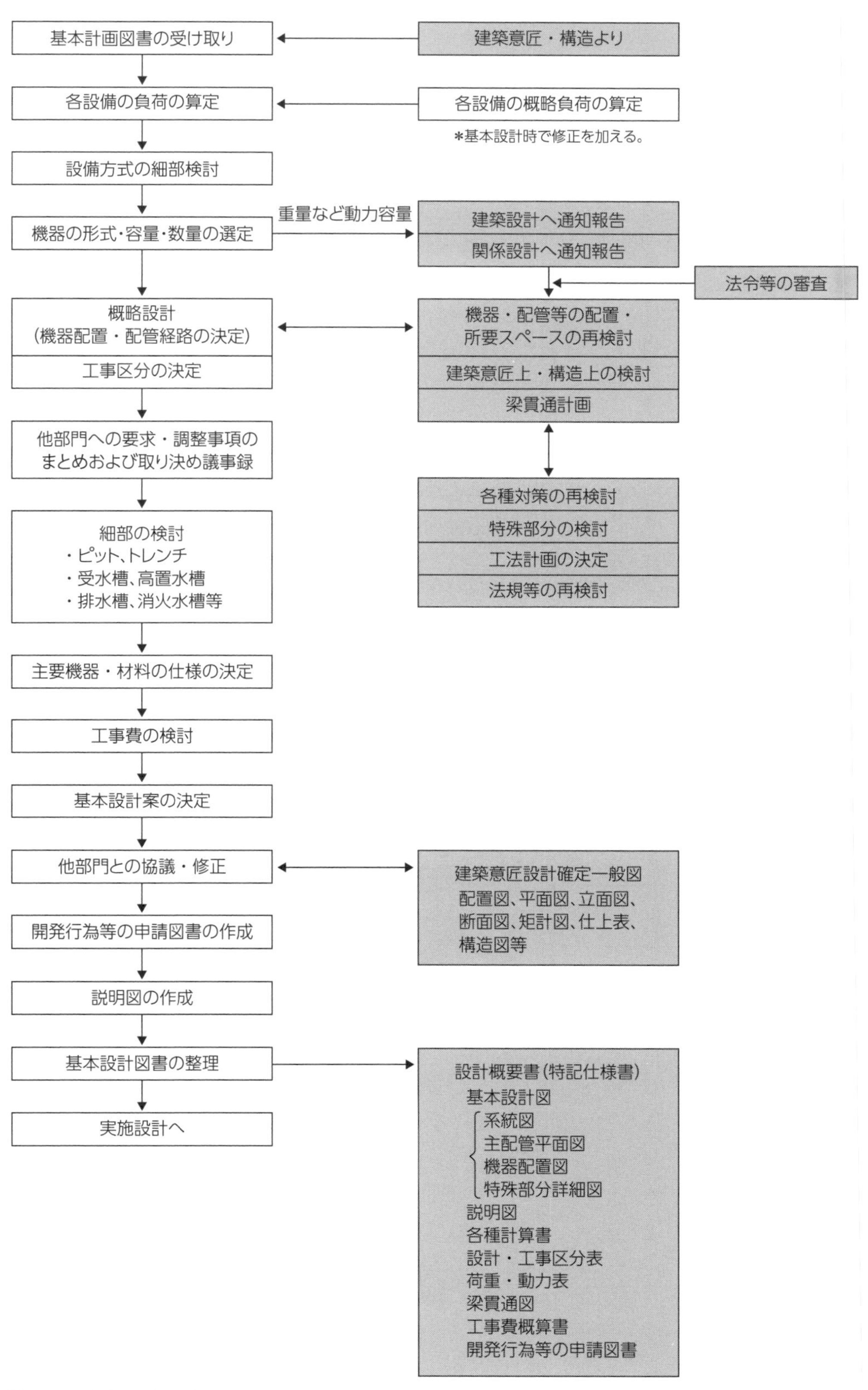

基本計画図書の受け取り
建築意匠・構造より
各設備の負荷の算定
各設備の概略負荷の算定
*基本設計時で修正を加える。
設備方式の細部検討
重量など動力容量
機器の形式・容量・数量の選定
建築設計へ通知報告
関係設計へ通知報告
法令等の審査
概略設計
(機器配置・配管経路の決定)
工事区分の決定
機器・配管等の配置・
所要スペースの再検討
建築意匠上・構造上の検討
梁貫通計画
他部門への要求・調整事項の
まとめおよび取り決め議事録
各種対策の再検討
特殊部分の検討
工法計画の決定
法規等の再検討
細部の検討
・ピット、トレンチ
・受水槽、高置水槽
・排水槽、消火水槽等
主要機器・材料の仕様の決定
工事費の検討
基本設計案の決定
他部門との協議・修正
建築意匠設計確定一般図
配置図、平面図、立面図、
断面図、矩計図、仕上表、
構造図等
開発行為等の申請図書の作成
説明図の作成
基本設計図書の整理
実施設計へ
設計概要書(特記仕様書)
基本設計図
系統図
主配管平面図
機器配置図
特殊部分詳細図
説明図
各種計算書
設計・工事区分表
荷重・動力表
梁貫通図
工事費概算書
開発行為等の申請図書

図1-6 基本設計の手順

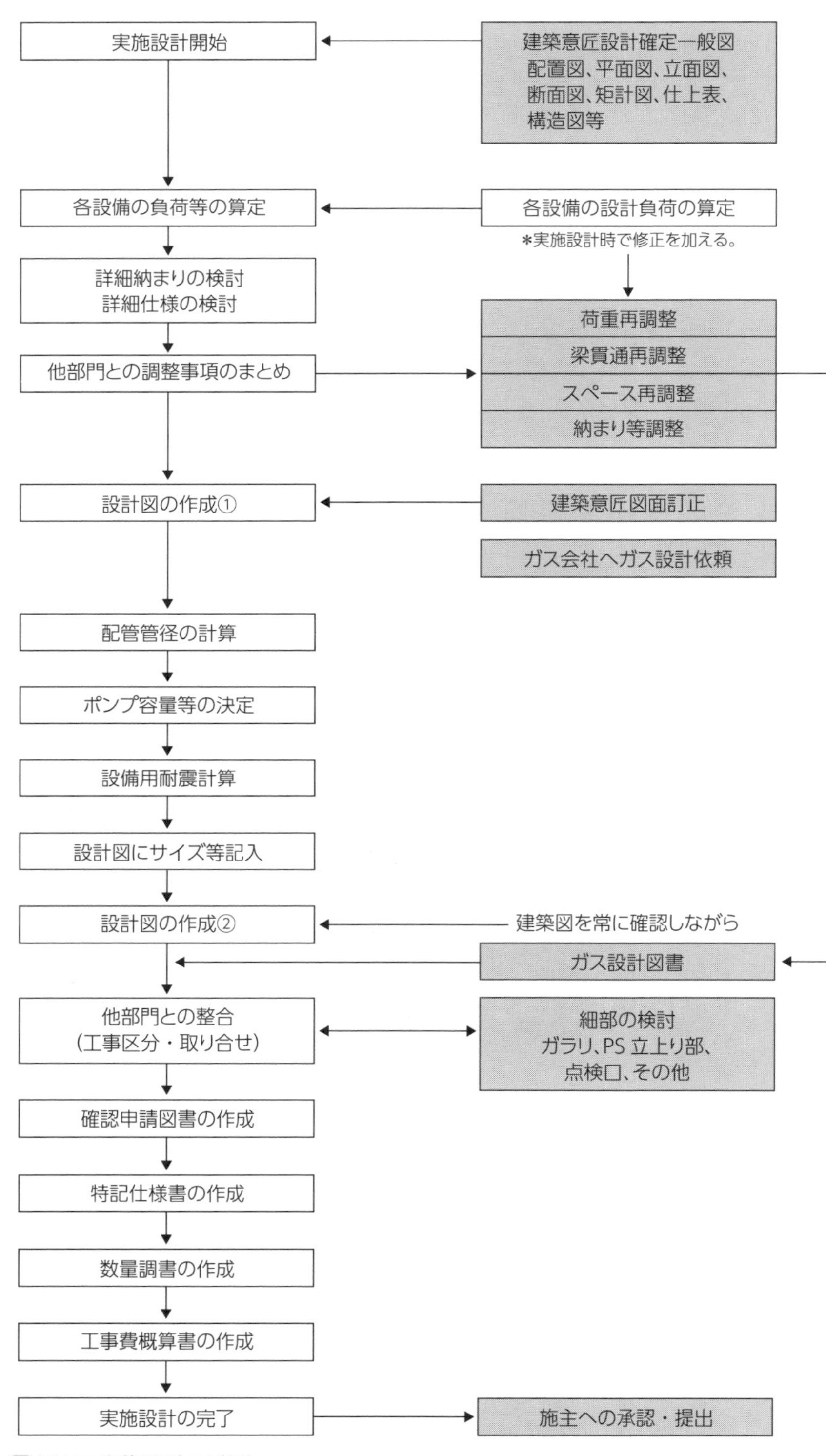

図1-7 実施設計の手順

1
給排水衛生設備の基礎知識

1-4 建築と設備

設備から建築へのアクセス

Point

- ▶ 建築と設備は一心同体です。
- ▶ 自己中心的な思考は、事故中心につながります。
- ▶ 議事録や記録簿の備えあれば憂いなし。

建築と設備の協調と一体化

建築と設備、それぞれの技術者がお互いに相手の分野の理解者であり、協力者でなければなりません。お互いの立場をよく理解しようとする努力が必要です。接点領域に盲点が生じると、トラブルやクレームの原因となり、処理の対応に追われ、時間の浪費となります。

お互いに相手の分野を知り、両者共通の場で取り上げるべき問題を研究して、接点の問題を解決することが基本となります。建築と設備の緊密な協調は、建物の品質の向上に不可欠のものです。

近年、現場施工の簡易化、省力化やスピード化と共に、品質や精度の向上を目指して、建築の部分や部品を工場生産化し、ユニット化されてきたものが多くなってきました。

建築と設備の接点領域として、ユニットバスがあります。建築と設備が一体化して、接点領域は完全に融合してしまっています。

このように今後も、システム天井、サニタリーユニット、キッチンユニット、PSユニット、MBユニット……と、品質のよいものが開発されるでしょう。建築部品のプレハブ化も、建物のすべての部分について加速的に進められていくことでしょう。

ユニット化やプレハブ化は、建築と設備の接点問題での解決の基本であると考えることができます。現場施工でも工場施工でも同じように、建築と設備を一体化して捉えると、接点領域は融合するということを示しているのです。

建築と設備のあいだの深い溝

「水や湯が出ない」「汚物や排水が流れない」「漏水する」「悪臭がする」「結露が生じる」などといったトラブルの原因の大半は、初期段階において建築と設備の緊密な協調がなかったことにあります。

「それは建築のみの問題だ！」「設備が考えてやればいい」「己の仕事に利益がないから関係ない」などの自己中心的な思考法は事故に直結します。

少々の苦情が出ても応急処置のみで解決済みとすることや、ましてや逃げ回るなどは、根本原因の解決とはいえません。要求され完成した装置等の性能に対しても、その保証を厳しく追及する姿勢を、単体業務だけではなく関係者全体が強める必要性が示唆されているといえるでしょう。

指示や指導が的確に時を得て確認を怠らなければ、トラブルが未然に防止できるのです。

コミュニケーション不足で起きるトラブル

担当者の説得力や折衝力の不足で起こるトラブルも意外に多いものです。

「予算が足りないので」「わかってはいたのですが……」「てっきり含まれていると思いました」など、自分勝手な思い込みもあるでしょう。

また、世間の景気や立場の強弱が、トラブルそのものを左右する要素になりうることも熟知する必要があります。

トラブルには、不可抗力として認めるような原因以外は、打つべき手段があるものです。確認で解決している事実から考えあわせれば、ちょっとした注意で未然に防止できるものが大半です。

さらに、1人ではなく、多くの関係技術者の協調と一体化が可能ならば、建物の品質は必ず向上し、すべての人の満足度も上昇することでしょう。

建築と設備の接点問題

建設現場における技術的なトラブルの発生形態は、多種多様です。

トラブルが起因して、計画・設計時や、施工の段階でのトラブルに発展することがよくあります。その対策に全面的改造や増設が必要となるトラブルもあり、多額な費用と労力が失われてしまいます。

建築をとりまく社会的環境も一層厳しさを増しています。技術者は、より広い視野と深い知識で、トラブルの根本原因を解消するための手立てを講じなければなりません。「うっかり」とか「何とかなる」などの無対策は禁物です。絶えず目を見張り、知識の追求を心がけ、建築という極めて創造的な社会的事業に当たらなければなりません。

建築設備も役割は増大する一方であり、1級建築士のみでは快適環境を求めることは難しくなっています。建築と設備の専門分化がはじまった瞬間から生まれたのが「接点」の問題です。接点でのトラブルを単に不調和のみとするのではなく、建築と設備の本質を改めて見直し、そこから解決法を見出すのは、関係技術者の保証であり責務といえます。

ここでは、主として集合住宅を対象にして、数多い接点領域のうち、建築と設備との関係で設計着手から現場施工にいたるあいだの問題を取り上げました。

建築と設備の双方が条件を補い合わなければ解決できない問題

主として設計段階で多い問題点：結露、防振、騒音・遮音など。

建築と設備の双方が相手の機能・性能・使い勝手を理解しないために、
または軽視するために起こる問題

計上、施工上での問題点：便所、浴室、洗面所、台所など。

建築・設備の双方が相手のためにあらかじめ対応しておかなければならない問題

構造補強、貫通補強、間仕切の変更対応、PS・MBの位置と大きさ、ダクトの経路など。

設備用のものを建築が施工するために起こる問題

給気ガラリ、点検口、機械基礎、床下換気ガラリ、ドアアンダーカットなど。

建築と設備の工程調整がまずいために起こる問題

工程の順序での問題点：機器搬入、仕上げの仕舞いなど。

建築と設備が同時に工事するために起こる問題

施工上での問題点(スリーブ入れ、埋込配管、フロアダクトなど)。

建築の部分に設備が後から手を加えるために起こる問題

仕上げ材の貫通部、配管・ダクトの取付け部など。

第2章

給水設備

給水設備とは、建築物などに、生活・業務に必要な水を供給する設備のことです。

給水源としては、主に上水道が用いられますが、他にも井戸水を用いたり、使用済みの排水を処理して再利用する中水道を用いる場合もあります。

大規模な建物では、経済性から飲料・洗面用には上水道を用い、便器の洗浄などの雑排水には井戸水や中水道を利用する場合があります。

本章では、それぞれの機能を果たすために必要な水量や水圧をコントロールする給水設備の設計を、手順を追って解説します。

2-1 給水源

給水源のいろいろ

Point

- 水道水の水源は、地表水と地下水に大別されます。
- 地表水には、河川水、湖沼水、貯水池水などがあります。
- 地下水には、浅層水、深層水、湧泉水、伏流水などがあります。

地域によって給水源は異なる

都市は、古来より水の得られる場所に形成されています。つまり都市の発展には、水の安定した確保が条件となっているのです。

地表水は浄水場において、ろ過・消毒などの処理をされたうえで供給されています。

上水道施設

上水道の諸施設は原水の質、量、地理的条件および水道の形態に応じて、取水、貯水、導水、浄水、送水および配水の諸施設から成り立ち、水道ならびに水道施設基準にそれらの施設基準が示されています。

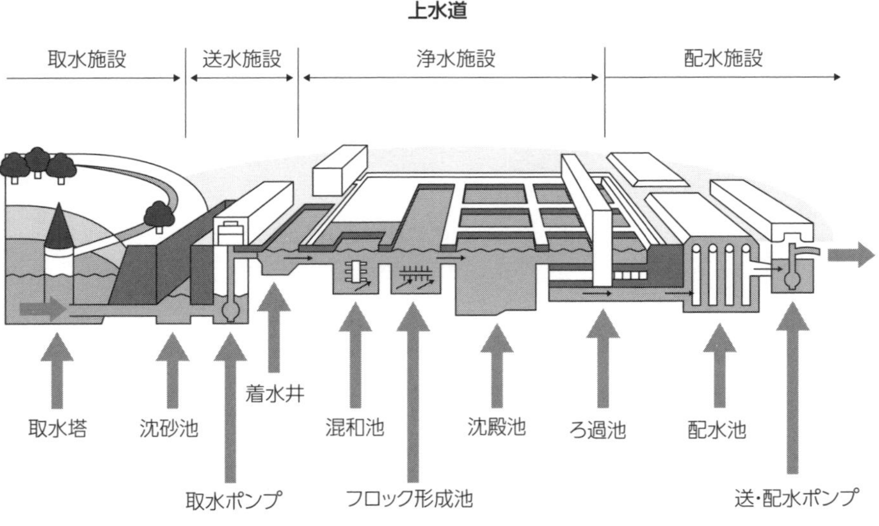

図2-1 上水道

取水施設

原水を取水する施設です。

水源の種類は、地表水と地下水に大別されます。地表水は河川水、湖沼水および貯水池水に分けられます。地下水は浅層水、深層水および伏流水に分けられます。

取水には、これらの水源を単独または2、3併用する場合があります。

出典：岡田誠之ほか著、『新装改訂　水とごみの環境問題』、TOTO出版

図2-2 給水源から排水まで

貯水施設

渇水時においても必要量の原水を確保するために貯水しておく施設です。流量の多い時期にその余剰分を蓄え、渇水時にその不足を補います。

河川上流の谷合いにダムを築き、流下する河川水などを堰き止めて貯水するもので、人工的に築かれたものが貯水池です。

導水施設

原水を貯水施設から浄水施設に送る水路、ポンプなどの施設の総称です。

導水方式には、自然流下によるものと、ポンプで加圧して送水する方式があります。

浄水施設

原水を保健衛生上無害な水質に処理する施設で、沈殿池、ろ過池、消毒施設に分けられます。原水に鉄分やアンモニアなどが含有する時は、ばっ気、除鉄などの施設を必要とする場合があります。

送水施設

浄水をポンプ、送水管などの設備で、浄水場から配水池などの配水施設に送る施設です。計画送水量は計画1日最大給水量を基準として定めています。

配水施設

浄水施設で浄化された水を、給水区域内の需要者に、必要とする水圧で、所要の水量を配水するための施設です。配水管の水圧は、最小動水圧150 ～ 200kPaを標準としています。

給水装置

需要者に水を供給するために、水道事業者の施設した配水管から分岐して設けられた給水管およびこれに直結する給水用具をいい、水道法で定義されています。

給水装置には、配水管から分岐するための分水栓を取り付け、これに給水管を接続します。

給水管は水を使用する個所まで延長し、端末に給水栓等を取り付けます。給水管の中間には、分岐などの適当な場所に止水栓を取り付けます。また、量水器は敷地引き込み部に設置します。

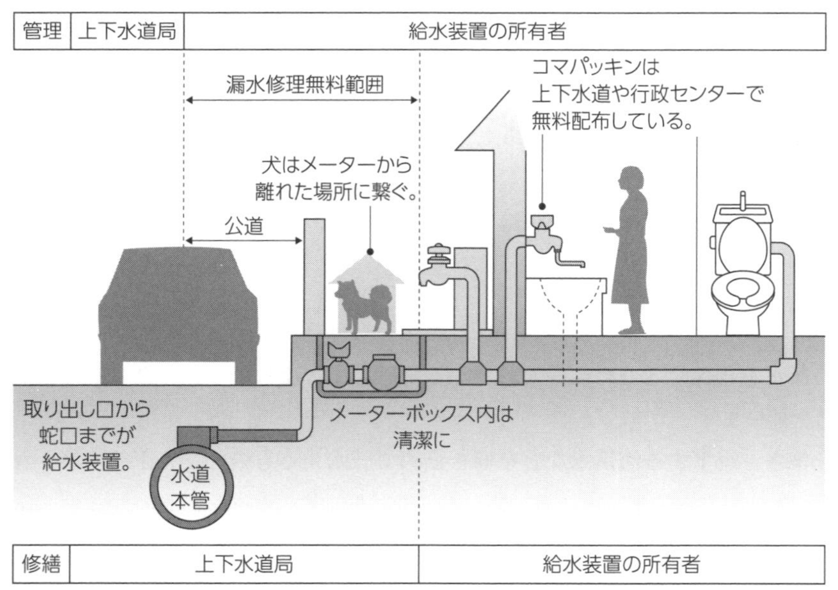

図2-3 給水装置

浅井戸と深井戸

帯水層に含まれた地下水を給水源として広く利用するために井戸を用います。地下水は深層部ほど衛生的で、量も豊富です。

井戸には浅井戸と深井戸とがあります。その区別は一般に深さ30mを境としています。

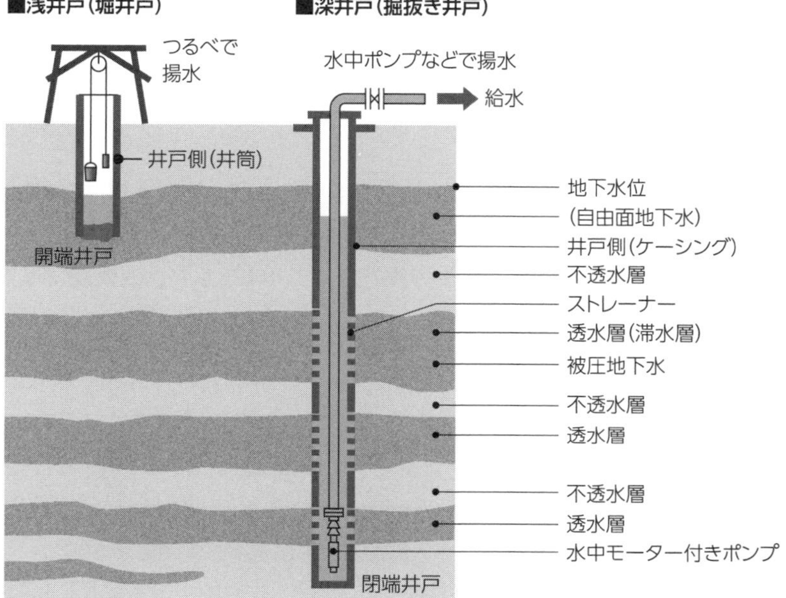

図2-4 浅井戸と深井戸の仕組み

2-2 水質基準

水を利用する際に、その水の適合性を判断する基準

Point

- 一般には水道法に基づく水道水の水質基準のことです。
- 病原体を含まず、地質などからの障害を起こす物質の規制です。
- そのほか、水道水においては外観、味などの条件も加味されています。

水道水質基準

水道水質基準は、水道法第４条に基づいて厚生労働省令によって定められています。水道水質基準は、平成16年4月に大幅に改正され、その後平成20年、23年、27年と一部改正されて現在は51項目となっています。

また、水質管理上留意すべき項目として水質管理目標設定項目(27項目)が、今後必要な情報・知見の収集に努めていくべき項目として要検討項目(47項目)が、それぞれ定められています。

また、水道法第22条に定められた衛生上の措置として、厚生労働省令により水道水には遊離残留塩素を0.1mg/L以上保持することが義務付けられています。

表2-1 水道水基準の体系図

水質基準項目 51項目 令和２年４月１日施行	・水道水として、基準値以下であることが求められる項目。 ・水道法により、検査が義務付けられている。
水質管理目標 設定項目27項目 令和４年４月１日施行	・今後、水道水中で検出される可能性があるなど、水質管理において留意する必要がある項目。
再検討項目 最新の知見により常に 見直し（逐次改正方式）	・毒性評価や水道水中での検出実態が明らかでないなどの理由で、水質基準や水質管理目標設定項目に分類できなかった項目。 ・必要な情報・知見の収集に努めていくべきとされている。

表2-2 水質管理目標設定項目（令和4年4月1日から適用）

No.	項　目	目標値	区分	説　明	主な使われ方
1	アンチモンおよびその化合物	アンチモンの量に関して、0.02mg/L以下	無機物・重金属	鉱山排水や工場排水などの混入によって河川水などで検出されることがある。	活字、ベアリング、電極、半導体材料
2	ウランおよびその化合物	ウランの量に関して、0.002mg/L以下（暫定）		主に地質に由来して地下水などで検出されることがある。天然に存在する主要な放射性物質の1つ。	原子力発電用核燃料
3	ニッケルおよびその化合物	ニッケルの量に関して、0.02mg/L以下		鉱山排水、工場排水などの混入やニッケルメッキからの溶出によって検出されることがある。	合金、メッキ、バッテリー
4	亜硝酸態窒素	0.05mg/L以下（暫定）		低濃度でも影響があることが懸念されているため、基準項目とは別に目標値が定められている。目標値は、毒性を考慮して定められている。	
5	1,2-ジクロロエタン	0.004mg/L以下	一般有機物	殺虫剤、有機溶剤として使用される有機化学物質。	塩化ビニル原料
8	トルエン	0.4mg/L以下		染料、有機顔料などの原料。代表的な有機溶剤で、シンナー、接着剤などに広く使用される。	香料、火薬、ベンゼン原料
9	フタル酸ジ(2-エチルヘキシル)	0.08mg/L以下		プラスチック添加剤（可塑剤）などとして使用される有機化学物質。	化粧品、印刷物などの溶剤

10	**亜塩素酸**	0.6mg/L以下	消毒副生成物	二酸化塩素の原料または分解生成物です。二酸化塩素の使用にともなって処理水中に残留するおそれがある。次亜塩素酸ナトリウムの分解生成物。	漂白剤
12	**二酸化塩素**	0.6mg/L以下	消毒剤	浄水処理過程において主に酸化剤として使用される。	セルロース、紙パルプの漂白剤
13	**ジクロロアセトニトリル**	0.01mg/L以下(暫定)	消毒副生成物	原水中の一部の有機物質と消毒剤の塩素が反応して生成される。	
14	**抱水クロラール**	0.02mg/L以下(暫定)			
15	**農薬類**	検出値と目標値の比の和として、1以下	農薬	各地方自治体が定める対象農薬の検出値を各目標値で除した値を合計し、その合計値が1以下であることを確認する。	殺虫剤、除草剤、殺菌剤
16	**残留塩素**	1mg/L以下	臭気	水道法では、衛生確保のため塩素消毒を行うことが定められている。残留塩素とは、水道水の中に消毒効果のある状態で残っている塩素のこと。	
17	**カルシウム、マグネシウム等(硬度)**	10mg/L以上 100mg/L以下	味	基準項目に同じ	基準項目に示す
18	**マンガンおよびその化合物**	マンガンの量に関して0.01mg/L以下	着色	基準項目に同じ	基準項目に示す
19	**遊離炭酸**	20mg/L以下	味	水中に溶けている炭酸ガスのこと。水にさわやかな感じを与えるが、多いと刺激が強くなる。水道施設に対し腐食などの障害を生じる原因ともなる。	
20	**1,1,1-トリクロロエタン**	0.3mg/L以下	臭気	工場排水などの混入によって地下水で検出されることがあり、高濃度に含まれると異臭味の原因となる。	脱脂剤、エアゾール
21	**メチル-t-ブチルエーテル(MTBE)**	0.02mg/L以下	臭気	オクタン価向上剤やアンチノック剤としてガソリンに添加される有機化学物質。	オクタン価向上剤、アンチノック剤、溶剤
22	**有機物等(過マンガン酸カリウム消費量)**	3mg/L以下	味	有機物の指標として基準項目の「有機物」とは別の測定法により求めた量。水中の有機物などの量を一定の条件下で酸化させるのに必要な過マンガン酸カリウムの量として表したもの。	
23	**臭気強度(TON)**	3以下	臭気	臭気の強さを定量的に表す方法。水の臭気がほとんど感知できなくなるまで無臭味水で希釈し、臭気を感じなくなった時の希釈倍数で臭気の強さを示したもの。	
24	**蒸発残留物**	30mg/L以上 200mg/L以下	味	基準項目に同じ	
25	**濁度**	1度以下	基礎的性状	基準項目に同じ	
26	**pH値**	7.5程度	腐食	基準項目に同じ	
27	**腐食性(ランゲリア指数)**	−1程度以上とし、極力0に近づける		水が金属を腐食させる程度を判定する指標。数値が負の値で絶対値が大きくなるほど水の腐食傾向は強くなる。	
28	**従属栄養細菌**	1mLの検水で形成される集落数が2000以下(暫定)	水道施設の健全性の指標	生育に有機物を必要とする細菌のこと。水道水の清浄度の指標であり、集落数が少ないほど水道水が清浄な状態であることを示す。	
29	**1,1-ジクロロエチレン**	0.1mg/L以下	一般有機物	家庭用ラップ、食品包装用フィルムの原料。	ポリビニリデン原料
30	**アルミニウムおよびその化合物**	アルミニウムの量に関して、0.1mg/L以下	着色	基準項目に同じ	基準項目に示す

＊6番と7番と11番は欠番。

2-3 主な給水設備の用語

給水設備に関する重要用語

Point

- 工事現場などで専門用語が飛び出すと、意味もわからず支障をきたす場合があります。
- 数多い用語の中でも、これだけは覚えておかなければいけないものです。

水の分類

水には、上・中・下があり、その使用目的により分類されています。

上水 …… 飲用、炊事、洗面、洗濯、入浴など。
中水 …… 便所洗浄、散水、洗車、池用水など。
下水 …… 排水等で、上水として使用された後の水など。

中水とは、生活排水や産業排水を処理して循環利用するもののことです。雑用水とも呼ばれ、人体と直接接しない目的や場所で用いられています。

節水

給水設備では、節水は水資源の有効利用として重要課題です。節水とは、ケチケチすることではなく、無駄にしないということです。

- 必要以上の水が吐出しない節水器具の使用（節水コマ、定量水栓、節水便器等）
- 目的にあった水の使用（中水の利用や雨水の利用等）
- 高性能ろ過機を利用し、浴槽やプール水を再利用

赤水

水栓や配管などのさびにより、赤く濁った水が出ます。これが赤水です。

赤水の発生原因

- 配管内面の鉄部が腐食して鉄イオンを溶出する。
- 水中で水酸化鉄(赤さび)となる。

赤水への対策

- 耐食性のある配管材料の採用(継手など管端の防食処理の徹底)。
- 給水用の防錆せい剤を注入する方法(あくまで応急処置とします)。
- 磁気処理・脱気処理の方法。

ウォーターハンマ

水栓・弁等により瞬時に流れを閉じると、閉じた点より上流側の圧力が急激に上昇し、その時生じる圧力波が管内を伝わります。この現象をウォーターハンマといいます。

破損、漏水の原因にもなりますし、何より騒音が耳障りです。

ウォーターハンマの大きさは、配管内流速に比例して大きくなりますので、一般的に流速は2.0m/sec以下とします。

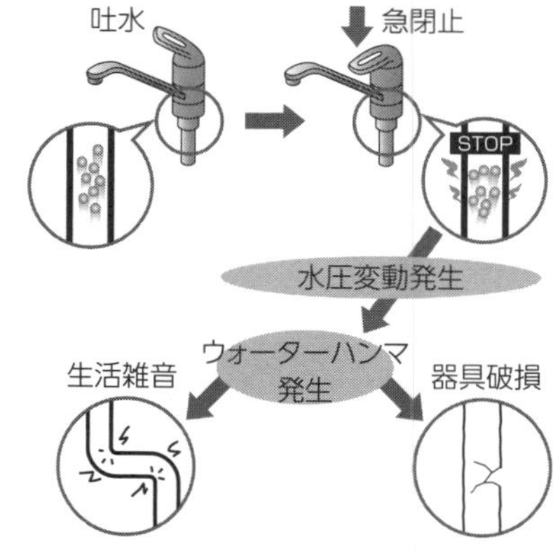

図2-5 ウォーターハンマ

クロスコネクション

クロスコネクションとは、上水配管と上水以外の配管とが接続される状態のことです。上水以外の配管として、井水、中水、空調設備配管、消火設備配管、排水管などがあり、これらの配管との接続は、禁止されています。禁止施工の原則です。

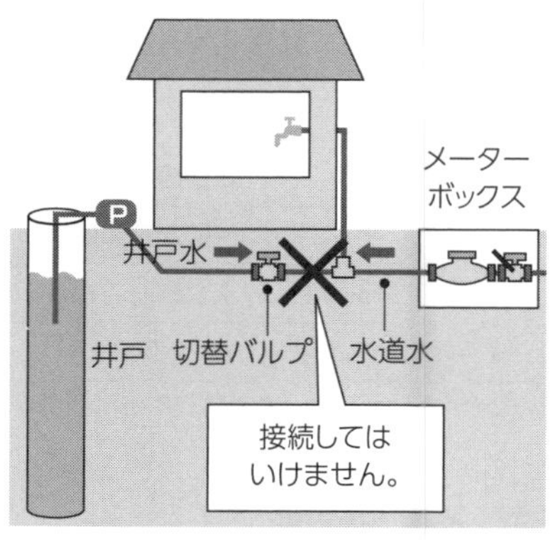

図2-6 クロスコネクション

バキュームブレーカ

排水の逆流は、断水時に給水管内が一時的に負圧となり、給水栓や機器の給水接続口などから排水を吸い込むなどして発生します。このような恐れのある個所にバキュームブレーカ(逆流防止器)を取り付けます。

例として、ハンドシャワー、大便器洗浄弁、ホース接続用横水栓等があります。

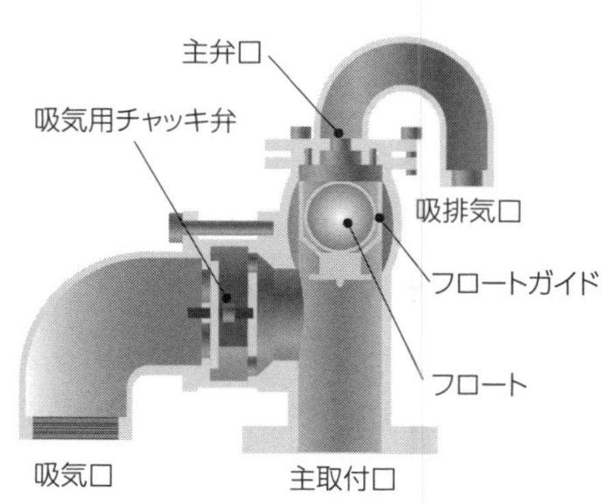

図2-7 バキュームブレーカ

吐水口空間

水栓の吐水口と洗面器や流し類とのあいだには、ある長さの空間を取らなければなりません。この空間のことを吐水口空間といいます。

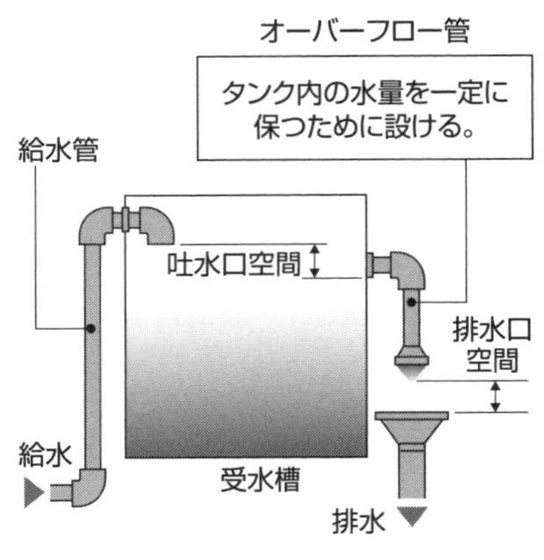

図2-8 吐水口空間

表2-3 吐水口空間の必要寸法

(HASS 206)

近接壁の影響がない場合	近接壁の影響がある場合						
	近接壁1面の場合			近接壁2面の場合			
	壁からの離れ			壁からの離れ			
1.7d' +5	3d以下	3d～5d以下	5d以上	4d以下	4d～6d以下	6d～7d以下	7d以上
	3.0d'	2.0d' +5	1.7d' +5	3.5d'	3.0d'	2.0d' +5	1.7d' +5

＊d：吐水口の内径〔mm〕、d'：有効開口の内径〔mm〕

逆サイホン作用

断水や過剰流量の場合、給水管内が負圧になることがあります。この時、いったん吐水された水が逆流し、給水管の中に吸い込まれていく作用のことです。

散水する場合、ホースをバケツ等の中に差し込んでいることがありますが、急に蛇口を止めると逆サイホン作用によってバケツに入っていた水がホースを経て給水管内に逆流してしまいます。注意が必要です。

キャビテーション

揚水管などで、ポンプ内や管の中を高速で流れる水の低圧部分が気化して蒸発し、気泡が発生する現象です。この現象が発生すると、性能が低下すると共に、金属音や振動の発生、配管の侵食原因となります。

サージング

ポンプを運転している時、息をつくような運転状態になって、ポンプの出入口の圧力計および連成計(正圧と負圧を計ることができる計器)の針が振れ、吐出量が変化してしまう状態をいいます。

2-4 給水設備設計の手順

機器の容量や配管方式、管径の決定を求めることが、給水設備の設計

Point

- 1日使用給水量、時間平均給水量から機器容量等を求めます。
- 給水管の管径は、流量・圧力損失・流速のうち、どれか2つが決まれば求めることができます。

設計の手順

現地調査と所轄の水道局との打ち合わせにより、水道本管と引込み管の有無と位置、口径を確認し、既存管の再利用または新規引込みが必要かを決定します。

同時に設計水圧を確認し、給水方式を決定します。使用水量や受水槽等の容量算定の基準も地域により指導内容が異なりますので、打ち合わせは必須です。

また、負担金の有無も確認します。使用禁止口径、使用管材の指定品なども情報収集しましょう。

水道局にある水道本管埋設図を閲覧し確認しますが、現地と異なる場合もありますので、現地調査でも見落としのないよう、公道・歩道部分の消火栓や制水弁蓋を見つけます。その下部に水道本管があります。

建物用途により、利用人員が明確な場合は人員法で給水量を算定しますが、不明の場合は、設置する器具と数量から使用給水量を求めます。設計の手順のフローシートにしたがって進めると、見落としが少なくなりますので手本にしてください。

給水設備の方式決定要因

給水設備は、建物種別、規模、居住人員、使用時間などや季節によって、さまざまに変化する水量が基本となり、それらの要素に適した配管口径、水槽類、機器類の寸法や容量を決めます。

その後、給水器具等の配置を考え、使用時に支障をきたさない機能を備えたシステムをつくらなければなりません。

また、適切な水圧の確保のための方式や停電および災害時に際しても、その機能が維持されるような処置も講じなければなりません。

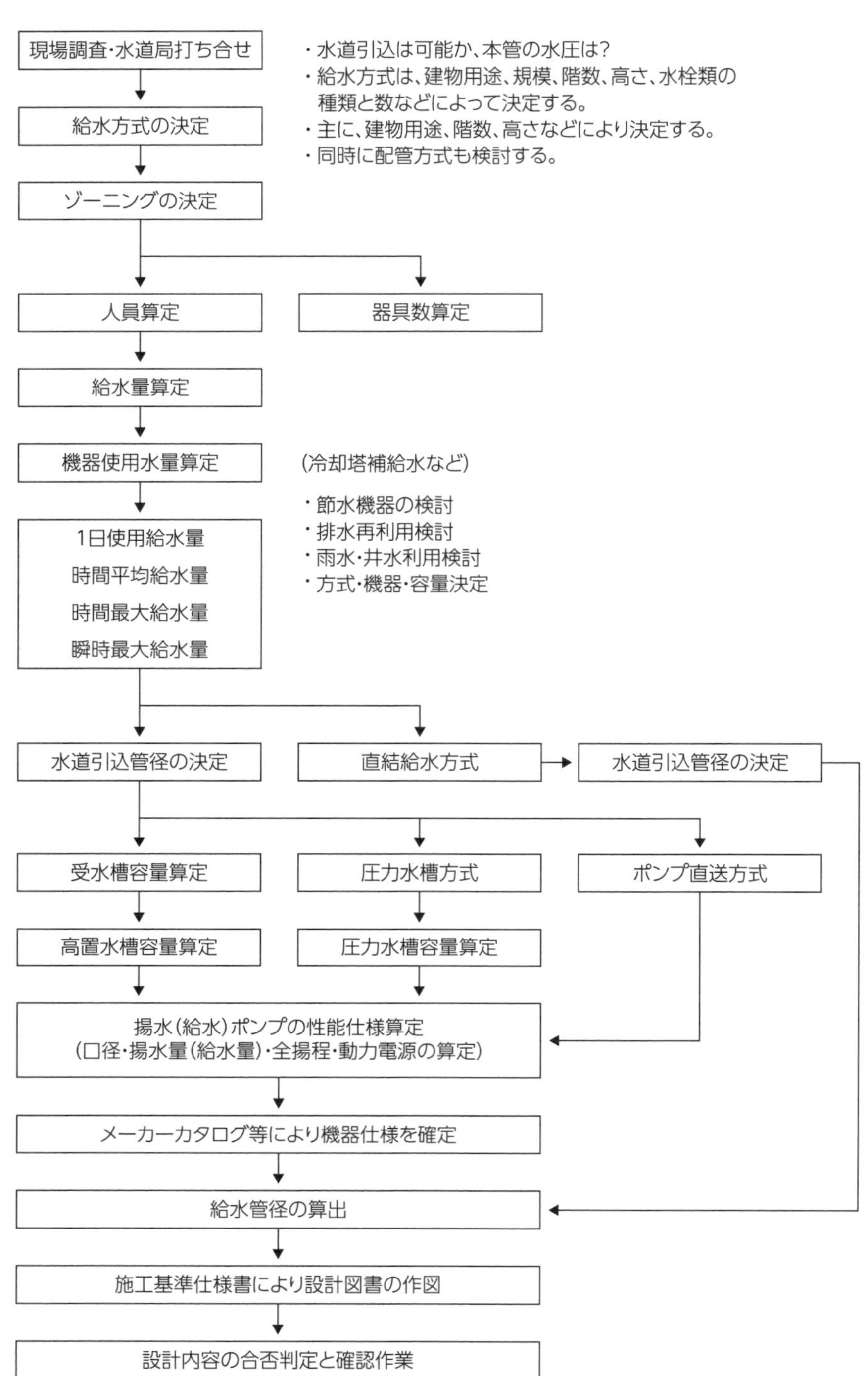

図2-9 給水設備設計の手順

2-5 給水方式の選定

所轄の水道局等の指導をもとに決定する

Point

- 決定要因は、建物用途、規模、階数と立地条件、管理条件です。
- イニシャルコストとランニングコストも考慮しましょう。
- 給水方式の特徴をよく熟知し、施主の了解も得る必要があります。

給水方式

建物内の給水必要個所へ水を送る給水方式には、水道本管から直接給水する直結給水方式と、いったん受水槽に貯水してから給水する受水槽方式があります。

直結給水方式には、水道本管の水圧で各所に給水する水道直結方式と、引込み給水管に加圧給水ポンプを直接接続して給水する直結増圧給水方式があります。

受水槽方式には、受水槽に貯水した水を高置水槽に揚水して自然落差で給水する高置水槽方式、圧力水槽で加圧して給水する圧力水槽方式、水を使用すると給水管内の水圧が下がることを検知して加圧ポンプを運転して給水するポンプ直送方式があります。

給水方式は、建物の用途、規模、階数、高さ、水栓類の種類と数などによって決定されます。

最近の傾向

最近新築される中高層マンションでは、高置水槽がなく給水を下階から上階に押し上げるポンプ直送方式の採用が多くみられます。また小中規模マンションでは、高置水槽だけでなく受水槽も不要な直結増圧方式も多くなっています。

既存マンションの改修工事では、給水管の改修だけでなく給水方式まで変更して、高置水槽や受水槽を撤去するケースも増える傾向にあります。

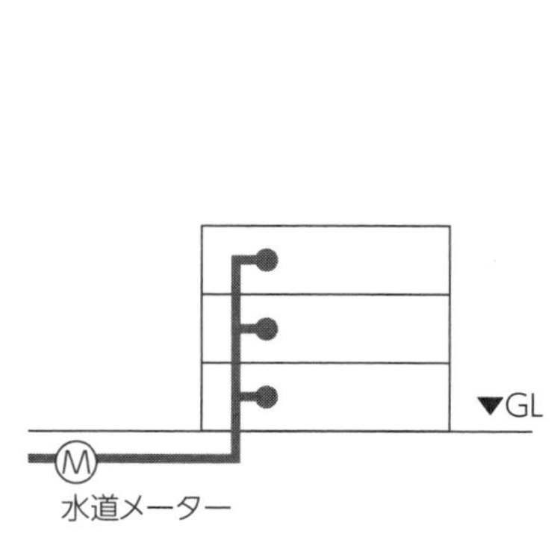

図2-10 水道直結方式

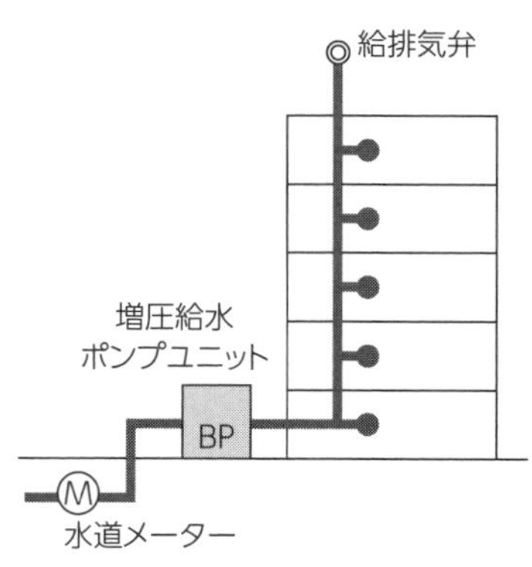

図2-11 増圧給水方式

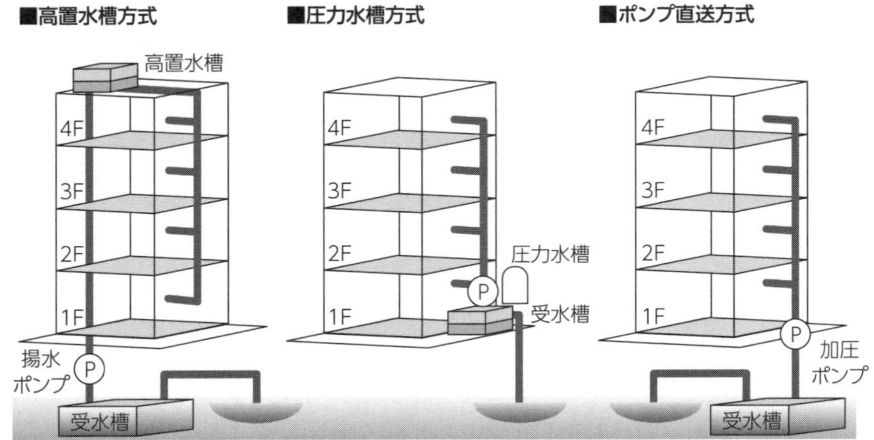

図2-12 受水槽方式の種類

給水方式の選定の手順

給水方式の決定要因は、建物用途、規模・階数および建物高さと立地条件や管理条件によって異なります。

まず、建物の階数から判断します。水道本管の供給水圧が高ければ直結給水方式で3階程度の建物なら可能ですが、低いと受水槽方式としなければなりません。

小規模建物か中・大規模建物であれば受水槽方式となります。ただし最終決定に当たっては、所轄の水道局に指導要綱がありますので、相談のうえ決定してください。

給水方式とゾーニング

高層建物では、下層階の給水圧力が大きくなり、使用上の不都合、過大な流速、ウォーターハンマの発生等が起きやすくなるので、給水圧力を設置器具必要圧力分に抑えています。

給水設備でのゾーニングとは、一般に高層建築物において過大な水圧を避けるために、高さ方向に区域を分け、給水圧力の調整を行うことをいいます。

高層・超高層建築物では、ポンプ直送方式の採用が多いですが、高置水槽方式も採用されています。ポンプ直送方式のゾーニングの方法は、上層階、中間層階、下層階などに区分され、各々に減圧弁を設置する方法や、直送ポンプを上層階、中間層階、下層階と系統分けして、ポンプの全揚程を調整して水圧の一定化を図る方法があります。

高置水槽方式のゾーニングの方法も同様に高さで区域を分け減圧弁を設けて圧力調整をします。

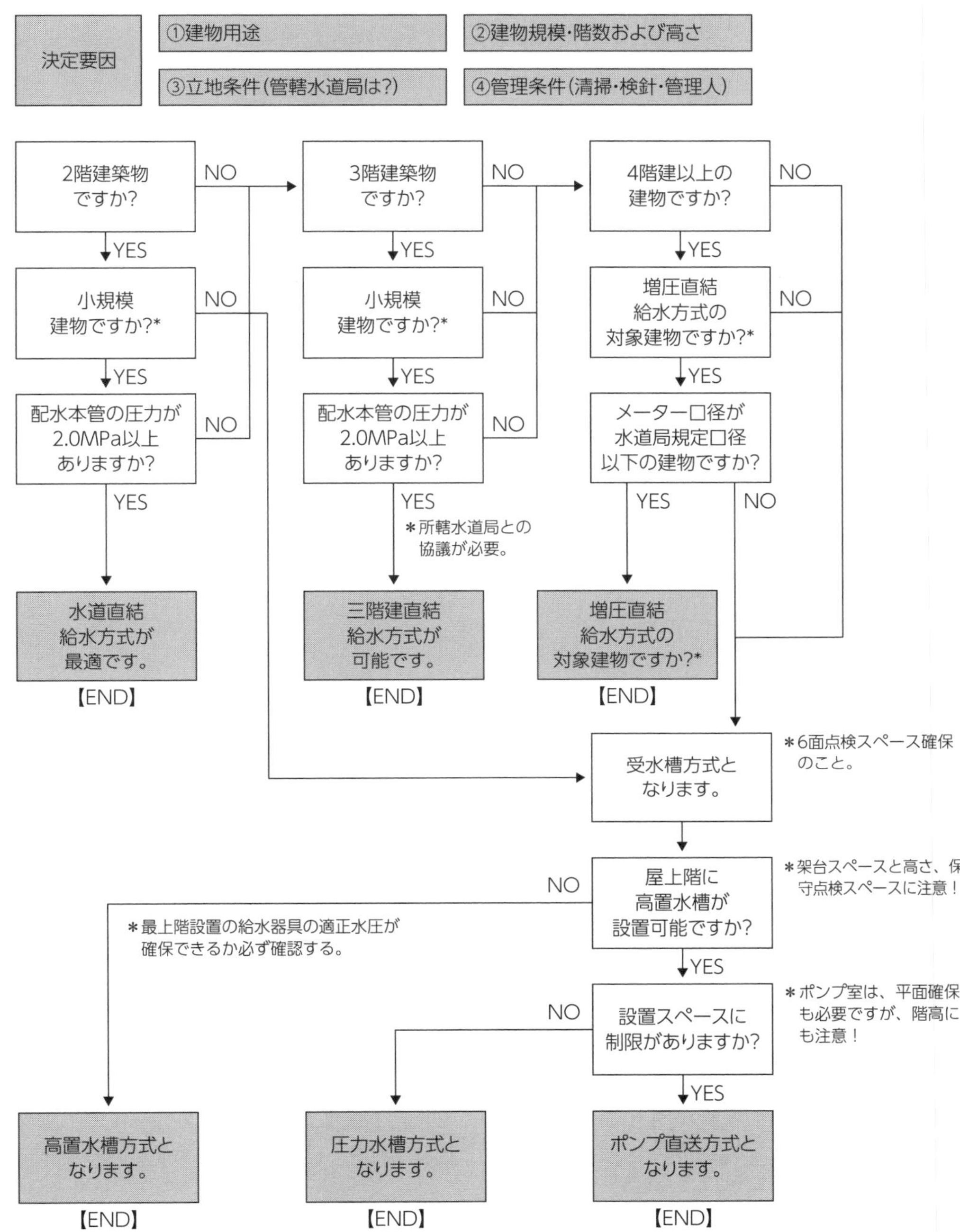

＊小規模建物とは、また増圧直結給水方式の対象建物とは？
・３階建て以下の住宅および店舗併用住宅とします。
・給水管取出し口径は、50mm以下とします。ただし所轄水道局により異なります。
・所轄の水道局に指導要綱がありますので必ず事前に協議してください。

図2-13 給水方式の選定基準

2-6 給水方式の決定

検討項目すべてに納得できる方式を決定する

▶ **Point**

- ▶ 断水時、停電時の給水状況をよく熟知してください。
- ▶ 方式によっては、設置スペースや建築意匠への影響もあります。
- ▶ 設備費と維持管理費も考慮してください。

水道直結給水方式

水道本管の水圧を利用して供給します。受水槽を介さずに供給するので衛生的です。ただし、断水時には供給不可能となります。また、水道本管の水圧の変動にともない、供給圧力も変動します。

一般には2階までですが、条件によっては3階まで直結方式が可能な場合がありますので、所轄の水道局に確認が必要です。メンテナンスは不要です。

増圧直結給水方式

水道本管から分岐した給水管の途中に、本管の圧力を増幅するための設備である水道直結増圧ポンプを設置することで、水道本管の圧力では給水できない高さへの供給を可能とします。水道本管内の圧力範囲内の使用であれば、ポンプは作動しませんので省エネになります。

ただし、水を貯留しませんので、断水時や停電時には供給できません。年1回のメンテナンスが必要です。

受水槽方式

水道本管からの水を受水槽にいったん貯留し、揚水ポンプで屋上設置の高置水槽へ揚水し、自然重力にて必要給水個所へ供給する高置水槽方式です。

受水槽から加圧給水ポンプによる加圧方式で供給する圧力水槽方式と、ポンプ直送方式があります。断水などの非常時でも、受水槽等に貯留されている水が使用できます。受水槽や高置水槽の大きさ（容量）は事前に所轄水道局と協議して決めます。

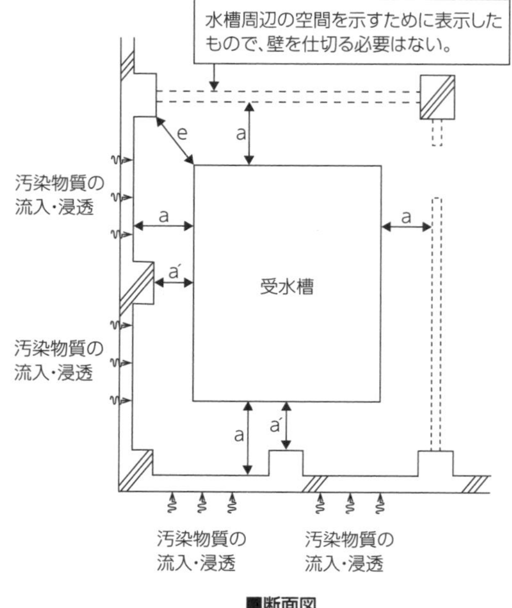

図2-14 6面点検スペース（平面図）

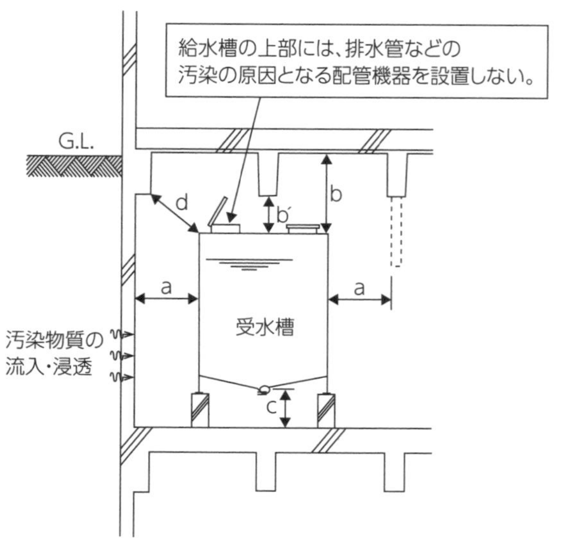

図2-15 6面点検スペース（断面図）

設置スペースやメンテナンススペースの確保が必要です(6面点検スペース)。メンテナンスは必要です。a・c ≧ 600m, b ≧ 1000m, a', b', c', d', e'は保守点検に支障のない距離とします。

表2-4 各給水方式の特徴

項目 ＼ 給水方式	水道直結方式		受水槽方式		
	水道直結給水方式	増圧直結給水方式	高置水槽方式	圧力水槽方式	ポンプ直送方式
水質汚染の機会	◎	◎	△	○	○
	極少	極少	受水槽と高置水槽があるため比較的高い	高置水槽方式より少ない	高置水槽方式より少ない
給水圧力の変化	△	◎	◎	△	◎
	水道本管の水圧に左右される	一定	一定	圧力水槽の出口側に圧力調整弁を設置しないと水圧の変化は大きい	一定
断水時の給水	×	×	○	△	△
	不可能	不可能	受水槽と高置水槽の残量分が給水可能	受水槽の残量分が給水可能	受水槽の残量分が給水可能
停電時の給水	◎	△	△	×	×
	関係なし	ただし、本管の水圧分は利用できる	高置水槽の残量分が給水可能	不可能	不可能
受水槽・ポンプ室等のスペース	◎	○	○	△	○
	関係なし	増圧給水ポンプのスペースが必要	受水槽・揚水ポンプのスペースが必要	受水槽・給水ポンプ・圧力水槽のスペースが他の方式より余分に必要	受水槽・給水ポンプのスペースが必要
高置水槽スペース	◎	◎	×	◎	◎
	必要なし	必要なし	必要	必要なし	必要なし
建築意匠への影響	◎	○	×	○	○
	影響なし	影響少ない	影響あり	影響少ない	影響少ない
建築構造への影響	◎	◎	×	○	○
	影響なし	影響なし	影響あり	影響少ない	影響少ない
適合建物の規模	小規模建物に最適	10階建て程度の中規模建物に最適	中規模から大規模建物に適合	小規模から大規模建物に適合	小規模から大規模建物に適合
設備費	1	1	3	2	3
	機器がないため最も安い	ポンプのみで、その他の機器がないため比較的安い	機器類の設備費が高くなる	小規模であれば設備費は安い	給水ポンプの設備費が高い
維持管理	1	1	2	3	3
	機器がないため最も容易	機器が少ないため比較的容易	水槽の清掃に手間がかかる	圧力水槽の空気補給が必要	制御機器が多く点検管理が複雑

＊◎、○、△、×は◎を最も有利とし、×を最も不利とする。
＊数字の1、2、3は、数が少ないほうが有利なことを示す。

2-7 給水量の算定

算定には、人数法、器具数法、建物延べ面積法がある

Point

- 建物用途から使用給水量を決めます。
- 時間帯や季節によっても使用給水量は異なります。
- 1日給水量、時間平均使用量から機器容量の算定を行います。

給水量の算定

建物の給水設備を設計する場合、その建物で使われると予想される水使用量を予測する必要があります。その給水量の予想には、建物の利用人数から算出する方法、建物内に設置する水使用器具の数から算出する方法、建物の延べ面積から算出する方法の3つがあります。

水の使用量は、使用者の習慣や使用目的などによって異なり、同じ器具でも使用量は一定ではなく、建物用途によっては利用人数も変動するため、平均値としてまとめられている使用水量の実績値をそのまま使用することは危険であり、ある程度の余裕を見込んだ設計用単位給水量を用いて算出します。

建物利用人員法による算出

建物の利用人員に1人当たりの使用水量を乗じて給水量を算出するものです。

利用人員は、学校や劇場など定員が明確な場合には定員と常勤者数を、定員が不明な場合は、建物の延べ面積や建物内の各室の面積から、使用目的による1人当たりの専有面積によって利用人員数を計算します。

またホテルや病院の場合には、ベッド数のほか宿泊・入院者以外の外来利用者の人員数も面積などから計算します。

器具数法による算出

設置する水使用器具の種類と数によって設計用給水量を算出するもので、主として給水管の管径を求める場合に使用します。一般に下記のような方法が用いられています。

水使用時間率と器具給水単位による方法

設置される器具数のうち、同時に使用される最大同時使用器具数を求め、器具1個当たりの流量を乗じて瞬時最大負荷流量を算出します。

器具給水負荷単位法

各種器具ごとにそれぞれの単位給水流量、使用頻度や同時使用率を考慮した数値を定め（給水負荷単位という）、設置する器具の合計給水負荷単位を求め、図表より同時使用流量を算出します。

建物延べ面積による算出

建物種類別の単位面積当たりの水使用量に建物面積を乗じて使用水量を算出します。

単位面積当たりの水使用量は実績値を使用しますが、建物の計画初期において概略的な数値を知る方法として用いられる場合が多いです。

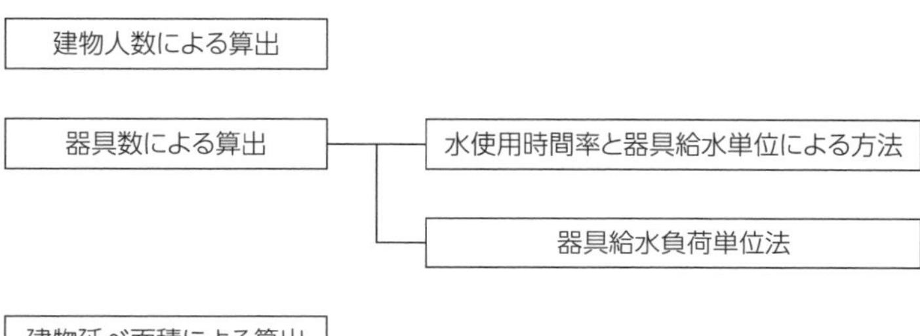

図2-16 給水量の算定方法いろいろ

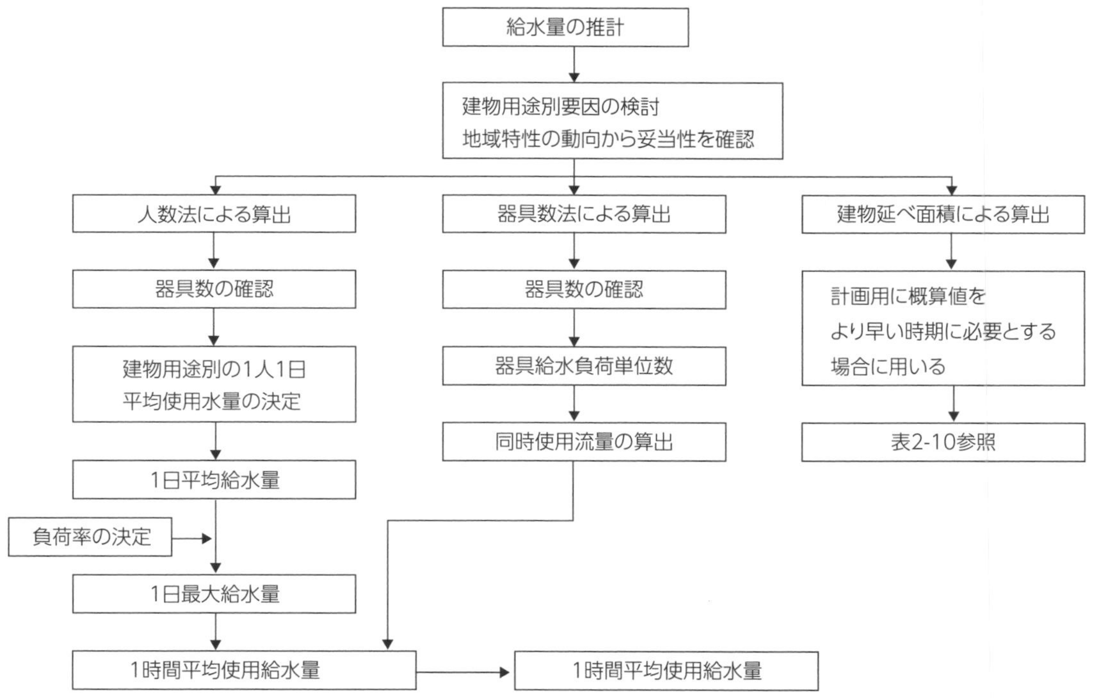

図2-17 給水量算出フローシート

2-7 給水量の算定

2-8 給水人員の算定

各建物種類別の有効面積当たり人員により算出する

▶ **Point**

▶ 設計に際しては、所轄の水道局との協議を忘れずに行いましょう。
▶ 建物種類に該当がない場合は、類似建物を参照してください。
▶ 建物の実態をよく調査して適切量を算出してください。

給水人数の算定

給水人員は、一般に次の表2-5および表2-6を用いて各建物別の有効面積当たり人員により算出します。表はあくまで参考数値ですので、設計に際しては実態をよく調査するか、所轄の水道局と協議のうえ決定してください。

この場合の有効面積とは、建築延べ面積から便所や廊下部分等を差し引いた部分のことです。有効面積率〔%〕を乗じた面積に、有効面積当たり人員を乗じると、給水人員を求めることができます。

算定する場合の資料としては、所轄水道局の指導要綱に基準や指導があります。多くの場合「空気調和・衛生工学便覧」に準じている場合が多いです。官公庁建物は「国交省・建築設備設計基準」に準じてください。

それでも不明の場合は、し尿浄化槽の「処理対象人員算定基準表(JIS A 3302)」を参考としてください。

表2-5 建物の用途による1人当たりの使用水量・使用時間

建築用途	使用者種別	使用者数算出方法	1人1日平均使用水量〔L/日・人〕	1日平均使用時間〔h〕	備　考
図書館	延べ閲覧者	同時に収容し得る人員×(3～5)	10	5	閲覧者0.3～0.5人/m^2。
	職員	実数又は同時に収容し得る人員×(5～10%)	10	5	事務室・目録室・その他作業室0.15～2.0人/m^2。
研究所	職員	実数	100	8	実験用水等は別途加算。
公会堂・集会場	延べ利用者	定員×(2～3)	30	8	定員：椅子の場合1～2人/m^2、立席の場合2～3人/m^2、集会場(談話室) 0.3～0.5人/m^2。
	職員	実数または定員の2～3%	100	8	
観覧場・競技場・体育館	観客	定員	30	5	定員：観覧場0.25人/m^2、競技場で椅子席1～2人/m^2、立見席2～3人/m^2、体育館(小・中学校) 0.33人/m^2。
	選手・職員	実数	100	5	
劇場	観客	定員×2	50	10	
	出演者・職員	実数	100	10	
映画館	観客	定員×4	25	12	
	職員	実数	100	12	

＊事務室には、社長室、秘書室、重役室、会議室、応接室を含む。
＊備考欄に注意書きのある場合をのぞいて、冷却塔補給水・厨房使用水量を別途加算する。
＊管理人が常駐している場合は加算する。使用水量等は共同住宅の値を準用する。

表2-6 建物種別単位給水量・使用人数・人員一覧

(空気調和・衛生工学便覧13版)

建物種類	単位給水量〔L/日〕	使用時間〔h/日〕	注　記	有効面積当たりの人員など	備　考
戸建て住宅	200〜400	10	居住者1人当たり	0.16人/m^2	
集合住宅	200〜350	15	居住者1人当たり	0.16人/m^2	
独身寮	400〜600	10	居住者1人当たり	0.2人/m^2	
官公庁・事務所	60〜100	9	在勤者1人当たり	0.2人/m^2	男子50L/人、女子100L/人。社員食堂・テナントなどは別途加算。
工場	60〜100	操業時間+1	在勤者1人当たり	座作業0.3人/m^2 立作業0.1人/m^2	男子50L/人、女子100L/人。社員食堂・シャワーなどは別途加算。
総合病院	1500〜3500L/床 30〜60L/m^2	16	延べ面積1m^2当たり		設備内容により詳細に検討する。
ホテル全体	500〜600L/床	12	延べ面積1m^2当たり		同上
ホテル客室部	350〜450L/床	12			客室部のみ。
保養所	500〜800L/人	10			
喫茶店	20〜35L/客 55〜130L/店舗m^2	10		店舗面積には厨房面積を含む	厨房で使用される水量のみ。便所洗浄水などは別途加算。
飲食店	55〜130L/客 110〜530L/店舗m^2	10		店舗面積には厨房面積を含む	定性的には、軽食・そば・和食・洋食・中華の順に多い。
社員食堂	25〜50L/食 80〜140L/食堂m^2	10		店舗面積には厨房面積を含む	定性的には、軽食・そば・和食・洋食・中華の順に多い。
給食センター	20〜30L/食	10		店舗面積には厨房面積を含む	定性的には、軽食・そば・和食・洋食・中華の順に多い。
デパート・スーパーマーケット	15〜30L/m^2	10	延べ面積1m^2当たり		従業員分・空調用水を含む
小・中・普通高校	70〜100L/人	9	(生徒+職員)1人当たり		教師・従業員分を含む。プール用水(40〜100L/人)は別途加算。実験・研究用水は別途加算。
大学講義棟	2〜4L/m^2	9	延べ面積1m^2当たり		教師・従業員分を含む。プール用水(40〜100L/人)は別途加算。実験・研究用水は別途加算。
劇場・映画館	25〜40L/m^2 0.2〜0.3L/人	14	延べ面積1m^2当たり 入場者1人当たり		従業員分・空調用水を含む。
ターミナル駅	10L/1000人	16	乗降客1000人当たり		列車給水・洗車用水は別途加算。
普通駅	3L/1000人	16	乗降客1000人当たり		従業員分・多少のテナント分を含む。
寺院・教会	10L/人	2	参会者1人当たり		常住者・常勤者分は別途加算。
図書館	25L/人	6	閲覧者1人当たり	0.4人/m^2	常勤者分は別途加算。

*冷却水を必要とする冷房用あるいは厨房用冷凍機がある場合には、13L/min・RSRt(冷却塔を使用する場合には、これの2%、0.26L/min・USRt)程度の冷却水が必要。
*給水量および給水人員の算定にあたっては、所轄の水道局の指導や基準があるので、必ず協議をし指導を受けなければならない。

2-9 人数算定法による予想給水量の算定

算定公式を理解して算出してください

Point

- 建物用途の異なる複合建物の場合は、その用途ごとに求め合計します。
- 適量の算出を。多ければ死水に、少なければクレームが発生します。
- 誰が何の目的で何時、どの位使用するのかを算定しなければなりません。

人数算定法による予想給水量の算定の手順

給水用機器あるいは配管などの容量を決定するには、建物において水がどのような状態で使用されるかを想定する必要があります。手順は以下の通りで、①～⑩の順で計算していきます。

①対象人員の算定

計算 2-1	計算例
N=A×k×a N：給水人員〔人〕 A：建物延べ面積〔m^2〕 k：延べ面積に対する有効面積の割合〔%〕 a：有効面積当たりの人員〔人/m^2〕 ＊事務所、学校、百貨店のk値＝55～70%程度	建物の用途＝ 事務所 A＝ 1000 m^2 k＝ 70 % a＝ 0.2 人/m^2 ∴ N＝ 140 人

②1日当たりの給水量の算定

計算 2-2	計算例
Qd＝N×Q＋r Qd：1日当たりの給水量〔L/日〕 N：給水人員〔人〕 Q：1人1日当たりの給水量〔L/人・日〕 r：空調用機器類等の補給水〔L/日〕	N＝ 140 人 Q＝ 120 L/人・日 r＝ 0 L/日 ∴ Qd＝ 16800 L/日

③時間平均給水量の算定

1日当たりの給水量を1日平均使用時間で割った値を時間平均予想給水量といいます。

計算 2-3	計算例
$Qh = \frac{Qd}{T}$ Qh：時間平均給水量〔L/h〕 Qd：1日当たりの給水量〔L/日〕 T：1日平均使用時間〔h〕	Qd＝ 16800 L/日 T＝ 10 h ∴ Qh＝ 1680 L/h

④時間最大給水量の算定

計算 2-4	計算例
Qmh＝Qh×K1 Qmh：時間最大給水量〔L/hr〕 Qh：時間平均給水量〔L/hr〕 K1：余裕率 ＊通常は1.5～2。	Qh＝ 1680 L/hr K1＝ 2.0 ∴ Qmh＝ 3360 L/hr

⑤瞬時最大給水量の算定

計算 2-5	計算例
$QP = Qmh \times \frac{K2}{60〔min〕}$ QP：瞬時最大給水量〔L/min〕 Qmh：時間最大給水量〔L/hr〕 K2：余裕率 ＊通常は1.5～2。	Qmh＝ 3360 L/hr K2＝ 1.5 ∴ QP＝ 84 L/min

⑥空調用冷却塔補給水量の算定

計算 2-6	計算例
Qr＝K×L×RT×60 Qr：空調用冷却塔補給水量〔L/hr〕 K：補給水係数（0.015～0.02） L：冷却水循環水量〔L/minUSRT〕 RT：冷凍能力〔USRT〕 ＊Lの値は⑦より求める。 ＊RTの値は⑧より求める。	K＝ 0.015 L＝ 17 L/minUSRT RT＝ 50 USRT ∴ Qr＝ 765 L/hr

⑦冷却水循環水量の算定

計算 2-7	計算例
圧縮式冷凍機：13.0 〔L/minUSRT〕 一重効用吸収式冷凍機：17.0 〔L/minUSRT〕 二重効用吸収式冷凍機：17.7 〔L/minUSRT〕	採用機種＝ 一重効用吸収式冷凍機 冷却水循環水量L＝ 17.0 L/minUSRT

⑧冷凍能力（概算）の算出

計算 2-8	計算例
RT＝空調面積〔m^2〕×150～200〔kcal/h・m^2〕×1.1／3024〔kcal/USRT〕 RT：冷凍能力〔USRT〕	空調面積＝ 1000 m^2 単位負荷＝ 150 kcal/h・m^2 ∴ RT＝ 54.6 USRT

⑨自家発電機用冷却水量（放流の場合）

計算 2-9	計算例
Qe＝30～40〔L/KVA・h〕×発電機出力〔KVA〕 Qe：冷却水量〔L/hr〕	放流の場合＝ 30 L/KVA・h 発電機出力＝ 120 KVA ∴　Qe＝ 3600 L/hr

⑩プールの補給水

計算 2-10	計算例
Qf＝プール容積〔m^3〕×K4 Qf：プールの補給水〔m^3/日〕 K4：余裕率（通常は0.05～0.2）	プール容積＝ 320 m^3 K4＝ 0.05 ∴　Qf＝ 16 m^3/日

2

給水設備

2-10 器具数法による予想給水量の算定

人員が算出不可能な場合は、器具数によって求める

▶ **Point**

- ▶ 人員算定法より器具類の使用状況を適切に把握しなければなりません。
- ▶ 器具の同時使用率は実態に即して考慮してください。
- ▶ 器具の中には、節水器具もあります。実態にあった数量を算定しましょう。

器具数法による給水量の算定の手順

①施設で計画された衛生器具類を種別に拾い出します。

②衛生器具類別にそれぞれの使用水量を算定します。

計算 2-11	計算例
qhm = Qg × F × P ＊衛生器具類別に算定します。 qhm：時間最大予想給水量〔L/h〕 Qg：器具の使用水量（瞬時最大流量）〔L/min〕 F：器具数〔個〕 P：器具の同時使用率〔%〕（表2-8参照）	器具名＝ 大便器（FV） Qg＝ 110 L/min 器具数F＝ 20 個 P＝ 44 % ∴ qhm＝ 968.0 L/h

③衛生器具別にそれぞれの使用水量（瞬時最大流量）を合計します。

④空調設備等のある場合は、「2-9 人数算定法による予想給水量の算定」の手順にしたがってください。

⑤　P.43⑥ ～ P.44⑩の水量を加算します。

表2-7 各種衛生器具・水栓の流量および接続管口経

（HASS 206 給排水設備基準・同解説）

器具種類	1回当たり所要量〔L/回〕	1時間当たり使用回数〔回/h〕	瞬時最大流量〔L/min〕	1回分の給水時間〔sec/回〕	給水接続枝管径〔mm〕	備　考
大便器（洗浄弁）	15	6～12	110	8.2	25	平均15L/回/10sec
大便器（洗浄タンク）	15	6～12	10	60	13	
小便器（洗浄弁）	5	12～20	30	10	20	平均5L/回/6sec
小便自動（洗浄タンク）2～4人	9～18	12	8	300	13	小便器4.5L/個/回
小便自動（洗浄タンク）5～7人	22.5～31.5	12	10	300	13	
手洗器	3	12～20	8	18	13	
洗面器	10	6～12	10	40	13	
流し類（1/2水栓）	15	6～12	15	60	13	
流し類（3/4水栓）	25	6～12	25	60	20	
洋風浴槽	125	3	30	250	20	
シャワー	24～60	3	12	120～300	13～20	水量は種類により異なる
和風浴槽	容量による		30		20	
吹上げ水飲み器			3		13	
散水栓			20～50		13～20	

＊大便器（洗浄弁）の場合、最上階等の圧力の低い箇所では、接続管の管径を32mm以上とする。

同時使用率とは

建物施設には、多種な器具が多数使用されますが、これらが同時に全部使用されることはありません。器具の個数に応じて同時に使用される割合を同時使用率といいます。

表2-8および表2-9を参照のこと。

表2-8 同時使用率（一般器具、洗浄弁の入らない場合）

〔%〕

器具個数	0	1	2	3	4	5	6	7	8	9
0		100	100	80	75	70	65	61	58	55
10	53	52	51	50	49	48	47.2	46.4	45.6	44.8
20	44	43.6	43.2	42.8	42.4	42	41.6	41.2	40.8	40.4
30	40	39.8	39.6	39.4	39.2	39	38.8	38.6	38.4	38.2
40	38	37.8	37.6	37.4	37.2	37	36.8	36.6	36.4	36.2
50	36	35.9	35.8	35.8	35.7	35.6	35.5	35.4	35.4	35.3
60	35.2	35.1	35	35	34.9	34.8	34.7	34.7	34.6	34.6
70	34.5	34.5	34.4	34.4	34.3	34.3	34.2	34.2	34.1	34.1
80	34	34	33.9	33.9	33.8	33.8	33.7	33.7	33.6	33.6
90	33.5	33.5	33.4	33.4	33.3	33.3	33.2	33.2	33.1	33.1
100～149	−	−	−	−	−	−	−	−	−	33
150～199	−	−	−	−	−	−	−	−	−	32
200～349	−	−	−	−	−	−	−	−	−	31
350～	−	−	−	−	−	−	−	−	−	30

データ：『実用空調・衛生設備設計データブック』（大成建設）

表2-9 同時使用率（洗浄弁使用の場合）

〔%〕

器具個数	1	2	3	4	5	6	7	8	9	10
同時使用率	100	100	55	45	40	35	31	28	26	24

器具個数	15	20	30	40	50	70	100
同時使用率	18	14	10	8	7	6	5

簡易概算給水量算出法（建物用途別延べ面積当たり給水量）

企画計画時の段階で各給水設備機器類の概略負荷を設定する際に、建築意匠設計者は、その後必要となる設置スペースや機械室等の面積をどれ程準備すればよいのかという情報を必要としています。そのような場合、より早く設備情報を提供するために簡易概算給水量算定法を用います。

建物延べ面積による算出

建物種類別の単位面積当たりの水使用量に建物面積を乗じて使用水量を算出します。単位面積当たりの水使用量は実績値を使用しますが、建物の計画初期において概略的な数値を知る方法として用いられる場合が多いです。

表2-10 建物用途別延べ面積当たりの給水量

建物用途	概算給水量〔L/d・m^2〕
事務所・官庁・銀行	11～12
シティホテル(客・従業員)	20～35
ビジネスホテル(客・従業員)	20～35
旅館(客・従業員)	20～30
図書館	3
デパート(客・従業員)	30～40
スーパー(客・従業員)	20～25
喫茶・パーラー(客)	200～300
飲食店・レストラン(客)	
集合住宅・住宅	1000～1200
映画館	18
劇場	16

建物用途		概算給水量〔L/d・m^2〕
学校	大学	8
	女子高校・女子大学	9
	高校	7
	中学校	12
	小学校	14
医院・診療所		10～15
病院	中規模	20
	大規模	25
	大学付属	30
クラブハウス・18ホール		90000～120000

＊空調用水量は別途加算する。

2-11 器具給水負荷単位とは

器具給水付加単位の概略

Point

- 各種給水器具において、使用頻度、時間、同時使用率を見込んで、給水流量を単位化したものが器具給水負荷単位です。
- 器具給水負荷単位と同時使用水量図から求めます。

器具給水単位とは

器具給水単位とは、洗面器の流し洗いの流量0.1MPaで14L/minを基準流量とし、これを給水単位1として、その他の器具の単位を決めたものです。

この方法から同時使用流量を求める方法は、使用する器具別に器具給水負荷単位を、公衆用と私室用別に設置数量を乗じ、負荷単位の合計をもとに、同時使用水量図から求めます。

器具給水負荷単位表に記載されていない器具を使用する場合は、当該する器具の数値を用います。

この方法で求めた流量は、管径等を決定する基礎となります。

器具給水負荷単位には、住宅および共同住宅用と、施設用のものとがあります。施設用の中には公衆用と私室用とに分類されています。

建物用途によって、その器具の給水負荷単位を選定します。

表2-11 住宅の器具給水負荷単位

器具設置場所	器具名	使用水栓類	器具給水負荷単位
便所	大便器	洗浄タンク	3
浴室	給水栓	胴長横水栓	2
	混合栓シャワー		2
台所	給水栓	自在水栓(単独用)	2
	給水栓+給湯栓		2
	混合栓	台付湯水混合栓	2
洗面所	洗面器(給水栓)	−	1
	洗面器(給水栓+給湯栓)	−	1
洗濯機置場	給水栓	ホーム水栓(単独)	1
	混合栓	湯水混合栓	1

表2-12 施設の器具給水負荷単位

器具名	使用水栓類	器具給水負荷単位	
		公衆用	私室用
大便器	洗浄弁	10	6
	洗浄タンク	5	3
小便器	洗浄弁	5	3
	洗浄タンク	3	2
洗面器	給水栓	2	1
手洗器	給水栓	1	0.5
医療用洗面器	給水栓	3	－
事務室用流し	給水栓	3	2
台所流し	給水栓	－	3
料理場流し	給水栓	4	2
	混合栓	3	－
食器洗い流し	給水栓	5	－
連合流し	給水栓	－	3
洗面流し	給水栓（水栓1個につき）	2	1
掃除流し	給水栓	4	2～3
浴槽	給水栓	4	2
シャワー	混合弁	4	2
ユニットバス	大便器が洗浄弁による場合	－	8
	大便器が洗浄タンクによる場合	－	6
水飲み器	水飲み水栓	2	1
湯沸器	ボールタップ	2	－
散水・車庫	給水栓	5	2

＊給湯栓併用の場合は、1個の水栓に対する器具給水負荷単位は上記の数値の3/4とする。

表2-13 器具の同時使用率

器具数／1器具種類	1	2	4	8	12	16	24	32	40	50	70	100
大便器（洗浄弁）	10	50	50	40	30	27	23	19	17	15	12	10
一般器具	100	100	70	55	48	45	42	40	39	38	35	33

器具給水負荷単位の合計数で同時使用流量が求められます。

表2-14 同時使用流量換算表（その1）

（ASPE）

流量〔L/min〕	給水負荷単位		流量〔L/min〕	給水負荷単位		流量〔L/min〕	給水負荷単位	
	洗浄タンク	フラッシュ弁		洗浄タンク	フラッシュ弁		洗浄タンク	フラッシュ弁
8	1		**108**	50		**163**	99	33
10	2		**110**	51	12	**164**	100	
11	3		**112**	52		**165**	101	34
15	4		**113**	53		**166**	102	
17	5		**114**	54	13	**166**	103	35
19	6		**115**	55		**167**	104	
23	7		**117**	56	14	**168**	105	36
25	8		**119**	57		**169**	106	
28	9		**121**	58	15	**170**	107	37
30	10		**123**	59		**171**	108	
32	11		**125**	60	16	**172**	109	38
34	12		**126**	61		**173**	110	
38	13		**128**	62	17	**174**	111	39
40	14		**129**	63	18	**175**	112	
42	15		**130**	64		**176**	113	40
45	16		**131**	65	19	**177**	114	41
47	17		**132**	66	20	**178**	115	42
49	18		**133**	67		**179**	116	
51	19		**135**	68		**180**	117	43
53	20		**136**	69	21	**181**	118	
57	21		**137**	70		**181**	119	44
59	22		**138**	71		**182**	120	
61	23		**138**	72	22	**183**	121	45
64	24		**139**	73		**184**	122	
66	25		**140**	74	23	**185**	123	46
68	26		**141**	75		**186**	124	
70	27		**142**	76	24	**187**	125	47
72	28		**143**	77		**188**	126	
74	29		**144**	78	25	**189**	127	48
76	30		**145**	79		**190**	128	
77	31		**145**	80		**192**	129	49
79	32		**146**	81		**193**	130	50
81	33		**147**	82		**194**	131	
83	34	5	**148**	83	26	**195**	132	
85	35		**149**	84		**196**	133	51
87	36	6	**150**	85	27	**196**	134	
88	37		**151**	86	28	**197**	135	52
90	38		**152**	87		**198**	136	
91	39	7	**153**	88	29	**198**	137	
92	40		**154**	89		**199**	138	53
94	41		**155**	**90**	30	**199**	139	
95	42	8	**156**	**91**		**199**	140	
97	43		**157**	**92**		**200**	141	54
98	44	9	**158**	**93**		**201**	142	
100	45		**158**	**94**		**202**	143	55
102	46	10	**159**	**95**	31	**203**	144	
103	47		**160**	**96**		**204**	145	56
105	48		**161**	**97**	32	**204**	146	57
106	49	11	**162**	**98**		**205**	147	

表2-15 同時使用流量換算表（その2）

(ASPE)

流量〔L/min〕	給水負荷単位		流量〔L/min〕	給水負荷単位		流量〔L/min〕	給水負荷単位	
	洗浄タンク	フラッシュ弁		洗浄タンク	フラッシュ弁		洗浄タンク	フラッシュ弁
206	148	58	**355**	348	214	**832**	1091	
207	149		**359**	353	218	**851**	1132	
208	150	59	**363**	359	223	**869**	1173	
208	151	60	**367**	365	228	**888**	1213	
209	152		**370**	370	234	**907**	1254	
210	153	61	**374**	375	239	**926**	1294	
211	154	62	**378**	380	245	**945**	1335	
212	155	63	**388**	393	257	**964**	1376	
213	156		**397**	406	270	**983**	1418	
213	157	64	**407**	418	282	**1002**	1459	
214	158		**416**	431	295	**1021**	1500	
214	159	65	**426**	443	312	**1040**	1541	
215	160	66	**435**	456	329	**1058**	1583	
219	165	69	**445**	467	347	**1077**	1625	
223	170	73	**454**	479	365	**1096**	1668	
227	175	76	**464**	492	380	**1115**	1711	
234	180	79	**473**	506	396	**1134**	1755	
235	185	82	**482**	519	413	**1153**	1800	
239	190	85	**491**	533	430	**1172**	1845	
242	195	88	**501**	546	445	**1191**	1885	
246	200	91	**511**	559	460	**1210**	1926	
250	205	95	**520**	572	475	**1230**	1972	
254	210	98	**529**	585	490	**1249**	2018	
257	215	102	**539**	598	505	**1267**	2064	
261	220	105	**548**	611	521	**1285**	2110	
265	225	108	**558**	624	540	**1304**	2157	
269	230	112	**567**	638	559	**1323**	2204	
272	236	116	**577**	652	577	**1342**	2251	
276	240	120	**586**	666	596	**1361**	2298	
280	245	124	**596**	679	613	**1380**	2343	
281	250	128	**605**	692	631	**1399**	2388	
287	254	132	**615**	705	648	**1418**	2434	
294	260	136	**624**	719	666	**1436**	2480	
295	264	140	**634**	733	683	**1455**	2527	
299	270	144	**643**	748	700	**1474**	2575	
302	275	148	**653**	763	719	**1493**	2622	
306	280	153	**662**	778	739	**1512**	2670	
310	284	158	**671**	793	757	**1531**	2717	
314	290	163	**680**	809	775	**1550**	2765	
317	294	168	**690**	824	793	**1569**	2813	
321	300	172	**700**	840	811	**1588**	2862	
325	305	176	**709**	857	830	**1607**	2911	
329	310	181	**718**	874	850	**1625**	2960	
332	315	186	**737**	909	890	**1644**	3010	
336	320	190	**756**	945	931	**1663**	3060	
340	326	195	**775**	981	970	**1682**	3105	
344	330	200	**794**	1018	1009	**1701**	3150	
348	337	205	**813**	1054	1050	**1796**	3385	
352	342	209	**823**	1072	1070	**1890**	3620	

硬質塩化ビニルライニング鋼管流量表・継手類および弁類の相当長

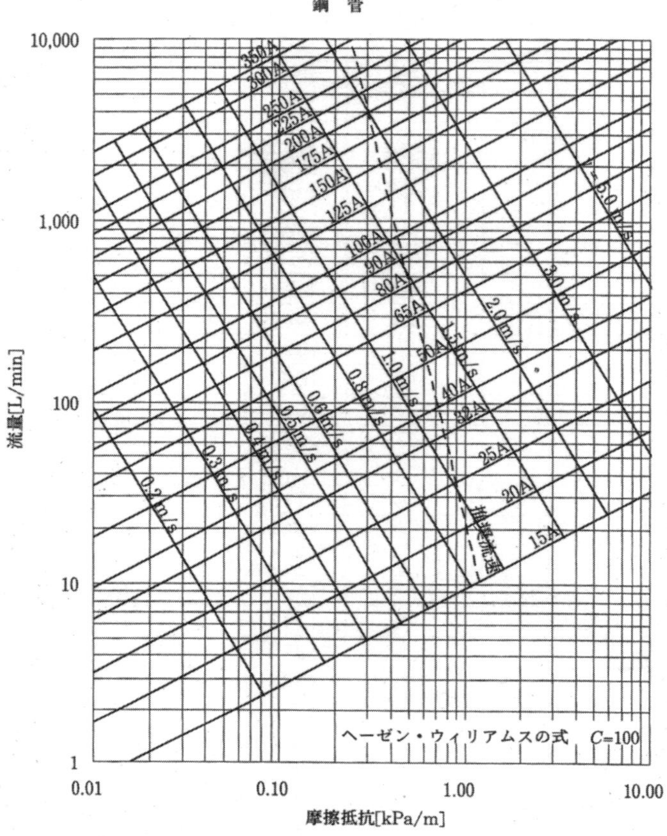

備考　この線図は、消火設備の配管には適用しない。

図2-18 配管摩擦抵抗線図

表2-16 局部抵抗の相当長

〔m〕

呼び径〔mm〕	90°エルボ	45°エルボ	90°T分流	90°T直流	仕切弁	玉形弁	アングル弁	逆止弁スイング型	逆止弁衝撃吸収式	Y形ストレーナー	ソケット
15	3	2.3	3.8	1.2	3.5	4.5	2.4	5.5		3.34	1
20	3.1	2.2	3.8	1.6	2.3	6	3.6	2.7		4.37	0.7
25	3.2	1.8	3.3	1.2	1.7	7.5	4.5	2.9		5.85	0.5
32	3.6	2.3	4	1.4	1.3	10.5	5.4	3.2		8.51	0.7
40	3.3	1.9	3.6	0.9	1.7	13.5	6.6	2.6	4.2	8.25	0.6
50	3.3	1.9	3.5	0.9	1.9	16.5	8.4	3.7	3.8	9.79	0.4
65	4.4	2.4	4.4	1.1	0.48	19.5	10.2	4.6	3.8	11.45	0.4
80	4.6	2.4	4.9	1.3	0.63	24	12	5.7	4	14.11	0.4
100	4.2	2.4	6.3	1.2	0.81	37.5	16.5	7.6	2	21.62	
125	5.1	3	7.5	1.5	0.99	42	21	10	2	31.57	
150	6	3.6	9	1.8	1.2	49.5	24	12	2	41.17	
200	6.5	3.7	14	4	1.4	70	33	15	2.8	54.83	
250	8	4.2	20	5	1.7	90	43	19	1.7	70.37	

＊フート弁は、アングル弁と同じとする。
＊ストレーナーは、スクリーン7メッシュ程度とする。
＊グレー部分は、管端防食機構付の値を示す。

ステンレス鋼管流量表・継手類および弁類の相当長

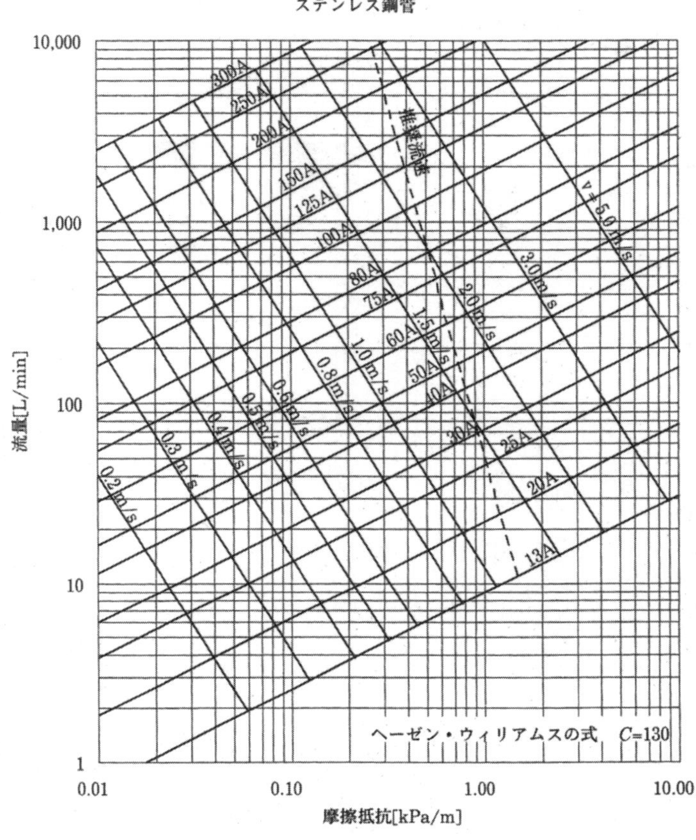

図2-19 配管摩擦抵抗線図

表2-17 局部抵抗の相当長

〔m〕

呼び径		90°エルボ	45°エルボ	90° T 分流	90° T 直流	仕切弁	玉形弁	アングル弁、フート弁、逆止弁(スイング型)	ソケット
Su	A								
13	13	0.3	0.18	0.45	0.09	0.06	2.27	2.4	0.09
20	20	0.38	0.23	0.61	0.12	0.08	3.03	3.6	0.12
25	25	0.45	0.3	0.76	0.14	0.09	3.79	4.5	0.14
40	32	0.61	0.36	0.91	0.18	0.12	5.45	5.4	0.18
50	40	0.76	0.45	1.06	0.24	0.15	6.97	6.8	0.24
60	50	1.06	0.61	1.52	0.3	0.21	8.48	8.4	0.3
75	65	1.21	0.76	1.82	0.39	0.24	10	10.2	0.39
80	80	1.52	0.91	2.27	0.45	0.3	12.12	12	0.45
100	100	2.12	1.21	3.18	0.61	0.42	19.09	16.5	0.61
125	125	2.73	1.52	3.94	0.76	0.52	21.21	21	0.76
150	150	3.03	1.82	4.55	0.91	0.61	25.45	21	0.91
200	200							33	
250	250							43	

＊仕切弁・玉形弁は、青銅鋳物製。
＊アングル弁・逆止弁は、50 A以下青銅鋳物、65 A以上鋳鉄製。

データ：『建築用ステンレス配管マニュアル』、ステンレス協会編

銅管流量表・継手類および弁類の相当長

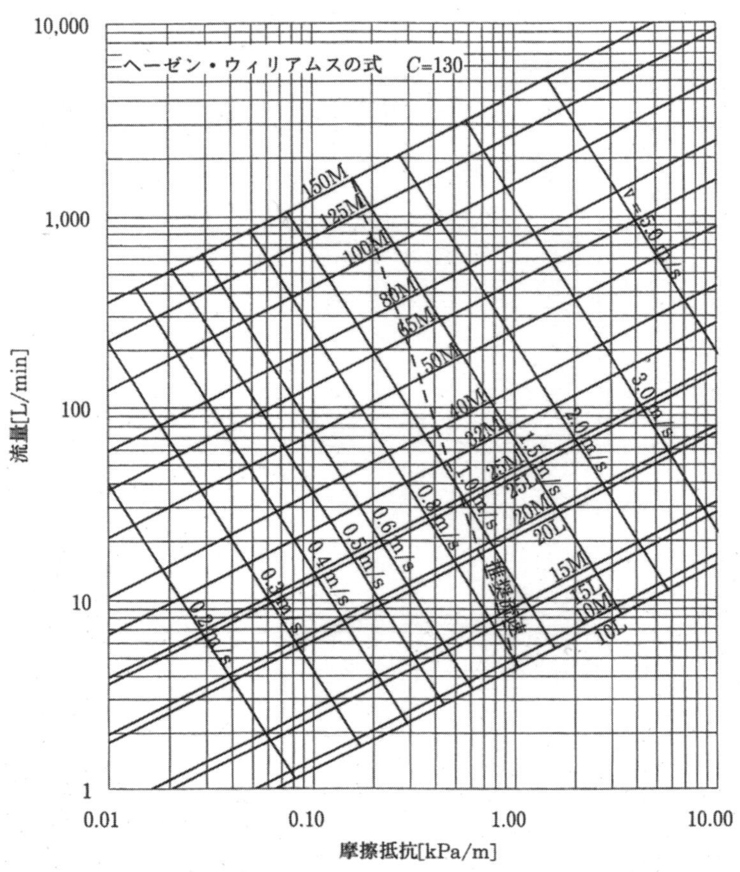

備考　使用区分
L：医療配管用
L、M：給排水、給湯、冷暖房、都市ガス用

図2-20 配管摩擦抵抗線図

表2-18 局部抵抗の相当長　〔m〕

管径〔mm〕	90°エルボ	45°エルボ	チー（直流）
10	0.2	0.2	0.2
15	0.3	0.18	0.09
20	0.38	0.23	0.12
25	0.45	0.3	0.14
30	0.61	0.36	0.18
40	0.76	0.45	0.24
50	1.06	0.61	0.3
65	1.21	0.76	0.39
80	1.52	0.91	0.45

硬質塩化ビニル管流量表・継手類および弁類の相当長

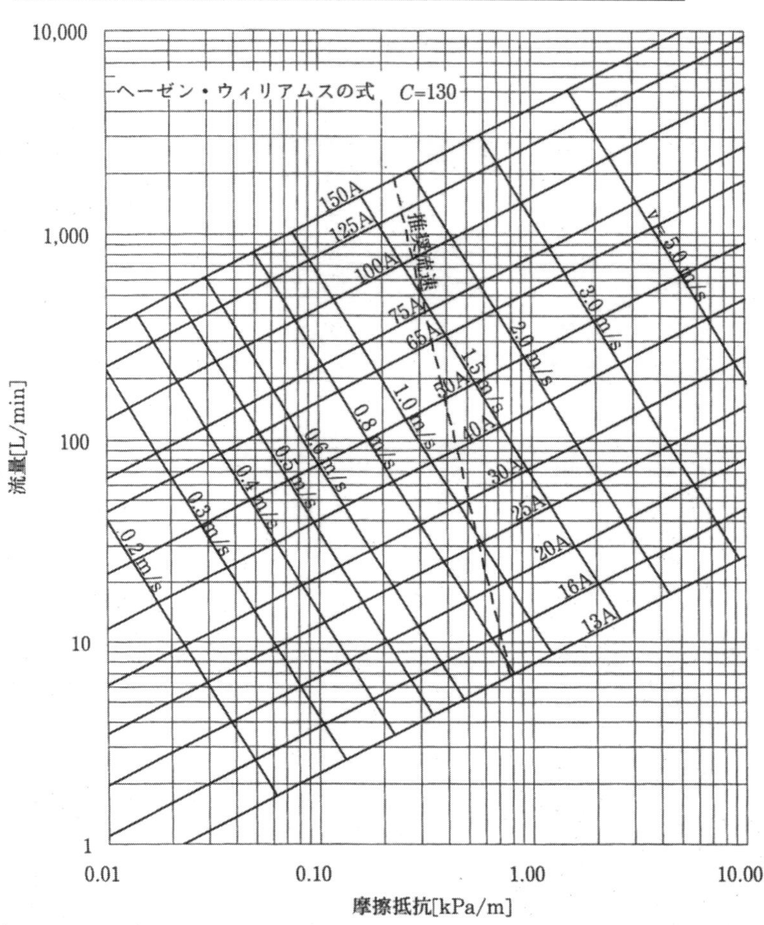

図2-21 配管摩擦抵抗線図

表2-19 局部抵抗の相当長

〔m〕

管径〔mm〕	90°エルボ	90°ベンド	45°エルボ	チー・径違いソケット	チー（分流）
13	0.5				0.5
16	0.5				0.5
20	0.5				0.5
25	0.5				0.5
30	0.8			1.0	1.8
40	0.8			1.0	1.8
50	1.2			1.5	2.7
75		1.5	0.8	2.0	2.0
100		2.0	1.0	3.0	3.0
125		3.0	1.5	5.0	5.0

＊チーおよび径違いソケットは、段落しされた側の呼び径とする。
＊チー分流は、90°エルボにチー（直流）を加えたものとする。

耐熱塩化ビニルライニング鋼管流量表・継手類および弁類の相当長

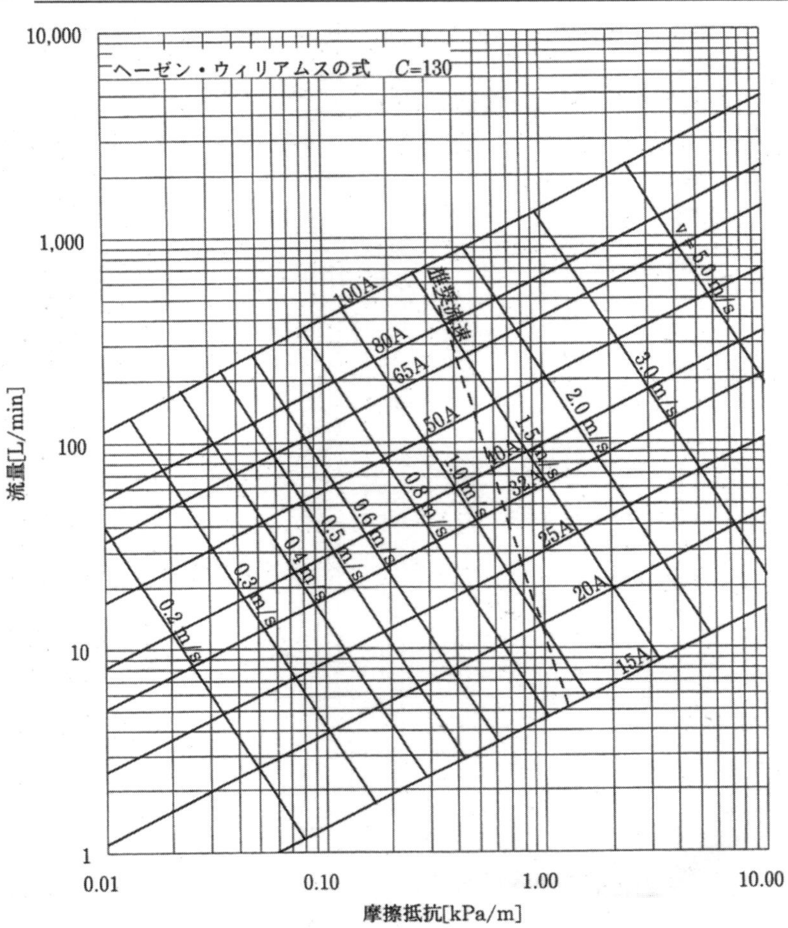

図2-22 配管摩擦抵抗線図

表2-20 局部抵抗の相当長

〔m〕

呼び径〔mm〕	90°エルボ	45°エルボ	90° T 分流	90° T 直流	仕切弁	玉形弁	アングル弁	逆止弁スイング型	逆止弁衝撃吸収式	Y形ストレーナー
15	1.6	0.8	1.8	0.6	14.2	4.5	2.4	14.2		4.25
20	1.8	0.9	2	0.6	4.2	6	3.6	4.9		3.22
25	2	1	2.2	0.5	2.4	7.5	4.5	2.9		3.38
32	2.2	1	2.5	0.5	3.2	10.5	5.4	3.8		5.52
40	2.5	1.2	2.8	0.6	2.5	13.5	6.6	2.7	4.2	6.25
50	2.8	1.3	3.1	0.6	2.1	16.5	8.4	5	3.8	6.64
65	2.8	1.5	4	0.7	0.48	19.5	10.2	4.6	3.8	11.45
80	3.3	1.8	5	0.8	0.63	24	12	5.7	4	14.11
100	4.2	2.3	6.8	1	0.81	37.5	16.5	7.6	2	21.62

＊フート弁は、アングル弁と同じとする。
＊ストレーナーは、スクリーン7メッシュ程度とする。
＊グレー部分は、管端防食機構付の値を示す。

ポリエチレン管流量表・継手類および弁類の相当長

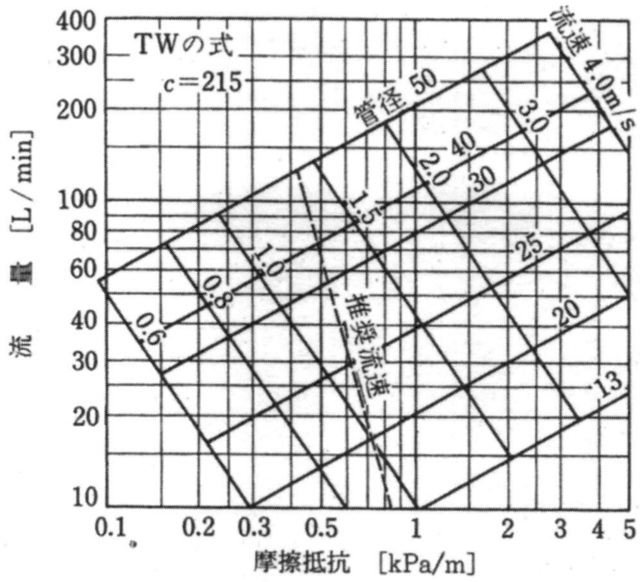

図2-23 配管摩擦抵抗線図

表2-21 局部抵抗の相当長

〔m〕

呼び径〔A〕	ソケット	エルボ	レジューサー	チーズ(直流)	チーズ(分流)
10	0.3	0.8	0.63	0.12	0.44
13	0.47	1.25	0.65	0.4	0.68
16	0.4	1.65	0.56	0.2	0.65
20	0.2	1.03	0.45	0.1	0.36
25	0.3	1.2	0.55	0.15	0.45

配管用炭素鋼鋼管流量表・継手類および弁類の相当長

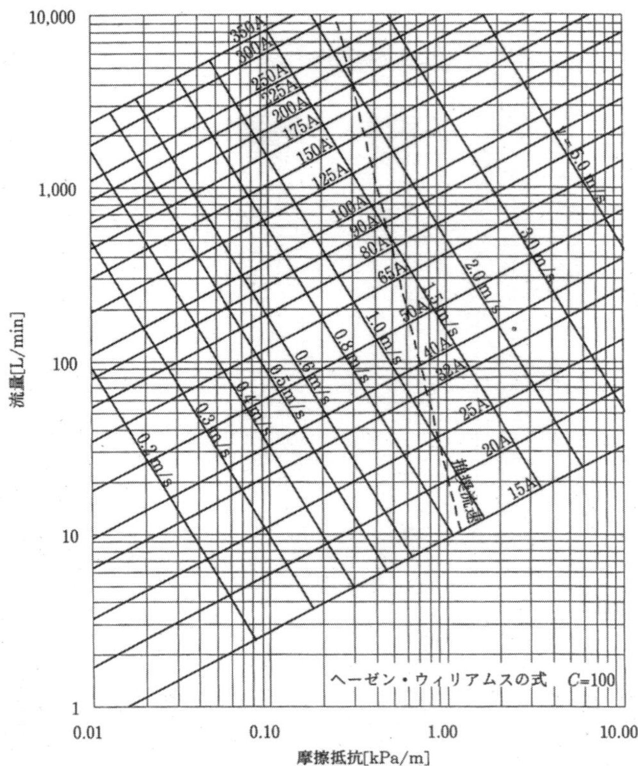

備考　この線図は、消火設備の配管には適用しない。

図2-24 配管摩擦抵抗線図

表2-22 局部抵抗の相当長

〔m〕

呼び径〔mm〕	90°エルボ	45°エルボ	90° T 分流	90° T 直流	仕切弁	玉形弁	アングル弁	逆止弁 スイング型	逆止弁 衝撃吸収式	Y形 ストレーナー
15	0.6	0.36	0.9	0.18	0.12	4.5	2.4	1.2		1.38
20	0.75	0.45	1.2	0.24	0.15	6	3.6	1.6		2.18
25	0.9	0.54	1.5	0.27	0.18	7.5	4.5	2		3
32	1.2	0.72	1.8	0.36	0.24	10.5	5.4	2.5		4.62
40	1.5	0.9	2.1	0.45	0.3	13.5	6.6	3.1	4.2	5.47
50	2.1	1.2	3	0.6	0.39	16.5	8.4	4	3.8	8
65	2.4	1.5	3.6	0.75	0.48	19.5	10.2	4.6	3.8	11.45
80	3	1.8	4.5	0.9	0.63	24	12	5.7	4	14.11
100	4.2	2.4	6.3	1.2	0.81	37.5	16.5	7.6	2	21.62
125	5.1	3	7.5	1.5	0.99	42	21	10	2	31.57
150	6	3.6	9	1.8	1.2	49.5	24	12	2	41.17
200	6.5	3.7	14	4	1.4	70	33	15	2.8	54.83
250	8	4.2	20	5	1.7	90	43	19	1.7	70.37

＊フート弁は、アングル弁と同じとする。
＊ストレーナーは、スクリーン7メッシュ程度とする。
＊この表は、消火設備の配管には適用しない。

2-12 受水槽容量の算定

所轄水道局により算定が異なるため、事前協議が必要

Point

- 1日当たり使用給水量の半日分が標準です。
- 計算算定値は、実容量ですので水槽の大きさの容量ではありません。
- 水槽本体の上部H＝300mm以上は空隙とします。

大規模建物の場合

大規模建物の受水槽容量は2-9および2-10で求めた、1日使用給水量、時間平均使用給水量から算出します。

大規模建物の場合は、1日当たりの給水量の半日分とします。計算式は以下の通りです。

計算 2-12	計算例
$Vs = Qd \times \frac{1}{2}$ Vs：受水槽の有効容量〔L〕 Qd：1日当たりの給水量〔L/日〕	Qd＝ 39850 L/日 ∴ Vs＝ 19925 L

中小規模建物の場合

1日当たりの給水量を1日の平均使用時間で割った時間平均使用給水量から貯蔵時間分を実容量とします。計算式は以下の通りです。

計算 2-13	計算例
$Vs = Qh \times t$ Vs：受水槽の有効容量〔L〕 Qh：時間平均給水量〔L/hr〕 t：貯蔵時間〔hr〕 ＊水道局により算定が異なる場合があるので、必ず事前協議が必要。	Qh＝ 3985 L/hr t＝ 4 hr ∴ Vs＝ 15940 L

受水槽設置について

受水槽設置については、給排水設備技術基準があり、保守・点検のためのスペース確保などが規定されています。6面に点検スペースを確保することが必要です。

受水槽と水道引込み管の関係

受水槽の実容量が決まった後、水道引込み管からの給水供給能力が供給可能かどうかをチェックする必要があります。

以下の2つの式の両者を満たさなくてはなりません。満たせない場合は、受水槽の容量を大きくするか、引込み給水管の管径を大きくして給水能力を大きくする必要があります。

計算 2-14	計算例
Vs≧Qd－Qs×T　・・・《1式》 Qs（24－T）≧Vs　・・・《2式》 Vs：受水槽の容量〔m^3〕 Qs：水道引込み管からの給水能力〔m^3/h〕 T：1日の平均使用時間〔h〕 Qd：1日の使用給水量〔m^3/日〕	Vs ＝ 16 m^3 Qd ＝ 39.85 m^3/日 Qs ＝ 7.2 m^3/h T ＝ 10 h 1式の判定 ＝ ○ 2式の判定 ＝ ○ 総合判定 ＝ ○

水槽容量と実容量

計算等で求めた水槽の容量は、実容量（有効容量）のことです。その実容量（有効容量）を入れる容器の容量が水槽の大きさとなります。各自治体の指導基準に、その有効率が示されています。

一般には、水槽上部にはH＝300mmの空隙（くうげき）を取ります。溢水口（いっすいこう）を取り付けるからです。このことにより、作業員の水槽内の閉じこもり事故も防ぐことができます。

また、「水槽下部にH＝200mmを有効容量には参入しないでください」と指導する行政もありますので注意してください。

水槽はあまり大きくしても、死水（たまり水）が発生してしまいますし、少ないと、ポンプ等の稼働率が増えて水槽内は常に空に近い状態となり安心できません。水槽の容量は適切な量としましょう。

受水槽に対する各自治体の指導基準

都市インフラの整備の状況により、各自治体では独自の貯水量容量の算定が異なります。設計当初の現地調査を行う時には所轄の水道局の指導にしたがいます。よって必ず事前協議を行ってください。表2-24に主な都市の指導基準を示します。

表2-23 受水層容量

設備項目	時間給水量〔L/h〕	貯蔵基準〔時間分〕	有効容量〔L〕	決定容量〔L〕	受水槽の大きさ〔m〕		
					H	W	D
受水槽の有効水量算定	2048	4	8192	9000	1.5	3.0	2.5
					2.0	2.5	2.5

＊計算値は参考例。

表2-24 受水槽に対する自治体の指導基準

公共団体	指　導　基　準
東京都	有効容量は、1日の使用量の4/10～6/10を標準とする。
川崎市	有効容量は、1日の使用量の4～6時間分を標準とする。
横浜市	容量は、1日最大使用量の8～24時間分の容量(高置水槽も含む)。
横須賀市	有効容量は、1日の使用量の6時間分以上とし使用状態および用途により決定する。
静岡市	有効容量は、1日の使用量の50%を標準とする。
名古屋市	受水槽・高置水槽を含めて、1日平均使用水量の半日分とする。
大阪市	1日当たり使用水量の半日分とする。
京都市	有効容量は、1日最大使用量の半日分から1日分までとする。
神戸市	有効容量は、時間最大使用量の4～6時間分を標準とする。
広島市	有効容量は、1日最大使用量の半日分から1日分までとする。
北九州市	設計水量の6～8時間分とする。
鹿児島市	1日使用水量の4～6時間分を標準とする。

＊水道局により算定が異なる場合があるので、事前協議は必ず必要。

受水槽設置については、「給排水設備技術基準」があり、保守・点検のためのスペース確保などが規定されています(6面点検スペース確保のこと)。

2-13 高置水槽容量の算定

受水槽と同様に、所轄水道局と協議して決定する

Point

- 時間最大予想給水量分を標準とします。
- 高置水槽の場合、容量と同様に架台の高さも十分に検討してください。
- 屋上設置が多いので、槽の材質にも注意しましょう。藻等の発生にも注意。

高置水槽容量の算定

1日予想給水量を1日の平均使用時間で割って求めた時間当たり平均使用量の1.5～2.0を、最大予想給水量といいます。その最大予想給水量分を高置水槽の容量とします。計算式は以下の通りです。

受水槽と同様に、所轄水道局の指導がありますので協議して決定してください。受水槽容量が不足する場合は、高置水槽容量を大きくする場合等もあります。

計算 2-15	計算例
Vh＝Qh×t Vh：高置水槽の有効容量〔L〕 Qh：時間最大予想給水量〔L/hr〕 ＊水道局により算定が異なる場合があるので、必ず事前協議が必要。 t：貯蔵時間〔h〕（通常は0.5～1.0）	Qh ＝ 3,985 L/hr t ＝ 1 h ∴ Vh ＝ 3,985 L

高置水槽容量と揚水ポンプの関係

高置水槽容量と揚水ポンプ能力との関係式です。

使用量が著しく大きくなった場合に、揚水ポンプの能力が対応できるかどうかをチェックする計算式です。水槽が空になってしまう前に揚水ポンプで満たすことができるかどうかがわかります。

計算 2-16	計算例
Vh＝(QP－QPu) TP＋QPu×TPr Vh：高置水槽の有効容量〔L〕 QP：瞬時最大予想給水量〔L/min〕 QPu：揚水ポンプの揚水量〔L/min〕 TP：瞬時最大予想給水量の継続時間〔min〕 TPr：揚水ポンプの揚水最短運転時間〔分〕 ＊TPの値は一般には30分程度。 ＊TPrの値は一般には10～15分程度。	QP ＝ 199 L/min QPu ＝ 120 L/min TP ＝ 30 min TPr ＝ 10 分 ∴ Vh ＝ 3,570 L 設置高置水槽容量 ＝ 3,985 L 判定 ＝ ○

2

給水設備

高置水槽に対する各自治体の指導基準

多くの自治体では、時間最大予想給水量分を標準としていますが、近年の災害対策としての指導もありますので、所轄の水道局との協議が必要です。主な都市の指導基準を次に示します。

受水槽設置については、「給排水設備技術基準」があり、保守・点検のためのスペース確保などが規定されています。

表2-25 高置水槽に対する各自治体の指導基準

公共団体	指　導　基　準
東京都	有効容量は、1日の使用量の1/10を標準とする。
川崎市	有効容量は、1日の使用量の30分～1時間分を標準とする。
横浜市	容量は、1日最大使用量の1時間分以上とする。
横須賀市	有効容量は、1日平均使用量の2時間分以上とする。
静岡市	容量は、1日平均使用量の20%（最大使用時間）を標準とする。
名古屋市	受水槽・高置水槽を含めて、1日平均使用水量の半日分とする。 高置水槽容量は、受水槽容量の1/2～1/4とする。
大阪市	1日当たり使用水量の1時間分とする。
京都市	有効容量は、時間最大使用量の1～2時間分とする。
神戸市	有効容量は、時間最大使用量の0.5～1時間分を標準とする。
広島市	高置水槽容量は、受水槽容量の1/2～1/4程度を標準とする。
北九州市	大規模の場合は時間最大使用量の1時間分以上、小規模の場合は2～3時間分とするのが普通である。
鹿児島市	受水槽と含めた考え方。

表2-26 高置水槽容量

設備項目	時間給水量〔L/h〕	貯蔵基準〔時間分〕	有効容量〔L〕	決定容量〔L〕	高置水槽の大きさ〔m〕		
					H	W	D
有効水量	2048	1	2048	2100	1.0	2.0	1.5
					2.0	1.5	1.0

＊計算値は参考例。

2-14 揚水ポンプの算定

高置水槽方式で、水を高い位置まで汲み上げるのが揚水ポンプ

Point

- 揚水ポンプの主流は、渦巻ポンプです。
- 渦巻ポンプには、ボリュートポンプとタービンポンプがあります。
- 一般に渦巻ポンプといえば低揚程用のボリュートポンプのことです。

揚水量の算定

揚水量は時間最大給水量に余裕率を含んだ量とします。計算式は以下の通りです。

計算 2-17	計算例
$QPu = K1 \times \frac{Qhm}{60}$ QPu：揚水ポンプの揚水量〔L/min〕 K1：時間最大給水量に対する割合(=1.1) Qhm：時間最大給水量〔L/hr〕 ＊直送ポンプ方式の場合は瞬時最大給水量以上とする。	K1 = 1.1 Qhm = 7970 L/hr ∴ QPu = = 146 L/min

全揚程の算定

揚水ポンプが水を汲み上げることができる高さの算定です。

実揚程(静水頭)とは、受水槽の水面から高置水槽の水面までの垂直距離(高さ)のことです。摩擦損失水頭とは、水と配管のあいだで摩擦が生じ、水の流れが妨げられた際の弁や管の継手などの抵抗を、水頭(水の高さ)に換算したものです。速度水頭とは、吐出し管内に流れる水の流速によって減少した水圧のことです。

計算 2-18	計算例
$H \geqq H1 + H2 + \frac{V^2}{2g}$ H：揚水ポンプの全揚程〔MPa〕 H1：揚水ポンプの実揚程〔MPa〕 H2：配管類・弁類の管摩擦損失水頭〔MPa〕 $\frac{V^2}{2g}$：吐出口における速度水頭〔MPa〕 V：管内流速〔m/sec〕 ＊Vの値は一般には2.0m/sec	H1 = 0.28 MPa H2 = 0.08 MPa $V^2/2g$ = 0.002 MPa ∴ H = 0.366 MPa

2 給水設備

所要動力の算定

電動機容量は、次の計算式によって求められます。

一般的に、揚水量と揚程を求めれば、メーカーカタログよりポンプを選定することができ、ポンプの電動機の容量(動力)もわかります。

計算 2-19	計算例
$P=0.163\times QPu\times\frac{H}{E}\times1.1$ P：電動機容量〔kW〕 QPu：揚水ポンプの揚水量〔m^3/min〕 H：揚水ポンプの全揚程〔m〕 E：ポンプ効率〔%〕	QPu＝ 0.146 m^3/min H＝ 37 m E＝ 0.36 % ∴ P＝ 2.69 kW 決定動力＝ 3.7 kW

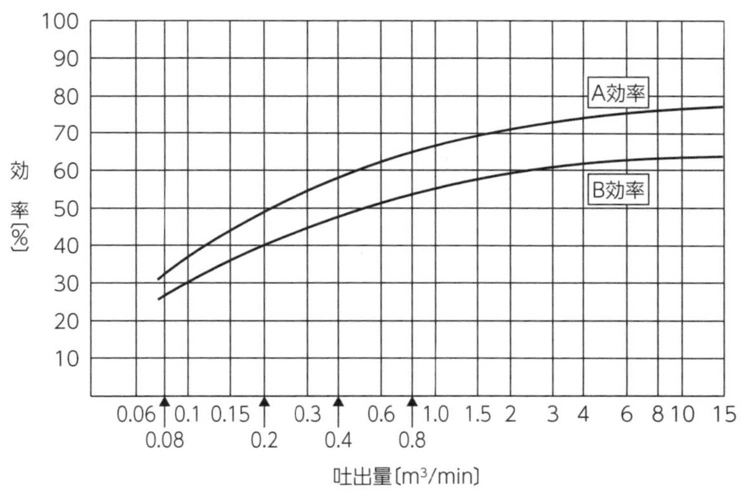

*ポンプ効率の最高値は、その吐出量における図のA効率以上でなければならない。
また、規定吐出量におけるポンプ効率は、図のB効率以上でなければならない。

図2-25 小型渦巻ポンプの効率

表2-27 ポンプ効率表 (JIS B 8319)

吐出量〔m^3/min〕	0.08	0.1	0.15	0.2	0.3	0.4	0.5	0.6	0.8	1.0	1.5	2.0	3.0	4.0
効率〔%〕	26.3	30.3	36.2	39.4	43.9	46.7	48.4	49.6	52.1	53.7	56.2	57.8	59.9	60.7

ポンプ口径の算定

所要動力と同様に、揚水量と揚程で、メーカーカタログよりポンプを選定すれば、ポンプ口径もわかりますが、下記の計算式でも求めることもできます。

この計算式では、使用する数値の単位に注意しましょう。求めたDの単位はmですので、1000倍してミリ換算します。

計算 2-20	計算例
$D=1.13\sqrt{\frac{QPu}{V}}$ D：ポンプ口径〔m〕 QPu：揚水ポンプの揚水量〔m^3/sec〕 V：管内流速〔m/sec〕 ＊Vの値は一般には1.5～2.0m/sec	QPu = 0.00243 m^3/sec V = 2 m/sec D = 0.039388 m ∴ D = 40 mm

ポンプ機器仕様の決定

前述で求めた揚水量、全揚程、電動機動力、口径に鑑み、メーカーカタログよりポンプの選定をします。

図面への表記の仕方

設計図書の機器表や計算書等は、下記の順序で表記します。

メーカーカタログのポンプ選定図の見方も習得してください。

口径〔ϕ〕×揚水量〔L/min〕×全揚程〔MPa〕×動力〔kW〕－台数〔運転方法〕

電動機特性について ―― 始動電流(A)

電動機モータが始動する瞬間に出すトルク(力)をいいます。全電圧始動(直入始動)では大きな始動電流が流れます。

このトルクより大きなトルクが必要な負荷は回すことができません。トルクとは、ねじりの強さ、ねじりモーメントともいいます。

単相＝始動入力〔KVA/kW〕×出力〔kW〕×1000/電圧〔V〕
三相＝始動入力〔KVA/kW〕×出力〔kW〕×1000/$\sqrt{3}$×電圧〔V〕

通常、3.7kWまでは直入、5.5kW以上は順次始動（人－⊿)とします。電動機の起動頻度にも、注意が必要です。メーカーに起動頻度の目安を確認しましょう。

水温と吸上げ高さの関係

小型ポンプの吸上げ高さは通常6.0mとされていますが、水温によっては問題となる場合があります。渦巻ポンプでの最大吸上げ高さを下表に示します。

表2-28 水温と吸上げ高さの関係

水の温度〔℃〕	0	20	50	60	70	80	90	100
理論上の吸上高〔m〕	10.3336	9.685	9.042	7.894	7.208	5.562	2.926	0
実吸上高〔m〕	7.0	6.5	4.0	2.5	0.5	0	-3	-7

ポンプ仕様の決定（揚水ポンプの場合）

表2-29 揚水量の算定

設備項目	最大給水量〔L/h〕	余裕率	揚水量〔L/min〕	決定揚水量〔L/min〕
揚水量	4000	1.2	80.0	80.0

＊計算値は参考例。

表2-30 揚程の算定

設備項目	余裕率	押上水頭〔m〕	管摩擦損失〔m〕	算定全揚程〔m〕	決定全揚程〔m〕
揚程	1.2	28	8.4	43.7	44.0

＊計算値は参考例。

表2-31 口径の算定

設備項目	適正許容吐出量範囲		算定吐出量〔L/min〕	口径判定〔φ〕	決定口径〔φ〕
	口径〔φ〕	〔L/min〕			
ポンプの口径	40	～150	80.0	○	40
	50	～300		○	
	65	～450		○	
	80	～600		○	

＊計算値は参考例。

表2-32 所要動力の算定

設備項目	定　数	揚水量〔m^3/min〕	全揚程〔m〕	ポンプ効率〔%〕	余裕率	算定動力〔kW〕	決定動力〔kW〕
所要動力	0.163	0.08	44.0	0.303	1.1	2.08	2.2

＊計算値は参考例。

表2-33 電動機特性

0.2	0.4	0.75	1.1	1.2	1.5	1.6	1.9	2.2	3.1	3.7	5.5	7.5	11	15	18.5
22	26	30	37	45	55	75	90	110							

＊計算値は参考例。

表2-34 揚水ポンプ仕様の決定

口径〔mm φ〕	揚水量〔L/min〕	揚程〔Mpa〕	所要動力〔kW〕	台数〔台〕	起動方式	運転方式
40	80.0	0.44	2.2	2	直入	自動交互

＊計算値は参考例。

2-15 給水ポンプユニット

受水槽を設置しポンプにて加圧給水する方式

Point

- 給水本管の圧力不足や口径不足で、直結給水方式が選べない場合に採用します。
- 断水時には、受水槽の貯水量が利用できます。
- 直結給水方式や増圧直結給水方式よりも給水引込口径を小さくすることができます。

給水ポンプユニットの算定手順

①給水負荷単位から給水負荷単位同時使用流量を求めます。
②全揚程の算出をします。
③所要動力、ポンプ口径は、メーカーカタログより求めます。

給水量の算定

給水量は、各器具の給水負荷単位を算出し、その単位数より同時使用流量を求めます。大便器等でフラッシュ弁を多く使用する場合と一般器具を使用する場合とでは、器具の同時使用率が異なりますのでご注意ください。

全楊程の算定

給水ポンプが水をくみ上げ、端末の使用する器具の最低必要圧力を確保できる水頭の算定です。実楊程の算出は、前述の揚水ポンプの算出と同じです。それらの摩擦損失水頭と、端末で使用する作動必要圧力を加え、安全率を加算して算出します。

所要動力の算定

電動機容量は、前述の揚水ポンプと同様ですが、一般にはメーカーカタログで給水量と全楊程からポンプを選定し、電動機の容量を求めます。

ポンプ口径の算定

所要動力と同様に、メーカーカタログからポンプを選定すれば、ポンプの口径も求めることができます。

その他の注意事項

電動機特性や水温と吸上げ高さの関係、図面への表記方法は、前述の揚水ポンプと同様です。

2-16 増圧直結給水方式の算定

水道直結直圧方式の量水器の後に、増圧ポンプユニットを設ける方式

Point

- 受水槽や高置水槽の設置が不要です。
- 貯水槽のスペースが不要なため、敷地を有効活用できます。
- 災害時や断水時には、貯留機能がないため断水します。

増圧給水設備の算定手順

まず、所轄水道局との協議が必要です。地域によっては採用できませんので注意してください。

①瞬時最大使用水量を算定します。
②増圧給水設備の上流側の損失水頭計算をします。
③逆流防止用機器の取付位置を上流側か下流側かを判断します。
④増圧給水設備の下流側の損失水頭計算をします。
⑤全揚程の算出します。

瞬時最大使用水量の求め方

算出法は多種ありますが、それぞれ所轄水道局と協議し指導を受けなければなりません。下表にて主な算定法を示します。

表2-35 瞬時最大使用水量の求め方　計算2-21

給水器具単位を用いて算定する法	一般的に多く採用している。集合住宅以外は、この方法で求めている。	
BL規格算定式	$Q = 42N^{0.33}$　10戸未満	
	$Q = 19N^{0.67}$　10戸以上50戸未満	
実態調査による算定式	東京都の場合	$Q = 26P^{0.36}$　1～30人の場合
		$Q = 15.2P^{0.51}$　31人～の場合
	川崎市の場合	東京都に準拠
	千葉県の場合	BL規格による
	横浜市の場合	BL規格による
	神奈川県水	BL規格による

全揚程(増圧ポンプの増圧分)の求め方

計算 2-22

■全揚程(増圧ポンプの増圧分)の求め方
P7－P8＝(P1＋P2＋P3＋P4＋P5＋P6)－P0

■逆流防止機器の取付け位置が上流側(吸込み側)の場合
P7＝P4＋P5+P6
P8＝P0－(P1＋P2＋P3)

■逆流防止機器の取付け位置が下流側(吐出側)の場合
P7＝P4＋P5＋P6＋P3
P8＝P0－(P1＋P2)

P0：配水小管(水道本管)の水圧
P1：配水小管と増圧給水設備との高低差
P2：増圧ポンプの上流側の給水管や給水器具等の圧力損失
P3：増圧ポンプの圧力損失
(逆流防止器器の圧力損失を含む)
P4：増圧ポンプの下流側の給水管や給水器具等の圧力損失
P5：末端最高位の給水器具を使用するために必要な圧力
P6：増圧ポンプと末端最高位の給水器具との高低差
P7：増圧ポンプの吐出圧
P8：ポンプ吸込み側有効圧力

増圧給水装置上流側の損失水頭の算定

増圧装置の上流側給水管の摩擦損失水頭の算出です(表2-37)。

使用管材別、口径別に直管および継手や弁類の摩擦損失を算定します。その結果、逆流防止機器の設置を上流側か下流側になるかを確認しながら算出します。その例を下記に示します。

増圧給水装置下流側の損失水頭の算定

増圧装置の下流側給水管の摩擦損失水頭の算出です(配管要素の直管相当管長)(表2-38)。

上流側の場合と同様に、使用管材別、口径別に直管および継手・弁類の摩擦損失を求めます。なお、逆流防止機器が下流側に設置する場合はここで算入します。

増圧給水装置機器の決定

前述で算出した増加圧力および瞬時最大給水量により使用メーカーの直結給水用増圧装置口径選定図を用いて選定します。

表2-36 増圧給水装置機器の決定

増圧給水装置上流側の損失水頭〔kPa〕	増圧給水装置下流側の損失水頭〔kPa〕	余裕率	全揚程〔kPa〕
122.26	218.97	1.1	375.36
			0.375MPa

＊計算値は参考例。

増圧給水装置機器の算定式

計算 2-23	計算例
$kW = (0.163 \times Q \times \frac{H}{\eta p}) \times 1.1$ kW：採用動力 定数：0.163 Q：給水量〔m^3/min〕 H：全揚程〔m〕 ηρ：ポンプ効率 余裕率：1.1	定数 ＝ 0.163 Q ＝ 0.12 m^3/min H ＝ 38 m ηρ ＝ 0.33 余裕率 ＝ 1.1 算定動力 ＝ 2.4776 kW 採用動力kW ＝ 3.7 kW

＊計算値は参考例。

2-16 増圧直結給水方式の算定

表2-37 増圧給水装置上流側の損失水頭の算定(配管要素の直管相当管長)

使用管材：ステンレス管

適用		口径/個数 種別	20	個	25	個	30	個	40	個	50	個	75	個
P2	配管摩擦抵抗によるもの	90°エルボ	0.38		0.45		0.61		0.76	3	1.06			
			0		0		0		2.28		0		0	
		45°エルボ	0.23		0.3		0.36		0.45		0.61			
			0		0		0		0		0		0	
		T（分流）	0.61		0.76		0.91		1.06	1	1.52			
			0		0		0		1.06		0		0	
		T（直流）	0.12		0.14		0.18		0.24	2	0.3			
			0		0		0		0.48		0		0	
		仕切弁 スリース弁	0.08		0.09		0.12		0.15	1	0.21			
			0		0		0		0.15		0		0	
		玉形弁 ストップ弁	3.03		3.79		5.45		6.97		8.48			
			0		0		0		0		0		0	
		アングル弁	3.6		4.5		5.4		6.8		8.4			
			0		0		0		0		0		0	
		逆止弁(スイング型)	3.6		4.5		5.4		6.8		8.4			
			0		0		0		0		0		0	
		フレキシブル継手ソケット	0.12		0.14		0.18		0.24	1	0.3			
			0		0		0		0.24		0		0	
		Y形ストレーナー	4.37		5.85		8.51		8.25		9.79			
			0		0		0		0		0		0	
			0		0		0		0		0		0	
		直管相当管長〔m〕 A	0.0		0.0		0.0		4.2		0.0		0.0	
		直管実長〔m〕 B							20					
		口径別総管長 C=A+B	0.0		0.0		0.0		24.2		0.0		0.0	
		標準水量〔L/min〕	35		54		90		150		250			
		摩擦損失水頭　D 〔kPa/m〕	2.2		1.5		1.1		0.95		1.5			
		損失水頭　E 〔kPa〕	0		0		0		0.229995		0		0	
	メーターバイパスユニット　F 〔kPa〕		－		38		22.5		17.2		17.6			
逆流防止機器の配管抵抗　G 〔kPa〕			60		60		60		60		65		65	
P1	配水小管と増圧給水装置との高低差 〔kPa〕		21.6											
上流側損失水頭合計　H〔kPa〕 管種：(ステンレス管)			Eの総計		Fメーター		G逆流防止		P1高低差				総計	
			0.23		17.20		60.00		21.60				122.26	
配水小管圧力　P0 〔kPa〕			逆流防止機器は、P0－H≧0は上流側に設置し、P0－H≦0は下流側に設置します。								200		差圧〔kPa〕 77.74	

＊計算値は参考例。

表2-38 増圧給水装置下流側の損失水頭の算定(配管要素の直管相当管長)

使用管材：硬質塩化ビニルライニング鋼管

適用		種別 ＼ 口径/個数	20	個	25	個	30	個	40	個	50	個	75	個
P2	配管摩擦抵抗によるもの	90°エルボ	0.5		0.5		0.8		0.8	3	1.2			
			0		0		0		2.4		0		0	
		45°エルボ	0		0		0		0		0			
			0		0		0		0		0		0	
		T（分流）	0.5		0.5		1.8		1.8	1	2.7			
			0		0		0		1.8		0		0	
		T（直流）	0		0		1		1	2	1.5			
			0		0		0		2		0		0	
		仕切弁 スリース弁	0.08		0.09		0.12		0.15	1	0.21			
			0		0		0		0.15		0		0	
		玉形弁 ストップ弁	3.03		3.79		5.45		6.97		8.48			
			0		0		0		0		0		0	
		アングル弁 フート弁	3.6		4.5		5.4		6.8		8.4			
			0		0		0		0		0		0	
		逆止弁(スイング型)	3.6		4.5		5.4		6.8		8.4			
			0		0		0		0		0		0	
		フレキシブル継手	0.12		0.14		0.18		0.24	1	0.3			
			0		0		0		0.24		0		0	
		Y形ストレーナー	4.37		5.85		8.51		8.25		9.79			
			0		0		0		0		0		0	
		ソケット	0		0		1		1		1.5			
			0		0		0		0		0		0	
		直管相当管長〔m〕 A	0		0		0		6.59		0		0.0	
		直管実長〔m〕 B							20					
		口径別総管長 C=A+B	0		0		0		26.59		0		0.0	
		水量〔L/min〕	35		54		90		150		250			
		摩擦損失水頭　D 〔kPa/m〕	2.2		1.85		1.85		1		0.8			
		損失水頭　E 〔kPa〕	0		0		0		0.2659		0		0	
	メーターバイパスユニット　F 〔kPa〕		–		38		22.5		17.2		17.6			
逆流防止機器の配管抵抗　G			60		60		60		60		65		65	
P1	配水小管と増圧給水装置との高低差 〔kPa〕		21.6											

上流側損失水頭合計　H〔kPa〕 (硬質塩化ビニルライニング鋼管)	Eの総計	Fメーター	G逆流防止	P1高低差		総計
	0.27	17.20	60.00	21.60		122.31
配水小管圧力　P0〔kPa〕	逆流防止機器は、P0－H≧0は上流側に設置し、P0－H≦0は下流側に設置します。				200	差圧〔kPa〕 77.7

＊計算値は参考例。

2-17 増圧給水装置の算定

増圧装置は、直結加圧ポンプユニットと逆流防止装置を組み合わせたもの

Point

- ▶ 所轄水道局との協議が必要です。
- ▶ 増圧装置は、日本水道協会規格の基準を満たすものです。
- ▶ 増圧装置の呼び径は、上流側の給水管径と同口径以下とします。

瞬時最大使用水量の算定

算出法は、各所轄の水道局により異なります。主な算出法は
①給水器具単位を用いて算出する方法、②ＢＬ規格算定法（住戸数による方法）、③実態調査による算定方法があります。水道局と協議し指導を受けて算定してください。

給水人員

算出法の、実態調査による方法は、まず給水人員を算出してから瞬時最大使用算定式に当てはめて算出します。東京都水道局の場合はこれに当該します。

表2-39 給水人員

算定人員	住宅	1K	1.0人/戸×		戸=	0人
		1DK・1LDK・2K	2.0人/戸×		戸=	0人
		2DK	2.5人/戸×		戸=	0人
		2LDK・3K・3DK	3.0人/戸×	20	戸=	60人
		3LDK・4K・4DK	3.5人/戸×		戸=	0人
		4LDK・5DK	4.0人/戸×		戸=	0人
		計		20戸		60人
	ワンルーム		1.0人/戸×		戸=	0人
			2.0人/戸×		戸=	0人
	計			0戸		0人
	施設	事務所	0.2人/m^2×		m^2=	0人
		店舗（物品販売業）	0.16人/m^2×		m^2=	0人
		飲食店・（客）	0.3人/m^2×		m^2=	
			回転率		回/日=	0人
		飲食店・（従業員）	0人×	0.05	=	0人

＊計算値は参考例。

表2-40 回転率と給水量（参考）

店舗営業内容	回転率	給水量〔L/人・席〕
中華	3	40
洋食・和食	4	40
パーラー・喫茶	8	10

瞬時最大使用水量

建物用途別に、算出した給水人員から算定式に当てはめて、瞬時最大使用水量を求めます。

表2-41 瞬時最大使用水量

建物用途	算定人員 P〔人〕	瞬時最大使用水量 (東京都水道局の例) 〔L/min〕	計算式	備　考
集合住宅	0	0	1～30人の場合 $Q = 26 \times P^{0.36}$	
	60	123	31人～ $Q = 15.2 \times P^{0.51}$	
ワンルーム	0	0	Q=1.25×P	
事務所	0	0	Q=0.67×P	
店舗(物販)	0	0	Q=P×100/8×4	単独直結の場合は含まない。
飲食店(客)	0	0	Q=P×40/3×4	単独直結の場合は含まない。
飲食店(従業員)	0	0	Q=P×140/10×4	単独直結の場合は含まない。
合計		123		

*増圧給水装置の分のみ
*計算値は参考例。

増圧給水ポンプ口径の決定

水道本管から引き込む管径と同口径となりますので、所轄の水道局の指導による口径別適正許容流量範囲内の口径により決定します。下記に東京都水道局の例を示します。

表2-42 増圧給水ポンプ口径の決定(東京都水道局の例)

適正許容流量範囲			算定流量〔L/min〕	口径の決定	
口径〔φ〕	許容流量〔L/min〕	流速〔m/sec〕		口径〔φ〕	流量比較合否判定
20	～35	2.1	123	40	×
25	～54	1.9			×
30	～90	1.8			×
40	～150	2			○
50	～250	2			○

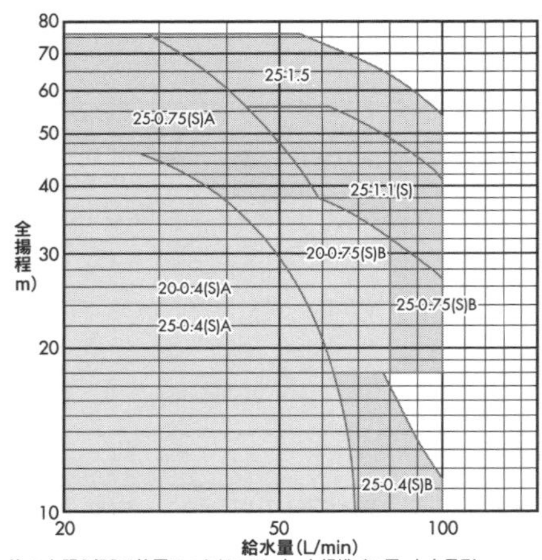

注 1.上記を超える範囲につきましては、中・大規模ビル用・大水量形 R·a·c·s·e［ラクッセ］シリーズをご覧ください。
2.ポンプ前後の給水管口径は、ポンプ口径とは別に該当水道事業体の施行基準（管内流速の規定等）により決定願います。

図2-26 選定図（小型ビル用コンパクト形）

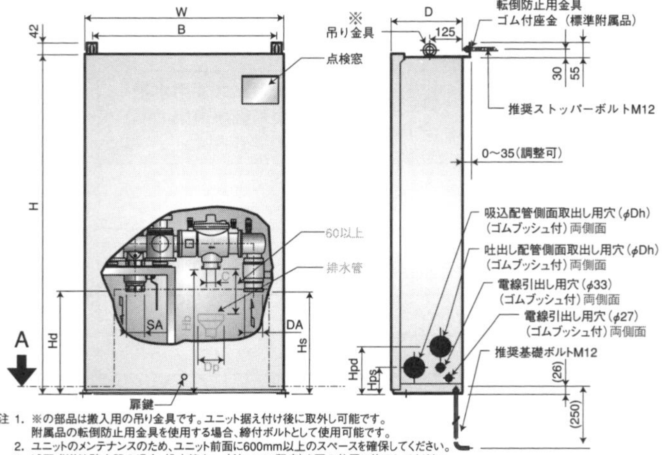

注 1. ※の部品は搬入用の吊り金具です。ユニット据え付け後に取外し可能です。附属品の転倒防止用金具を使用する場合、締付ボルトとして使用可能です。
2. ユニットのメンテナンスのため、ユニット前面に600mm以上のスペースを確保してください。
3. 減圧式逆流防止器の場合、排水管（Dp寸法：φ100程度）を図の位置に施工してください。

図2-27 外形寸法図（小型ビル用コンパクト形）

表2-43 寸法・質量表（小型ビル用コンパクト形）

●単相・200V機種

単位：mm

機名	吸込口径(SA)	吐出し口径(DA)	H	W	D	Hs	Ws	Ds	Hd	Wd	Dd	Wa	Da	Wg	Hb	Wb	Db	Hps	Hpd	Dh	C	B	最大質量(kg)
20PNAEM0.4SA	Rc 3/4	Rc 3/4	1180	690	250	322	141	134	321	521	56	710	170	735	440	123	146	90	170	80	30	644	110
20PNAEM0.75SB	Rc 3/4	Rc 3/4	1180	690	250	322	141	134	321	521	56	710	170	735	440	123	146	90	170	80	30	644	110
25PNAEM0.4SA	Rc1	Rc1	1180	690	250	370	141	134	370	521	56	710	170	735	440	123	146	90	170	80	30	644	110
25PNAEM0.4SB	Rc1	Rc1	1180	690	250	370	141	134	370	521	56	710	170	735	440	123	146	90	170	80	30	644	110
25PNAEM0.75SA	Rc1	Rc1	1180	690	250	370	141	134	370	521	56	710	170	735	440	123	146	90	170	80	30	644	110
25PNAEM0.75SB	Rc1	Rc1	1180	690	250	370	141	134	370	521	56	710	170	735	440	123	146	90	170	80	30	644	110
25PNAEM1.1S	Rc1	Rc1	1300	762	272	443	178	147	430	572	59	775	190	800	513	123	159	100	180	100	30	706	164

●三相・200V機種

単位：mm

機名	吸込口径(SA)	吐出し口径(DA)	H	W	D	Hs	Ws	Ds	Hd	Wd	Dd	Wa	Da	Wg	Hb	Wb	Db	Hps	Hpd	Dh	C	B	最大質量(kg)
20PNAEM0.4A	Rc 3/4	Rc 3/4	1180	690	250	322	141	134	321	521	56	710	170	735	440	123	146	90	170	80	30	644	110
20PNAEM0.75B	Rc 3/4	Rc 3/4	1180	690	250	322	141	134	321	521	56	710	170	735	440	123	146	90	170	80	30	644	110
25PNAEM0.4A	Rc1	Rc1	1180	690	250	370	141	134	370	521	56	710	170	735	440	123	146	90	170	80	30	644	110
25PNAEM0.4B	Rc1	Rc1	1180	690	250	370	141	134	370	521	56	710	170	735	440	123	146	90	170	80	30	644	110
25PNAEM0.75A	Rc1	Rc1	1180	690	250	370	141	134	370	521	56	710	170	735	440	123	146	90	170	80	30	644	110
25PNAEM0.75B	Rc1	Rc1	1180	690	250	370	141	134	370	521	56	710	170	735	440	123	146	90	170	80	30	644	110
25PNAEM1.1	Rc1	Rc1	1180	690	250	370	141	134	370	521	56	710	170	735	440	123	146	90	170	80	30	644	110
25PNAEM1.5	Rc1	Rc1	1180	690	250	370	141	134	370	521	56	710	170	735	440	123	146	90	170	80	30	644	110

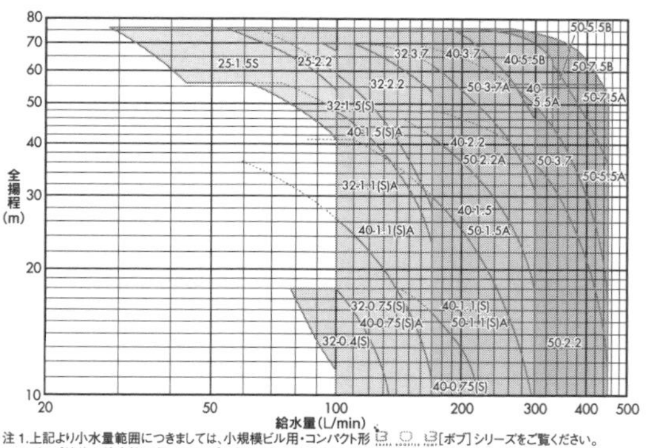

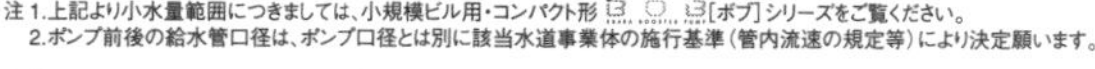

図2-28 選定図(中規模ビル用大水量形)

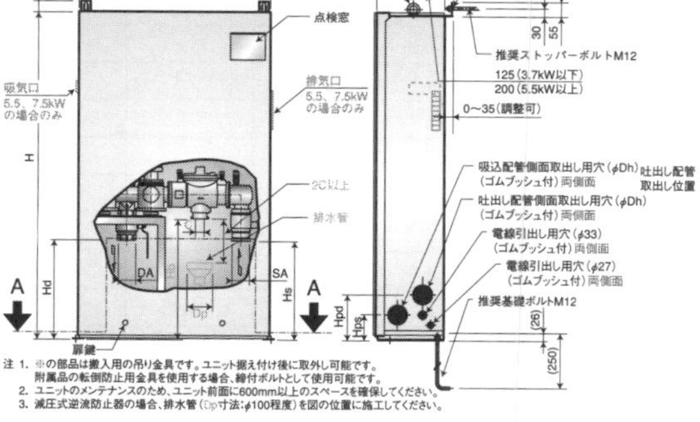

図2-29 外形寸法図(中規模ビル用大水量形)

表2-44 寸法・質量表(中規模ビル用大水量形)

●単相・200V機種

単位:mm

機名	吸込口径(SA)	吐出し口径(DA)	H	W	D	Hs	Ws	Ds	Hd	Wd	Dd	Wa	Da	Wg	Hb	Wb	Db	Hps	Hpd	Dh	C	B	最大質量(kg)
25PNAEM1.5S	Rc1	Rc1	1300	762	272	443	178	147	430	572	59	775	190	800	513	123	159	100	180	100	30	706	164
32PNAEM0.4S	Rc 1¼	Rc 1¼	1300	715	250	405	134	134	416	542	56	735	170	760	509	137	146	90	170	80	30	670	128
32PNAEM0.75S			1300	715	250	405	134	134	416	542	56	735	170	760	509	137	146	90	170	80	30	670	128
32PNAEM1.1SA			1300	762	272	409	164	147	420	572	59	775	190	800	513	137	159	100	180	100	30	706	164
32PNAEM1.5S			1300	762	272	409	164	147	420	572	59	775	190	800	513	137	159	100	180	100	30	706	164
40PNAEM0.75S	Rc 1½	Rc 1½	1300	762	272	378	119	159	396	572	59	775	190	800	513	165	159	100	180	100	35	706	163
40PNAEM0.75SA			1300	762	272	378	119	159	396	572	59	775	190	800	513	165	159	100	180	100	35	706	163
40PNAEM1.1S			1300	762	272	378	119	159	396	572	59	775	190	800	513	165	159	100	180	100	35	706	164
40PNAEM1.1SA			1300	762	272	378	119	159	396	572	59	775	190	800	513	165	159	100	180	100	35	706	164
40PNAEM1.5SA			1300	762	272	378	119	159	396	572	59	775	190	800	513	165	159	100	180	100	35	706	164
50PNAEM1.1SA	Rc2	Rc2	1300	762	272	364	119	159	372	572	59	775	190	800	475	164	159	100	180	100	30	706	164

●三相・200V機種

単位:mm

機名	吸込口径(SA)	吐出し口径(DA)	H	W	D	Hs	Ws	Ds	Hd	Wd	Dd	Wa	Da	Wg	Hb	Wb	Db	Hps	Hpd	Dh	C	B	最大質量(kg)
25PNAEM2.2	Rc1	Rc1	1300	762	272	443	178	147	430	572	59	775	190	800	513	123	159	100	180	100	30	706	184
32PNAEM0.4	Rc 1¼	Rc 1¼	1300	715	250	405	134	134	416	542	56	735	170	760	509	137	146	90	170	80	30	670	128
32PNAEM0.75			1300	715	250	405	134	134	416	542	56	735	170	760	509	137	146	90	170	80	30	670	128
32PNAEM1.1A			1300	715	250	405	134	134	416	542	56	735	170	760	509	137	146	90	170	80	30	670	128
32PNAEM1.5			1300	715	250	405	134	134	416	542	56	735	170	760	509	137	146	90	170	80	30	670	128
32PNAEM2.2			1300	762	272	409	164	147	420	572	59	775	190	800	513	137	159	100	180	100	30	706	184
32PNAEM3.7			1300	762	272	409	164	147	420	572	59	775	190	800	513	137	159	100	180	100	30	706	184
40PNAEM0.75	Rc 1½	Rc 1½	1300	762	272	378	119	159	396	572	59	775	190	800	513	165	159	100	180	100	35	706	163
40PNAEM0.75A			1300	762	272	378	119	159	396	572	59	775	190	800	513	165	159	100	180	100	35	706	163
40PNAEM1.1			1300	762	272	378	119	159	396	572	59	775	190	800	513	165	159	100	180	100	35	706	163
40PNAEM1.1A			1300	762	272	378	119	159	396	572	59	775	190	800	513	165	159	100	180	100	35	706	163
40PNAEM1.5			1300	762	272	378	119	159	396	572	59	775	190	800	513	165	159	100	180	100	35	706	175
40PNAEM1.5A			1300	762	272	378	119	159	396	572	59	775	190	800	513	165	159	100	180	100	35	706	163
40PNAEM2.2			1300	762	272	378	119	159	396	572	59	775	190	800	513	165	159	100	180	100	35	706	184
40PNAEM3.7			1300	762	272	378	119	159	396	572	59	775	190	800	513	165	159	100	180	100	35	706	184
40PNAEM5.5A			1400	882	376	378	131	241	396	634	102	895	300	920	513	165	241	100	180	100	35	822	245
40PNAEM5.5B			1400	882	376	378	131	241	396	634	102	895	300	920	513	165	241	100	180	100	35	822	245
50PNAEM1.1A	Rc2	Rc2	1300	762	272	364	119	159	372	572	59	775	190	800	475	164	159	100	180	100	30	706	163
50PNAEM1.5A			1300	762	272	364	119	159	372	572	59	775	190	800	475	164	159	100	180	100	30	706	175
50PNAEM2.2			1300	762	272	364	119	159	372	572	59	775	190	800	475	164	159	100	180	100	30	706	184
50PNAEM2.2A			1300	762	272	364	119	159	372	572	59	775	190	800	475	164	159	100	180	100	30	706	184
50PNAEM3.7			1300	762	272	364	119	159	372	572	59	775	190	800	475	164	159	100	180	100	30	706	184
50PNAEM3.7A			1300	762	272	364	119	159	372	572	59	775	190	800	475	164	159	100	180	100	30	706	184
50PNAEM5.5A			1400	882	376	364	131	241	372	634	102	895	300	920	475	164	241	100	180	100	30	822	245
50PNAEM5.5B			1400	882	376	364	131	241	372	634	102	895	300	920	475	164	241	100	180	100	30	822	245
50PNAEM7.5A			1400	882	376	364	131	241	372	634	102	895	300	920	475	164	241	100	180	100	30	822	245
50PNAEM7.5B			1400	882	376	364	131	241	372	634	102	895	300	920	475	164	241	100	180	100	30	822	245

注　灰色字寸法は、減圧式逆流防止器附属機種だけ適用となります。

出典：株式会社荏原製作所　「給水ポンプカタログ」より

増圧給水装置の瞬時最大使用水量

表2-45 給水量早見表（瞬時最大使用水量） （東京都の場合）

戸数〔戸〕	人数〔人〕	水量〔L/min〕	戸数〔戸〕	人数〔人〕	水量〔L/min〕	戸数〔戸〕	人数〔人〕	水量〔L/min〕	戸数〔戸〕	人数〔人〕	水量〔L/min〕
1	1	26	13	52	119	26	103	175	39	154	219
	2	34	14	53	121		104	176		155	220
	3	39		54	122	27	105	177		156	220
	4	43		55	123		106	178	40	157	221
2	5	47		56	124		107	178		158	222
	6	50	15	57	126		108	179		159	223
	7	53		58	127	28	109	180		160	223
	8	55		59	128		110	181	41	161	224
3	9	58		60	129		111	182		162	225
	10	60	16	61	130		112	183		163	226
	11	62		62	132	29	113	184		164	227
	12	64		63	133		114	185	42	165	227
4	13	66		64	134		115	186		166	228
	14	68	17	65	135		116	187		167	229
	15	69		66	136	30	117	188		168	230
	16	71		67	137		118	189	43	169	230
5	17	73		68	139		119	189		170	231
	18	74	18	69	140		120	190		171	232
	19	76		70	141	31	121	191		172	233
	20	77		71	142		122	192	44	173	233
6	21	78		72	143		123	193		174	234
	22	80	19	73	144		124	194		175	235
	23	81		74	145	32	125	195		176	236
	24	82		75	146		126	196	45	177	236
7	25	83		76	147		127	196		178	237
	26	85	20	77	149		128	197		179	238
	27	86		78	150	33	129	198		180	239
	28	87		79	151		130	199	46	181	239
8	29	88		80	152		131	200		182	240
	30	89	21	81	153		132	201		183	241
	31	89		82	154	34	133	202		184	242
	32	91		83	155		134	202	47	185	242
9	33	93		84	156		135	203		186	243
	34	94	22	85	157		136	204		187	244
	35	96		86	158	35	137	205		188	245
	36	97		87	159		138	206	48	189	245
10	37	99		88	160		139	207		190	246
	38	100	23	89	161		140	207		191	247
	39	102		90	162	36	141	208		192	247
	40	103		91	163		142	209	49	193	248
11	41	105		92	164		143	210		194	249
	42	106	24	93	165		144	211		195	250
	43	107		94	166	37	145	212		196	250
	44	109		95	167		146	212	50	197	251
12	45	110		96	168		147	213		198	252
	46	111	25	97	169		148	214		199	252
	47	113		98	170	38	149	215		200	253
	48	114		99	171		150	216			
13	49	115		100	172		151	216			
	50	117	26	101	173		152	217			
	51	118		102	174	39	153	218			

＊戸数の数値は、1住戸4LDK＝4.0人/戸で算出している。

2 給水設備

2-18 水道直結方式の算定

2階建て程度の小規模建物用の給水方式

Point

- ▶ 水道本管の供給水圧の確認が必要です。
- ▶ 貯水槽やポンプ類が不要なので、最も安価です。
- ▶ 断水時には、一切給水ができません。

水道直結方式

2階建て程度の小規模建物で水道本管の供給水圧にて、建物内の使用する各器具類において、支障なく使用可能な場合に採用される方式です。ただし、この方式は、水道法による給水装置となりますので、水道供給事業者の規定に適合した設備としなければなりません。

水道本管の必要圧力の算定

小規模建物内の最高所・最遠所で使用する器具が必要とする水圧が確保できるかを確認し、それ以上の水圧が水道本管の水圧以下であれば供給可能となります。よって、まず建物内の器具類、配管等の摩擦損失を計算する必要があります。その例題を下記に示します。

計算 2-24	計算例
Po ≧ P1 + P2 + P3 Po：水道本管での必要圧力〔kPa〕 P1：使用する給水器具の必要圧力〔kPa〕 P2：配水本管から器具までの垂直高さに相当する圧力〔kPa〕 ＊ 10m = 1.0kg/cm^2 = 0.1MPa = 100kPa P3：装置の摩擦損失水頭に相当する圧力〔kPa〕	P1 ＝ 70 P2 ＝ 90 P3 ＝ 30 その他 ＝ ∴ Po ＝ 190 本管供給水圧 ＝ 200 kPa 判定 ＝ ○

＊主に配水本管から給水器具にいたる配管や弁類を通過する際に生じるもので、概算で求める場合はP2の20～40%程度。

2階建て建物で、2階にシャワーを設置する場合の水道本管の必要最低圧を求めます。ただし、シャワーにいたるまでの量水器・弁・管などの摩擦損失水頭に相当する圧力は、ここでは概算値として求めていますが建物の大きさや配管等の煩雑さで摩擦損失率を仮定して算出しました。勿論、配管が長くなる場合は損失率も大きくなります。

水道引込管口径の算定

水道引込管の流量は、瞬時最大使用水量以上としますが、その際、管内流速を0.8 ～ 0.9m/sec程度となるように設計します。

同時使用水栓の優先順序

同時使用水栓の優先順序は、原則として下記の通りとします。

・**①台所、②浴室、③洗濯機、④便所**

ただし、1個に付き、同一用途に2個以上の水栓がある場合は、高い位置に設置されている方の水栓を優先します。

・**湯沸器、直結式洗浄装置付便座、自動水栓など特に水圧の必要な器具を、上階部に設置する場合** それらの器具を最優先します。ただし、上階部にそれらの器具を2種類以上設置する場合は、①湯沸器、②自動水栓、③直結式洗浄装置付便座の優先順序で、1種類を選択します。

・**上階部の水栓は少なくとも1個以上考慮します。**

配管許容摩擦抵抗より口径の算定

水道本管水圧より、水道本管と最高所に設置する器具との高低差とその器具の作動必要圧力、その器具に至るまでの量水器や配管などの摩擦損失分を求め、配管の許容摩擦抵抗R〔kPa/m〕を算出します。

算出した許容摩擦抵抗R値以下で、必要水量から管径を求めます。

計算 2-25	計算例
$R = \dfrac{(P1 - P2 - P3 - P4)}{(L1 + L2)}$ R：配管許容摩擦抵抗〔kPa/m〕 P1：水道本管水圧〔kPa〕 P2：高低差〔kPa〕 P3：代表給水器具必要最小圧力〔kPa〕 P4：量水器摩擦損失水頭〔kPa〕 L1：配管実長〔m〕 L2：局部抵抗相当長〔m〕 ＊L2＝0.5L1	P1 = 200 kPa P2 = 90 kPa P3 = 70 kPa P4 = 30 kPa L1 = 15 m L2 = 7.5 m ∴ R = 0.444 kPa/m

水道本管水圧から算定した許容摩擦抵抗と、計画する物件の使用流量より推奨流速での摩擦抵抗を算出し、水道本管から算定した摩擦抵抗より以下の範囲であれば、その場合の関係が決定されます。

給水負荷単位	給水負荷単位同時使用流量Q1〔L/min〕	推奨流速〔m/sec〕ステンレス管	推奨摩擦抵抗〔kPa/m〕	配管許容摩擦抵抗〔kPa/m〕	判　定	水道引込管径（推奨摩擦抵抗により決定）
27	70	0.9	0.22	0.4	○	40

＊計算値は参考例。
＊推奨流速〔m/sec〕を求めるには、使用管材による流量線図を参照する。

資料

表2-46 水道直結給水方式の技術資料

（東京都水道局資料）

給水栓数	同時使用率を考慮した給水栓数	所要水量〔L/min〕	備　　考
1個	1個	12	給水器具1栓当たりの所要水量は、12L/min以上とする。 ただし、湯沸器の所要水量は、6L/min以上とすることができる。
2～4個	2個以上	24～33.6	
5～10個	3個以上	36～61.2	
11～15個	4個以上	48～96	
16～20個	5個以上	60～132	
21～30個	6個以上	72～172.8	

表2-47 総給水器具数の使用水量比

総給水器具数〔個〕	1	2	3	4	5	6	7	8	9	10	15	20	30
使用水量比	1.0	1.4	1.7	2.0	2.2	2.4	2.6	2.8	2.9	3.0	3.5	4.0	5.0

表2-48 共同住宅等連合給水管の場合の同時使用率（連合給水管の同時使用率）

戸　数〔戸〕	1～3	4～10	11～20	21～30	31～40
同時使用率〔%〕	100	90	80	70	65

表2-49 器具最低必要圧力

（空気調和・衛生工学便覧13版）

器具名	必要圧力〔kPa〕	必要圧力〔MPa〕	必要力〔kg/cm^2〕
一般水栓	30	0.03	0.3
大便器（洗浄弁）	70	0.07	0.7
大便器（洗浄タンク）	30	0.03	0.3
小便器水栓	30	0.03	0.3
小便器水栓（洗浄弁）	70	0.07	0.7
シャワー	70	0.07	0.7
ガス給湯器4～5号	40	0.04	0.4
ガス給湯器7～16号	50	0.05	0.5
ガス給湯器20～30号	80	0.08	0.8

表2-50 量水器における圧力損失および相当長

（建築設備設計基準　平成14年版）

種別 / 口径〔mm〕	圧力損失〔kPa〕	相当長〔m〕			
	量水器（翼車形）	止水栓		分岐箇所	接合（異形接合）
		甲	乙		
13	5～50	3	1.5	0.5～1.0	0.5～1.0
20	5～40	8	2	0.5～1.0	0.5～1.0
25	5～45	8～10	3	0.5～1.0	0.5～1.0
30	5～45	15～20		1.0	1.0～
40	5～45	17～25		1.0	1.0
50	5～45	20～30		1.0	1.0

＊量水器における圧力損失は、適正使用流量範囲～基準流量範囲の上限の値を示す。
＊分水栓の相当長は、止水栓（乙）に準ずる。

直結給水方式の管摩擦損失算定表

給水管引込口径の求め方（直結方式の場合）

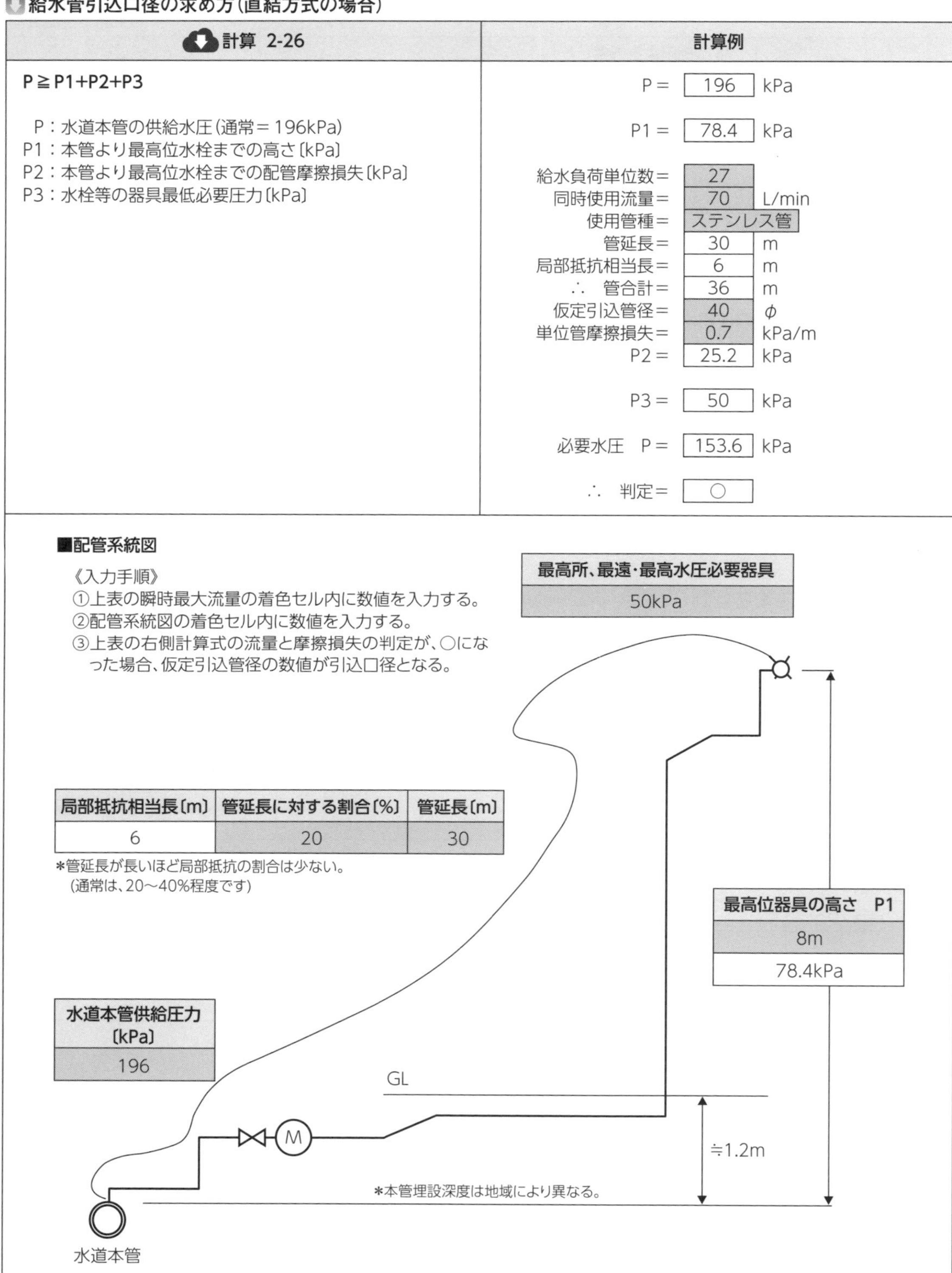

計算 2-26	計算例
P≧P1+P2+P3 P：水道本管の供給水圧（通常＝196kPa） P1：本管より最高位水栓までの高さ〔kPa〕 P2：本管より最高位水栓までの配管摩擦損失〔kPa〕 P3：水栓等の器具最低必要圧力〔kPa〕	P＝ 196 kPa P1＝ 78.4 kPa 給水負荷単位数＝ 27 同時使用流量＝ 70 L/min 使用管種＝ ステンレス管 管延長＝ 30 m 局部抵抗相当長＝ 6 m ∴ 管合計＝ 36 m 仮定引込管径＝ 40 φ 単位管摩擦損失＝ 0.7 kPa/m P2＝ 25.2 kPa P3＝ 50 kPa 必要水圧 P＝ 153.6 kPa ∴ 判定＝ ○

■配管系統図

《入力手順》
①上表の瞬時最大流量の着色セル内に数値を入力する。
②配管系統図の着色セル内に数値を入力する。
③上表の右側計算式の流量と摩擦損失の判定が、○になった場合、仮定引込管径の数値が引込口径となる。

最高所、最遠・最高水圧必要器具
50kPa

局部抵抗相当長〔m〕	管延長に対する割合〔%〕	管延長〔m〕
6	20	30

*管延長が長いほど局部抵抗の割合は少ない。
（通常は、20～40%程度です）

最高位器具の高さ P1
8m
78.4kPa

水道本管供給圧力〔kPa〕
196

*計算値は参考例。
*表の管種はステンレス管を使用している。

表2-51 直結給水方式の管摩擦損失算定表

詳細に管摩擦係損失を求めたい場合は、下表により求めます。

使用管材：ステンレス管

適用	口径／個数 種別	20	個	25	個	30	個	40	個	50	個	60	個	75	個
配管摩擦抵抗によるもの	90°エルボ	0.38	3	0.45	4	0.61		0.76		1.06		1.21		1.52	
		1.14		1.8		0		0		0		0		0	
	45°エルボ	0.23		0.3		0.36		0.45		0.61		0.76		0.91	
		0		0.0		0.0		0.0		0.0		0.0		0.0	
	T（分流）	0.61	1	0.76		0.91		1.06		1.52		1.82		2.27	
		0.61		0		0		0		0		0		0	
	T（直流）	0.12		0.14	1	0.18		0.24		0.3		0.39		0.45	
		0		0.1		0		0		0		0		0	
	仕切弁 スリース弁	0.08	1	0.09	1	0.12		0.15		0.21		0.24		0.3	
		0.08		0.09		0		0		0		0		0	
	玉形弁 ストップ弁	3.03		3.79		5.45		6.97		8.48		10		12.12	
		0		0		0		0		0		0		0	
	アングル弁 フート弁	3.6		4.5		5.4		6.8		8.4		10.2		12	
		0		0		0		0		0		0		0	
	逆止弁 (スイング型)	3.6		4.5		5.4		6.8		8.4		10.2		12	
		0		0		0		0		0		0		0	
	フレキシブル継手 ソケット	0.12	1	0.14		0.18		0.24		0.3		0.39		0.45	
		0.12		0.0		0.0		0.0		0.0		0.0		0.0	
	Y形ストレーナー	4.37		5.85		8.51		8.25		9.79		11.45		14.11	
		0		0		0		0		0		0		0	
	直管相当管長〔m〕 J	1.95		2.03		0		0		0		0		0	
	直管実長〔m〕 K	6		10											
	口径別総管長〔m〕 L=J+K	7.95		12.03		0		0		0		0		0	
	水量〔L/min〕	24		46		66		110		178		250		490	
	摩擦損失水頭 M〔kPa/m〕	1		0.85		0.7		0.6		0.6		0.42		0.45	
	損失水頭N〔kPa〕	7.95		10.2255		0		0		0		0		0	
量水器の圧力損失〔kPa〕		40		45		45		45		45		−		−	
末端必要圧力〔kPa〕		80													
配水本管と最遠末端器具との高低差〔m〕		4.5													

総管摩擦損失水頭合計(kPa)	Nの総計	量水器	末端圧力	P3高低差		総計
	18.1755	45.00	80.00	44.10		147.73

合否判定		判定
	水道本管供給水圧＝ 3.0 kg/cm^2＝ 294.0 kPa以内であればOKです ＝0.294MPa（参考）	○

＊計算値は参考例。
＊同様のエクセル表を、管種別に作成しておけば、便利です。

2-19 給水管径の決定

管径を求める方法には、管均等法と流量線図法がある

Point

- ▶ 管均等法は最も簡単な方法で、均等表を見て求める方法です。
- ▶ 流量線図法は、管の流量と単位長さ当たりの圧力損失と流速の関係を表す線図により求める方法です。

管均等法により管径を求める方法

この方法は、分岐管や枝管などの小規模な給水管の管径決定に用います。

必要な圧力が十分に確保されている場合は均等表によってもよいのですが、圧力に不安がある場合は流量線図による方法を採用します。算定の手順は以下の通りです。

①給水器具に接続する給水枝管の管径を決定する。
②管均等表より給水枝管の管径を15A相当数に換算。
③給水管の末端より各分岐部までの15A管の相当数を累計する。
④累計にそれぞれの器具数に応じた換算係数を乗じる。
⑤④で求めた値を、再度、管均等表の15A欄に入れて管径を求める。管種ごとに管均等表があるので間違えないようにする。

管の均等表

管均等表は、管種別に各々ありますが、ここでは主なものを示します。

表2-52 ポリエチレン管の均等表

	13	20	25	30
13	1			
20	2.0	1		
25	3.9	1.8	1	
30	8.0	3.8	2.0	1
40	11.2	5.4	2.8	1.3
50	21.0	10.1	5.3	2.6

表2-53 ステンレス管の均等表

	13	20	25	30
13	1			
20	2.5	1		
25	5.1	2.1	1	
30	8.1	3.2	1.6	1
40	15.3	6.1	3.0	1.9
50	21.9	8.8	4.3	2.7
60	39.0	15.6	7.6	4.8

表2-54 銅管(L)タイプの均等表

	13	20	25	30	40	50	65	80
13	1							
20	2.6	1						
25	4.9	2	1					
30	9.2	3.5	1.7	1				
40	14.5	5.5	2.7	1.6	1			
50	30.0	11.5	5.7	3.3	2.1	1		
65	53.0	20.3	10.1	5.8	3.7	1.8	1	
80	84.6	32.3	16.0	9.2	5.9	2.8	1.6	1
100	178	67.9	33.7	19.4	12.4	5.9	3.4	2.1

■表2-55 硬質塩化ビニルライニング鋼管の均等表

	15	20	25	32	40	50	65	80
15	1							
20	2.5	1						
25	5.2	2.1	1					
32	11.1	4.4	2.1	1				
40	17.2	6.8	3.3	1.5	1			
50	33.7	13.9	6.4	3.0	2.0	1		
65	37.3	26.8	12.8	6.1	3.9	2.0	1	
80	104	41.5	19.9	9.4	6.1	3.1	1.6	1.0
100	217	86.3	41.4	19.6	12.7	6.4	3.2	2.1

■表2-56 硬質塩化ビニル管の均等表

	13	16	20	25	30	40	50	65	75
13	1								
16	1.7	1							
20	3.1	1.8	1						
25	5.6	3.2	1.8	1					
30	9.8	5.7	3.2	1.8	1				
40	19.2	11.1	6.2	3.4	2.0	1			
50	36.4	21.1	11.7	6.5	3.7	1.9	1		
65	74.6	43.2	24.0	13.4	7.6	3.9	2.1	1	
75	108	62.3	34.7	19.3	10.9	5.6	3.0	1.4	1
100	214	124	68.9	38.3	21.8	11.1	5.9	2.9	2.0

同時使用換算係数

設置する器具数に、換算係数を乗じてその同時使用個数とします。その際使用する同時使用換算係数表を示します。

■表2-57 同時使用換算件数

(水道施設設計指針)

器具数	1	2	3	4	5	6	7	8	9	10	15	20	30
換算係数〔%〕	100	70	57	50	44	40	37	35	32	30	23	20	17

流量線図により管径を求める方法

給水主管の管径決定に用いる方法です。管内を流れる水量とその時に生ずる摩擦損失水頭により管径を求めるものです。算定の手順は以下の通りです。

①各給水栓類の器具給水負荷単位を求める。
②同時使用流量を求める。
③同時使用流量と流速（1.5～2.0m/sec以下）より管種別流量線図から管径と摩擦損失水頭を求める。
④許容摩擦損失水頭を計算により求める。

⑤許容摩擦損失水頭がオーバーする場合は、管径を大きくして手順③からやり直す。その際、流速(管内流速)も遅くする。

許容摩擦損失水頭(動水勾配)の求め方

表2-58 全揚程の決定

増圧給水装置上流側の損失水頭〔kPa〕	増圧給水装置下流側の損失水頭〔kPa〕	余裕率	全揚程〔kPa〕
122.26	218.97	1.1	375.36
			0.375MPa

＊計算値は参考例。

各種送水管の推奨水速

計算 2-27	計算例
$I = \dfrac{(H-h)}{L1+L2}$ I：許容摩擦損失水頭〔kPa/m〕 H：給水器具の静水頭または吐出口の水頭圧〔kPa〕 h：水栓類の最低作動水圧の水頭〔kPa〕 L1：給水管の実際の配管長さ〔m〕 L2：L1での局部抵抗による摩擦損失相当長〔m〕 ＊Hの値は、置水槽の場合は水槽底面より下階設置の給水器具までの高さ。 ＊直線部の多い場合は、概略値としてL2＝(0.15〜0.3) L1。	H＝ 20 m ∴ H＝ 196.2 kPa h＝ 50 kPa L1＝ 26 m L2＝ 7.8 m ∴ I＝ 4.325444 kPa/m

流速が速いと、次のような弊害があります

・ウォーターハンマの発生。

・管の耐用年数が短くなる。

・水栓等の開閉に注意が必要となる。

同時使用流量線図を解析した計算式

一部のWeb サイトでは、近似値の解明として同時使用流量線図を解析した計算が公開されています。式自体に根拠はありません。自己の責任の範囲で挑戦してみてください。入力方式は以下の通りです。

フラッシュ弁の多い場合

Q＝TRUNC(10＾(0.418615×LOG(単位数)＋1.60054)＋0.5)

洗浄タンクの多い場合

Q＝TRUNC(10＾(0.678939×LOG(単位数)＋0.846502)＋0.5)

2-20 配管摩擦抵抗の算定

配管摩擦抵抗の算定の手順

Point

▶ 移送液体が配管を流れる時、配管の内壁と流体とのあいだには、流れと反対向きの摩擦力が発生します。これを「管摩擦抵抗(管摩擦損失)」といい、いわゆる配管抵抗です。

管摩擦損失水頭の求め方

配管口径に基づいて、正確な局部抵抗を算定して実際の摩擦抵抗値を求め、許容値内にあるか否かを検討することができます。算定の手順は以下の通りです。

①種別局部抵抗の相当長を求める

前述の流量線図により管径を求める方法と管均等法により管径を求める方法で求めた配管口径に基づき、配管区間ごとに配管実長を求め、管継手および弁類の種別局部抵抗の相当長を求めます。

②摩擦抵抗値を求める

配管実長と管継手・弁類の摩擦相当長を各区間ごとに合計し、実際のR値から摩擦抵抗値を求めます。さらに、各区間ごとの摩擦抵抗値を合計し、全体の摩擦抵抗値を求めます。

③②で求めた摩擦抵抗値が許容摩擦抵抗値内にあるか否かチェックする

④検討の結果、実際の摩擦抵抗値が許容摩擦抵抗値を超える場合には、前項のR値を修正する

⑤実際の摩擦抵抗値が小さく、余裕水圧が大きい場合には、部分的に配管口径を落として経済的な設計とする

施工の段階で配管経路が変更されることがあります。特に継手が設計時よりも増える場合が多いので、多少の変更には対応できるように余裕水圧を確保しながら調整します。

次の表は、摩擦損失抵抗計算の必要な場合に利用してください。間違いや見落としの防止に便利です。

表2-59 摩擦損失抵抗計算
使用管材名：塩ビライニング鋼管（VB）

区間	器具単位数	流量〔L/m〕	流速〔m/sec〕	管径φ〔mm〕	局部抵抗の相当長				実長〔m〕	換算長〔m〕	単位抵抗〔kPa/m〕	区間抵抗〔kPa〕
					局部抵抗の種類	1個当たりの相当長	数量	計				
A－B	45	100	1.5	40	90°エルボ	0.8	8	6.4	18	28.4	0.6	17.04
					チー	1	4	4				
B－C	28	72	1.05	40	90°エルボ	0.8	3	2.4	24	26.4	0.33	8.712
C－D	8	25	0.95	25	90°エルボ	0.5	2	1	16	17	0.5	8.5
合計												34.252

＊計算値は参考例。

表の見方と使い方

①使用する管材名を記入します。管種を間違えないようにしてください。

②左列より右列へと進めます。区間を記入しその区間の器具単位数を記入します。区間は、A-B、B-C……でも、1-2、2-3、3-4……でもよいです。

③器具単位数から流量を求め、その時の流速と管径を記入します。

④右列に移り、その区間で使用される局部抵抗の種類（継手類や弁等）を記入します。落ちのないように注意してください。いくつもあれば上段から下段に記入していきます。

⑤局部抵抗の1個当たりの相当長を記入してください。それからその数量を記入します。右列に局部抵抗の相当長の計を求めます。

⑥右列の「実長」には、その区間の管長を記入します。

⑦換算長には、その区間の実長と局部抵抗の相当長を合計してください。

⑧単位抵抗を、管種別の流量線図より求め、記入します。

⑨最後に、換算長×単位抵抗値で最右列の区間抵抗に数値を記入してください。同じように、次の区間を計算します。そして最下行の合計にはすべての区間の抵抗を合計します。

2-21 許容摩擦抵抗R値の算定

許容摩擦抵抗R値の算定方法

Point

▶ 高置水槽の設置高さを求めるの場合、端末で使用する水圧を求めて、単位長さ(1m)当たりの摩擦抵抗R値を算出し、該当する抵抗値での管径と流速を求める場合に使用します。

許容摩擦抵抗R値の算定

配管の摩擦抵抗に利用できる水圧を求めて、単位長さ(1m)当たりの配管に利用できる許容摩擦抵抗R値を求めます。

計算 2-28	計算例
R＝(H－Hf－H')／(L1＋L2) R：許容摩擦抵抗〔kPa/m〕 H：高置水槽底部から器具までの垂直高さ〔kPa〕 Hf：上階までの給水立管で生じる摩擦損失水頭〔kPa〕 H'：給水器具の必要圧力〔kPa〕 L1：配管実長〔m〕 L2：局部抵抗の相当配管長〔m〕 **配管の摩擦抵抗＝直管部の抵抗＋局部抵抗**	H ＝ 9.6 m ∴ H ＝ 94.176 kPa Hf ＝ 30 kPa H´ ＝ 50 kPa L1 ＝ 28 m L2 ＝ 8.4 m ∴ R ＝ 0.389451 kPa/m

流量線図による配管管径の求め方

計算 2-29	計算例
i＝(H－P)／K(L＋L') i：許容摩擦抵抗〔kPa/m〕 H：静水頭〔kPa〕 P：必要水頭または標準水頭〔kPa〕 K：管路係数(通常は2.0～3.0) L：主管の直管長〔m〕 L'：枝管の直管長〔m〕	H ＝ 255 kPa P ＝ 70 kPa K ＝ 2 L ＝ 18 m L´ ＝ 12 m ∴ i ＝ 3.083 kPa/m

管路係数とは、直管長に対する局部抵抗相当長を含む配管長の割合を、あらかじめ仮定する必要上設けたもので、一般の建物内では系統にかかわらず2.0～3.0という値になります。

上記の算定は、流量線図による配管管径の決定の際に用いると、流速をもとに管径を決めることが容易になります。その手順は次のようになります。

①配管経路を定める

②各区間の瞬時最大流量を算定する

③各種器具類の必要水圧をチェックする

④各区間の直管長を求める

⑤その系統で水理上最も条件の悪い器具の閉止時にかかる静水頭を求め、上式により、許容摩擦抵抗（許容動水勾配）を算出する

⑥瞬時最大流量と許容摩擦抵抗の値を用い、かつ、管内流速が制限内（通常2.0m/sec以下）に納まるよう、使用管材別の流量線図より各区間の管径を決定する

⑦必要に応じて、表2-16 ～表2-22にある表「管継手類および弁類の相当長」を用い、損失水頭の検算をし、配管管径の修正を行う

2-22 給水設備で使用される配管類

給水管として使用するパイプは、所轄の水道局の指導にしたがう

Point

- 使用する場所によっても管種は変わります。配管は適材適所です。
- 塩ビライニング鋼管は、鋼管の内側に塩ビをライニングし腐食の進行を防ぎ、耐食、耐圧、耐衝撃性に優れています。

給水設備で使用される配管類

給水設備で使用される主な配管を示します。

水道用塗覆装鋼管、水道用硬質塩化ビニルライニング鋼管、水道用耐衝撃性硬質塩化ビニル管、水道用ポリエチレン管、水道用ステンレス鋼鋼管などがあります。

鋼管系と樹脂管系・ステンレス管系では、管口径の呼び方が異なります。

11/4Bサイズを鋼管系は32Aと呼び、樹脂管系・ステンレス管は30Aと呼びます。また、3Bサイズを鋼管系は75A、樹脂管系は80Aと呼び、その他の管サイズはほぼ同様です。

ここで表示しているAとBですが、(A)はミリ単位、(B)はインチ単位の表示です。

表2-60 給水設備に使用する主な管・継手類

名称			使用区分					備考
			屋外埋設	屋内配管	トレンチ・ピット内	住戸内配管	屋外露出配管	
管類	一般配管用ステンレス鋼鋼管	JISG3448	○	○	○	○	○	本管引込管80A以上
	水道用ステンレス鋼鋼管	JWWAG115	○	○	○	○		本管引込管50A以下
	水道用硬質塩化ビニルライニング鋼管	JWWAK116	VD	VA	VD	VA	VD	
	水道用ポリエチレン粉体ライニング鋼管	JWWAK132	PD	PA	PD	PA	PD	
	水道用硬質塩化ビニル管	JISK6742	○	○				
	水道用ポリエチレン管	JISK6762		○		○		
	架橋ポリエチレン管	JISK6769				○		ヘッダー工法・床
	ポリブデン管	JISK6778		○		○		水道局の承認が必要。
	水道用耐衝撃性硬質塩化ビニル管	JWWAK118	○					地中埋設管
継手	一般配管用ステンレス鋼鋼管のプレス式管継手	SAS 352	○	○				
	一般配管用ステンレス鋼鋼管の圧縮式管継手	SAS 353	○	○				
	管端防食継手(塩ビライニング・ポリ粉体鋼管用)	–	○	○	○	○	○	コア内臓形
	水道用硬質塩化ビニル管継手	JISK6743	○	○				
	架橋ポリエチレン管継手	JISB2354				○		ヘッダー工法・床
	ポリブデン管継手	JISK6779		○		○		水道局の承認が必要。
	水道用耐衝撃性硬質塩化ビニル管継手	JWWAK119	○					地中埋設管

＊○印は主な適用品。
＊大便器(洗浄弁)の場合、最上階等の圧力の低い箇所では、接続管の管径を32mm以上とする。

2-23 水道メーター

水道での水の使用量を記録するための計器

Point

- 検針や点検の際に用います。
- 圧力損失は0.063MPa以下（定格最大流量）がJIS規格です。
- 計量法で8年間の有効期間が定められています。

水道メーターの種類

水道メーターを大別すると推測式、複合型、実測式になりますが、一般にはほとんど推測式メーターが使用されています。

表2-61 水道メーターの種類

名　称	内　容
推測式メーター	羽根車の回転数が水流の速度に比例することから、流量を測定する方式。 **①接線流羽根車式** 計量室へ接線状に流入する噴射水流により、羽根車がその流量に比例して回り、歯車列を回転させ目盛り板の指針および文字車を動かす。小口径には単箱、複箱が、大口径には直線型と副管付がある。 **②軸流羽根車式** 計測管の水流方向にリードを持つ羽根車が、流量に比例して回り、ウォームホイルを経て歯車列を回転させ、指針および文字車を動かす。
複合型水道メーター	1つのケースにダブルタービンと高感度の実測式ディスクメーターとを直列に組み合わせたもの。
実測式水道メーター	計量室内の容積が一定で、ますで1回1回計量する構造なので、推測式より高感度で正確な計量ができる。
遠隔指示式水道メーター	中高層集合住宅などで、遠隔検針、集中自動検針システムなどに使用されている。 **①発電式水道メーター** 発信機付水道メーターで、伝送線および受信機で構成されている。 **②リモートメーター** 記憶装置付水道メーター、伝送線および自動呼出し装置付集中検針盤から構成されている。

水道メーターで漏水の確認ができます。

水道メーターにつながっている屋内および屋外に設置されている水栓をすべて閉じたうえで、水道メーター内のパイロットマークが回転（あるいはパイロットランプが点滅）している場合、または赤い針で表示される1Lのメーターが回り続けている場合には、水道管から漏水していることが考えられます。

量水器の口径別圧力損失

水道本管よりの引込み管径の決定や流量等の算定時には、量水器の圧力損失を算入する必要があります。その場合量水器の形式により圧力損失が違いますので、所轄の水道局で確認の上求めてください。次に代表的な量水器の口径別圧力損失を示します。

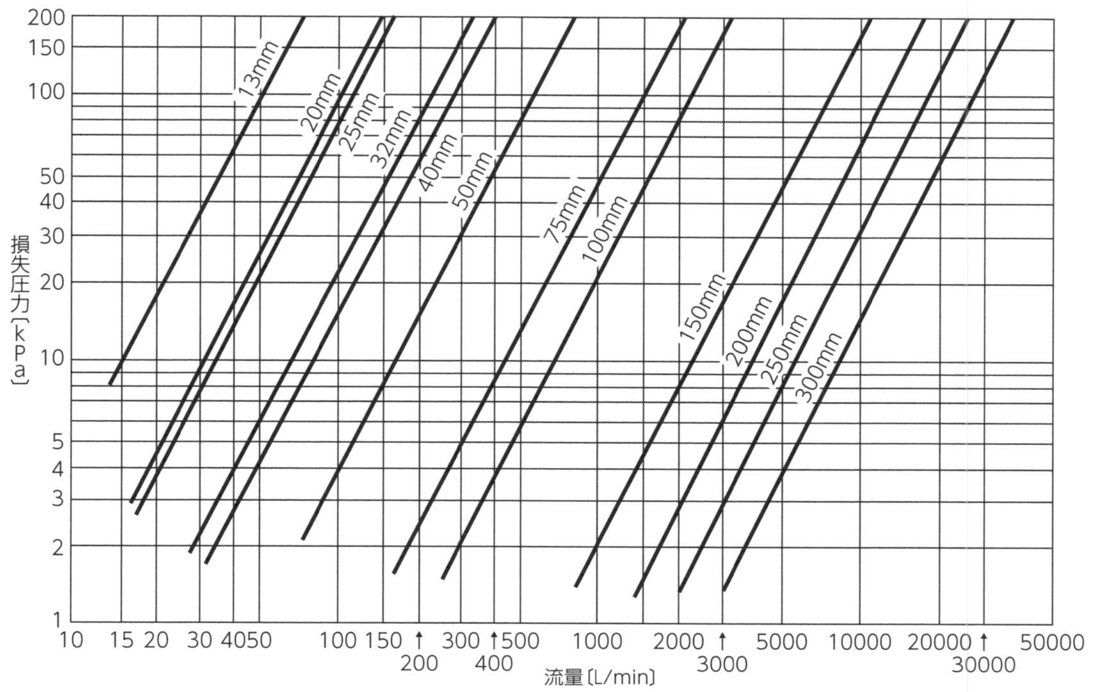

＊13mm は接続流羽根車湿式。
＊20 ～ 40mmは JWWA B 128(接続流羽根車複箱式水道メーター)
＊50 ～ 100mm は縦型軸流羽根車式。
＊150 ～ 300mm は横型軸流羽根車式。

『水道施設設計指針・解説(1990 年度版)』、1991 年、日本水道協会より

図2-30 量水器の口径別圧力損失

2-24 給水設備の配管保温材

配管の結露や凍結等を防ぐためや管の保護のために保温材を使用する

Point

- 保冷における問題点は防湿、防水です。
- 保温における問題点は保温外装です。
- 水道の凍結は、保温厚のみで防ぐことは限界があります。

保温・保冷材の選択

保温材・保冷材の選定に当たっては、使用温度範囲、熱伝導率、物理的化学的強さ、使用年数、単位体積当たりの価格、工事現場状況に対する適応性、難燃性、透湿性の条件より安全性・施工性を考慮して適切なものを選ばなければなりません。

保温材の経済的な厚さの求め方

施工厚さの決定は、保温材の経済的な厚さおよび放散熱量を求める計算を行い、保冷・防露工事では施工後の表面に結露を生じないことを条件とした計算を行います。兼用する場合は、施工厚さのうち厚い方を採用することになります。

施工仕様書

官公庁・公団などは、国土交通省の機械設備工事共通仕様書を採用していますが、民間では、「空気調和・衛生工学会規格」「HASS010」「空気調和・衛生設備工事標準仕様書」に準拠しているものが大半です。

保温材がぬれると

熱伝導率が大きくなるため、保温効果が悪くなります。施工前の保管、施工中に雨水などに当たらないよう防水処理をきちんとしなければなりません。

電食とは

異種金属が接触した場合、水分(塩分)の仲介により電食現象が起こります。アルミニウム板を使用する時は、鋼材と接触する部分には絶縁拘をはさむことが必要となります。鉄ビスでとめることも、電食の原因となります。

2-25 配管スペース

建物の内部に、上下水道・ガス等の配管を収納するスペース

Point

▶ **パイプシャフトとは、建物の各階を通じ、縦方向の各種配管を通すために、床や天井などを貫通して設けられる垂直方向の空間のことです。**

配管スペースの決定

パイプシャフト(PS)は、単に立管を納めるだけではなく、各階への分岐のための取出し管や弁類が納められます。よって、それらの点検・操作作業のための点検口が必要となります。

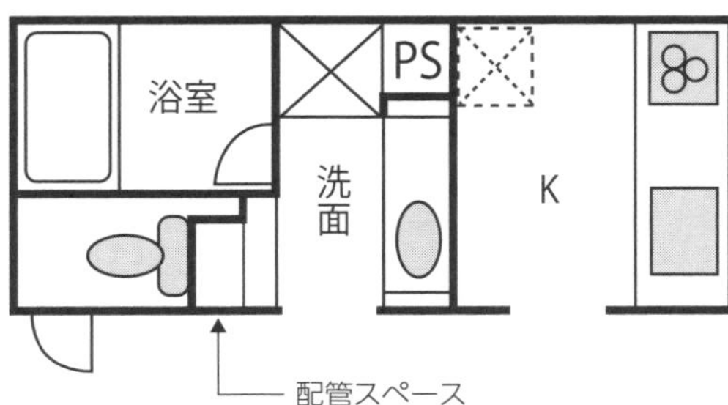

図2-31 配管スペース

表2-62 配管スペースの必要空間

呼び径〔A〕	配管の間隔〔mm〕 壁	20	25	32	40	50	65	80	100	125	150	200	250	300
20	85	120												
25	85	120	120											
32	90	125	125	130										
40	95	130	130	135	140									
50	100	135	135	140	145	150								
65	110	145	145	150	155	160	170							
80	140	175	175	180	185	190	200	205						
100	160	195	195	200	205	210	220	225	245					
125	170	205	205	210	215	220	230	235	250	265				
150	210	245	245	250	255	260	270	275	290	305	320			
200	235	270	270	275	280	285	295	300	315	330	345	370		
250	260	295	295	300	305	310	320	325	340	355	370	395	420	
300	285	320	320	325	330	335	345	350	365	380	395	420	445	470

壁
管の間隔
壁との間隔

＊保温厚は20A～80Aは、20mm、100A～300Aは、25mmとして計算。
＊管の保温外面間の「アキ」は20A～65Aは50mm、80A～125Aは75mm、150A～300Aは100mmとして計算。
＊隣り合う管の管径が異なる場合は大きい方の管径で「アキ」を決定する。

[mm]

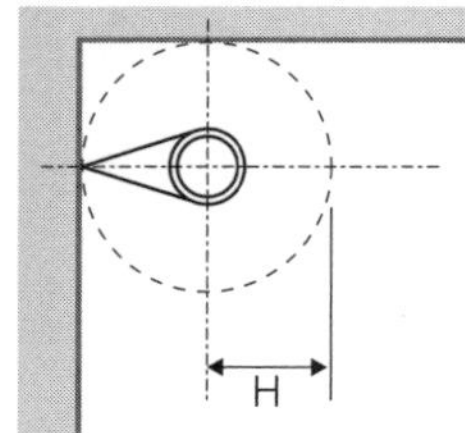

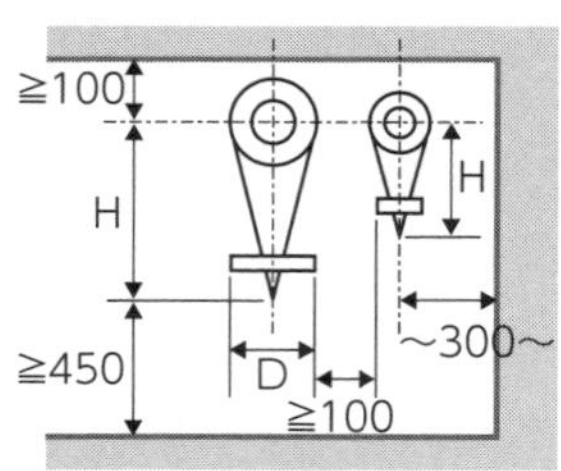

図2-32 弁類および工具のためのスペース

表2-63 JIS 10Kねじ込み形仕切弁の寸法

呼び径〔A〕	H〔mm〕
15	156
20	177
25	212
32	261
40	282
50	333
65	426
80	486

表2-64 JIS 10Kフランジ形仕切弁の寸法

呼び径〔A〕	H〔mm〕	D〔mm〕
50	378	180
65	469	200
80	518	230
90	560	250
100	615	280
125	753	300
150	881	320
200	1061	400
250	1310	450
300	1476	500

2-26 節水のすすめ

節水とは、水道使用量を削減すること

Point

- 何気なく浪費してしまう分の水使用を制限して使用量を減らすことです。
- 少量の水で同等の効果をあげる衛生器具類もでてきています。
- 節水は省エネの観点からも重要です。

節水

毎日の生活に必要な水資源も、有限です。家庭においても、さまざまな要因により年々増え続けています。各自においても「節水」を心がけなくてはならなくなっています。

1日の1人当たりの水の使用量

生活が便利になるにともない、水を使用する機器類が増え、家庭で使用する1人当たりの水の量は、1980年には199Lだったのが、2000年には248Lとなっています。これからもおだやかに増え続けていくことでしょう。

表2-65 1日の1人当たりの水の使用量

使用器具等	1980年(昭和55年)		2000年(平成12年)		増加量〔L/人・日〕
	1人1日使用量〔L〕	使用比率〔%〕	1人1日使用量〔L〕	使用比率〔%〕	
風呂	62	31	64.48	26	2.48
トイレ	51	26	59.52	24	8.52
炊事	47	24	54.56	22	7.56
洗濯	25	13	49.6	20	24.6
洗顔・その他	14	7	19.84	8	5.84
合計	199	100	248	100	49

＊上表に示すように、炊事とトイレの使用量が半数程度(2000年では46%)も占めています。

水道から流れる量

水道から流れる水の量は、通常で1秒間で0.2Lです。5秒間流し放しにすると、1Lも無駄になります。蛇口はこまめに止めなければなりません。

その対策として、流量調節して節水ができる節水コマがあります。このコマは、通常のコマと比べて下部の出っ張りが大きくなっており、ハンドルを90°開けた時の水量が通常1分間に12Lのところ、節水コマを取り付けると6Lに半減します。

全開した時は共に21L/分の水量で変わりません。

表2-66 節水対策

対策案	用　途	節水の心がけ	
		改善前	改善後
水は容器にくんで使用する	歯磨き・洗面	水を流しっ放しで歯磨きを1分間すると、1回1人で約1.2L、朝晩1日2回で月に1400Lの水を使う。	歯磨きはコップ3杯の水で十分です。朝晩1日2回で月に150Lで済む。
	炊事	蛇口を目いっぱい開き放しで野菜や食器を洗うと、朝晩2回で月約6100Lの水を使う。	いも類などの野菜は、ため洗いし、流水は鉛筆の太さで洗うと朝晩2回で月2200Lで済む。さらに節水コマを取り付けると、約50%の水が節約できる。汚れのひどい食器は、まず拭き取ってから洗うと使用量も少なく、下水を汚さずに済む。
洗濯はためすすぎする	洗濯	従来型洗濯機の注水すすぎでは、1回165L、1日1回の洗濯で月約5000Lの水を使う。	全自動洗濯機は標準をためすすぎ方式にすると、1回110Lで済む。1日1回の洗濯で月約3000L。まとめ洗いも効果がある。洗濯物の入れすぎにも注意、容量の8割が効果的な使い方。
洗車の時は、水を容器にくんで使用する	洗車	流し放しのホース洗いでは、バケツ30杯(300L)以上の水を使う。	洗車は、バケツ3杯(30L)の水でできる。
残り湯は再使用する	ふろ	浴槽は、小さなものでも200Lの水を使用する。	残り湯を洗濯やまき水、掃除、洗車などに利用すれば、その分節水となる。湯の洗濯水への再利用は洗濯効果も上がる。
シャワーはこまめに使う	シャワー	シャワーを流しっ放しにすると、12L/分×流した時間が使用量となる。	シャワーは、こまめに止めて使用する。
蛇口はきちんと閉める	水栓蛇口	蛇口からポタリポタリと滴り落ちる水滴でも、そのままにしておくと1日約50L、1ヶ月1500Lの水が無駄になる。	蛇口はしっかりと、こまめに止める。

第3章 給湯設備

給湯設備は、風呂、洗面用、台所･厨房用などに加熱した水を供給するための設備です。快適・安全、省エネルギーのために、さまざまな配慮が求められています。

熱源も、電気、ガス、灯油等に分けられます。

本章では、配管方式や安全装置と機器類の算出方法を解説します。

3-1 給湯設備の用語

主な用語

Point

- 給湯のための温水ボイラ、熱交換器、ポンプ、配管、給湯栓などの装置を給湯設備といいます。
- 給湯設備には、快適、安全、省エネのために各種配慮が求められています。

局所式給湯

給湯個所が少ない比較的小規模な建物や、大規模な建物であっても給湯個所が分散し、使用状況が異なる場合に採用する給湯方式です。一般には、給湯配管が短く、循環を必要としない小規模な給湯方式です。

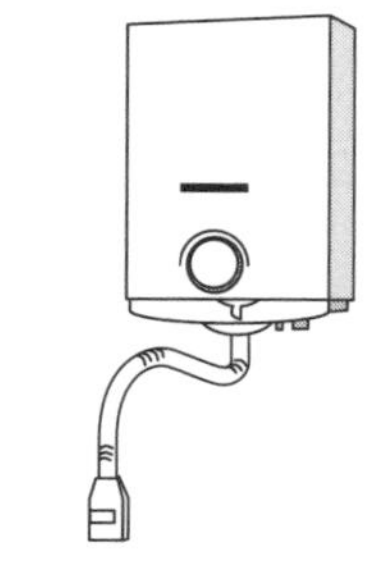

図3-1 局所式給湯

中央式給湯

広範囲に存在する給湯個所に対して、機械室内に貯湯槽を設置し供給するシステムです。ホテルや病院等のように、給湯個所が多く使用量の多い建物などに採用されます。給湯配管の延長が長く、配管や機器からの放熱によって湯の温度が低下するため、返湯管を設けて湯を循環させ、給湯栓を開ければすぐに設定温度の湯が得られるようにします。

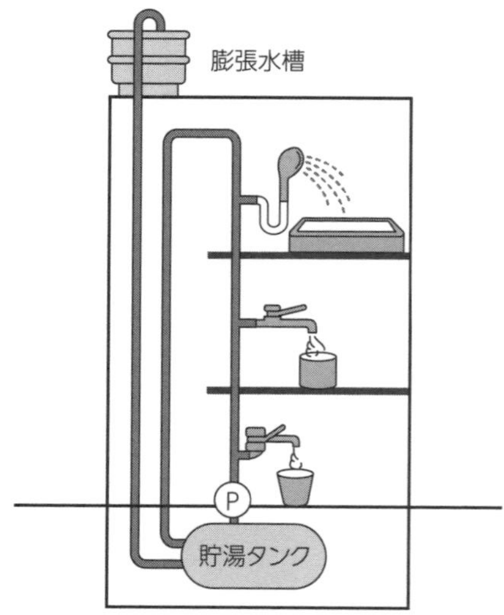

図3-2 中央式給湯

上向き供給方式

中央式給湯の配管方式で、給湯個所の位置や配管シャフト・横走り配管のスペースの位置関係などによって決定されます。貯湯槽が下階にあり、給湯管(往管)が下方から上方へ立ち上がって供給する方式です。返湯管は、上方でまとめ下階の貯湯槽へと循環します。

下向き供給方式

各階へ湯を供給する給湯立管内の流れ方向による分類で、上方から下方へ流れる配管方式です。配管中に空気だまりができて、流れが妨げられないように、空気抜き管などから空気が抜けるような方向に、勾配が必要となります。

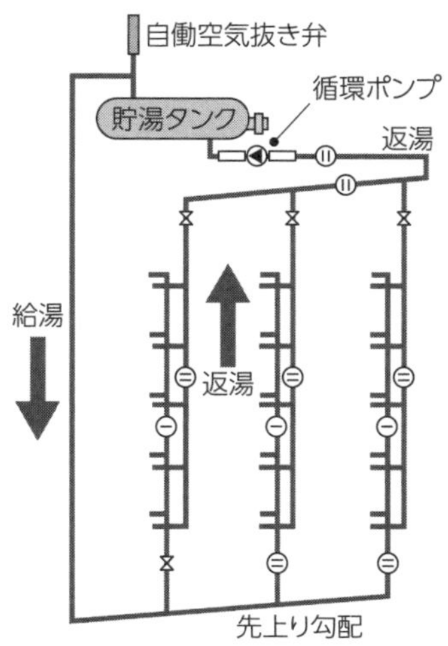

図3-3 下向き供給方式（その1）

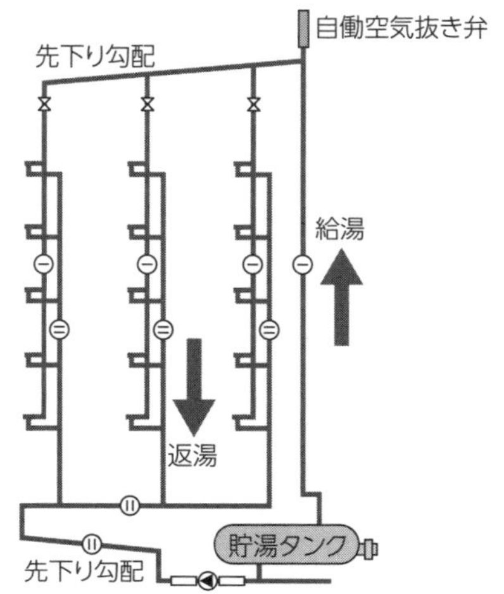

図3-4 下向き供給方式（その2）

リバースリターン配管方式

各給湯個所への循環を均一にして湯の温度を一定に保つために用いる配管方式です。

逆還水法ともいいます。流体が流れると配管の抵抗で圧力が降下します。当然長いほどその影響が大きくなります。そこで、往管が短い個所は還管を長く、往管が長い個所は還管を短くすることで、いずれの個所においても管路の抵抗をおおよそ均等にし、流量を同等にしようという考え方です。

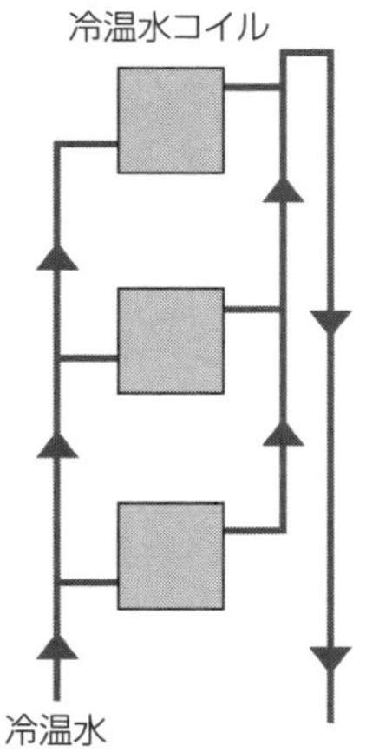

図3-5 リバースリターン配管方式

自然循環方式と強制循環方式

湯を循環させるためには力が必要です。水は温度が高いほどわずかですが軽くなります。この温度差により生じる力を利用して湯を循環させるのが自然循環方式です。これに対し、循環ポンプで強制的に循環させる方式を強制循環方式といいます。

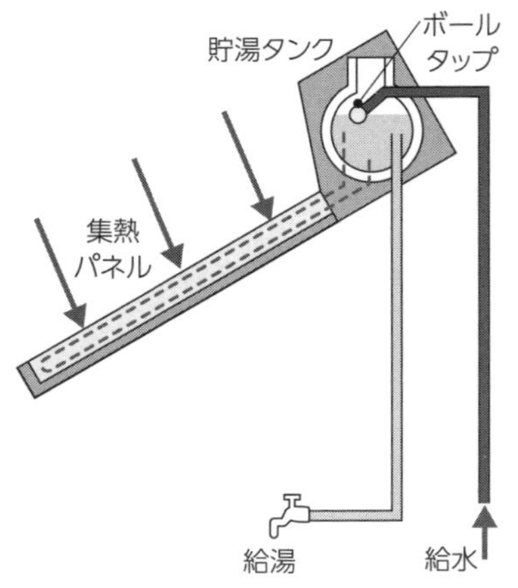

図3-6 自然循環方式

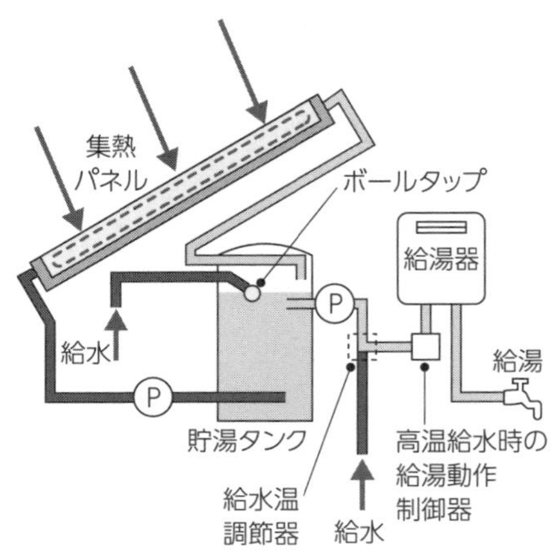

図3-7 強制循環方式

直接加熱式と間接加熱式

電気・ガス・石油等で水を直接加熱するものを直接加熱式、ボイラなどで加熱された熱媒(温水・蒸気など)を貯湯槽内の加熱コイルに流入し、槽内の水を間接的に加熱する場合を間接加熱式といいます。電気・ガス・石油などの熱源からみて、直接か間接かの分類となります。

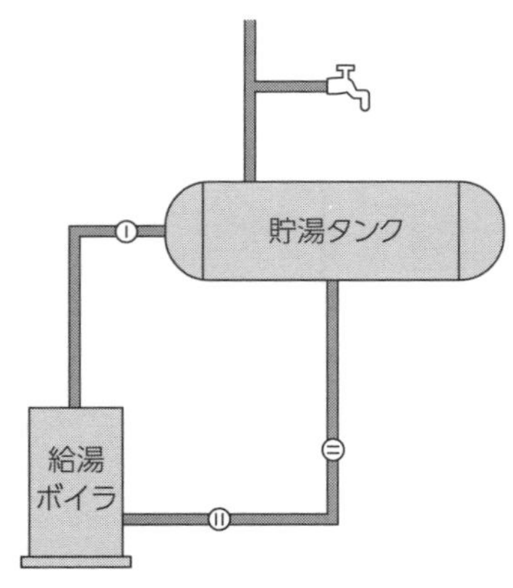

図3-8 直接加熱式

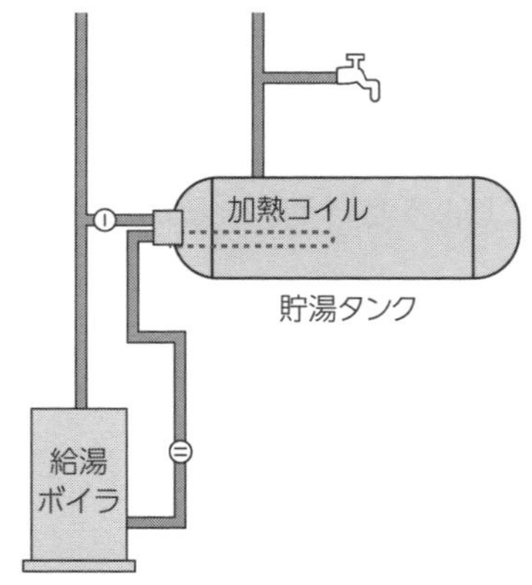

図3-9 間接加熱式

元止め式と先止め式

給湯器類の分類に用います。元止め式は、給湯器に止水栓があり複数個所への給湯は不可能です。先止め式は、各使用個所の水栓の開閉により給湯器のON/OFFが行われます。

単管式と複管式

給湯管(往管)だけの配管方式を単管式といいます。単管式では配管中の湯温低下やすぐに熱い湯を得ることができないため、対策として返湯管を設けます。

給湯管(往管)と返湯管(復管)2本の配管が設けられることから複管式と呼ばれます。

瞬間式・瞬間貯湯式・貯湯式

水を加熱装置内で瞬間的に沸かし上げる瞬間式と、沸き上げた湯を貯めておいて供給する貯湯式があります。貯湯式のうち貯湯量を少なくし、その分加熱能力をあげたものを、一般に瞬間貯湯式といいます。

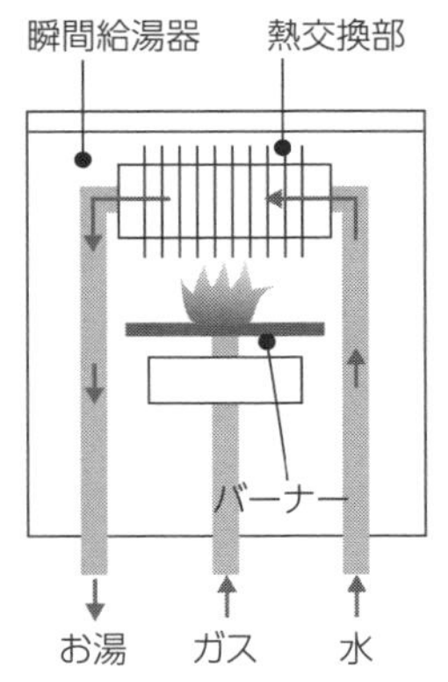

図3-10 瞬間式

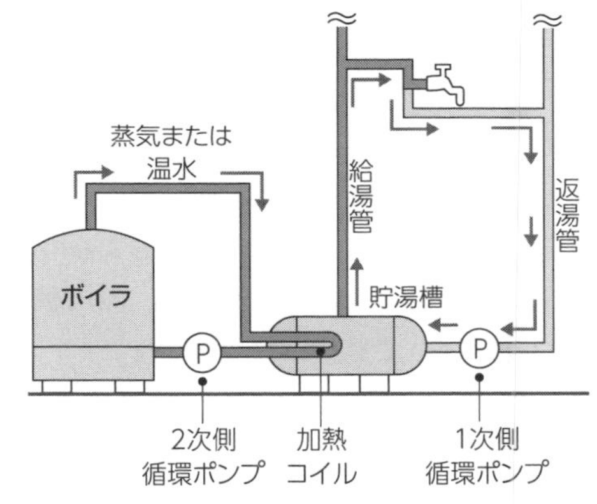

図3-11 貯湯式

3-2 給湯設備設計の手順

給湯設備の設計条件を明確に把握する

Point

- ライフスタイルにあった給湯設備が肝心です。
- 給湯方式は、湯の用途、使用量を考慮して決定します。
- 給湯設備の安全装置を設けましょう。無事故が原則です。

給湯設備の設計条件

給湯設備は、設計の良否がすぐに結果となるため、衛生設備の中でクレームが一番多い部分で、妥協は許されません。

用途にあった適切な温度・流量・水質の湯を、適切な圧力で必要個所に供給しなければなりません。設計の際には、要求条件を十分把握することが大切です。

給湯設備設計の手順

まずは設計条件の把握からスタートします。

設計条件とは、給湯個所とその用途、利用する人員または器具数、給湯量と給湯利用時間等です。ライフスタイルの把握も重要項目となります。

設計条件に加えなければならないのが、給湯熱源です。電気、ガス、灯油等がありますが、ランニングコストを考慮して決定してください。

次は給湯方式の決定です。建物規模にもよるので、図3-13「給湯方式選定の手順」を参照してください。局所式か中央式かを決め、給湯量を算定、給湯機器の決定、配管設計・管径、および安全装置の選定という手順で設計を行います。

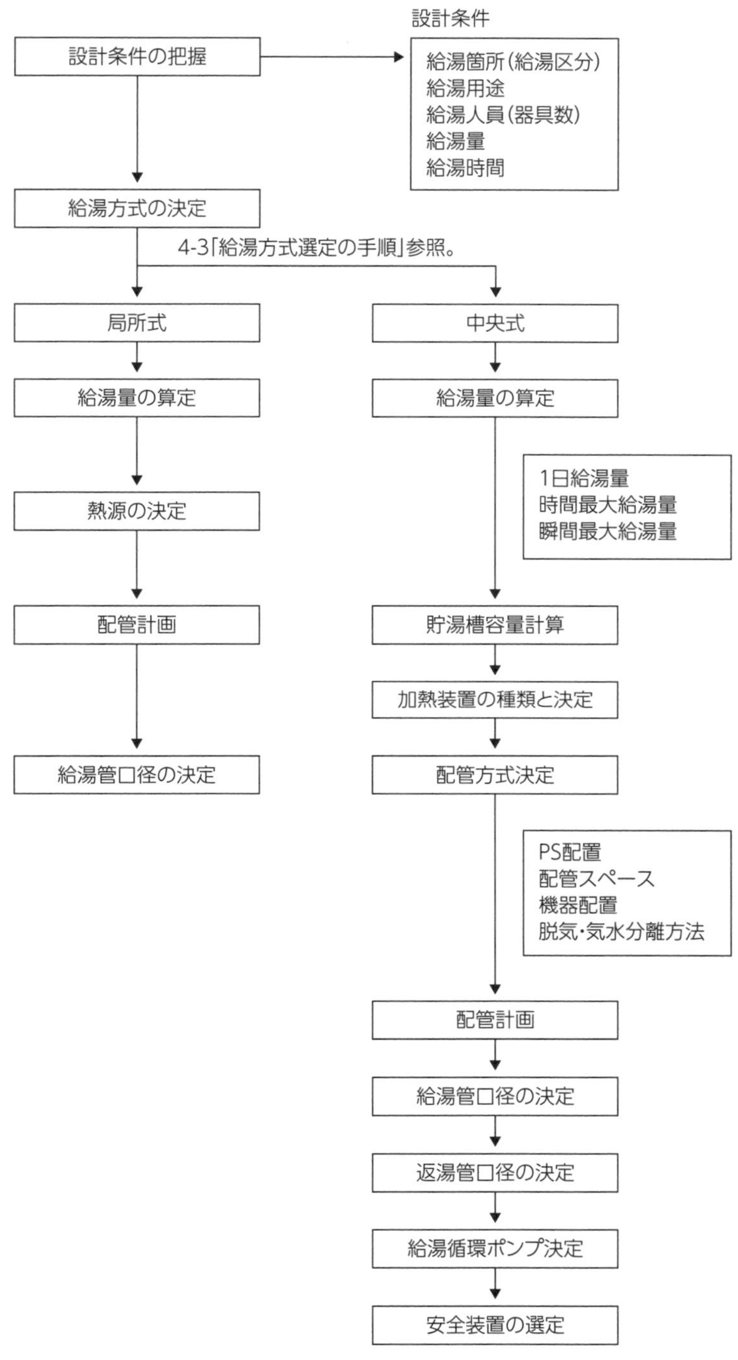

図3-12 給湯設備設計の手順

3-3 給湯方式選定の手順

給湯方式選定の手順

▶ **Point**

▶ **給湯個所が複数個所でも、離れていれば局所式を選定してください。給湯配管の延長で熱ロスがあるため、省エネ性を配慮してのことです。**

▶ **所定の温度になるまでの捨て水は、できるかぎりなくしたいものです。**

給湯方式選定の手順

まずは建物内の給湯用途、使用量、使用時間帯の違いをしっかり把握します。そのうえで、使用個所をカウントしてください。

方式の選定に当たっては。上記の条件のほかに、使用目的、熱源の種類、供給能力、機器類の維持管理(保守要員の有無・必要資格の有無・種類等)、工事費などを十分把握し、給湯個所が複数箇所あっても中央式にこだわらないことが肝要です。時には局所式と中央式が併用される場合も多いです。

その後、給湯個所は何箇所あり、局所式対応か中央式対応かを決めていきます。

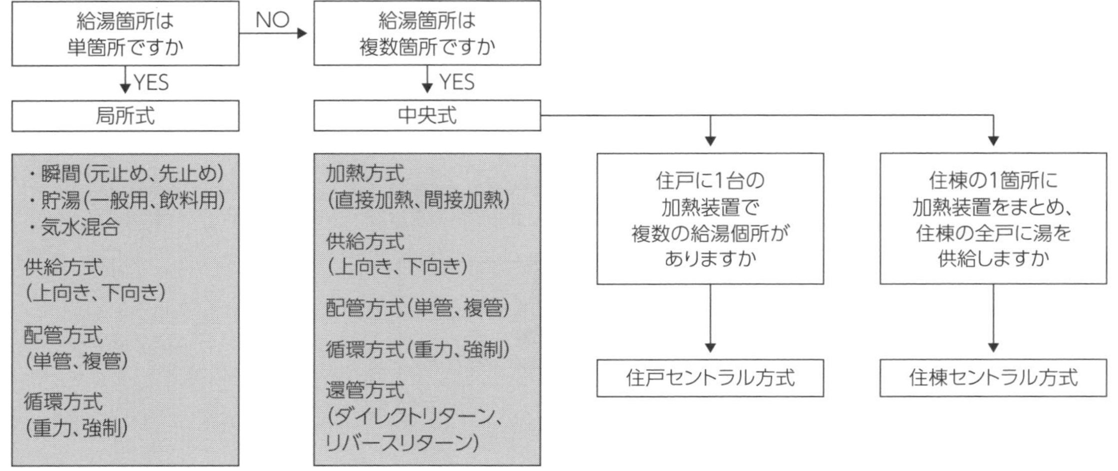

図3-13 給湯方式選定の手順

局所式給湯の設計上の留意点

①給湯器具数や給湯必要機器の給湯量等から瞬間最大給湯量を算出し、給湯能力を決定する。

②瞬間式の場合は、水圧と給湯管の摩擦損失水頭を考慮し、可能なかぎり小口径とする。これは湯待ち時間の短縮のためです。

③貯湯式低圧ボイラの場合は、給湯と給水の水圧が同じになるように注意する。

④減圧弁を設置し連続出湯しても温度が変わらないようにする。

中央式給湯の設計上の留意点

①加熱装置や貯湯槽の搬入・搬出が容易な場所の選定と故障や点検に備えて2基以上設置するのがよい。

②返湯管の長さが短くなるように計画する。

③各系統・枝管の循環流量が均等になるよう流量調節ができるようにする。

④循環ポンプは過大にならぬように、返湯管側に設置する。

⑤安全策や腐食対策を考慮し検討する。

⑥溶存気体の分離放出がしやすい配管計画を立てる(供給方式・ゾーニングの場合)。

3-4 給湯システムでの注意事項

給湯設備のトラブル

Point

- やけどと、冷水サンドイッチ現象が起こらないようにしましょう。
- 同時使用による水量の低下を招かないよう機器容量に安全率を設けましょう。
- 給湯に適した配管材質を選択しましょう。

やけど対策

加熱装置を小型化し、かつ必要量を確保するために、高温に沸かし上げるタイプが多くみられます。この場合、最も注意することはやけど対策です。特に、シャワーにはサーモスタット付きを選定するとよいでしょう。また、給湯器は自動湯温安定式のものを選定する必要があります。

給湯器や混合栓を選ぶ時は、デザインだけではなく、快適に使うための注意が必要です。

配管の膨張・収縮対策

配管中を湯が通ると管が膨張し、湯が冷めると収縮します。大規模な配管では伸縮継手や伸縮管等で膨張・収縮に対応します。小規模なものでしたら器具まわりにフレキシブル管を利用します。なお、管支持で管を直接固定すると、きしみ音が発生したり損傷の恐れがありますので、ゴム等で巻いたうえで支持固定した方がよいでしょう。

配管の保温

配管の熱損失を少なくし、湯温降下を遅らせるために配管の保温が必要となります。グラスウールやロックウールなどの保温材を巻きます。省エネ効果もあり、湯待ち時間の短縮でも有効です。しかし、たくさん巻けばよいというわけではなく、配管から損失される熱量を補いうる量分があればよしとして決定されます。

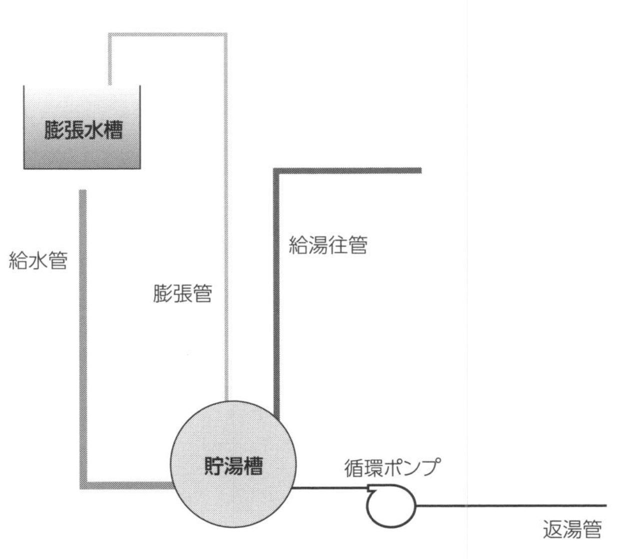

図3-14 配管の膨張対策

空気だまり対策

配管内に空気だまりが生じると、湯の流れが悪くなり騒音や腐食が生じやすくなるなどの問題を起こします。このために、水栓や膨張管から空気が抜ける方向に管に勾配を設けたりする配慮が必要です。

自動空気抜き弁の設置も効果がありますが、その設置場所は圧力の低い個所を選ばなければなりません。また保守・点検が必要なので操作のしやすいところに設置します。

腐食対策

給湯管の腐食対策は、給水管以上に注意が必要となります。配管と機器類の材質の違いから腐食することもあり、配管材の選定もより慎重にしなければなりません。管内流速も腐食(潰食)を考慮して1.5m/sec以下とするのが一般的です。

逃し管(膨張管)・逃がし弁

逃し管は、加熱装置の伝熱面積により最小内径が規定されています。また、膨張水槽まで立ち上げ、開放するのが一般的ですが、水槽水面からの立ち上げの高さは、膨張管から常に湯が噴出すことのないように決定します。

膨張管が設置しにくい場合は、逃し弁を設けますが、最高使用圧力の10%を超えないように膨張水を逃す構造のものとします。

当然、逃し管に弁を設置することはできません。

膨張水槽

給湯システム内の膨張水量を吸収するために膨張水槽を設置します。大気に開放された状態の水槽を開放型膨張水槽といい、開放型が設置できない場合には、密閉型膨張水槽を設けます。ただし、この密閉型膨張水槽を設置しても、逃し弁を省略することはできないので、注意してください。

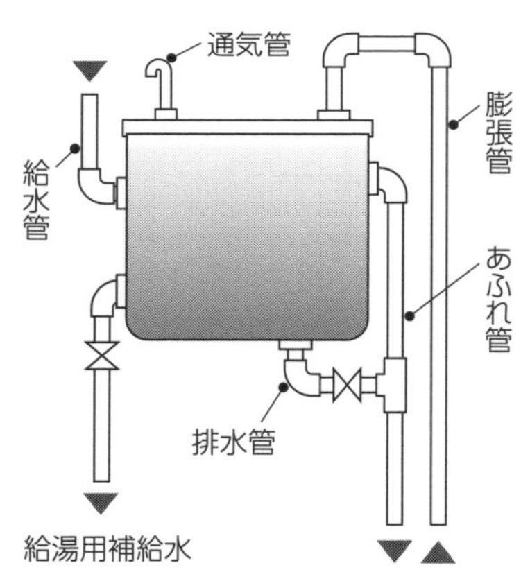

図3-15 開放型

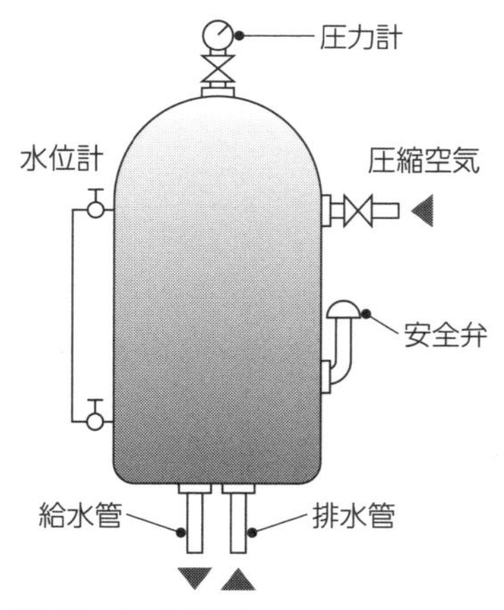

図3-16 密閉型

返湯管径の決定

返湯管の口径は、一般には給湯配管の呼び径の 1/2 程度の管径とされていますが、給湯循環ポンプの循環量が流れた場合の流速を調べ、流速が過大になる場合は管径を太くする必要があります。特に銅管を使用する場合には、潰食を防止するために流速を 1.5m/sec 以下とすることが望ましいでしょう。

3-5 エコ給湯器

エコ給湯器、どれがお得?

Point

- エコキュート、エコジョーズ……名前は似ていても、特徴や仕組みは異なります。
- 建物用途に、使用状況(使用人員数、給湯量、頻度、使い方など)から最適なものを選定しましょう。

エコキュート(高効率電気式給湯器)

ヒートポンプ技術を利用し、空気の熱で湯を沸かす電気式給湯器で、冷媒はフロンではなく二酸化炭素(CO_2)を使用しています。空気中の熱を取り込み、電気の力で圧縮することでその空気熱をさらに高温にし、その熱を利用して約90℃のお湯を沸かします。

空気の熱を上手に活用するので、使用した電気エネルギーの3倍以上の熱エネルギーを得ることができます。

熱を圧縮するエネルギーとして使用する電力には安価な夜間電力を利用し、夜間に湯をつくってタンクに貯めます。タンクの湯が不足しそうになったら、日中の時間でも沸きあがる仕組みになっています。火を使わないので空気が汚れにくいというメリットもありますが、タンクの設置スペースが必要です。多機能タイプなら給湯だけでなく、温水を床暖房にも使用できます。

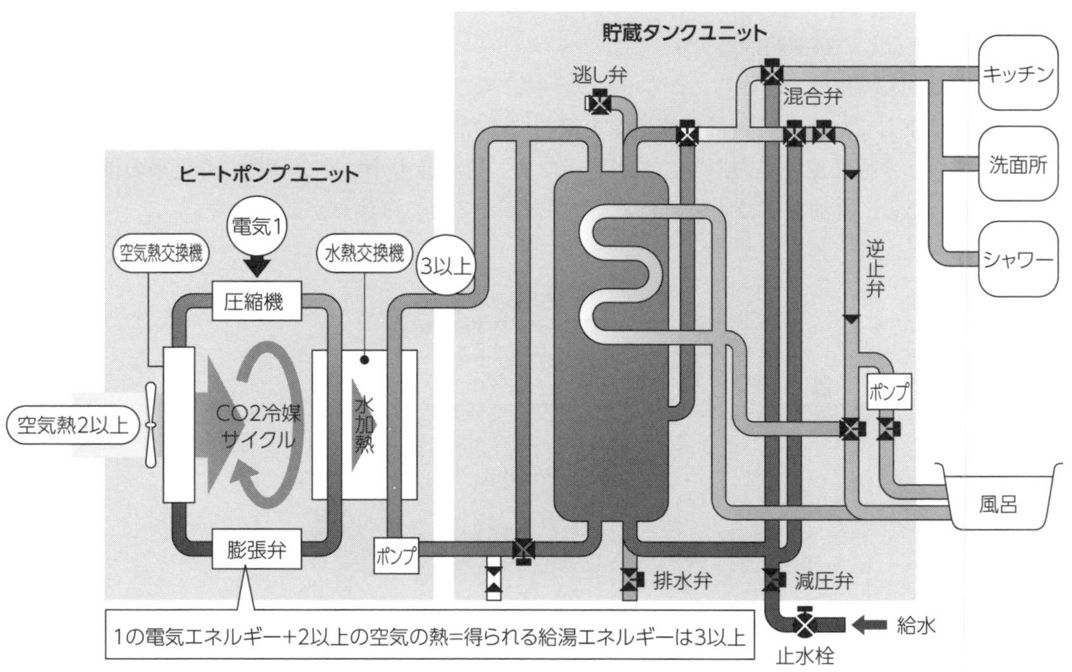

図3-17 エコキュートの仕組み

エコジョーズ（高効率ガス給湯器）

従来までのガス給湯器が捨てていた約200℃の排気ガス中の熱（潜熱）を2次熱交換器で回収し、約95%という非常に高い熱効率を実現した給湯器です（従来の効率は約 75%）。

これまでのガス給湯器では、使用するガスのうちの約20%が放熱や排気ガスとして無駄になっていました。その20%のロスのうち、その3/4に当たる約15%を回収して再利用することで、ガス使用量の低減などのメリットが生まれます。多機能タイプなら給湯のほかに温水を床暖房にも使用できます。また、大気中に無駄な熱を放出しないためCO_2削減にも貢献できます。

機器の大きさがコンパクトであるため小スペースでも設置が可能です。

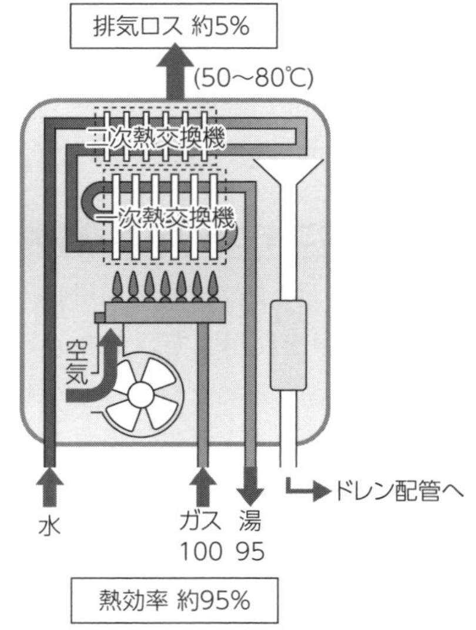

図3-18 エコジョーズの仕組み

エコフィール（高効率石油給湯器）

湯を沸かすために排気とともに空気中に放出していた熱エネルギーを有効利用することで、熱効率を約95%にまで高めた新しい石油給湯器です。

従来の熱効率は約83%程度ですから、かなりのアップとなりました。また、排気温度も従来の約200℃から約60℃へと低下しています。灯油の使用量を節約するだけでなく、CO_2の排出量も大幅に削減することができ、暮らしと地球環境へのやさしさが特徴です。運転音も小さくなり臭いも従来の機器より気になりません。ただし、給油などのメンテナンスに手がかかる点には注意が必要です。

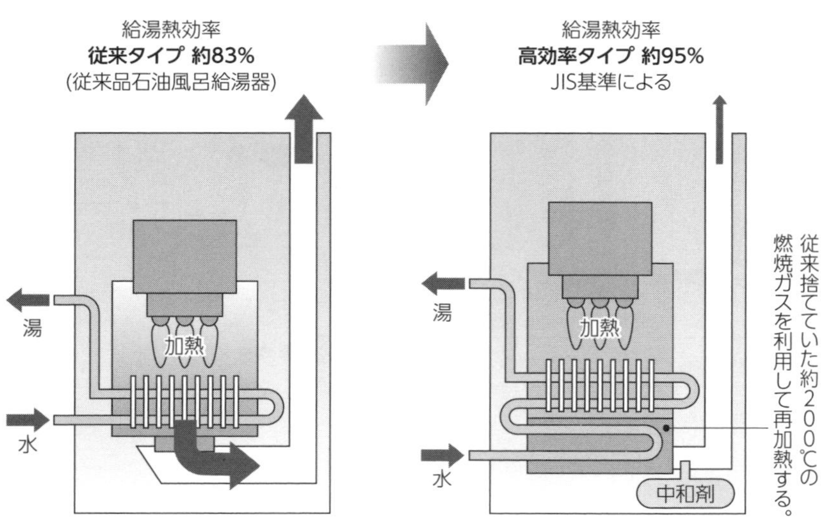

図3-19 エコフィールの仕組み

「エコ給湯器」は何がお得？

1次エネルギー利用から考えると、電気もガスも石油もCO_2排出量の差はわずかなようです。経済性からの比較は、初期費用とランニングコストです。

初期費用は、エコキュート（電気）が30～70万円、エコジョーズ（ガス）とエコフィール（石油）は20～40万円で、ガスと石油が安くなります。

ランニングコストについては、エコキュートは深夜電力を使用しますので年間約4万円、ガスは6万5千円～7万円、石油は約7万円で電気がかなり安くなります。

最終的には消費者の好みの問題となりましたが、目安としては大家族で大量のお湯を使う家庭ではエコキュートに分があり、お湯の使用量が少ない家庭はエコジョーズやエコフィールが有利になるでしょう。

3-6 給湯方式の比較

給湯方式の長所と短所

Point

- 給湯個所と使用湯量等により給湯方式が決まります。
- 選定した給湯方式の特徴を活かしていますか?
- 建物用途によっても給湯方式が変わります。

給湯方式の比較

表3-1 給湯方式の比較

特徴・用途 ＼ 給湯方式	局所式				中央式
	瞬間式	貯湯式(一般用)	貯湯式(飲料用)	気水混合式	
特徴 用途	①用途に応じて必要箇所で湯が比較的簡単に得られる。 ②給湯箇所が少ないため、加熱器・配管延長など設備規模が小さく、設備費も安く、維持管理も容易。 ③熱損失が少ない。 ④建物竣工後においても給湯箇所の増設に対応しやすい。				①器具の同時使用率を考慮して加熱装置の総容量を小さくすることができる。 ②一般には熱源装置は、空調設備のそれと兼用設置されるため熱源単価が安くなる。 ③機械室等に他設備機器と一緒に設置されるため、集中管理がしやすい。 ④配管によって必要箇所のどこへでも給湯できる。
	①給湯規模が大きくなると、加熱器が点在するため維持管理が面倒になる。 ②給湯箇所ごとに加熱器の設置スペースが必要となる。 ③加熱器によっては、建築意匠・構造的に制約を受けやすい。 ④安い燃料が使いにくい。 ⑤水圧の制限を受けるため、シャワーや混合水栓などの使用に不便をきたすことがある。				①設備規模が大、かつ複雑であるため当初の建設費が高い。 ②専任の取扱者を必要とする場合がある。 ③配管、機器からの熱損失が大。 ④配管をともなうため竣工後 の増設がしづらい場合がある。
加熱器の種類	瞬間湯沸器(ガス・電気)	ガス・電気・油だき温水缶(密閉形)	ガス・電気貯湯式湯沸器(開放形)	蒸気吹込み器(サイレンサ)・気水混合弁	・温水(蒸気)ボイラ+加熱コイル付き貯湯タンク ・ガス・油だき温水缶+加熱コイルなし貯湯タンク
給湯目的	数箇所の限られた範囲への給湯。	限られた範囲への給湯。小規模建物の全館給湯。	ビルの湯沸場、食堂の給茶用など主に飲用専用として用いる。	工場、病院などの大浴場用。蒸気配管が設置され、蒸気が簡単に得られる場合に採用。ただし、飲料用には不適。	中・大規模の各種建物で全館給湯用。ただし、場所においては局所式との併設を考慮する。
給湯規模	一般住宅、小規模店舗の厨房など。	小規模ビル、高級住宅、集合住宅など。	飲料用で必要箇所ごと。	蒸気配管があり、どの場所でも簡単に得られる場合のみと制限される。	中・大規模の各種建物で全館給湯用。ただし、建物の経営形態や時間帯等の管理方針によっては局所式を併用する場合も多い。

3-7 給湯温度と使用温度

使用する給湯温度

Point

- 使用する給湯温度は、用途によって適温があります。
- 同じ器具の使用でも、大人と小児で適温が変わります。
- 給湯温度は、一般的には60℃程度です。

給湯によるやけど

給湯によるやけどは、3～5歳以下の幼児と60歳以上の老人に多くみられます。この年代の心身障がい者には特に注意が必要です。

48℃の湯を10秒間以上、44℃以上の湯を100秒以上浴びていると熱いと感じ、62℃の湯を2秒以上、56℃の湯を10秒以上、50℃の湯を100秒以上浴びると皮膚の表面がやけどします。

表3-2 給湯の用途別使用温度

用途		適温〔℃〕	
		夏	冬
飲料用		50～55	50～55
浴用	浴槽（成人）	39～41	41～43
	浴槽（小児）	39～40	40～42
	洗髪	37～39	39～41
	シャワー	38～40	40～42
洗面・手洗い用		35～37	38～40
医科用手洗い用		43	43
ひげそり用		42～45	46～52
厨房用	一般（食器洗浄）	36～39	37～41
	皿洗い機（洗浄用）	60～70	60～70
	皿洗い機（すすぎ用）	70～80	70～80
洗濯用	（手洗い用）	36～38	38～40
	商業用一般	60	60
	絹および毛織物	33～37	38～49
	リンネルおよび綿織物	49～52	45～60
遊泳プール		21～27	21～27
ガレージ（洗車用）		24～30	24～30

湯水混合温度

給湯設備では、一般に60℃の湯を供給し、用途に応じて水を混ぜて適温にして使用します。湯と水を混合させた場合の温度は、次式で求められます。

湯水混合温度の計算式と計算例

計算 3-1	計算例
$Hm=Qh\times\frac{(Tc+Th)}{(Qw+Qh)}$ Hm：混合湯の温度〔℃〕 Qw：給水の量〔L/min〕 Qh：給湯の量〔L/min〕 Tc：給水温度〔℃〕 Th：給湯温度〔℃〕	Th＝ 45 ℃ Tc＝ 5 ℃ Qw＝ 10 L/min Qh＝ 10 L/min ∴ Hm＝ 25.0 ℃

日本各地の水道温度

下表は日本の各地域の水道水の温度です。井戸を水源としている地域では比較的水温は一定していますが、地表水を水源としている水道水には地域によっては著しい差があります。

給湯器等の容量算定には、供給水の水温が用いられます。不明の場合は通常4～5℃の水温で計算をします。この場合は冬期の水温で機器容量算定を行うからです。給湯器などは冬期を基準に機器を選定します。

表3-3 日本各地の水道温度

都市名	1月	2月	3月	4月	5月	6月	7月	8月	9月	10月	11月	12月	年間平均
札幌	−	2.4	3.0	2.9	10.5	13.0	18.6	18.0	−	12.7	5.7	2.5	8.9
仙台	4.0	3.5	3.5	6.0	11.0	13.5	15.0	19.5	19.5	18.0	14.0	11.0	11.5
新潟	3.1	2.4	5.4	10.0	15.7	19.1	22.6	22.4	21.3	16.0	10.2	6.7	12.9
東京	5.5	5.9	8.9	13.5	18.2	20.6	20.6	26.5	22.3	19.3	13.2	8.2	15.2
名古屋	4.2	4.8	7.0	13.0	15.4	18.0	19.5	22.6	23.2	16.7	13.7	10.0	14.0
大阪	6.4	5.3	11.3	16.4	18.6	21.5	25.6	27.6	26.0	20.3	16.4	9.1	17.0
高知	7.3	7.7	12.3	16.3	18.6	23.0	26.5	27.6	25.0	20.8	18.0	9.7	17.7
福岡	6.5	9.0	10.7	15.2	18.0	20.6	22.8	26.8	21.9	18.3	13.4	9.2	16.0
鹿児島	12.1	11.7	13.2	17.8	19.2	21.9	25.1	27.4	24.4	21.5	18.2	14.9	19.0
那覇	17.0	18.3	19.2	22.5	25.5	26.5	30.2	28.5	28.5	28.0	26.0	21.0	24.3

データ：『太陽熱給湯暖冷房システムの計画入門』、(財)ソーラーシステム振興協会

3-8 給湯量の算定

給湯量の算定の概略

Point

- ▶ 給湯量の算定には、人員法と器具数法による方法があります。
- ▶ 人員が明確な場合は、人員数による算定を、不明な場合は器具数法を用います。
- ▶ 余裕をとりすぎた算定をすれば、機器も消費熱量も過大になる場合があります。

人員法による算定

人員算定が明確な場合は、人員法で求めることができます。

人員法による算定

計算 3-2	計算例
Qd＝N×qd Qhm＝Qd×qh Qd：1日当たり給湯量〔L/日〕 Qhm：時間最大予想給湯量〔L/hr〕 N：給湯対象人員〔人〕 qd：1人・1日当たり給湯量〔L/日・人〕 qh：1日の使用量に対する必要な1時間当たり給湯量の最大値の割合（表3-4参照）	建物の種類＝ 事務所 N＝ 36 人 qd＝ 100 L/日・人 ∴ Qd＝ 3600 L/日 qh＝ 0.2 ∴ Qhm＝ 720 L/hr

建物の種類別給湯量による算定

人員がわかる場合の建物用途別給湯量です。ただし、給湯の使用量だけは個人差が大きいので、発注者との協議を重ねて納得のいく数値を採用してください。

表3-4 建物の種類別給湯量

（空気調和・衛生工学便覧13版）

建物の種類	1人1日当たり給湯量〔L/d・人〕	1日の使用に対する必要な1時間当たり最大値の割合	ピークロードの継続時間〔h〕	1日の使用量に対する貯湯割合	1日の使用量に対する加熱能力の割合
住宅・アパート	75～150	1/7	4	1/5	1/7
ホテル	〃	〃	〃	〃	〃
事務所	75～115	1/5	2	1/5	1/6
工場	20	1/3	1	2/5	1/8
レストラン				1/10	1/10
レストラン〔3食/1日〕		1/10	8	1/5	1/10
レストラン〔1食/1日〕		1/5	2	2/5	1/6
病院（ベッド当たり）	130	1/5	4	1/5	1/7

＊上記は60℃における数値。
＊ホテルについて、1日の給湯必要量等はホテルの形式により変わる。
＊住宅やアパートについて、皿洗い機や洗濯機（給湯必要なもの）がある場合には、皿洗い機1台に付60L、洗濯機1台に付150Lを追加する。
＊高級ホテルでは、ピークロードは低いが1日の使用量は比較的大きい。商用ホテルでは、ピークロードは高いが1日の使用量は少ない。

器具数法による算定

使用する器具数により、使われ方を想定し適量を下記計算式に挿入して求めます。

計算 3-3	計算例
$Qhm = n \times q \times \alpha$ Qhm：時間最大予想給湯量〔L/hr〕 n：器具の個数〔個〕 q：器具1個の1時間当たりの給湯量〔L/日・個〕 α：建物の用途による使用率（表3-5参照）	建物別＝ 事務所 器具別＝ 洗面器（公衆用） n＝ 12 個 q＝ 23 L/日・個 α＝ 0.3 ∴ Qhm＝ 83 L/hr

建物別・器具別の給湯量（ASHRAE）

器具数による方法での計算式のバックデータです。標準的な数値ですので、利用状況を考慮して数値を決定してください。

公共用建物に用いるデータです。地域によっても利用する人によっても給湯量は異なりますので、十分協議のうえ、給湯量を決定してください。

表3-5 器具別1時間当たりの給湯量

器具の1時間当たり給湯量〔L〕、最終温度60℃で算定されたもの。 (ASHRAE)

器具種別＼建物種別	個人住宅	集合住宅	事務所	ホテル	病院	工場	学校	YMCA	体育館
洗面器 （個人用）	7.6	7.6	7.6	7.6	7.6	7.6	7.6	7.6	7.6
洗面器 （公衆用）	–	15	23	30	23	45.5	56	30	30
洋風バス	76	76	–	76	76	–	–	114	114
シャワー	114	114	114	284	284	850	850	850	850
台所流し	38	38	76	114	76	76	76	76	–
配膳流し	19	19	38	38	38	–	38	38	–
皿洗い機*1	57	57	–	190～760	190～570	75～380	76～380	76～380	–
掃除用流し	57	76	57	114	76	76	–	76	–
洗濯流し	76	76	–	106	106	–	–	106	–
足洗い	11.5	11.5	–	11.5	11.5	45.0	11.5	45.0	45
ハバードタンク	–	–	–	–	2270	–	–	–	–
水治療用シャワー	–	–	–	–	1520	–	–	–	–
同時使用率	0.3	0.3	0.3	0.25	0.25	0.4	0.4	0.4	0.4
貯湯容量係数*2	0.7	1.25	2.0	0.8	0.6	1.0	1.0	1.0	1.0

＊1 皿洗い機の所要量は採用する形式が分かれば、その形式のメーカーのデータから選ぶ。
＊2 時間当たり最大予想給湯量に対する貯湯槽容量の割合。

器具別に、1回当たり給湯量と1時間当たりの使用回数による1時間当たりの給湯量です。個人差がありますので利用状況を考慮してください。

表3-6 器具に対する給湯量

器具の1時間当たり給湯量〔L〕、最終温度60℃で算定されたもの。 (空気調和・衛生工学便覧13版)

器　具	1回当たり給湯量〔L/回・個〕	1時間当たり使用回数〔回/h〕	1時間当たり給湯量〔L/h・個〕	
個人洗面器	7.5	1	7.5	
一般洗面器	5	2～8	10～40	
洋風バス	100	1～3	100～300	
シャワー	50	1～6	50～300	
台所流し	15	3～5	45～75	住宅・集合住宅で、営業用厨房の流しは別。
配膳流し	10	2～4	20～40	
洗濯流し	15	4～6	60～90	洗濯機の場合は機器容量による
掃除流し	15	3～5	45～75	
公衆浴場	30	3～4	90～120	1人当たり。

＊器具同時使用率　病院・ホテル：25％　住宅・事務所：30％　工場・学校：40％

表3-7 厨房器具別所要給湯量

器具の1時間当たり給湯量〔L〕、最終温度60℃で算定されたもの。 (建築設備設計基準・同要領　平成14年版)

厨房器具	給湯量〔L/h〕	厨房器具	給湯量〔L/h〕
野菜用流し	170	予備洗浄(プレフラッシュ)(手動)	170
1槽流し	110	同上(プレフラッシュ)(密閉形)	880
2槽流し	220	循環式予備洗浄	150
3槽流し	330	パーシンク	110
予備くず落し(プレスクラッパ)(開放形)	660	洗面器(各々に対して)	19

店舗における使用湯量の実績

給湯設備の計画時に、店舗等の場合、どの程度の使用量を想定すればよいのか迷ってしまいます。そのことから今までの実績によるデータを参考のために示します。店舗の形態や混雑の度合いによって差が出ますがそれらの状態を想定して決定してください。

表3-8 店舗における使用湯量の実績

	24時間使用湯量			10時間使用湯量		ピーク時使用湯量	
	延面積〔L/m^2・h〕	席数〔L/h・席〕	客数〔L/h・人〕	延面積〔L/m^2・h〕	席数〔L/h・席〕	延面積〔L/m^2・h〕	席数〔L/h・席〕
高級レストラン	0.2～0.4	0.8～1.0	0.5～0.7	0.4～0.6	1.4～1.6	0.7～1.0	2.8～3.0
一般レストラン	0.4～0.8	0.8～1.3	0.3～0.5	0.9～1.7	2.0～2.5	2.0～2.5	3.0～4.0
そば・てんぷら店	0.4～0.7	1.3～1.7	0.2～0.3	0.9～1.3	2.5～3.0	1.9～2.5	4.0～6.0
社員食堂	0.3～0.4	0.8～1.0	0.3～0.4	0.8～1.0	1.6～2.0	–	–
喫茶・軽食店	0.6～0.8	1.0～1.3	0.2～0.3	1.4～1.6	2.3～2.5	3.0～4.0	5.0～6.0
喫茶店	–	–	–	–	–	–	–
理容店	0.3～0.4	3.8～5.4	0.6～0.8	0.5～1.0	9.0～13.0	1.6～2.5	25.0～30.0
美容店	0.3～0.4	3.8～5.4	3.3～3.8	0.5～1.0	9.0～13.0	1.6～2.5	25.0～30.0
サウナ・理容店	–	–	–	15.0～20.0	–	–	–

加熱容量の算定

加熱容量の算定には、人員による方法、器具数による方法と給湯単位による方法があります。確定した計算条件がない場合は、3通りの算定方法を計算し、その最大値を採用する場合が多いです。

加熱容量の算定

計算 3-4	計算例
■人員による方法 H＝0.00116×Qd×r (th－tc) H：加熱容量〔kW/h〕 Qd：1日当たり給湯量〔L/日〕 r：1日使用量に対する加熱能力の割合 th：給湯温度〔℃〕 tc：給水温度〔℃〕	(下表)
■器具数による方法 H＝0.00116×Qhm (th－tc) Qhm：時間最大給湯量〔L/h〕 th：給湯温度〔℃〕 tc：給水温度〔℃〕	(下表)

人員による方法 計算例

用途	1日当たり給湯量 Qd〔L/日〕	加熱能力の割合 r	給湯温度 th〔℃〕	給水温度 tc〔℃〕	加熱容量 H〔kW/h〕
事務所	3000	0.167	60	5	31.96

器具数による方法 計算例

用途器具名称	時間最大給湯量 Qhm〔L/h〕	換算定数	給湯温度 th〔℃〕	給水温度 tc〔℃〕	加熱容量 H〔kW/h〕
台所流し	180	0.00116	60	5	11.48
洗面器	60	0.00116	45	5	2.78

■給湯単位による方法 H＝0.00116×Qp (th－tc) Qp：瞬時給湯量〔L/min〕 th：給湯温度〔℃〕 tc：給水温度〔℃〕	

用途器具名称	瞬時給湯量 Qp 〔L/min〕	換算定数	給湯温度 th 〔℃〕	給水温度 tc 〔℃〕	加熱容量 H 〔kW/h〕
事務所	350	0.00116	60	5	22.33

局所式給湯器の算定

局所式給湯器の算定は、瞬間式の場合と貯湯式の場合では計算法が異なります。どちらを使用するのかを決定してから算定を行ってください。

局所式給湯器の算定

計算 3-5	計算例
■瞬間式湯沸器加熱能力H〔kW/h〕 H＝0.00116×Q (th－tc) Q：給湯量〔L/hr〕 th：給湯温度〔℃〕 tc：給水温度〔℃〕	

用途	給湯量 Q 〔L/h〕	換算定数	給湯温度 th 〔℃〕	給水温度 tc 〔℃〕	加熱容量 H 〔kW/h〕
事務流し	60	0.00116	45	5	2.78

■貯湯式湯沸器貯湯量Q'〔L〕 Q'=N×q/K2 N：給湯対象人員〔人〕 q：1人当り給湯量〔L/人〕 湯沸室用……0.2～0.3 食堂用………0.1～0.2 K2：連続出湯量係数(≒0.7)	

用途	給湯対象人員 N 〔人〕	1人当たり給湯量 q 〔L/人〕	連続出湯係数	貯湯量Q' 〔L〕
湯沸室	110	0.2	0.7	31.43

3-9 給湯単位法による給湯量の算定

給湯単位法による給湯量の算定

Point

- 給水設備と同様に、給湯単位法による給湯量の算定です。
- 建物種類別による器具別給湯単位です。
- 給湯単位数の合計から同時使用湯量を求めます。

給湯単位法による給湯量の算定の手順

給湯単位法による給湯量の算定は以下の手順にしたがいます。

①各器具別の給湯単位を求める
②同時使用流量を求める

表3-9 器具別給湯単位　温度60℃

(建築設備設計基準・同要領　平成14年版)

器具種類＼建物種類	共同住宅	事務所	体育館	学校	独身寮	病院	ホテル・寄宿舎
洗面器(私用)	0.75	0.75	0.75	0.75	0.75	0.75	0.75
洗面器(公用)		1.0	1.0	1.0	1.0	1.0	1.0
洋風浴槽	1.5				1.5	1.5	1.5
皿洗い機	1.5	客席数250に対して5単位					
台所流し	0.75			0.75	1.5	3	1.5
配膳流し				2.5	2.5	2.5	2.5
掃除流し	1.5	2.5		2.5	2.5	2.5	2.5
シャワー	1.5	1.5	1.5	1.5	1.5	1.5	1.5

＊体育館のようにシャワーを主体とする場合は、同時使用を100%とする。

■同時使用流量(1)

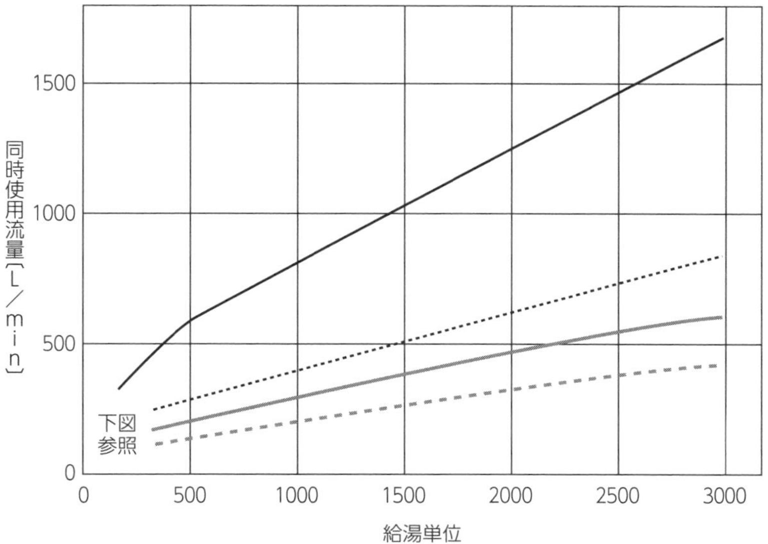

■同時使用流量(2)

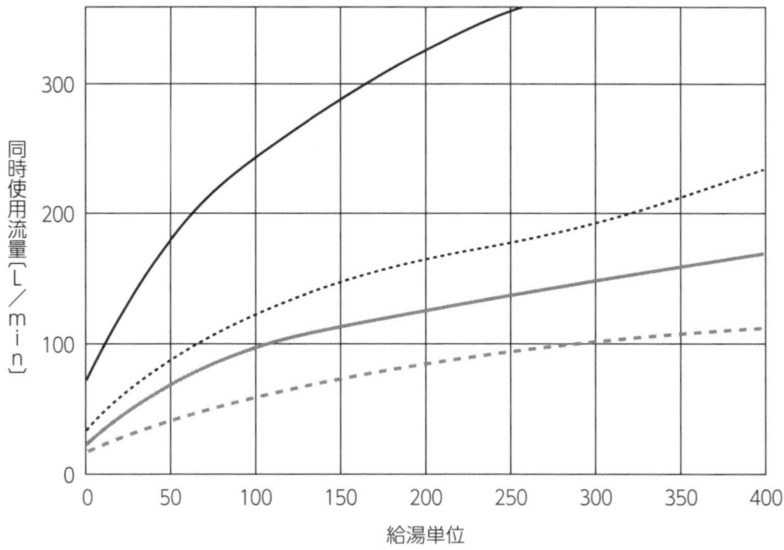

—— レストラン　…… 病院・療養所・養育院、寮・ホテル・モーテル
—— 集合住宅　- - - 事務所、小・中・高等学校

図3-20 給湯単位による同時使用流量

3-10 給湯機器の算定

給湯機器の算定

▶ **Point**

- エクセルなどで計算書式を作成しておくと便利です。計算書式の例があれば、間違いがなくなり、より早く求めることができます。
- 算定に必要なデータを手元に準備して、算定してください。

貯湯容量の算定

人員法と器具数法があります。両方を算定し、どちらの算定法を選択するかは設計者の判断によります。適量を求めてください。

貯湯容量の算定

計算 3-6	計算例
■人員による方法 V＝Qd×v V：貯湯容量〔L〕 Qd：1日当たり給湯量〔L/日〕 v：1日使用量に対する貯湯割合	(下表1)
■器具数法による方法 V＝Qhm×vl V：貯湯容量〔L〕 Qhm：時間最大給湯量〔L/hr〕 vl：貯湯容量係数	(下表2)

表1

用途	給湯対象人員 N〔人〕	1人当たり給湯量 q〔L/日・人〕	Qd N×q〔L〕	貯湯割合 v	貯湯量 V＝Qd×v〔L〕
事務所	30	100	3000	0.2	600

表2

用途 / 事務所 / 器具名	器具別時間給湯量〔L /hr〕	器具数 N〔個〕	使用率 η	時間最大給湯量〔L /hr〕	貯湯容量V＝Qhm×vl〔L〕	
洗面器(公衆用)	23	10	0.3	69	2	138
台所流し	76	5	0.3	114	2	228
シャワー	114	2	0.3	68.4	2	136.8
計				251.4		502.8

加熱容量の算定

人員法、器具数法と給湯単位法があります。

3つの方法をそれぞれ求めて、どの方法が最も適した容量なのかを判断して決定してください。

瞬間湯沸器（給湯器）の号数と能力

号数とは

水温を25℃上昇させた湯を1分間に出湯する量〔L〕を能力としています。

例えば、24号とは水温＋25℃上昇させた湯を1分間に24L出湯することのできる能力があります。

水温の変化

水温は、季節により異なります。よって、給湯器等の出湯量や出湯温度も季節によって大きく変化するので注意してください。

①出湯温度の変化（一定量の出湯量の場合）

冬期 …… 水温5℃の時、＋25℃＝30℃となる。

夏期 …… 水温20℃の時、＋25℃＝45℃となる。

②出湯量の変化（一定温度の出湯温度の場合）

冬期 ……水温5℃の時、16号給湯器は、16L×25℃÷(45℃－5℃)＝10〔L/min〕

夏期 …… 水温20℃の時、16号給湯器は、16L×25℃÷(45℃－20℃)＝16〔L/min〕

給湯器容量の算定式

号数の求め方

計算 3-7	計算例
■号数の決め方 号数＝ $\frac{W\ (th-tc)}{\text{給湯時間〔分〕}\times 25}$ W：必要湯量〔L〕 th：給湯温度〔℃〕 tc：給水温度〔℃〕	W＝ 15 L th＝ 60 ℃ tc＝ 5 ℃ 給湯時間＝ 2 分 ∴ 17 号
■号数から給湯量を求める方法 給湯量＝ $\frac{\text{号数}\times 25}{\text{湯温}-\text{水温}}$	号数＝ 20 号 湯温＝ 45 ℃ 水温＝ 5 ℃ ∴ 給湯量 13 L
■号数から給湯所要時間を求める方法 給湯所要時間＝ $\frac{W\ (th-tc)}{\text{号数}\times 25}$ W：必要湯量〔L〕 th：給湯温度〔℃〕 tc：給水温度〔℃〕	W＝ 15 L th＝ 45 ℃ tc＝ 5 ℃ 号数＝ 24 号 ∴ 給湯所要時間＝ 1 分

電気温水器容量の算定方法と計算式の例

必要湯量の算定（器具数法による方法）

計算 3-8

$$V1 = \frac{(T - Tc)}{(Th - Tc)} \times V$$

V1：湯量〔L/min〕、Th：給湯温度〔℃〕、V：出湯量〔L/min〕、T：出力温度〔℃〕、Tc：給水温度〔℃〕

用途	器具種別	器具別給湯量算定						器具数〔個〕	使用回数〔回/日〕	電気温水器容量〔L〕
		出湯温度 T〔℃〕	水温 Tc〔℃〕	湯温 Th〔℃〕	出湯量 V〔L/min〕	湯量 V1〔L/min〕	出湯時間（分）〔min〕			
住宅	浴槽	45	5	85	18	9.00	20	1	1	180.0
	シャワー	42	5	85	12	5.55	5	1	2	55.5
	洗面器	40	5	85	4	1.75	5	1	5	43.8
	台所	40	5	85	6	2.63	15	1	4	157.5
合計										436.8

必要湯量の算定（人数による方法）

計算 3-9	計算例
$V = \frac{860 \times Q}{K \times th}$ V：家族人数〔人〕 ＊人数を決定し、下表より給湯熱量を求める。 Q：家族数による1日必要熱量〔kW・h/d・戸〕 K：給水流入による容量減少数（≒0.9） th：温水器の貯湯温度（＝85℃）	V＝ 4 人 Q＝ 27.9 kW・h/d・戸 K＝ 0.9 th＝ 85 ℃ ∴ V＝ 314 L

表3-10 冬季における1日当たりの給湯熱量（入浴実行日）

家族人数〔人〕	給湯熱量〔kW・h/d・戸〕
1	7
1.5	10
2	13.5
2.5	17
3	20
3.5	23.5
4	27.9
4.5	30
5	33.5
6	40
7	47

＊給水温度は0℃基準としている。
＊家族数は通常6人までとする。それ以上になると並列連結方式になる。
＊電気温水器には標準型水圧100kPaと高圧型水圧150kPaの2種類があるので、機器選定の際は注意すること。

電気容量(ヒーター容量)E

計算 3-10	計算例
$E = \dfrac{0.001163 \times V(th - tc)}{e \times T}$ E:電気容量(ヒーター容量)〔kW/h〕 V:温水器の貯湯量〔L〕 th:貯湯温度(=85)〔℃〕 tc:給水温度〔℃〕＊冬場の水温で! e:電気ヒーターの効率(≒0.9) T:通電時間(=8)〔hr〕	V = 370 L th = 85 ℃ tc = 5 ℃ e = 0.9 T = 8 hr ∴ E = 4.8 kW/h

3-11 貯湯タンクの算定

原則として時間最大予想給湯量に基づき決定する

Point

- 貯湯量と加熱能力とのあいだには相関関係があります。
- 加熱能力が大であれば貯湯量は小さく、加熱能力が小さければ貯湯量は大となります。
- 貯湯量の算定には、ピーク時の給湯量とピークの継続時間を知る必要があります。

貯湯タンクの算定（洗面・湯沸室として利用する場合）

建物用途別の時間最大予想給湯量の1日当たりの給湯量に対する割合を、給湯対象人員が使用する給湯量に乗じて求めます。

表3-11 時間最大予想給湯量

使用者種別	使用者数算出方法および計算式	給湯対象人員〔人〕
	＊給水設備の人員算定に準拠します。	
事務所		60
診療所（外来）		80
診療所（医師・看護婦）		8
合　計		148

用　途	1人1日当たり給湯量〔L/人・日〕	給湯対象人員〔人〕	1日最大予想給湯量〔L/日〕
洗面・湯沸	10	148	1480
小　計			1480
器具種別	1台1日当り給湯量〔L/台・日〕	台数〔台〕	1日最大予想給湯量〔L/日〕
洗濯機	150	1	150
小　計			150
合　計			1630

給湯温度 th〔℃〕	給水温度 tc〔℃〕	(60 − tc)/(th − tc)	1日当り給湯量 Qd〔L/日〕	時間最大予想給湯量の1日当り給湯量に対する割合 K1		時間最大予想給湯量〔L/h〕
45	5	1.375	1630	1/5	0.2	326

＊計算値は参考例。

表3-12 加熱能力

時間最大予想給湯量〔L/h〕	th − tc〔℃〕	加熱能力の時間最大に対する割合 K2	加熱能力 H〔kW〕
326	40	1.0	15.1

＊計算値は参考例。

■貯湯量

時間最大予想給湯量〔L/h〕	貯湯量の時間最大に対する割合 K3	貯湯量 Q〔L〕
326	1.0	326

＊計算値は参考例。

表3-13 蒸気消費量

加熱能力　H〔kW〕	余裕係数　K4	蒸気の凝縮潜熱　γ〔KJ/kg〕	加熱器効率　η	蒸気消費量G〔kg/h〕G＝3600·K4·H/γ・η
15.1	1.15	2,260	1.0	27.7

＊計算値は参考例。

貯湯タンクの算定(厨房用として利用する場合)

器具種別ごとの時間最大予想給湯量を求めます。その給湯量をもとに時間最大に対する割合を乗じて、加熱能力と貯湯量を求めます。熱源が蒸気の場合は蒸気の消費量も求められるよう計算表に示しました。

表3-14 時間最大予想給湯量

器具種別	時間最大給湯量〔L/h〕	器具数〔個〕	計〔L/h〕	給湯温度　th〔℃〕	給水温度　tc〔℃〕
野菜用流し	170	2	340	60	5
1槽流し	110	1	110		
2槽流し	220	1	220		
3槽流し	330	1	330		
洗面器	20	2	40		
				(60－tc)/(th－tc)	
				1.0	
				時間最大予想給湯量〔L/h〕	
合　計			1040	1040	

＊計算値は参考例。

表3-15 加熱能力

時間最大予想給湯量〔L/h〕	th－tc〔℃〕	加熱能力の時間最大に対する割合　K2	加熱能力　H〔kW〕
1040	55	1.0	66.4

＊計算値は参考例。

表3-16 貯湯量

時間最大予想給湯量〔L/h〕	貯湯量の時間最大に対する割合　K3	貯湯量　Q〔L〕
1040	1.0	1040

＊計算値は参考例。

表3-17 蒸気消費量

加熱能力　H〔kW〕	余裕係数　K4	蒸気の凝縮潜熱　γ〔KJ/kg〕	加熱器効率　η	蒸気消費量G〔kg/h〕G＝3600·K4·H/γ・η
66.4	1.15	2260	1.0	122

＊計算値は参考例。

貯湯タンクの算定(浴場用として利用する場合)

浴場用の場合は、時間最大予想給湯量を求めるのに ①浴槽への給湯量、②利用人員が使用する給湯量のいずれか大きい方の値とします。

表3-18 設計条件

浴槽の有効貯湯量 qB〔L〕	1人当り補給水量 q1〔L/人〕	1人当り上り湯使用量 q2〔L/人〕	1時間当り入浴人員 N〔人/h〕	湯張時間 T〔h〕	給湯温度 th〔℃〕	給水温度tc〔℃〕
600	10	30	30	0.5	60	5

＊計算値は参考例。

表3-19 時間最大予想給湯量

①Qhm＝qB×(45－tc) / (th－tc)＋(q1＋q2)×N×(1－T)×(60－tc) / (th－tc)

浴槽用	Qhm＝qB×(45－tc) / (th－tc)	436.4
補給水・上り湯用	Qhm＝(q1＋q2)×N	1200
補正値	Qhm＝(1－T)×(60－tc) / (th－tc)	0.5
①時間最大予想給湯量 Qhm〔L/h〕		1036.4

② Qhm＝(q1＋q2)×N×(60－tc) / (th－tc)＝ 1200

①と②式の大きい数値を採用する。① 1036.4 ＜ ② 1200

∴ 時間最大予想給湯量＝ 1200 L/h

＊計算値は参考例。

表3-20 加熱能力

時間最大予想給湯量〔L/h〕	th-tc〔℃〕	加熱能力の時間最大に対する割合 K2	加熱能力 H〔kW〕
1200	55	1.0	77

＊計算値は参考例。

表3-21 貯湯量

時間最大予想給湯量〔L/h〕	貯湯量の時間最大に対する割合 K2	貯湯量 Q〔L〕
1200	1.0	1200

＊計算値は参考例。

表3-22 蒸気消費量

加熱能力ｘH〔kW〕	余裕係数 K4	蒸気の凝縮潜熱〔KJ/kg〕	加熱器効率	貯湯量 Q〔L〕
77	1.15	2260	1.0	140.2

＊計算値は参考例。

3-12 給湯管径の決定

給湯管の口径の求め方

Point

- 給水管の口径決定の方法と同じと考えてください。
- 各区間の流量を求め、使用する管種の流量線図から求めます。
- 流速は、給水管より遅めに設定します(1.0m/sec程度)。

給湯単位による方法

給水管管径の決定と同様に、管の流量と単位長さ当たりの圧力損失の関係を表す管種別の流量線図により求めます。算定の手順は以下の通りです。

①各器具別の給湯単位を求める。
②同時使用流量を求める。
③同時使用流量と流速(1.0m/sec 程度)より管種別の流量線図から管径と摩擦損失水頭を求める。
④許容摩擦損失水頭を計算により求める。
⑤許容摩擦損失水頭がオーバーする場合は、管径を太くして③からやり直す。

許容摩擦損失水頭の求め方

給水設備の項の場合と同様に求めます。

配管の摩擦抵抗に利用できる水圧を求めて、単位長さ(1m)当たりの配管に利用できる許容摩擦抵抗R値を求めます。算定式は以下の通りです。

計算 3-11	計算例
R＝(H－Hf－H')/(L1＋L2) R：許容摩擦抵抗〔kPa/m〕 H：高置水槽底部から器具までの垂直高さ〔kPa〕 Hf：上階までの給水立管で生じる摩擦損失水頭〔kPa〕 H'：給水器具の必要圧力〔kPa〕 L1：配管実長〔m〕 L2：局部抵抗の相当配管長〔m〕 **配管の摩擦抵抗＝直管部の抵抗＋局部抵抗**	H＝ 95 kPa Hf＝ 28.5 kPa H´＝ 50 kPa L1＝ 20 m L2＝ 6 m ∴ R＝ 0.635 kPa/m

管径を求める場合の注意事項

管径を求める際には、熱源機器までの水圧に注意してください。末端部分での給水圧と給湯圧のバランスを取るためです。また、配管材料の採用決定時には、管内のスケールの付着を考慮します。鋼管類には、管径を太めにします。

瞬時最大予想給湯量による方法

瞬時最大予想給湯量によって算定する方法もあります。手順は以下の通りです。

①給湯単位による方法以外に人員法や器具数法で給湯量を求めた場合は、時間最大給湯量の1.5～2.0倍を瞬時最大予想給湯量として計算する。
②「給湯単位による方法」は、①～③と同じ手順となる。

返湯管の管径の決定

返湯管の管径の算定の手順は以下の通りです。

①給湯用循環ポンプの循環量をもとに決定する。
後述の給湯用循環ポンプの算定式①循環湯量W〔L/min〕から流速1.0m/sec以下で管径を決定します。循環湯量はシステムを構成する機器や配管からの全熱損失によって算出されます。ただし、実施設計で給湯往管の配管径を決定しないと循環湯量は算出できません。そのために、一般には概略的に下表により返湯管の管径を決定しています。
②表3-23に示すように、主要給湯管(往管)の管径の1/2程度が目安となります。例えば、給湯往管が80φの場合は、返湯管径は40φとなります。

表3-23 返湯管の管径

（建築設備設計基準・同要項　平成14年版）

給湯管径	20～40	50	65	80	100	125	150
返湯管径	20	25	32	40	50	65	80

適正な保温材の厚さの求め方

保温の経済的厚さは、保温材の内部温度、周囲温度、保温材の熱伝導率、表面熱伝導率、保温施工価格、熱量単価、年間使用時間などから決定されます。簡易計算法をぜひ作成してみましょう。

表3-24 給湯配管の熱損失〔W/m・℃〕

種別 ＼ 呼び径〔A〕	15	20	25	30 (32)	40	50	60 (65)	75	80	100	125	150
保温銅管	0.2	0.24	0.29	0.33	0.37	0.44	0.52	−	0.6	0.64	0.77	0.89
保温ステンレス鋼鋼管	0.2	0.24	0.29	0.32	0.37	0.41	0.49	0.58	0.66	0.69	0.82	0.94
裸銅管	0.58	0.81	1.04	1.27	1.51	1.97	2.43	−	2.9	3.82	4.75	5.67
裸ステンレス鋼鋼管	0.58	0.81	1.04	1.24	1.56	1.77	2.2	2.78	3.25	4.16	5.09	6.01

＊外表面熱伝達率は11.63W/m^2・℃、内表面熱伝達率は7000W/m^2・℃、銅管の熱伝導率は388W/m^2・℃、ステンレス鋼鋼管の熱伝導率は16W/m^2・℃、保温材(ロックウール保温筒)の熱伝導率は0.045W/m・℃、配管の保温材の厚さは、15～80Aは20mm、100～150Aは25mm。なお、1W=0.860kcal/hとする。

表3-25 給湯配管の特性

<table>
<tr><th colspan="2">耐熱性硬質塩化ビニル管
JIS K 6776</th><th colspan="2">架橋ポリエチレン管
JIS K 6769</th><th colspan="2">ポリブテン管
JIS K 6778</th></tr>
<tr><th>使用温度
〔℃〕</th><th>最高使用圧力
〔Mpa〕</th><th>使用温度
〔℃〕</th><th>最高使用圧力
〔Mpa〕</th><th>使用温度
〔℃〕</th><th>最高使用圧力
〔Mpa〕</th></tr>
<tr><td rowspan="2">5～40</td><td rowspan="2">0.98</td><td>0～20</td><td>1</td><td>5～30</td><td>0.98</td></tr>
<tr><td>21～40</td><td>0.8</td><td>31～40</td><td>0.88</td></tr>
<tr><td rowspan="2">41～60</td><td rowspan="2">0.59</td><td rowspan="2">41～60</td><td rowspan="2">0.65</td><td>41～50</td><td>0.78</td></tr>
<tr><td>51～60</td><td>0.68</td></tr>
<tr><td>61～70</td><td>0.39</td><td>61～70</td><td>0.55</td><td>61～70</td><td>0.59</td></tr>
<tr><td rowspan="2">71～90</td><td rowspan="2">0.2</td><td>71～80</td><td>0.5</td><td>71～80</td><td>0.49</td></tr>
<tr><td>81～90</td><td>0.45</td><td>81～90</td><td>0.39</td></tr>
<tr><td colspan="2">規定なし</td><td>91～95</td><td>0.4</td><td colspan="2">規定なし</td></tr>
</table>

3-13 給湯用循環ポンプの算定

給湯循環ポンプの循環水量は、配管等の熱損失分だけの水量

Point

- 常に温かい湯を供給するために、ポンプで循環させます。
- 給湯管の往管と返湯管から、湯の温度低下を防ぎます。
- 返湯管に設置のサーモスタットで温度設定をします。

給湯用循環ポンプ

中央式複管方式給湯配管に設置する循環ポンプには、通常ラインポンプを使用します。

循環ポンプは配管内のお湯を循環させることにより、どこの給湯栓を開けても、すぐに温かい湯が出るよう、管内の湯の温度を低下させないために設けられます。

循環ポンプの循環水量は、循環配管系統からの熱損失量を給湯供給温度と返湯温度との温度差で割ることで求めることができます。この温度差は、通常は5℃程度です。

ポンプの揚程は、ポンプの循環水量をもとに、一般に給湯往管と返湯管の長さの合計が最も大きくなる配管系統の摩擦損失(抵抗)を計算し求めます。

循環ポンプは、背圧(流出側の圧力)に耐えることができるものを選定します。

一般的に返湯管側に設け、返湯管の管径は給湯往管の口径の約1/2程度を目安としています。

循環湯量と循環水頭を算出したら、循環ポンプのメーカーカタログから型式、品番、口径、動力等を選定してください。

給湯用循環ポンプの算定式

①循環湯量W〔L/min〕

簡易算出表による場合

計算 3-12

■循環湯量(簡単な場合)

W＝0.2q

W：循環湯量〔L/min〕
q：給湯量(同時使用流量)〔L/min〕

計算例

	定数	給湯量 q〔L/min〕	循環湯量〔L/min〕
No.1 ポンプ	0.2	300	60

■循環湯量(貯湯槽を設置する場合)

W＝0.0143×(Ht/⊿t)

W：ポンプの循環量〔L/min〕
Ht：配管からの熱損失〔W〕
＊表3-26参照
安全率：弁、ポンプ等の熱損失(＝1.3)
⊿t：給湯(往管)と返湯(復管)の温度差〔℃〕(＝5～10℃)

計算例

使用管材名＝		CU(保温あり)	
口径〔φ〕	配管長〔m〕	単位熱損失〔W/m·℃〕	熱損失〔W〕
25	30	0.29	8.7
50	60	0.44	26.4
計			35.1

安全率＝ 1.3
∴Ht＝ 46 W
⊿t＝ 5 ℃
∴W＝ 0.13 L/min

②循環水頭H〔m〕

計算 3-13
H＝0.01×{(L/2)＋L'}
H：循環ポンプの揚程〔m〕、L：給湯主管の長さ〔m〕、L'：返湯主管の長さ〔m〕

給湯主管の長さ〔m〕	返湯主管の長さ〔m〕	定　数	循環水頭H〔m〕
60	15	0.01	0.45

表3-26 給湯配管の熱損失〔W/m・℃〕

(建築設備設計基準・同要領　平成14年版)

種別＼呼び径(A)	15	20	25	30 (32)	40	50	60 (65)	75	80	100	125	150
保温銅管	0.2	0.24	0.29	0.33	0.37	0.44	0.52	－	0.6	0.64	0.77	0.89
保温ステンレス鋼鋼管	0.2	0.24	0.29	0.32	0.37	0.41	0.49	0.58	0.66	0.69	0.82	0.94
裸銅管	0.58	0.81	1.04	1.27	1.51	1.97	2.43	－	2.9	3.82	4.75	5.67
裸ステンレス鋼鋼管	0.58	0.81	1.04	1.24	1.56	1.77	2.2	2.78	3.25	4.16	5.09	6.01

＊外表面熱伝達率は11.63W/m²・℃、内表面熱伝達率は7000W/m²・℃、銅管の熱伝導率は388W/m²・℃、ステンレス鋼鋼管の熱伝導率は16W/m²・℃、保温材（ロックウール保温筒）の熱伝導率は0.045W/m・℃、配管の保温材の厚さは、15～80Aは20mm、100～150Aは25mm。なお、1W=0.860kcal/hとする。

3-14 安全装置の設計

機器や配管が爆発しないための安全を確保する手段

▶ **Point**

- ▶ **加熱した水の膨張を防ぐために設ける装置が逃し管(膨張管)です。**
- ▶ **水は温度が上昇すると体積が膨張します。不備だと機器や配管の損傷にもつながります。**

逃し管(膨張管)

貯湯槽内の加熱した水が膨張し、装置内の圧力を異常に上昇させる現象が起こります。それを防止するために逃し管(膨張管)を設置します。

逃がし弁

水道直結の瞬間湯沸器や給湯器等の加熱装置には、圧力が高くなったら湯水を自動的に逃がす、逃がし弁があります。

安全弁

自動圧力逃がし装置のことです。圧力容器や配管内の圧力の上昇を防ぐ弁です。

自動空気抜き弁

配管内の空気を逃がすために、配管ルート内の正圧になる場所や個所の最上部に取り付け、配管内の流れをスムーズにさせます。

配管の膨張対策

給湯に使用される給湯管は、流体の温度変化によって管が伸縮します。

例えば、長さ1mの耐熱性硬質塩化ビニル管は温度が 5℃から60℃になると、3.9mm長さが伸びます。対応をしなければ配管が座屈したりします。そのために伸縮継手を設けたり、曲がりを多く設けて配管にたわみ性をもたせます。

逃し管の決定

逃し管の口径は補給水管の1 ～ 2サイズダウンとし、最小口径は下表によります。

表3-27 逃し管の最小口径

(ボイラー構造規格第150条)

ボイラー伝熱面積〔m^2〕	口　径
10未満	呼び径25以上
10以上15未満	呼び径32
15以上20未満	呼び径40
20以上	呼び径50

逃し管の高さの算定

計算 3-14	計算例
$h > H \times \left\{ \left(\frac{\rho 1}{\rho 2} \right) - 1 \right\}$ h：逃し管の高さ〔m〕 H：給湯用補給水タンクからの静水頭〔m〕 ρ1：水の密度〔kg/L〕 ρ2：湯の密度〔kg/L〕	H＝ 15 m 水の温度＝ 5 ℃ ρ1＝ 1 kg/L 湯の温度＝ 60 ℃ ρ2＝ 0.9832 kg/L ∴ h＞ 0.26 m

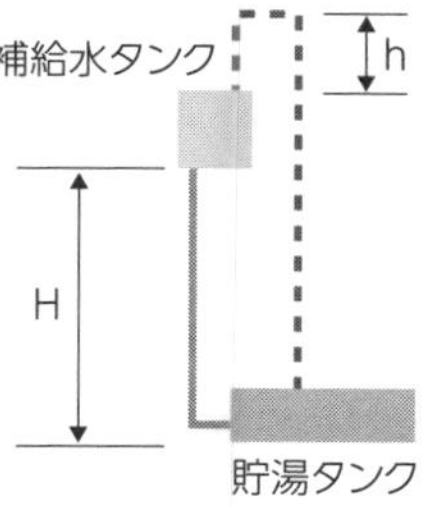

表3-28 水の比重

温度〔℃〕	比重量〔kg/L〕	温度〔℃〕	比重量〔kg/L〕	温度〔℃〕	比重量〔kg/L〕	温度〔℃〕	比重量〔kg/L〕
0	0.9998	20	0.9982	50	0.9881	90	0.9653
5	1	25	0.9971	60	0.9832	100	0.9584
10	0.9997	30	0.9957	70	0.9778		
15	0.9991	40	0.9922	80	0.9718		

表3-29 配管の膨張対策

L=PL × λ × (th − tc) × 1000

管種名	耐熱塩ビ管	架橋ポリ管	ステンレス管	ポリブテン管
PL： 配管の長さ〔m〕	10	10	10	10
λ： 線膨張係数	0.00007	0.0002	0.000016	0.00015
th： 給湯温度〔℃〕	60	60	60	60
tc： 給水温度〔℃〕	5	5	5	5
L： 膨張長さ〔mm〕	38.5	110	8.8	82.5

＊計算値は参考例。

表3-30 各種管の線膨張係数

管　種	線膨張係数〔$℃^{-1}$〕
鋼管	0.00001098
ステンレス鋼管	0.000016
銅管	0.00001719
耐熱性硬質塩化ビニル管	0.00007
架橋ポリエチレン管	0.0002
ポリブテン管	0.00015

3-15 膨張タンクの容量

膨張タンクの容量の算定

Point

- 膨張タンクとは、ボイラや配管内の膨張した水を吸収するためのタンクです。
- 膨張タンクには、開放型と密閉型があります。
- 配管の伸縮継手は、20 ～ 30m間隔ごとに配置してください。

開放型膨張タンクの容量

膨張タンクは、湯を大量に使用する住宅のセントラルヒーティングやビルディング用の空調システム、大規模給湯システムなどで発生する膨張水を吸収するための容器です。補給水槽を兼ねる開放式膨張タンクの有効容量は、加熱による給湯装置内の水の膨張量に給湯装置への補給水量を加えた容量とします。算定式は以下の通りです。

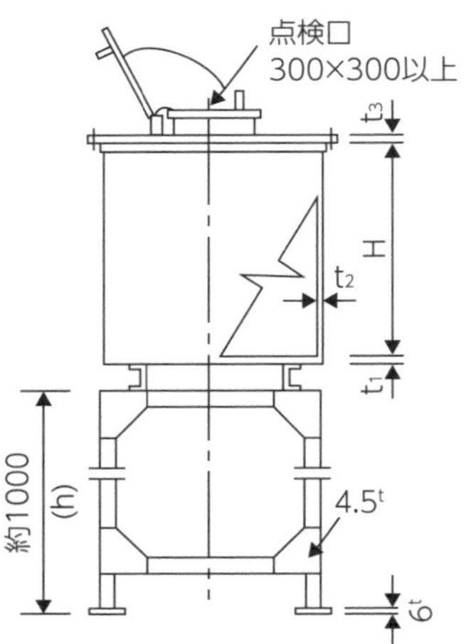

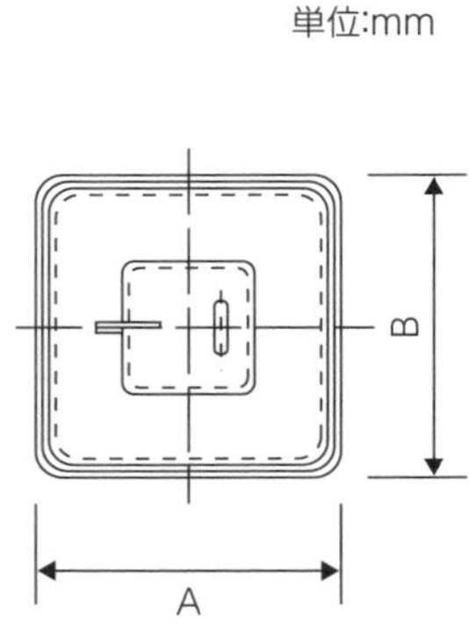

図3-21 開放型膨張タンク

開放型膨張タンクの容量の算定

計算 3-15	計算例
$Qv = \varDelta V + Qhm$ $\varDelta V = K1 \times \left(\frac{\rho 1}{\rho 2} - 1\right) V$ Qv：膨張タンク容量〔L〕 ⊿V：膨張量〔L〕 Qhm：時間最大予想給湯量〔L/hr〕 K1：余裕係数(＝1.5～2.5) ρ1：水の密度〔kg/L〕(5℃：0.99999kg/L) ρ2：湯の密度〔kg/L〕(60℃：0.98336kg/L) V：給湯系統の全水量〔L〕 ＊簡便法として、膨張量吸収分としての容量は装置内全水量の5%とすることができる。	K1＝ 1.5 水の温度＝ 5 ℃ ρ1＝ 1 kg/L 湯の温度＝ 60 ℃ ρ2＝ 0.98 kg/L V＝ 650 L ∴ ⊿V＞ 16.7 L Qhm＝ 180 L/hr ∴ Qv＞ 196.7 L

3 給湯設備

表3-31 各種管径における単位内容積

（建築設備設計基準・同要領　平成14年版）〔単位：L/m〕

管　径	15	20	25	32	40	50	65	80	100	125	150	200	250	300
鋼管	0.2	0.37	0.6	1	1.36	2.2	3.62	5.12	8.71	13.44	18.92	32.91	50.75	72.92
銅管	0.16	0.33	0.56	0.84	1.18	2.05	3.15	4.5	7.85	12.2	17.53	–	–	–

管　径	13	20	25	30	40	50	60	75	80	100	125	150	200	250
ステンレス鋼管	0.16	0.32	0.55	0.78	1.28	1.68	2.6	4.22	5.69	9.56	14.48	19.91	34.74	53.67

表3-32 給湯用膨張・補給水タンクの算定

■配管内水量 V1

配管材：配管用炭素鋼鋼管（白）

管　径〔A〕	管　長〔m〕 計　算								計	単位内容積〔L/m〕	水　量〔L〕
15									0	0.2	0
20									0	0.37	0
25									0	0.6	0
32	25	25							50	1	50
40									0	1.36	0
50	5	5							10	2.2	22
65	25	25	15						65	3.62	235.3
80									0	5.12	0
100									0	8.71	0
125									0	13.44	0
150									0	18.92	0
200									0	32.91	0
250									0	50.75	0
300									0	72.92	0
合　計											307.3

■機器内水量 V2

機器名	計　算					1台当たり保有水量〔L/台〕	台　数〔台〕	水　量〔L〕
貯湯タンク	1					10900	1	10900
							0	0
							0	0
							0	0
合　計								10900

■給湯用膨張・補給水タンクの算定

計算 3-16

■容量の算定
$Q = Q1 + Q2$

Q：給湯用膨張・補給水タンクの容量〔L〕
Q1：膨張量吸収分としての容量〔L〕
　$Q1 = K1 \times (\rho 1/\rho 2 - 1) \times V$
　K1：余裕係数（＝1.5～2.5）
　ρ1：水の密度〔kg/L〕
　ρ2：湯の密度〔kg/L〕
　V：装置内全水量（V1＋V2）〔L〕
　＊簡便法として、Q1＝0.05×V

Q2：給湯変動量吸収分としての容量〔L〕
　$Q2 = K2 \times Qhm$
　K2：時間最大予想給湯量に対する割合（＝1/3～1）〔h〕
　Qhm：時間最大予想給湯量〔L/h〕

計算例

名称	Q1	Q2	容量Q〔L〕
EX-1	383	3597	3980

余裕係数 K1	ρ1	ρ2	V	膨張量吸収分の容量 Q1〔L〕
2	1	0.9832	11200	383

【参考】簡便法

簡便法定数	装置内全水量V	Q1
0.05	11200	560
時間最大予想給湯量に対する割合 K2	**時間最大予想給湯量 Qhm〔L/h〕**	**給湯変動量吸収分の容量 Q2〔L〕**
0.33	10900	3597

＊計算値は参考例。

密閉型膨張タンクの容量

密閉式膨張タンクを設ける場合は、膨張管（開放式膨張タンクを屋上に設置した時の、末端から膨張タンクまでの配管）ではなく、ボイラなどの装置に逃し弁（スプリングによって弁体を弁座に押さえ付けている弁。所定の圧力を超えると弁体が自動的に開き、圧力を逃す）を取り付けます。

また、逃し弁の作動圧力の設定は、膨張タンクにかかる給水圧力よりも高くします。算定式は以下の通りです。

計算 3-17

$$Vt = \Delta V / \left\{1 - \left(\frac{P1}{P2}\right)\right\}$$

Vt：膨張タンクの最小有効容積〔L〕
⊿V：装置内全体の膨張水量（＝（ρ2－ρ1）×V×ρw）〔L〕
　ρ1：最低使用温度における水の比体積〔L/kg〕
　ρ2：最高使用温度における水の比体積〔L/kg〕
　V：給湯系統の全水量〔L〕
　ρw：水の密度〔kg/L〕（≒1）
P1：膨張タンクの最低使用圧力（膨張タンク空気室初期充填圧力）〔kPa〕（＝a+b+c）
　a：膨張タンクに加えられる補給水圧力〔kPa〕
　　a＝（接続位置補給水圧力）－（補給水接続位置から膨張タンク接続までの損失水頭）
　b：循環ポンプにより膨張タンクに加えられる圧力〔kPa〕
　　＊膨張タンクを循環ポンプ吸込み側に設ける場合は0とする。
　c：大気圧力（＝0.98≒1）〔kPa〕
P2：膨張タンクの最高使用圧力（＝P1＋⊿P）〔kPa〕
　⊿P：膨張タンク内の圧力がP1の状態から水の膨張による圧力上昇として許容できる幅（＝d－（e＋f＋g））〔kPa〕
　d：逃し弁セット圧力〔kPa〕
　e：逃し弁に対する余裕（＝d×0.1）〔kPa〕
　f：逃し弁に加えられる補給水圧力〔kPa〕
　　（＝（接続位置補給水圧力）－（補給水接続位置から逃し弁接続位置までの損失水頭））
　g：循環ポンプにより逃し弁に加えられる圧力〔kPa〕
　　（＝｛（循環ポンプの吐出揚程）－（循環ポンプから逃し弁接続位置までの損失水頭）｝）

表3-33 膨張タンクの算定表

使用管材＝銅管、初期水の温度＝5℃、湯の温度＝60℃

■配管内水量　V1

管　径	管　長〔m〕 計　算								管　長〔m〕 計	単位内容積〔L/m〕	水　量〔L〕
50	100								100	2.05	205
20	100								100	0.33	33
合　計											238

■配管内水量　V2

機器名	計　算								システム台数	単位内容積〔L/台〕	水　量〔L〕
給湯器									4	4.25	17
合　計											17

■密閉式膨張タンクの算定

容量

■必要タンク全容量

$$Vt=\frac{(\varepsilon \times Vs)}{(1-H1/H2)}$$

Vt：必要タンク全容量〔L〕
ε：最高使用温度における膨張係数
Vs：装置内全水量（V1＋V2）〔L〕
H1：膨張タンクの最低使用圧力〔kPa〕
　H1＝a＋b＋c
　a：膨張タンクに加えられる補給水圧〔kPa〕
　b：膨張タンクに加えられる循環ポンプ圧力〔kPa〕
　　＊ただし、タンクをポンプ吸込側に設置する場合は0。
　c：（＝1）
H2：膨張タンクの最高使用圧力
　（＝安全弁吐出圧力）〔kPa〕
　H2＝⊿P＋H1
　⊿P＝d＋e＋f＋g
　d：逃し弁セット圧（＝5と仮定）〔kPa〕
　e：逃し弁の余裕（＝0.1d＝5と仮定）〔kPa〕
　f：逃し弁に加えられる補給水圧〔kPa〕
　g：逃し弁に加えられる循環ポンプ圧力〔kPa〕

V＝Vt×1.1

V：選定機種タンク容量〔L〕

V1＝	238	L
V2＝	255	L
∴ Vs＝	266.2	L
ε＝	0.0171	
膨張水量＝	4.36	L
a＝	30	kPa
b＝	0	kPa
c＝	1	kPa
∴ H1＝	31	kPa
d＝	5	kPa
e＝	0.5	kPa
f＝	30	kPa
g＝	20	kPa
∴ ⊿P＝	55.5	kPa
∴ H2＝	86.5	kPa
Vt＝	6.8	L
∴ V＝	7.5	L

膨張タンクが内臓されている場合は、判定により確認します。

判定	比較項目	計算値	内臓膨張ダンク仕様	判定
	V：タンク全容量〔L〕	7.5	18.6	○
	Ve：システム内膨張水量〔L〕	4.36	9.3	○

3-16 浴場施設用循環ろ過装置

24時間いつでも快適、きれいなお湯が楽しめる

Point

- **浴槽の大きさ、利用人員、使用時間等の条件のもとでろ過装置のサイズを決定します。**
- **ろ過装置のろ材には、砂・けいそう土、カートリッジ等があります。**

浴場施設の設備

浴場施設で沸かし湯や温泉の量がかぎられている場合には、浴槽内の湯を循環・ろ過し、さらに湯の温度を保つために加熱して浴槽に戻します。

また温泉が豊富でも、浴槽内の湯の温度を均一にするためや、湯を清浄に保つためなどの理由で循環・ろ過設備や過熱設備を設けています。

浴槽の湯は、集毛器(ヘアキャッチャ)で毛髪や大きな異物を除去してから、ろ過器でろ過し、加熱器で適温に加熱し、殺菌して浴槽に戻すという循環を繰り返しており、湯を清浄に保つために、通常1時間に2回程度浴槽の湯が入れ替わるような循環をしています。

ろ過器には、天然砂や人工ろ材、珪藻土、糸巻きフィルタ(カートリッジ)をろ材にしたものが使用されています。

浴室の管理

管理の目的

浴槽水を原因とするレジオネラ症等の感染症の予防のため、施設管理者は常に適切な維持管理を行い衛生的に保つ必要があります。

設備(浴槽、循環ろ過器、配管等)の清掃・点検

レジオネラ属菌は、アメーバなどの原生動物に寄生して増殖するという特徴があります。温かく、栄養分(人の垢など)のある水が循環する循環ろ過装置では、壁面や配管に生物膜(いわゆるヌメリ)が形成されやすく、この生物膜の中で原生動物やレジオネラ属菌が増殖します。そのために集毛器は毎日清掃、ろ過器は1週間に1回以上の逆洗、入浴前に浴槽水の消毒を行い、残留塩素濃度を確認します(0.4mg/L以上、1.0mg/L以下が望ましい)。

表3-34 循環ろ過装置のろ材

(国交省・建設設備設計資料基準　平成14年版)

名　称	材　料	特　性	通水線速度〔m/h〕
砂	上水道基準の砂	入手容易で安価 ろ材交換が必要	25～30
けいそう土	けいそう土ろ過膜	ろ過膜の作り替えが必要 流出ろ材の回収が必要	20～50
カートリッジ	合成繊維糸の層	装置が小型、逆洗は不要 ろ材は使い捨て	10～20

循環湯量の算定

循環湯量の算定は以下の算定式の通りです。

計算 3-18	計算例
■循環湯量の算定 $Vc = q \times \frac{1}{T} - Vs$ $T = \frac{q}{N} \times \frac{1}{q0}$ Vc：循環湯量〔L/hr〕 q：浴槽容量〔L〕 T：1ターンに必要な時間〔hr〕（≦0.5とする） Vs：補給水量（＝N×q1）〔L/h〕 N：時間当たり入浴人員〔人/hr〕 （＝入浴対象人員/浴場利用時間） q1：1人当たり補給水量〔L/人〕（≒10） q0：1ターンが1時間の場合の標準浴槽水量〔L/h・人〕 （＝60～80）	q＝ 2000 L N1＝ 100 人 q0＝ 70 L/h・人 t＝ 4 h ∴ T＝ 0.285714 hr ∴ N＝ 25 人/hr q1＝ 10 L/h・人 ∴ Vs＝ 250 L/h ∴ Vc＝ 6750 L/hr
■有効ろ過免責の算定 A＝Vc/1000V A：有効ろ過面積〔m^2〕 Vc：循環湯量〔L/hr〕 V：通水線速度〔m/hr〕	Vc＝ 6750 L/hr V＝ 30 m/hr ∴ A＝ 0.225 m^2

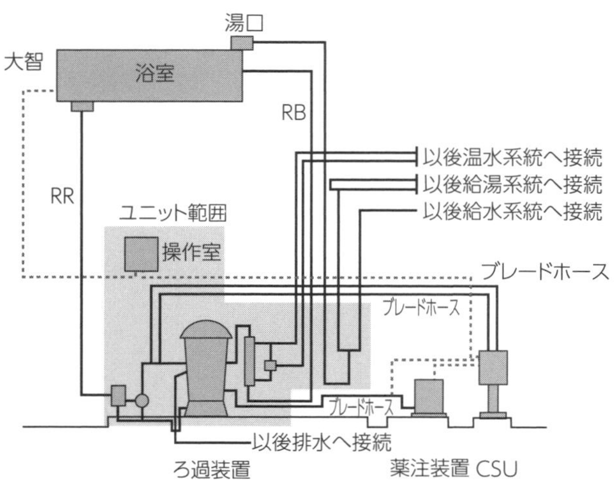

図3-22 ろ過の仕組み

3-16 浴場施設用循環ろ過装置

3-17 太陽熱給湯システム

太陽熱を利用した温水器でお湯をつくる仕組み

Point

- 太陽熱（自然エネルギー）を有効活用した水を温める装置です。
- 太陽熱温水器は、パッシブソーラーの一種です。
- 悪天候時には集熱できません。

太陽熱温水器とは

戸建住宅に多く設置されています。家庭用の温水器は集熱部と貯湯部が一体になっているものが多くありますが、業務用に使用するものは、集熱部と貯湯部が別々に設置されます。

曇天や雨天時には集熱できませんので、別に加熱装置が必要となります。

太陽熱利用の基本計画

基本計画では、給湯負荷の発生状態を把握したうえで、その地域の年間日射量や太陽熱依存率をどこまで設定できるか、建築計画の中で集熱板の設置できる場所、積載荷重に対する建物の強度、面積、方位、建物の日影の影響なども考慮して、総合的に計画し判断してください。

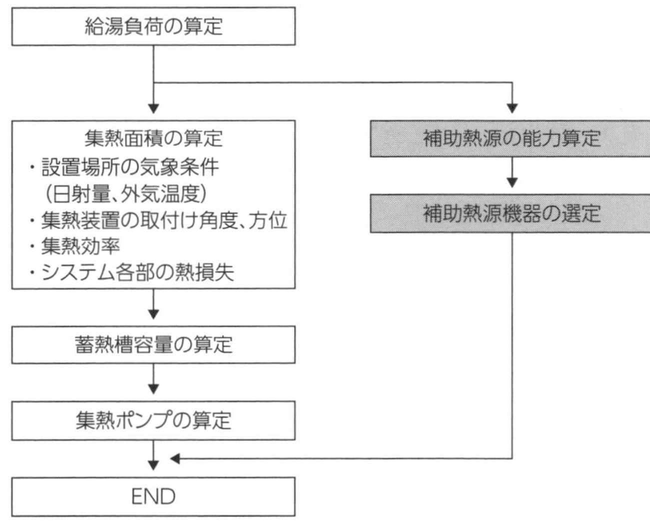

図3-23 太陽熱利用の検討事項

3-18 給湯設備に使用する主な管と継手類

給湯配管の種類

Point

- ▶ 銅管を使用する場合は、管内流速をあまり速くしないようにしましょう。
- ▶ 樹脂管は、耐食性があり軽量で施工性はよいが、衝撃と伸縮に留意しましょう。
- ▶ ステンレス管は、アルゴン溶接接合となり、熟練を要します。

給湯配管材料の種類

給湯管が給水用配管と異なる点は、管内の水温が高いので配管の膨張があることです。高温にも耐えられる配管材料としなければなりません。

主に使用されるのは銅管ですが、最近のマンションや住宅ではシステム配管(水まわりの配管をひとまとめとした配管)として架橋ポリエチレン管などの樹脂管がよく使用されています。その他にも給湯管に適しているものを下表に示します。表中の○印は、主な適用品です。

表3-35 給湯設備に使用する主な管・継手類

名称			使用区分					備考
			屋外埋設	屋内配管	トレンチ・ピット内	住戸内配管	屋外露出配管	
管類	一般配管用ステンレス鋼鋼管	JISG3448	○	○	○		○	
	配管用ステンレス鋼鋼管	JISG3459	○	○	○		○	
	給湯用塩化ビニルライニング鋼管	WSP043		○	○		○	C-VA
	銅管(LまたはMタイプ)	JISH3300		○	○		○	
	耐熱性硬質塩化ビニル管	JISK6776				○		
	架橋ポリエチレン管	JISK6769				○		ヘッダ工法・床
継手	ポリブテン管	JISK6778				○		
	一般配管用ステンレス鋼鋼管のプレス式管継手	SAS352	○	○	○		○	
	一般配管用ステンレス鋼鋼管の圧縮式管継手	SAS353	○	○	○		○	
	銅管の継手	JISH3401		○	○		○	
	耐熱性硬質塩化ビニル管継手	JISK6777				○		
	架橋ポリエチレン管継手	JISB2354				○		ヘッダ工法・床
	ポリブテン管継手	JISK6779				○		

＊○印は主な敵用品。
＊大便器(洗浄弁)の場合、最上階等の圧力の低い箇所では、接続管の管径を32mm以上とする。

3-19 給湯設備における省エネルギー

技術者の挑戦課題

Point

- 小さなものでも集まれば効果的な省エネルギーとなります。
- 給湯の場合は、単なる水資源だけではなく熱源問題も含まれます。
- 使用量にも無駄をなくし適温を適量で使用しましょう。

熱回収の対象となる熱源水の温度の目安

普段何気なく捨てている排水など、少量の場合はやむを得ぬ時もありますが、大量となると、もったいないという気持ちがでてきます。それらを何とか再利用し、少しでも省エネに結び付けられないでしょうか。そのような観点から、今後の熱源水を取り上げてみました。

表3-36 熱回収の対象となる熱源水の温度の目安

熱源水	温度〔℃〕	備　考
ホテル客室排水	10～32	排水管が建物内にあれば32℃程度。屋外にある場合は、地域、季節により異なる。
大浴場排水	30～35	公衆浴場、温泉浴場の場合。
住宅団地雑排水	10～28	地域、季節、排水管の設置場所に左右される。
厨房排水処理施設処理水	25～35	除害施設が建物の内部にある場合。
排水再利用水	20～30	給湯使用量の多い場合。
終末処理場処理水	15～25	季節により異なる。
河川水・海水	5～29	東京地方の場合。
地下水	11～25	地域、深度により異なる。年間温度変化は少ない。

深夜電力利用の給湯設備とは

貯湯式給湯方式の一種で深夜電力を利用し、電気加熱器により貯湯して必要個所に給湯するものです。一般住宅や集合住宅などで採用されています。

深夜電力のため、使用時間帯により電力料金が割安となります。

給湯配管の雑計算

給湯設備には、給水設備と異なり配管内を温水が満たされています。その湯温が配管長に比例して温度が下がります。その熱損失を求めなければならない場合もありますので、ここで雑計算として次に示します。

計算 3-19 給湯配管の熱損失

〔単位：W/m·℃〕

区間														
区間 階														
区間 経路	A～B		B～C		C～D		D～E		E～F		F～G		G～H	
口径 長さ / 熱損失 / 使用管材	20	m	25	m	30	m	40	m	50	m	65	m	80	m
	〔W/m·℃〕		〔W/m·℃〕		〔W/m·℃〕		〔W/m·℃〕		〔W/m·℃〕		〔W/m·℃〕		〔W/m·℃〕	
保温銅管	0.24	6	0.29		0.33		0.37	1	0.44		0.52		0.6	
	1.44		0		0		0.37		0		0		0	
保温ステンレス鋼鋼管	0.24		0.29		0.32		0.37	1	0.41		0.49		0.66	
	0		0		0		0.37		0		0		0	
裸銅管	0.81		1.04		1.27		1.51	3	1.97		2.43		2.9	
	0		0		0		4.53		0		0		0	
裸ステンレス鋼鋼管	0.81		1.04		1.24		1.56	5	1.77		2.2		3.25	
	0		0		0		7.8		0		0		0	
計	1.44		0		0		13.07		0		0		0	

＊外表面熱伝達率は11.63W/m^2·℃、内表面熱伝達率は7000W/m^2·℃、銅管の熱伝導率は388W/m^2·℃、ステンレス鋼鋼管の熱伝導率は16W/m^2·℃、保温材（ロックウール保温筒）の熱伝導率は0.045W/m·℃、配管の保温材の厚さは15～80Aは20mm、100～150Aは25mm。なお、1W=0.860kcal/hとする。

＊計算値は参考例。

計算 3-20 各種管径における単位内容積

〔単位：L/m〕

口径 長さ / 容積 / 使用管材	20	m	25	m	30	m	40	m	50	m	65	m	80	m
	〔L/m〕		〔L/m〕		〔L/m〕		〔L/m〕		〔L/m〕		〔L/m〕		〔L/m〕	
鋼管	0.37	6	0.6		1		1.36	1	2.2		3.62		5.12	
	2.22		0		0		1.36		0		0		0	
銅管	0.39		0.56		0.84		1.18		2.05		3.15		4.5	
	0		0		0		0		0		0		0	
ステンレス鋼管	0.32		0.55		0.78		1.28		1.68		2.6		4.22	
	0		0		0		0		0		0		0	

＊計算値は参考例。

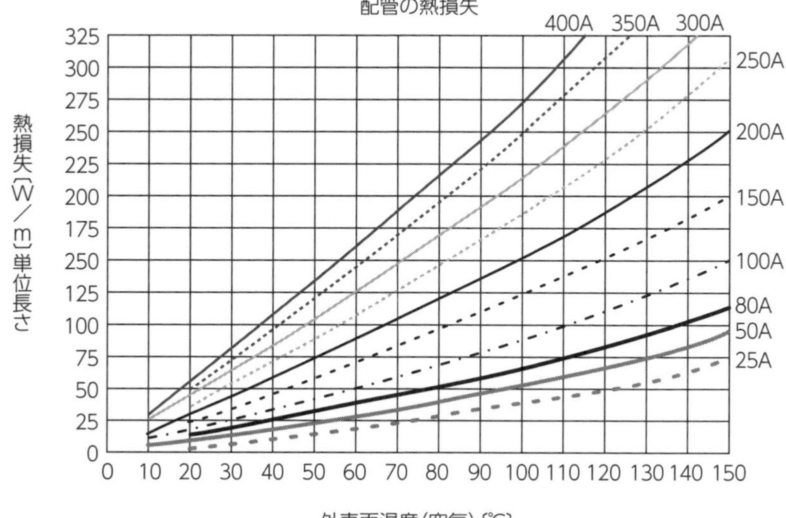
配管の熱損失
400A
350A
300A
250A
200A
150A
100A
80A
50A
25A
325
300
275
250
225
200
175
250
125
100
75
50
25
0
0 10 20 30 40 50 60 70 80 90 100 110 120 130 140 150
熱損失〔W／m〕単位長さ
外表面温度（空気）〔℃〕

図3-24 配管の熱損失

第4章
排水通気設備

雨水・湧水・空調ドレン等の発生水、衛生器具などで使用された水を敷地外へ排出するための設備が排水・通気設備です。速やか、かつ衛生的に排出するため適切な排水配管とともに、臭いのトラブル防止のための排水トラップ・通気設備などの付属設備も含まれます。

4-1 主な排水設備の専門用語

排水・通気設備の主な専門用語

Point

- 新しい機器やシステムの開発と共に新語がつぎつぎと生まれています。
- 誤った解釈を覚えないように注意が必要です。
- 指示をする際も受ける場合も、用語の説明が明確にできるようにしましょう。

排水の種類

建物および敷地内の排水は、一般に次のように区分されます。

表4-1 排水の種類

汚水	大便器・小便器・汚物流し・ビデなどからの排水
雑排水	汚水以外の排水器具からの排水
雨水	屋根や敷地の降雨水。雑排水では湧水など汚れていない水を含む場合もある
特殊排水	有害・有毒など望ましくないものを有するため、一般の排水や下水本管へ直接放流できない排水

インバート桝

汚水桝のことです。汚物が流下しやすいように、底部にインバート(半円形の溝)が設けてある桝をいいます。

図4-1 インバート桝

トラップ

排水管内の悪臭や害虫が器具の排水口を通過して室内に侵入することを阻止する装置です。その阻止機能が封水によるものを水封式トラップといいます。

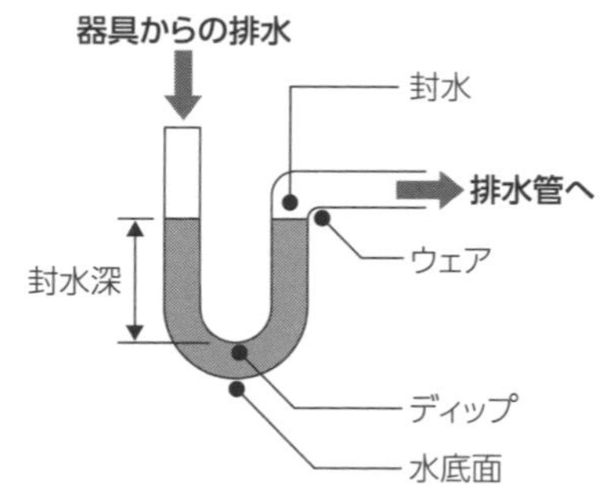

図4-2 トラップ

阻集器

排水中に含まれる有害・危険な物質などの流下を阻止し、分離・収集・除去するための装置のこと。グリース阻集器、オイル阻集器、プラスタ阻集器、毛髪阻集器などがあり、トラップ構造となっているものは、二重トラップとならないように注意が必要です。

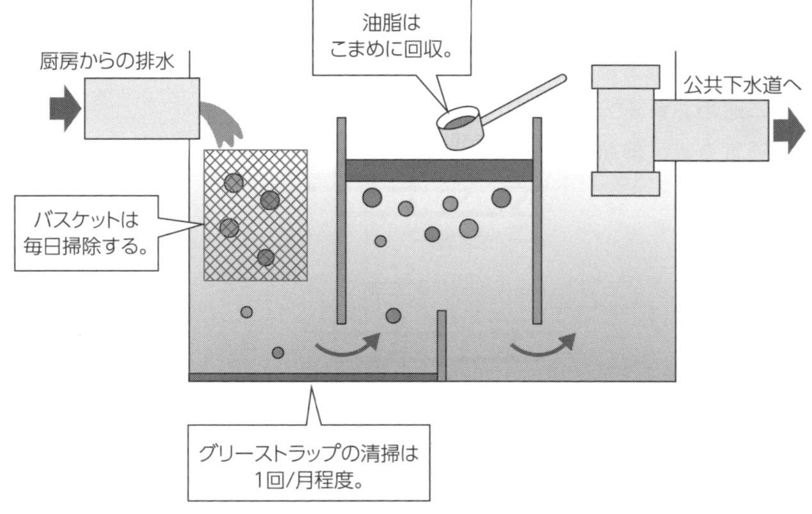

図4-3 阻集器

間接排水

排水管を一度大気に開放して縁をきり、排水口空間を取って、その下に設けた排水器具等を介して排水する方法です。

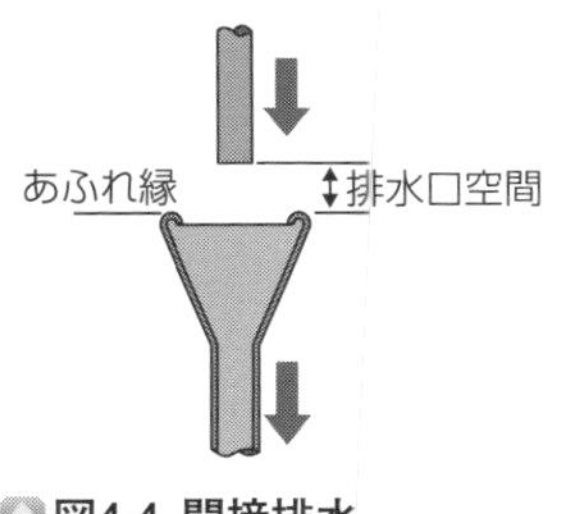

図4-4 間接排水

通気管

排水系統の管内圧力を緩和することを目的として空気を流通させるために設けられる管の総称です。管内の流れをスムーズにするとともに、トラップの封水を守り、排水管内を換気する役割も果たしています。

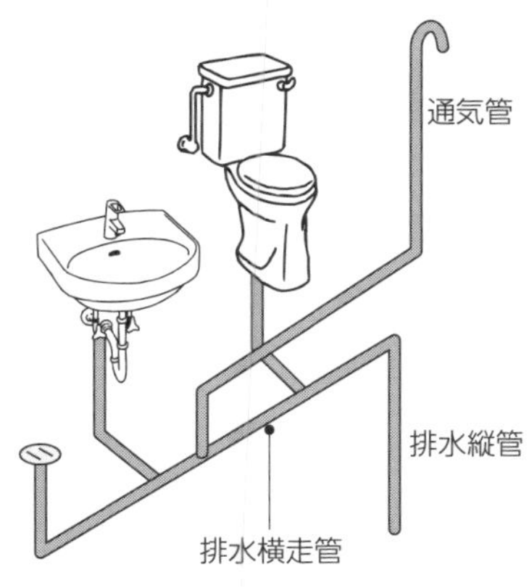

図4-5 通気管

通気方式

トラップを保護するためや、通気管の機能を高めるための重力式排水システムに適用される方式です。各個通気方式、ループ通気方式、伸頂通気方式等があります。

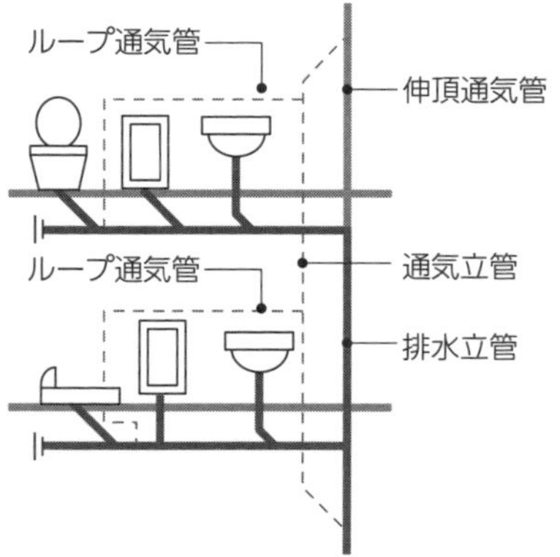

図4-6 通気方式

二重トラップ

1つの排水系統に、直列に2個以上のトラップが設置されることをいいます。トラップ間の管路内の空気を密閉し、排水の流れを阻害したり、大きな圧力変動を起こす恐れがあるため、禁止されています。

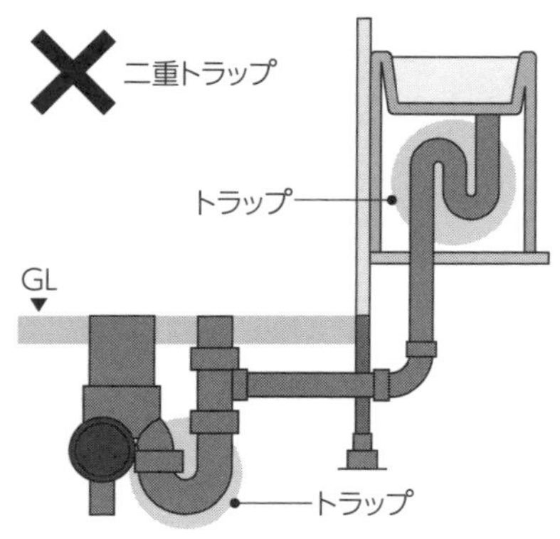

図4-7 二重トラップ

跳水現象

排水立管から排水横主管に排水が流入すると、排水の流入速度は急に減じられ、水深が部分的に増加し、時には満水になることもあります。これを跳水現象といいます。

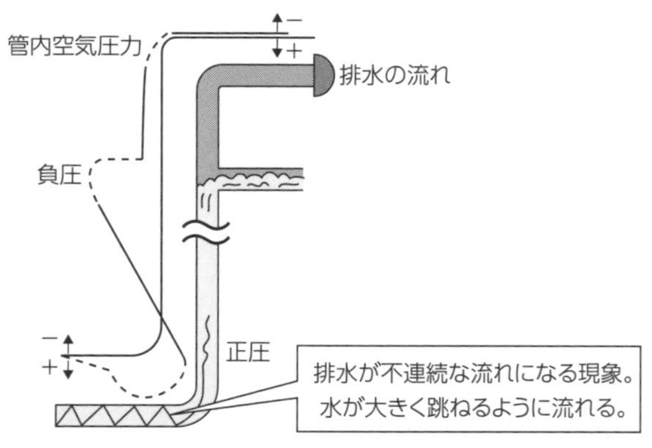

図4-8 跳水現象

4

排水通気設備

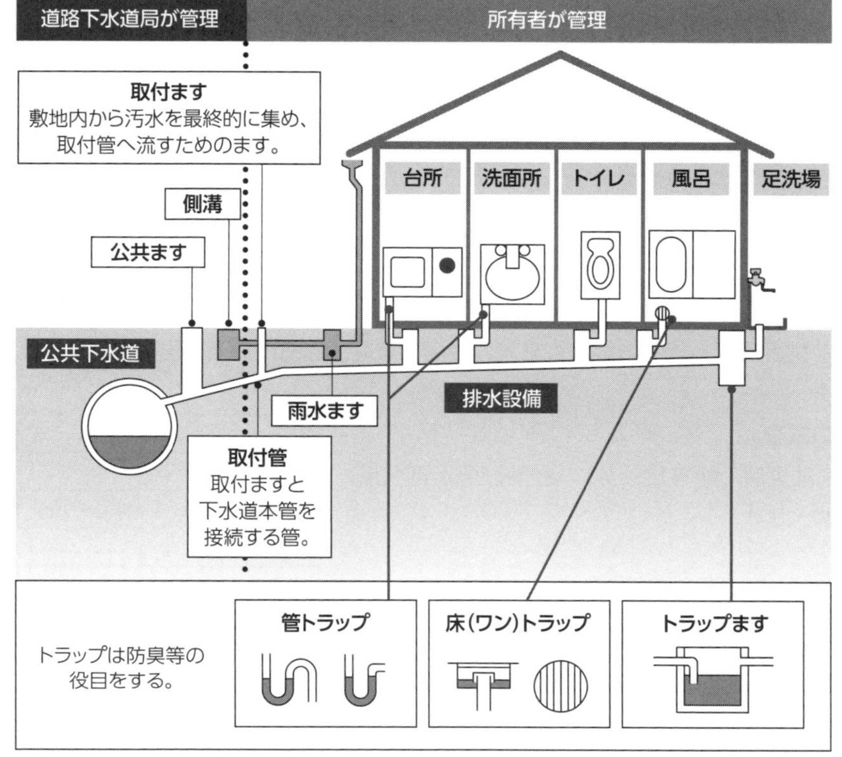

図4-9 建物と排水（分流式の例）

オフセット

配管経路を平行移動する目的で、垂直に対して45°を超え移行する排水立管のことです。オフセットは、次のいずれかにより通気管を設けます。

①排水立管のオフセットの上部と下部とに分割して通気を行う場合は、それぞれを単独な排水立管として通気管を設けます。
②オフセットより下方の排水立管の立上げ延長部分、またはオフセットとその下流直後の排水横枝管とのあいだの部分に結合通気を設けます。

4-2 排水設備の設計手順

法令に定められている排水設備の設置および構造の技術上の基準にしたがう

▶ Point

▶ 施工性、経済性、耐久性、安全性、維持管理を考慮して設計しましょう。

▶ 敷地、建物の利用計画、現場状況を十分に考慮し適切な機能を備えましょう。

▶ 耐震性の配慮も忘れずに。

設計手順

①計画与条件の確認

用途、規模、敷地状況、水使用個所の種別、排水放流先の状況、公共下水道の有無等を確認します。

②法的規制および指導事項の調査

排水の規制および処理（総量規制・除害施設等）の有無、排水再利用、雨水利用等の指導事項を調べます。

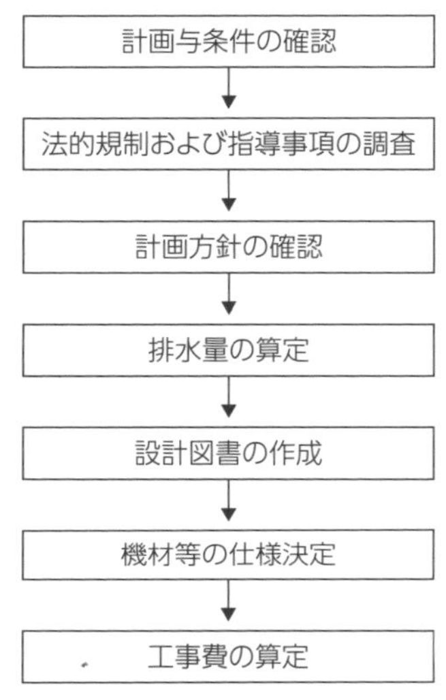

図4-10 設計手順

③計画方針の確認

排水系統および方式の決定。公害対策、省資源・省エネルギー等の検討、経済性、施工および保全性能の検討。配管および継手材料の選定を検討します。

④排水量の算定

系統別排水量・雨水量、排水槽容量等の算定をします。

⑤設計図書の作成

排水・通気配管、排水槽、阻集器、排水処理装置・施設等を作図します。

⑥機材等の仕様決定

機器・配管材料等の仕様を決定します。

⑦工事費の算定

4-3 各段階での検討事項

排水設備の事前調査

Point

- ▶ 公共下水道の有無と処理区域の確認は、現地か下水台帳により調べます。
- ▶ 現地調査で排水管の埋設位置を定め、公共桝等の深さを基準とします。
- ▶ 雨水流出抑制施設の設置の有無とその計算式は行政の指導にしたがいます。

排水方式の決定時の検討事項

下水道局等の官公庁と協議打ち合わせを行い、下水台帳の閲覧のうえ排除方式ならびに排水放流先の調査・確認をします。

・現場調査、官公庁などと打ち合わせ

・排水放流先の調査

・公共下水道の有無と排除方式の決定（合流式か分流式か）

・事前排水協議の必要の有無

排水の系統区分時の検討事項

建設場所が処理区域・排水区域、あるいは分流式、合流式のいずれかであることを確認します。

・排水の種類、水質による区分

・特殊排水の有無

処理施設の設計時の検討事項

公共下水道が整備されていない地域では、下記の設置設備について、行政と協議打ち合わせを行います。なお、中水処理装置や特殊な井水処理についても同様です

・浄化槽、厨房除害施設、中水処理装置、特殊排水処理など

排水・通気方式の決定時の検討事項

屋内排水設備の設計に当たっては、その機能を発揮できるよう安定、安全な状態にします。大きな流水音、異常な振動、排水の逆流などが生じないように、衛生器具は排水系統に正しく接続され、排水系統が適切に組み合わされたものとします。

・配管材および継手材料等の決定

・二管式か単管式か

・排水負荷流量の算定

・排水および通気管径の決定

重力式の有無の時の検討事項

高層階からの排水立管から排水横主管へ移行する場合、脚部継手やサイズアップの排水管などの対処方法を検討します。また、地階の排水器具の排水方法も検討します。

・1階の排水処理の方法

・地階に排水器具がある場合、または屋外排水の埋設深度の方が浅い場合は、排水槽の設計へ進む

排水槽の設計時の検討事項

地階等の排水に自然放流が不可能な場合などには排水槽を設置しますが、その際下記の項目には十分な検討が必要です。

・排水時間の制約、防臭計画

・機器容量の算定(排水槽、ポンプ、阻集器など)

屋外排水の設計時の検討事項

屋外排水は、屋内排水設備からの排水を受け、さらに敷地内の建物以外から発生する下水と合わせて、敷地内のすべての下水を公共下水道へ流入させる設備です。汚水・雨水の排除方法、桝の形状と深さ等の検討を行います。

・一般排水と雨水排水の合流の有無

・屋外雨水計画(管径、勾配、桝の設置個所など)

4-4 排水の排除方式

地域によって排水系統の区分が異なる

Point

- 敷地内の排水方式と公共下水道での排水方式をしっかり確認しましょう。
- 排水の排除方式は、自然重力式排水が原則です。
- 特殊な排水系統は、行政との協議打ち合わせを必ず行ってください。

排水系統の区分

排水系統は、現場調査時に関係官公庁との調査・打ち合わせにより、放流先の状況で決定されますが、主な排水方式には次の方法があります。

建物内の排水方式には、汚水と雑排水とを同一の系統で排除する合流式と、汚水と雑排水を別々に排除する分流式があります。

下水道では、汚水(汚水＋雑排水)と雨水排水を合わせて排除する場合を合流式といい、汚水と雨水を別々に排除する方式を分流式といいます。建物内で使用する用語と、下水道で使用する場合とでは、その意味が異なるため、注意が必要です。

表4-2 敷地内外における合流式と分流式の違い

方　式	敷地内設備	公共下水道
合流式	汚水＋雑排水	汚水＋雑排水＋雨水
分流式	汚　水	汚水＋雑排水
	雑排水	雨　水

排水の排除方式には、重力式排水と機械式排水があります。

放流先の管渠のレベルより高い部分は重力式排水を、低い場合は排水槽へいったん貯留し排水ポンプにて機械式排水により排除します。

その他、用途により直接放流できない有害・有毒な排水で阻集器もしくは処理施設等により処理が必要な系統は単独排水系統とし、処理後一般排水系統と合わせて排除します。

排水系統分けの留意点

排水系統は、排出場所、用途および水質などによって単独系統とすべき区分は以下の通りです。

阻集器を設置する系統

①厨房系統
②駐車場、洗車場、自動車の修理工場等系統
③洗濯室系統
④歯科、外科等のプラスタ使用系統
⑤びん詰め機械装置系統
⑥屠殺および肉仕分け室系統

特殊排水系統

①酸、アルカリ、溶剤等を排水する系統

②RI(Radio IsotoPe)を排水する系統

＊RIとは、放射性物質を取り扱う機器類のこと。

その他

①大規模な浴室系統

②水飲器、ウォータークーラー等の間接排水系統

下水道法と水質汚濁防止法の違い

建物等からの排水を公共用下水道に排出している場合は、下水道法の適用を受けます。

組織(工場や事業場)からの排水を公共用水域に排出している場合は、水質汚濁防止法が適用されます。ただし、下水道法は、1日当たり50m^{3}以上の排出がなければ適用外となります。

4-5 排水・通気配管の名称

排水系統の各部位によって名称が異なる

Point

- 排水系統には、器具排水管、排水横枝管、排水立管、排水横主管、敷地排水管などがあります。
- 通気系統にも各個通気管、ループ通気管、伸頂通気管、逃し通気管などがあります。

排水管と通気管

排水管および通気管には、各部位によって管の名称が変わります。

建物内の排水系統を、木(ツリー)に例えて付けられています。木の幹に当たる配管を排水立管、その立管に木の枝のように各階の枝管を排水横枝管と呼んでいます。最下階でいくつかの排水立管を接続し、メインとなる排水管を排水横主管といいます。

通気管も排水管同様に、排水立管の頂部となる通気管を伸頂通気管、排水立管の最下個所から単独で立ち上がる通気立管、端末排水器具1個目から2個目のあいだに取るループ通気管、各器具ごとに取り付ける各個通気管、排水横枝管と排水立管の手前で取る逃し通気管、排水立管と通気立管をつなぐ結合通気管などの名称が付けられています。「図4-13 管の名称(P.159)」の図を確認しながら覚えてください。

なお、各通気管は排水のあふれない上部より外気に開放します。その器具類を通気口金物といいます。金物も、壁埋込み型や露出型などの種類もありますので、適材適所で製品を選択してください。

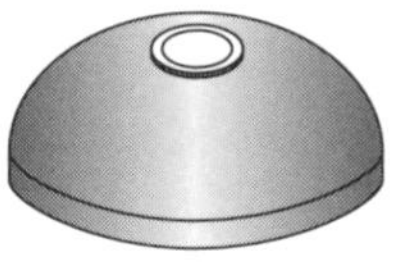

壁埋込型ベントキャップ

図4-11 通気金物

管の名称

排水管と通気管の名称は、使用されている部位によって名称が異なります。立管系統と横枝管系統を図を見ながら覚えてください。

排水横枝管

器具排水管からの排水を、排水立管または排水横主管へ導くあらゆる横走管のことです。

ブランチ間隔

排水立管に接続している各階の排水横枝管または、排水横主管のあいだの垂直距離が、2.5mを超える排水立管の区間をいいます。

排水横主管

排水横枝管から排水立管へ排水を導く管、ならびに排水立管、排水横枝管または器具排水管からの排水および機器からの排水をまとめて敷地排水管へ導く管のことです。

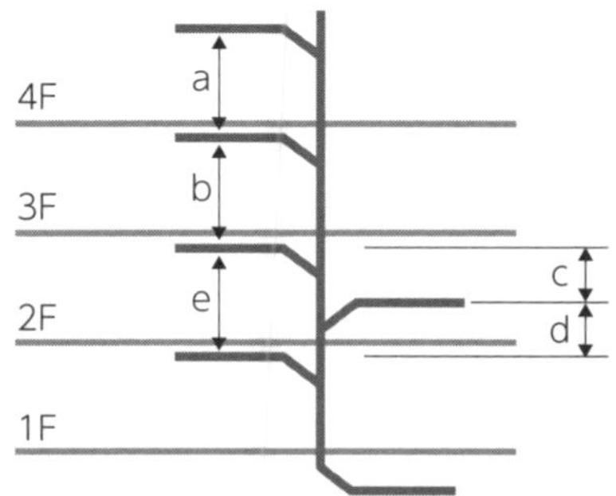

a、b、eはそれぞれ2.5mを超える区間。
c、dはそれぞれ2.5m以内の区間。
a、b、eをブランチ間隔という。

図4-12 ブランチ間隔

敷地排水管

排水横主管の終点、すなわち建物外壁面より外方へ1mの地点からはじまり、排水本管・公共下水道または他の排水処理箇所への流入点までの配管部分のことです。

排水横枝管での留意点

・管径が75mmの場合は、大便器の接続は2個までとします。
・配管勾配は、表4-13を参考にします。

排水立管での留意点

表4-14を用いて算出しますが、次の点に留意してください。

①十分な通気立管とそれに接続する通気枝管を具備している場合にかぎり適用できますが、通気立管のない伸頂通気管だけの場合は適用できません。

②立管の受け持つ階が三層を超える場合は、各階の排水枝管の合計単位数だけで管径を決めてはいけません。各階の横枝管の中で最も負荷の大きい1階分または1ブランチ間隔の器具排水負荷単位の合計がその欄に該当する立管管径の許容値以内になっているかを確認し、もし、立管管径が小さい時は、その下の欄をみて、十分であることを再確認して決定します。

③排水立管の途中にオフセットがある場合は、その角度が45°以内である場合は、オフセット部分は立管とみなされるので管径は立管と同じ扱いをします。しかし、オフセットが垂直の立管に対して45°を超える場合の管径は、オフセット上部の立管は通常の立管として決定しますがオフセット部分の管径は排水横主管として決定します。

オフセットとは、ある配管からそれと平行なほかの配管へ配管を移すために、エルボまたはベンド継手で構成される平行部分をいいます。

排水横主管での留意点

表4-13、表4-15を用いて算出しますが、横主管は同じ管径でも勾配によって許容される負荷単位数が異なるので、勾配の選定を誤らないようにします。

一般に排水横主管は、施工時においてとかく勾配が緩やかになりがちであるため、設計時には1/100程度の緩い勾配で管径を決めます。

排水ポンプの吐出水を、排水横主管には合流させず、単独に屋外排水桝まで配管する方がよいでしょう。

排水管の用途による管径決定上の配慮

排水管の管径を決定する際に、特に注意しなければならない点があります。

例えば、厨房の排水管などは時間の経過とともに管内にグリース等が固着して管断面を縮小させるので、表から算出した管径より少なくとも1サイズ太い管径を選定します。集合住宅等の台所流しの排水系統も同様な理由から管径をサイズアップする必要があります。

伸頂通気方式の排水立管

①排水立管の長さは30mを超えない
②排水管の途中にオフセットはつくらない
③排水横主管の水平曲がりは、排水立管底部より3m以内に設けない
④排水立管の許容流量は2管式より太くして対応する

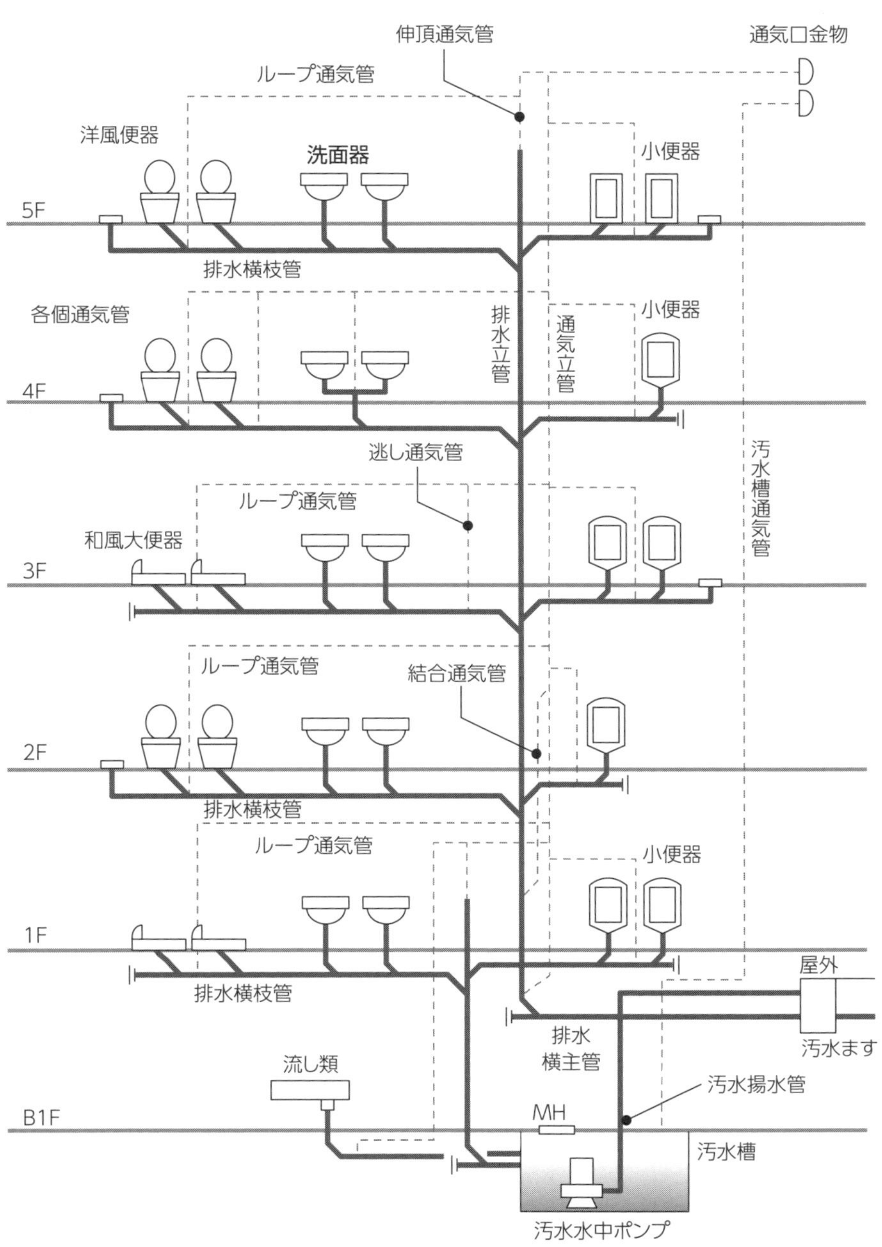

図4-13 管の名称

4-6 雨水の排除方式

雨水の排除により浸水を防ぎ、公共用水域の水質保全を図る

Point

- **雨水の地下への浸透機能が低下した結果、短時間で下水管へ流れ込む都市型水害が起きています。**
- **雨水浸透施設の十分な知識と理解が求められています。**

雨水の新しい排除方式

都市型洪水の原因となるため、雨水のピーク流出量を減らす目的で、雨水流出抑制施設装置が促進されています。

方法には、浸透式と貯留式があります。浸透式は、雨水流出の絶対量を減らし、地下水の涵養を図ります。貯留式は、流出量は不変ですが、ピーク流量の平均化を図ります。

構造など

浸透桝、浸透トレンチ、透水性舗装等があり、官公庁の指導のもと設計をします。地質、地下水位等の状況により浸透が見込めない場合もあるため、地域によっては貯留式とするなど注意が必要です。

10分間最大降雨量

1時間最大降雨量とともに理科年表に記載されていますが、雨水の浸入を絶対避けたい施設や雨水槽の設計などでは、この数値を使用します。1時間最大降雨量よりも大きな値になります。

排水量の規制

大都市などの下水道で、下水管渠が排水負荷に対して十分な大きさでない場合、または雨水量の一時的な過大な負荷を削減するため、排水量を規制し、貯留槽の設置などを指導する場合があります。

4-7 排水量の算定

排水量の算定は、人員による算定法やその他の資料等により求める

Point

- ▶ 所轄下水道局等の排水量算定基準などに準拠します。
- ▶ 算定人員と排水量も算定基準にしたがってください。
- ▶ 排水量の算定は、下水道接続取付管の口径や接続個所数の算定に必要です。

人員法

この算定法は、給水人員算定と同様に排水対象人員を求める方法です。

対象当たりの排水量は所轄下水道局の排水量算定基準にしたがいます。使用時間も所轄下水道局の基準にしたがいます。

表4-3 給水人員の算定

建物用途		算出方法			人員
集合住宅	1K	1.0人/戸×		戸=	0人
	1DK・2K	2.0人/戸×		戸=	0人
	2DK	2.5人/戸×		戸=	0人
	2LDK・3DK	3.0人/戸×		戸=	0人
	3LDK・4DK	3.5人/戸×	60	戸=	210人
	4LDK	4.0人/戸×		戸=	0人
	6LDK	5.0人/戸×		戸=	0人
		人/戸×		戸=	0人
	計				210人
	ワンルーム	1.0人/戸×		戸=	0人
施設	事務所(私室)	0.1人/m²×		m²=	0人
	事務所	0.2人/m²×		m²=	0人
	店舗(物販)	0.16人/m²×		m²=	0人
	飲食店(客)	0.3人/m²×		m²=	0人
	飲食店(従業員)	延客数	0人×5%=		0人
		人/m²×		m²=	0人
		人/m²×		m²=	0人
		人/m²×		m²=	0人
		人/m²×		m²=	0人
		人/m²×		m²=	0人
		人/m²×		m²=	0人
		人/m²×		m²=	0人
	計				0.0人

＊給水人員算定と同じ。
＊住戸タイプ別により人員を決定する。
＊排水人員の算定は、所轄下水道局基準に従う。
＊計算値は参考例。

表4-4 建物用途別排水量の算定

建物用途	算定人員〔人〕	対象当排水量〔l/d・人〕	一日平均排水量〔l/d〕	一日平均使用時間〔h〕	時間平均排水量〔L/h〕	備考
集合住宅	130	220	28600	10	2860	
ワンルーム	0.00	220	0	10	0	
事務所(私室)	0.00	100	0	8	0	
事務所	100	100	10000	8	1250	
飲食店(客)	0.00	10	0	8	0	
飲食店(従業員)	0.00	120	0	8	0	
店舗(物販店)	0.00	100	0	8	0	
計	230		38600		4110	

＊対象当たり排水量は所轄下水道局の排水量算定基準に従う。
＊使用時間も所轄下水道局の基準に従う。
＊計算値は参考例。

汚水量の算定

計算 4-1	計算例
■事務所ビル 排水量〔m^3/日〕 ＝延べ床面積〔m^2〕×60〔%〕×0.1〔人/m^2〕×80～100〔L/人・日〕	延べ床面積＝ 2400 m^2 有効面積率＝ 60 % 基礎算定値＝ 0.1 人/m^2 1人1日当り排水量＝ 100 L/人・日 ∴ 排水量＝ 14.4 m^3/日
■共同住宅 排水量〔m^3/日〕 ＝部屋のタイプ〔戸〕×使用人員〔人/戸〕×180～220〔L/人・日〕	住戸タイプ 戸数 人員 1LDK 12 戸× 1.8 ＝ 21.6 2DK・2LK 3 戸× 2.5 ＝ 7.5 戸× ＝ 対象人員 ＝ 29.1 人 1人1日当り排水量 ＝ 180 L/人・日 ∴ 排水量 ＝ 5.2 m^3/日
■店舗 客排水量〔m^3/日〕 ＝延べ床面積〔m^2〕×60〔%〕×A〔人/m^2〕×回転率〔回〕×B〔L/人・席〕 従業員排水量〔m^3/日〕 ＝総客数〔人〕×2～3〔%〕×100～110〔L/人・日〕	延べ床面積＝ 800 m^2 有効面積率＝ 60 % A＝ 0.3 人/m^2 回転率＝ 4 回 B＝ 30 L/人・席 ∴ 客排水量＝ 17.3 m^3/日 総客数＝ 576 人 従業員率＝ 2 % 1人1日当り排水量＝ 100 L/人・日 ∴ 客排水量＝ 1.2 m^3/日

参考　東京都下水道局の下水量計算資料

汚水量の計算

①事務所ビル

排水量〔m^3/日〕＝延べ床面積〔m^2〕×60〔%〕×0.1〔人/m^2〕×80 ～ 100〔L/人・日〕

②共同住宅

排水量〔m^3/日〕＝部屋のタイプ〔戸〕×使用人員〔人/戸〕×180 ～ 220〔L/人・日〕

表4-5 使用人数（部屋のタイプ）一覧

タイプ	人員〔人〕
1LDK	1.8
2DK・2LK	2.5
2LDK	2.7
3DK・3LK	2.8
3LDK	3.4
4DK・4LDK	3.4
5DK以上	3.7

③店舗

客排水量〔m^3/日〕＝延べ床面積〔m^2〕×60〔%〕×A〔人/m^2〕×回転率〔回〕×B〔L/人・席〕
従業員排水量〔m^3/日〕＝総客数〔人〕×2 ～ 3〔%〕×100 ～ 110〔L/人・日〕

表4-6 各種店舗等の算出資料

	飲食店	喫茶・パーラー	物品（販売）	物品（デパート）	集会場
A〔人/m^2〕	0.3	0.3	0.16	1	0.5
B〔L/人・席〕	30～40	8～10	3～5	5	30
回転率〔回〕	4	8	その都度	1	1～3

④ホテル（回転率 2 回とした場合）

排水量〔m^3/日〕＝延べ床面積〔m^2〕×60〔%〕×0.1〔人/m^2〕×80 ～ 100〔L/人・日〕
ベッド排水量〔m^3/日〕＝ベッド数〔床〕×使用人員〔人/戸〕×250〔L/人・日〕
宴会場排水量〔m^3/日〕＝延べ床面積〔m^2〕×60〔%〕×0.7 ～ 0.8〔人/m^2〕×回転率〔回〕×30 ～ 50〔L/人・日〕
食堂排水量〔m^3/日〕＝延べ床面積〔m^2〕×60〔%〕×1.1 ～ 1.4〔人/m^2〕×回転率〔回〕×30 ～ 40〔L/人・日〕
コーヒーショップ排水量〔m^3/日〕＝延べ床面積〔m^2〕×60〔%〕×1.1 ～ 1.4（人/m^2）×回転率〔回〕×3 ～ 5〔L/人・日〕

⑤病院・研究室

病床排水量〔m^3/日〕＝病床〔床〕×500〔L/床・日〕
外来排水量〔m^3/日〕＝外来〔人〕×10〔L/人・日〕
職員排水量〔m^3/日〕＝ 職員〔人〕×100〔L/人・日〕

⑥学校

生徒排水量〔m^3/日〕＝生徒〔人〕×使用量〔L/人・日〕

＊小中学校 50〔L/人・日〕

職員排水量〔m^3/日〕＝職員〔人〕×100〔L/人・日〕

＊高校以上 80〔L/人・日〕

⑦プール

排水量〔m^3/日〕＝プールの容量〔m^2〕×5 ～ 10〔%〕

＊シャワー水 40 ～ 50〔L/ 人〕

⑧その他

上記以外については、別途計算となります

4-8 排水流量の算定

排水量から排水流量に換算して下水道本管の取付管口径を確認する

Point

- 流量の単位をm^3/secに換算します。
- 建物用途別に1日排水量から排水流量を求めます。
- 所轄下水道局の指導要綱により使用時間、余裕率を求めてください。

排水流量の算定

排水量を求め、次に排水流量を算定します。流量の単位をm^3/secに換算します。その後、下水本管への取付管口径の算定に必要となるからです。

排水量の算定と同様に計算表を利用すると便利です。なお計算表には雨水量の算定も入っていますが、排水の合流式の場合に必要ですので掲載しました。雨水量算定の詳細は後述します。ここでは基礎的なことを述べます。

雨水量の算定には、雨が敷地内のどこに降るのか緑地・間地などを、その系統に分けて面積を算出します。

降雨強度公式は、地域によって異なりますので所轄下水道局等で確認してください。その公式より降雨強度を求め、流出係数と排水対象面積を乗じて雨水流出量を算定します。

算出する際は、それぞれの単位表示に気を付けてください。

表4-7 排水流量の算定(建物用途別による)

建物用途	算定計算式	1日排水量〔m^3/d〕	余裕率	算定排水量〔m^3/d〕	使用時間	単位換算計算		排水流量〔m^3/sec〕
集合住宅	Q=1日排水量〔m^3/d〕/給水時間〔h〕×60×60	46.20	1.5	69.30	10	60	60	0.001925
ワンルーム		0.00	1.5	0.00	10	60	60	0
事務所(私室)		0.00	1.5	0.00	8	60	60	0
事務所		0.00	1.5	0.00	8	60	60	0
飲食店(客)		0.00	1.5	0.00	8	60	60	0
飲食店(従業員)		0.00	1.5	0.00	8	60	60	0
店舗(物販店)		0.00	1.5	0.00	8	60	60	0
合計(Q 1)								0.001925

＊1日排水量の単位に注意。
＊計算値は参考例。

雨水量の算定

計算 4-2 計算与条件

敷地種別ごとの面積を算出する。

敷地面積	527m^2
建築面積	321m^2
緑地面積	26m^2
砂利地面積	30m^2

間地面積	60m^2
浸透舗装面積	80m^2
不透面面積	10m^2
その他面積	

＊計算値は参考例。

表4-8 雨水量の算定

系統	降雨強度公式（合理式の場合）	流達時間	降雨強度 Q	流出係数 C	排水対象面積〔ha=10000m²〕	雨水流出量〔m³/sec〕
建築面積	Q=1/360×5000/40+t t：流達時間〔min〕 ＊通常は５～７分	5	0.30864	0.90	0.0321	0.008917
不透面		5	0.30864	0.90	0.001	0.000278
浸透舗装		5	0.30864	0.50	0.008	0.001235
緑地		5	0.30864	0.20	0.0026	0.000160
砂利地		5	0.30864	0.3	0.003	0.000278
間地		5	0.30864	0.30	0.006	0.000556
その他		5	0.30864		0	0.000000
合計(Q1)					0.0527	0.01142284

＊計算値は参考例。

計算 4-3 下水本管等への取付管口径の算定

排水種別	算定流量〔m³/sec〕
排水流量(Q1)	0.001925
雨水流量(Q2)	0.011423
合計	0.013348
取付管の仮定口径	150
取付管の勾配	1/100
仮定口径の流量	0.0153
流量対比判定	○
取付管口径の決定	150mm
必要箇所数	1箇所

＊計算値は参考例。

表4-9 参考資料

■クッター公式による下水管流量表〔m³/sec〕　粗度係数 n=0.013

千分率勾配 ＼ 管径〔mm〕	20.0	10.0	8.0
	1/50	1/100	1/125
150	0.019	0.0134	0.012
200	0.0424	0.03	0.0268
250	0.0789	0.0557	0.0498

■取付管の流下能力確認（東京都の場合）

管の口径〔mm〕	管勾配〔‰〕	許容排水流下能力〔m³/sec〕	
		陶管	塩ビ管
		（既設汚水桝を使用する場合）	（公設汚水桝を新設する場合）
150	10	0.0153	0.0199
200	10	0.0328	0.0426

4-9 排水管径の決定

排水管径を求めるには器具排水負荷単位法と定常流量法がある

Point

- 器具排水負荷単位法は、米国のNPC(National Plumbing Code)の方法です。
- 定常流量法は、SHASE-S 206-2000(空気調和・衛生工学会)による方法です。
- 排水管径の求め方は、排水管の部位によって異なりますので注意してください。

排水管径の決定の基本原則

基本的には、器具よりの排水負荷流量を考慮して決定しますが、次の事項を守るべき基本原則としています。

①最小管径

器具排水管の最小管径は30mmとします。

②排水横枝管の管径

排水横枝管の管径は、これに接続する器具の最大口径以上のものとします。

③排水立管の管径

排水立管の管径は、それに接続する排水横枝管の最大管径以上のものとします。
上部を細く、下部を太くするようなたけのこ配管をしてはいけません。

④管径の縮小

排水管は、立管、横走り管のいずれの場合でも、排水の流下方向の管径を縮小してはいけません。

⑤地中埋設管

地中または地階の床下に埋設される排水管の管径は、50mmが望まれます。

⑥排水ポンプの吐出水

排水横主管には合流させず、単独に屋外排水桝までそのまま出した方がよいです。ただし、屋外排水桝も最終放流桝とする方がよりよい策です。

⑦厨房の排水管等

時間の経過にともない管内にグリース等が固着して管断面を縮小させますので、算出した管径より少なくとも1サイズ太いものを選定します。集合住宅等の台所流しの排水系統も同様な理由から管径をサイズアップします。

器具排水負荷単位による方法

器具排水負荷単位とは、器具の最大排水時の流量を、標準器具(洗面器)の最大排水時における流量で割ったものを器具単位とし、これを器具の同時使用率などを考慮して相対的な単位で表したものです。

器具排水負荷単位法による管径決定

器具排水負荷単位法による管径決定の手順は以下の通りです。

①器具ごとに、器具排水負荷単位を求める(表4-10〜表4-12参照)

②各区間の器具排水負荷単位数を累計する

③排水横枝管および排水立管の管径を表4-14より選定する

④排水横主管、敷地排水管の管径は、表4-15から選定する。その際の配管勾配は、表4-13より適切な数値を選定する

⑤ポンプから吐出された排水を排水横主管に接続する場合は、表4-10〜表4-15から器具排水負荷単位に換算して管径を決める

⑥選定した管径が、前項の「排水管径決定の基本原則」に示されている最小口径に適合しているか確認する

⑦もし、不適合の場合は、配管サイズをアップするなどの修正作業を行い、すべての条件を適合させてください

表4-10 器具排水負荷単位法による管径決定

(NPC ASA A40.8-1955)

器具種類		器具排水負荷単位	付属トラップ口径〔mm〕	器具排水管の最小口径〔mm〕
大便器	洗浄タンクによる場合	4	75	75
	洗浄弁による場合	8	75	75
小便器	壁掛け形(JISU220型)	4	40	40
	ストール形・壁掛けストール形	4	50	50
	ストール小便器(トラップ付)・サイホンジェット	8	50	50
公衆用水洗便所	トラフ形・連立式長さ0.6mごとに	2	50	50
洗面器・手洗器		1	30	30
手洗器(小形)	便所の手洗専用でオーバーフローのないもの	0.5	25	30
歯科用洗面器		1	30	30
理髪・美容用洗面器		2	40	40
水飲器		0.5	30	30
たん吐器		0.5	25	30
浴槽	住宅用 ＊洋風、和風を問わない。＊浴槽上に設置のシャワーは排水単位に無関係。	2	40	40
		3	50	50
	公衆用・共用	4〜6	50〜75	50〜75
囲いシャワー	住宅用	2	50	50
シャワー（連立）	シャワーヘッド1個当たり	3	50	50
ビデ		3	30	40
掃除用流しまたは雑用流し		2.5	65	65
		3	75	75
洗濯用流し		2	40	40
連合流し		3	50	50
	ディスポーザ付	4	40	50
汚物流し		8	75〜100	75〜100
医療用流し	大形	2	40	40
	小形	1.5	30	40
歯科ユニット		0.5	30	30
化学用実験流し		1.5	40	40
流し	台所用・住宅用	2	40	40
		4	50	50
	ディスポーザ付・住宅用	3	40	40
	ホテル・公衆用・営業用	4	50	50
	ソーダファンテン又はバー用	1.5	40	40
	パントリー用・皿洗い用	2	40	40
		4	50	50
	野菜洗い用	4	50	50
	湯沸かし場用	3	50	50
皿洗い機	住宅用	2	40	40
洗面流し場	並列式1人分につき	0.5	30	40
床排水		0.5	40	40
		1	50	50
		2	75	75
1組の浴室器具	(大便器＋洗面器＋浴槽または囲いシャワー)			
	大便器の洗浄がロータンクによる場合	6	75〜100	75〜100
	大便器の洗浄が洗浄弁による場合	8	75〜100	75〜100
排水ポンプ	エゼクタ吐出量3.8L/minごとに	2	40	40

表4-11 器具排水付加単位(共同住宅・住宅)

(住都公団仕様)

器具種類	器具排水負荷単位	付属トラップ口径〔mm〕	器具排水管の最小口径〔mm〕
便器(洗浄タンク)	4	75	75
床排水トラップ(浴室用)	4	50	50
流し排水トラップ(台所用)	4	40	50
洗面器	1	32	40
洗濯機用トラップ	4	50	50
便器+洗面器	4	–	75
便器+床排水トラップ(浴室用)	6	–	100
便器+洗濯機用トラップ	6	–	100
便器+床排水トラップ(浴室用)+洗面器	6	–	100
便器+床排水トラップ(浴室用)+洗濯機用トラップ	8	–	100
便器+床排水トラップ(浴室用)+洗濯機用トラップ+洗面器	8	–	100
洗濯機用トラップ+洗面器	4	–	50
洗濯機用トラップ+流し排水トラップ(台所用)	6	–	65
洗濯機用トラップ+床排水トラップ(浴室用)	6	–	65
洗濯機用トラップ+床排水トラップ(浴室用)+洗面器	6	–	65
床排水トラップ(浴室用)+洗面器	4	–	50
流し排水トラップ(台所用)+洗面器	4	–	50
流し排水トラップ(台所用)+床排水トラップ(浴室用)	6	–	65
流し排水トラップ(台所用)+床排水トラップ(浴室用)+洗面器	6	–	65
流し排水トラップ(台所用)+床排水トラップ(浴室用)+洗濯機用トラップ	8	–	65
流し排水トラップ(台所用)+床排水トラップ(浴室用)+洗濯機用トラップ+洗面器	8	–	65

表4-12 器具排水負荷単位(標準衛生器具以外)

(NPC ASA A40.8-1955)

器具種類	器具排水負荷単位	付属トラップ口径〔mm〕	器具排水管の最小口径〔mm〕
器具排水管またはトラップの口径	1	30以下	30
	2	40	40
	3	50	50
	4	65	65
	5	75	75
	6	100	100

表4-13 排水管の標準勾配・最小勾配

(SHASE 206)

管径	勾配	
	屋内排水管	屋外排水管
75以下	最小1/50	最小1/50
100	最小1/100	最小1/100
125	最小1/100	最小1/125
150	最小1/100	最小1/150
200以上	最小流速0.6m/sec以内	最小流速0.6m/sec以内

表4-14 排水横枝管および立管の許容最大排水単位

(NPC ASA A40.8-1955)

管径〔mm〕	器具排水負荷単位の合計			
	排水横枝管	高さ3階までの排水立管	高さ3階を超える排水立管	
			器具排水負荷単位の合計	1階分の排水単位の合計
30	1	2	2	1
40	3	4	8	2
50	6	10	24	6
65	12	20	42	9
75	20＊1	30＊2	60＊2	16＊1
100	160	240	500	90
125	360	540	1100	200
150	620	960	1900	350
200	1400	2200	3600	600

＊1　大便器は2個まで。　＊2　大便器は6個まで。

表4-15 排水横主管・敷地排水管の許容最大排水単位

(NPC ASA A40.8-1955)

管径〔mm〕	許容最大排水単位							
	配管勾配							
	1/200		1/100		1/50		1/25	
	実用	NPC	実用	NPC	実用	NPC	実用	NPC
50					21	21	26	26
65					22	24	28	31
75			18	20▸▸	23	27▸▸	29	36▸▸
100			104	180	130	216	150	250
125			234	390	288	480	345	575
150			420	700	504	840	600	1000
200	840	1400	960	1600	1152	1920	1380	2300
250	1500	2500	1740	2900	2100	3500	2520	4200
300	2340	3900	2760	4600	3360	5600	4020	6700
375	3500	7000	4150	8300	5000	10000	6000	12000

＊▶▶は大便器2個まで。
＊実用排水単位数は器具数が大体建物居住者20〜30人に対し1個の割合で、通気管はループ通気管法の場合に適用する。
＊NPCの排水単位数は器具数が大体建物居住者10〜15人に対し1個の割合で、通気管は各個通気管法の場合に適用する。

表4-16 ヒューム管の下水管流量表〔m^3/sec〕

管種：HP、粗度係数 n=0.013、単位：〔m^3/sec〕

千分率勾配 / 管径〔mm〕	20.0	10.0	8.0	6.0	5.0	4.0	3.0
	1/50	1/100	1/125	1/167	1/200	1/250	1/333
75	0.00268	0.00189	0.00169	0.00146	0.00134	0.00119	0.00103
100	0.00606	0.00428	0.00382	0.00331	0.00302	0.00269	0.00233
125	0.01137	0.00803	0.00718	0.00621	0.00566	0.00506	0.00437
150	0.019	0.0134	0.012	0.0104	0.0095	0.0085	0.0073
200	0.0424	0.03	0.0268	0.0232	0.0211	0.0184	0.0163
250	0.0789	0.0557	0.0498	0.0431	0.0393	0.0352	0.0304
300	0.1307	0.0923	0.0825	0.0714	0.0651	0.0582	0.0503
350	0.1998	0.1412	0.1262	0.1092	0.0996	0.089	0.077
400	0.2859	0.2037	0.1822	0.1577	0.1438	0.1285	0.1115
450	0.398	0.281	0.252	0.218	0.199	0.178	0.154
500	0.531	0.375	0.336	0.29	0.265	0.237	0.205
600	0.873	0.617	0.551	0.477	0.435	0.389	0.337

*クッター公式による。

表4-17 塩ビ管の下水管流量表〔m^3/sec〕

管種：VP、粗度係数 n=0.010、単位：〔m^3/sec〕

千分率勾配 / 管径〔mm〕	20.0	10.0	8.0	6.0	5.0	4.0	3.0
	1/50	1/100	1/125	1/167	1/200	1/250	1/333
75	0.00390	0.0028	0.0025	0.0021	0.002		
100	0.00880	0.0062	0.0055	0.0043	0.0044		
125	0.01640	0.0116	0.0104	0.009	0.0082		
150	0.0272	0.0192	0.0172	0.0148	0.0135		
200	0.0602	0.0425	0.038	0.0329	0.03		
250	0.1111	0.0785	0.0701	0.0607	0.0554		

*クッター公式による。

4-10 排水管径の決定(定常流量法)

適応可能な排水システム(排水立管と排水横主管)の管径を求める

Point

- **ラッシュ時間帯における排水量の平均水量(定常流量)をもとに、器具の排水流量に応じて負荷流量(消費する量)を求め、その負荷流量が許容流量以内となっている管径を求める方法です。**

定常流量法とは

排水管に実際に流れると予想される流量(負荷流量 QL)を求めて、それよりも大きい許容流量を有する管径の管を選定します。

排水管径の決定手順

排水管径の決定手順は以下の通りです。

①器具排水量:w

下表より各器具のwを決めます。

②器具平均排水間隔:To

下表より各器具のToを決めます。

表4-18 住宅損水器具の負荷算定の標準値

器具名	器具特性		使用頻度	1器具当り定常流量 q=(w/To)〔L/s〕	排水率 β
	器具排水量 w〔L〕	器具平均排水流量 qd〔L/s〕	器具平均排水間隔 To〔sec〕		
便器	9	1.5	700	0.013	1.0
洗面器	6	0.75	700	0.009	1.0
台所流し	6	0.75	200	0.03	1.0
浴槽	180	1.0	3600	0.05	0.3
洗濯機	120	0.75	3600	0.033	0.5

③器具定常流量:q

器具1個当たりのq=w/Toを計算します。

④管定常流量:Q

計算部位における器具の種類と設置個数から管定常流量Qを計算します。

⑤代表器具の器具平均排水流量を選択:qd

上表から各器具のqdを求め、その系を代表するqdを選択します。

⑥負荷流量QL ／排水管径D

排水管選定線図により、qdをパラメーターとしてQからQLを求め、負荷流量QL、許容流量QPとなる管径Dを選定します。

排水管の許容流量

単管式排水システムの場合は通気立管が省略されていますので、排水立管は通気立管としての役目も同時に果たします。したがって、通気のための断面確保が重要です。そのために管サイズごとに許容流量を設定し、負荷流量が許容流量を超えない範囲の配管径の選定にしなければなりません。

住宅排水器具の負荷算定の標準値が、排水システムメーカーにより異なる場合もありますので採用の際には必ずメーカーに問い合わせてください。

■脚部継手の支持方法

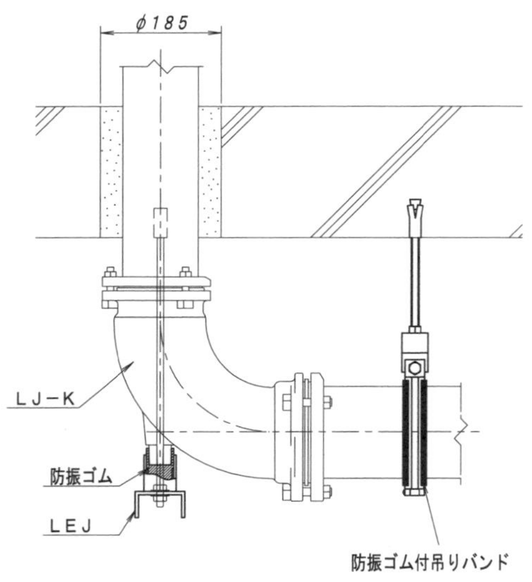

■首長脚部継手の支持方法

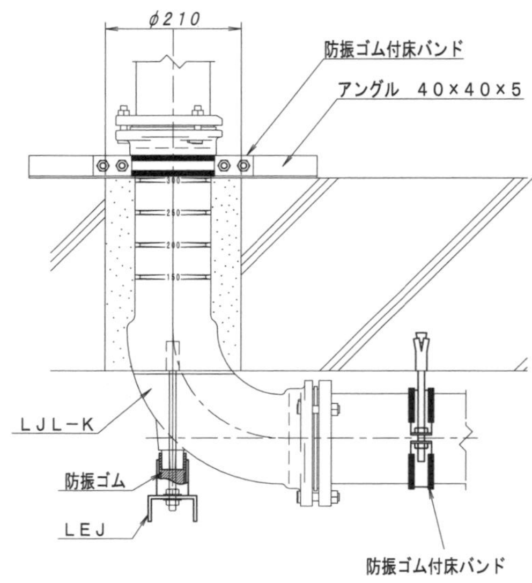

図4-14 脚部継手の納まり図

図面提供：株式会社小島製作所

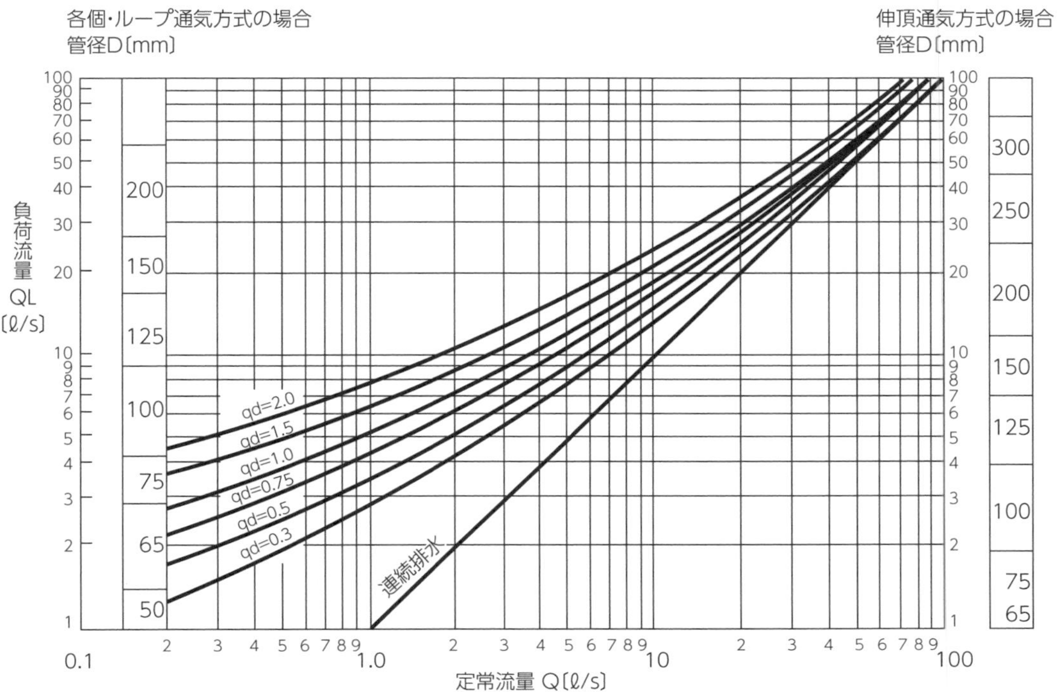

図4-15 排水立て管(ブランチ間隔数NB≧3)

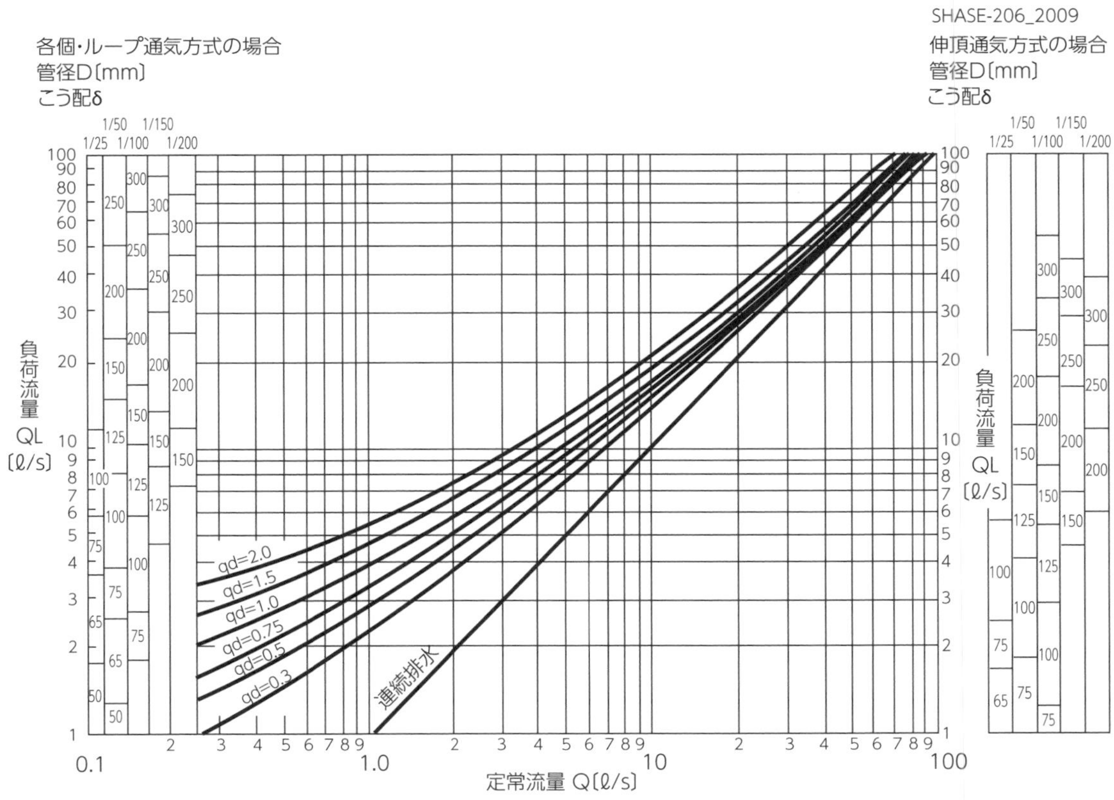

SHASE-206_2009

各個・ループ通気方式の場合
管径D〔mm〕
こう配δ

1/25 1/50 1/100 1/150 1/200

伸頂通気方式の場合
管径D〔mm〕
こう配δ

1/25 1/50 1/100 1/150 1/200

負荷流量
QL
〔ℓ/s〕

qd=2.0
qd=1.5
qd=1.0
qd=0.75
qd=0.5
qd=0.3
連続排水

0.1
1.0
10
100
定常流量 Q〔ℓ/s〕

図4-16 排水横主管

排水管の流量

排水管に実際流れると予想される流量（負荷流量QL）を求めて、それよりも大きい許容流量QPを有する排水システムを選定します。

表4-19 各個またはループ通気方式の場合の許容流量　Qp〔L/sec〕

(HASS 206-1982)

排水管径〔mm〕	横枝管・横主管										立管 Qp
	δ =1/25		δ =1/50		δ =1/100		δ =1/150		δ =1/200		
	Qp	v	Qp	v	Qp	v	Qp	v	Qp	v	
30	0.45	0.64									0.36
40	0.97	0.77	0.69	0.55							0.78
50	1.76	0.9	1.25	0.63							1.41
65	3.5	1.1	2.5	0.76							2.8
75	5.2	1.18	3.7	0.83	2.62	0.59					4.2
100	11.2	1.43	7.9	1	5.6	0.71					9
125			14.3	1.17	10.1	0.83	8.3	0.68			16.3
150			23.3	1.32	16.5	0.93	13.5	0.76	11.7	0.66	26.5
200					35.5	1.13	29	0.92	25.1	0.8	57.1
250					64.4	1.31	52.6	1.1	45.6	0.93	104
300					105	1.48	85.5	1.21	74.1	1	169

＊立管の許容流量は、主として器具排水負荷を前提とする。

表4-20 伸頂通気方式の場合の排水管の許容流量　Qp〔L/sec〕

(HASS 206-1982)

排水管径〔mm〕	横枝管・横主管										立管 Qp
	δ =1/25		δ =1/50		δ =1/100		δ =1/150		δ =1/200		
	Qp	v	Qp	v	Qp	v	Qp	v	Qp	v	
30	0.23	0.64									0.16
40	0.49	0.77	0.35	0.55							0.34
50	0.88	0.9	0.63	0.63							1.41
65	1.8	1.1	1.25	0.76							1.2
75	2.6	1.18	1.85	0.83	1.31	0.59					1.8
100	5.6	1.43	3.95	1	2.8	0.71					3.9
125			7.15	1.17	5.1	0.83	4.2	0.68			7
150			11.7	1.32	8.3	0.93	6.8	0.76	5.9	0.66	11.4
200					17.8	1.13	14.5	0.92	12.6	0.8	24.6
250					32.2	1.31	26.3	1.1	22.8	0.93	44.6
300					53	1.48	42.8	1.21	37.1	1	72.6

＊立管の許容流量は、主として器具排水負荷を前提とする。

横枝管平均排水流量qd'の計算方法

空気調和・衛生工学会の給排水衛生設備規準・同解説 SHASE-S206では、横枝管平均排水流量qdは、排水立管管径の定常流量と器具平均排水流量qdによって求めます。

本来、排水立管の管径は、排水横枝管を流下することによる流量変化を考慮し、排水立管に実際に流入する排水流量により決定すべきです。そこで、SI住宅の排水横枝管のように、配管長が長い場合に対応するため、qdの代わりに、下記の式①で定義される横枝管平均排水流量 qd' を用いて管径を決定します。

①d'＝α×qd

計算 4-4	計算例
qd'＝α×qd qd'：横枝管平均排水流量〔L/s〕 α：修正率(≦1.0) qd：器具平均排水排水流量〔L/s〕	L＝ 6 m 管径＝ 50 A 器具名＝ 台所流し qd＝ 0.75 L/s 継手＝ LL 個数＝ 2 個 相当長＝ 0.1 m L'＝ 0.2 m Kt＝ 6.2 m α＝ 0.616 ∴ dq'＝ 0.462 L/s

器具名	qd	管径	継手	相当
便器	1.5	50	45L	0.2
洗面器	0.75	75	DL	0.4
台所流し	0.75		LL	0.1
浴槽	1.0			
洗濯機	0.75			

なお、qdやqd'は排水器具や配管の条件により異なるものであり、qdに代えてqd'を用いる場合や、SHASE-S206で定める以外のqdを用いる場合は、実験などにより検証された値を用いなければなりません。

＜実験で使用した排水器具・配管および条件＞

- **大便器(T社製)**

床下排水型　節水型 (9L)、qd＝1.1〔L/sec〕、qmax＝1.3〔L/sec〕

- **流し(S社製)**

シンク寸法：810×410×210(深さ)、排水：ため流し

- **排水横枝管**

配管材：硬質塩化ビニル管 (汚水排水75A、台所排水50A)およびDV継手勾配：1/100

表4-21 横枝管の長さLtと修正率α

	横枝管の長さLt〔m〕				
	0～2	>2～3	>3～7	>7～10	>10～
便器	1	1.14～0.07Lt			0.44
台所	1		1.36～0.12Lt	0.52	

＊t〔m〕＝横枝管直管長L〔m〕＋継手の直管相当長L'〔m〕

表4-22 継手の直管相当長 L'〔m〕

管　径	75A			50A		
継手(曲り)	45L	DL	LL	45L	DL	LL
直管相当長〔m〕	0.3	0.5	0.2	0.2	0.4	0.1

4

排水通気設備

4-11 通気管径の決定

通気管径の決定の基本原則

Point

- 器具排水負荷単位数から、通気管の最長距離により求めます。
- 各部位ごとの通気管種別に、算定表が違いますので注意してください。
- 各通気方式の特徴を熟知して適切な通気管と管径を決定してください。

通気管径の決定の基本原則

通気管径の算出方法も、排水管の場合と同様ですが、その際に以下のような基本原則がありますので注意してください。

基本原則①

通気管の最小管径は30mmとする。

基本原則②

伸頂通気管の管径は排水立管の管径より小さくしてはならない。

基本原則③

ループ通気管の管径は、排水横枝管と通気立管とのうち、いずれか小さい方の管径の 1/2より小さくしてはならない。

基本原則④

排水横枝管の逃し通気管の管径は、それを接続する排水横枝管の管径の1/2より小さくしてはならない。

基本原則⑤

各個通気管の管径は、それが接続される排水管の管径の1/2より小さくしてはならない。

基本原則⑥

湿り通気管に流しうる負荷流量は、その湿り通気管を排水管とみなした場合の1/2とする。

基本原則⑦

返し通気管の管径は原則⑤と同様です。この場合の排水管径は、後述の管径計算で求めた管径より1サイズ以上太い管径とする。

基本原則⑧

排水立管のオフセットの逃し通気管の管径は、通気立管と排水立管のうち、いずれか小さい方の管径以上とする。

基本原則⑨

結合通気管の管径は、通気立管と排水立管のうち、いずれか小さい方の管径以上とする。

基本原則⑩

建物の排水槽に設ける通気管の管径は50mm以上とする。

器具排水負荷単位法による管径決定

器具排水負荷単位を求め、排水管の管径を決定します。次に通気管の長さを求めます。各部位別算定表より管径を決定します。手順は以下の通りです。

①各区間の器具排水負荷単位数の累計を求める。
②各区間の直管長を求める。
③器具排水負荷単位数と直管長、および汚水または雑排水管の管径から表4-23を用いて管径を選定する。
④ループ通気管の管径は、排水横枝管の受け持つ単位数と通気管の長さにより、表4-24を用いて選定する。排水横枝管に枝分かれがある場合は、それぞれの排水横枝管ごとの単位数と通気管の長さから求め、分岐横枝管の合流点より下流側の部分は、最も長い経路の通気管の長さを採用する。
⑤通気立管は、通気立管に接続している排水管の単位数と、排水立管に接続している通気始点から伸頂通気管の接続点までの通気立管の長さとにより、表4-23を用いて選定する。通気立管を伸頂通気管に接続せずに、単独に大気に開口する場合、通気立管の長さは、通気始点から大気開口部までとする。
⑥通気ヘッダは、通気ヘッダに接続する通気立管のすべての単位数の合計と、通気管の大気開口部から最も遠い位置にある通気立管の始点までの長さとから表4-23より選定する。

器具排水負荷単位法による管径決定

表4-23 通気管の口径と長さ

（建築設備設計基準・同要領　平成14年版）

汚水または雑排水管の口径〔mm〕	排水単位	通気管の口径〔mm〕								
		30	40	50	65	75	100	125	150	200
		通気管の最長距離〔m〕								
32	2	9								
40	8	15	45							
	10	9	30							
50	12	9	22.5	60						
	20	7.8	15	45						
65	42	–	9	30	90					
75	10	–	9	30	60	180				
	30	–	–	18	60	150				
	60	–	–	15	24	120				
100	100	–	–	10.5	30	78	300			
	200	–	–	9	27	75	270			
	500	–	–	6	21	54	210			
125	200	–	–	–	10.5	24	105	300		
	500	–	–	–	9	21	90	270		
	1100	–	–	–	6	15	60	210		
150	350	–	–	–	7.5	15	60	120	390	
	620	–	–	–	4.5	9	37.5	90	330	
	960	–	–	–	–	72	30	75	300	
	1900	–	–	–	–	6	21	60	210	
200	600	–	–	–	–	–	15	45	150	390
	1400	–	–	–	–	–	12	30	120	360
	2200	–	–	–	–	–	9	24	105	330
	3600	–	–	–	–	–	7.5	18	75	240
250	1000	–	–	–	–	–	–	22.5	37.5	300
	2500	–	–	–	–	–	–	15	30	150
	3800	–	–	–	–	–	–	9	24	105
250	5600	–	–	–	–	–	–	7.5	18	75

表4-24 ループ通気横枝管の管径

(建築設備設計基準・同要領　平成14年版)

行数	汚水または雑排水管の口径〔mm〕	排水単位(この表の数値以下とする)	ループ通気管の口径〔mm〕					
			40	50	65	75	100	125
			最長水平距離〔m〕(この表の数値以下とする)					
1	40	10	6					
2	50	12	4.5	12				
3		20	3	9				
4	75	10	−	6	12	30		
5		30	−	−	12	30		
6		60	−	−	48	24		
7	100	100	−	2.1	6	15.6	60	
8		200	−	1.8	5.4	15	54	
9		500	−	−	4.2	10.8	42	
10	125	200	−	−	−	4.8	21	60
11		1100	−	−	−	3	12	42

表4-25 通気管設計用局部抵抗相当長〔m〕

(HASS 206-2000)

管径〔mm〕／局部名称	32	40	50	65	75	100	125	150
90°エルボ	1.2	1.5	2.1	2.4	3	4.2	5.1	6
45°エルボ	0.72	0.9	1.2	1.5	1.8	2.4	3	3.6
90°T継手(分流)	1.8	2.1	3	3.6	4.5	6.3	7.5	9
90°T継手(直流)	0.36	0.45	0.6	0.75	0.9	1.2	1.5	1.8
135°T継手(分流)	5.1	6.1	8.4	11.7	14.6	20.2	27.3	33
45°T継手(合流)	0.4	0.5	0.7	0.9	1.2	1.6	2.2	2.6

表4-26 通気管の必要通気管および許容圧力差

(HASS 206-2000)

種　別	必要通気量〔L/sec〕	許容圧力差〔Pa〕
各個通気管またはループ通気管	排水横枝管の負荷流量と同量	100
通気立管	排水横主管の負荷流量の2倍	250
伸頂通気管 または通気横主管	排水横枝管の負荷流量の2倍	250
排水タンク	排水横枝管の負荷流量の3倍 またはポンプ排出量のいずれか大きい方を採用する	250

表4-27 各種通気方式の特徴

項　目	単管式排水システム	二管式排水システム	
		ループ通気方式	各個通気方式
許容流量	小	大	大
100mm立管の許容流量〔L/sec〕	4.6 (3.9) L/sec	9.0 (6.7) L/sec	9.0 (6.7) L/sec
75mm立管の許容流量〔L/sec〕	2.1 (1.8) L/sec	4.2 (3.1) L/sec	4.2 (3.1) L/sec
自己サイホン作用の防止	×	×	○
設置階数の制限	30m以下とする	特にない	特にない
設置コスト	小	中	大
施工の難易	易	中	難
主な用途	集合住宅(同一階の接続器具数は少ない)	用途に制限はない	用途に制限はない
その他	主にヨーロッパで普及	日本で普及	アメリカで普及

＊立管の許容流量はHASS 206による。主として器具排水を受ける場合で、カッコ内は連続排水を受ける場合の数値。

4-12 雨水管径の決定

雨水管の口径および勾配は排水面積より求める

Point

- ▶ 雨水立管は受け持ち屋根面積(水平投影面積)から求めます。
- ▶ 各地の雨量は所轄の下水道局と協議のうえ、決定してください。
- ▶ 雨水横走管の口径は配管勾配を決定し屋根面積から求めます。

雨水管径の算定方法

雨水立管は受け持ち屋根面積から管径を決定します。雨水横走管は配管勾配を決定し、屋根面積から管径を決定します。ドライエリア等、外壁面に雨の吹き付けが考えられる場合は、屋根面積またはドライエリア面積に(雨の吹き付けが考えられる面積×1/2)を加算します。算定の手順は以下の通りです。

①雨水管径の算定

雨水流量を一定の雨量を有する屋根面積に換算して行います。屋根面積は、すべて水平に投影した面積とします。

②管径の決定

雨量100mm/hの許容屋根面積を基礎としています。これ以外の場合は、次式により屋根面積Aを求めます。

計算 4-5	計算例
$A=$受持ち屋根面積〔m^2〕$\times \dfrac{\text{当該地域の最大雨量〔mm/h〕}}{\text{100〔mm/h〕}}$ A：屋根面積〔m^2〕	受持ち屋根面積＝ 320 m^2 当該地域の最大雨量＝ 60 mm/h 100 mm/h ∴ A＝ 192 m^2

③各地の最大雨量を、所轄下水道局等で確認する

④壁面を流下する雨水は、壁面面積の 50% を下部のエリア面積に加算する

⑤地方公共団体の下水道条例が適用される場合は、その条例にしたがう

雨水管径の算定手順

雨水管径の算定の手順は以下の通りです。

①ルーフドレン口径と雨水立管管径を求める

屋根面積を区画し、区画した排水面積を許容屋根面積として、表4-28からルーフドレン口径と雨水立管管径を求めます。

立管にいたる横引きが長い場合は、表4-29により管径を求め、これを立管口径とします。

②半円形樋・溝の内径を表4-30から求める

③雨水横主管・敷地雨水排水管の管径を表4-29から求める

④合流式の排水主管・敷地内排水管の管径は、「4-15 合流式の雨水管・排水管径算定法」に示す方法により算定する

表4-28 雨水管径の決定

(HASS 206-2000)

管径〔mm〕	許容最大屋根面積〔m²〕
50	67
65	135
75	197
100	425
125	770
150	1250
200	2700

＊屋根面積は、すべて水平に投影した面積とする。
＊許容最大屋根面積は、雨量100mm/hを基礎として算出したものである。したがって、これ以外の雨量に対しては,表の数値に「100/当該地域の最大雨量」を乗じて算出する。
＊正方形または長方形の雨水立管は、それに接続される流入管の断面積以上をとる。

表4-29 雨水横走管の管径

(HASS 206-2000)

管径〔mm〕	許容最大屋根面積〔m²〕								
	配管勾配								
	1/25	1/50	1/75	1/100	1/125	1/150	1/200	1/300	1/400
65	137	97	79	–	–	–	–	–	–
75	201	141	116	100	–	–	–	–	–
100	–	306	250	216	193	176	–	–	–
125	–	554	454	392	351	320	278	–	–
150	–	904	738	637	572	552	450	–	–
200	–	–	1590	1380	1230	1120	972	792	688
250	–	–	–	2490	2230	2030	1760	1440	1250
300	–	–	–	–	3640	3310	2870	2340	2030
350	–	–	–	–	–	5000	4320	3530	3060
400	–	–	–	–	–	–	6160	5040	4360

＊屋根面積は、すべて水平に投影した面積とする(屋根以外の排水面積も同じ)。
＊許容最大屋根面積は、雨量100mm/hを基礎として算出したものである。したがって、これ以外の雨量に対しては、表の数値に「100/当該地域の最大雨量」を乗じて算出する。なお、流速が0.6m/sec未満または1.5m/secを超えるものは好ましくないので除外してある。
＊都市の下水道条例が適用される地域においては、その条例の基準に適合させせなければならない。

表4-30 半円形樋・溝の内径

(空気調和・衛生工学便覧13版)

内径〔mm〕	流水断面積〔cm^2〕	許容最大屋根面積〔m^2〕								
		樋・溝の勾配								
		1/25	1/50	1/75	1/100	1/125	1/150	1/200	1/300	1/400
65	12.4	43	30							
75	16.6	62	44							
100	29.3	135	96	78						
125	45.8	245	174	141	123	110				
150	66.0	400	282	230	200	178	163			
200	117.4	862	609	497	431	385	352	304		
250	183.4	1560	1105	902	781	698	638	552	451	
300	264.0	2545	1798	1462	1267	1137	1037	899	733	635
350	359.4	3835	2708	2210	1917	1711	1560	1354	1105	958
400	469.4	5470	3867	3163	2740	2448	2231	1939	1581	1365

＊屋根面積はすべて水平に投影した面積とする。許容最大屋根面積は、雨量100mm/hを基礎として算出したものである。
＊流量1L/minごとに雨量100mm/hにおいて0.6m^2の屋根面積とした。

4-13 合流式の雨水管・排水管の口径算定法

器具負荷単位法による算出

Point

- ▶ 屋根面積より器具負荷単位を換算します。
- ▶ 基準は、最大雨量100mm/hです。地域により換算式が異なります。
- ▶ 排水ポンプ等の連続排水の換算も適切に対応してください。

器具単位法

器具単位法による算定の手順は以下の通りです。

①屋根面積が93m²までの場合

相当する器具排水単位の負荷は256とします。

②屋根面積が 93m²を超える場合

超えた分について0.36m²ごとに1器具排水単位とします。

③最大雨量100mm/h以外の場合

93m²は、(**その地域の最大雨水量**)/(93×100)

また0.36m²は、(**その地域の最大雨水量**)/(0.36×100)

により100mm/hの地域に換算し求めます。

連続排水は、器具単位法では、水量3.8L/minごとに最大雨量100mm/hにおいて、2.23m²の屋根面積とします。

4-14 雨水量の算定手順

雨水量算定式は各地方自治体で決められている

▶ **Point**

- ▶ 計画雨水量は、合理式または実験式により求めます。
- ▶ 降雨量強度とは、1時間当たりの降雨量を降雨強度〔mm/h〕といいます。
- ▶ ゲリラ豪雨にも対処できるように設計しましょう。

主要都市別雨水量算定式

敷地内の雨水量は、下水道の管渠決定法に準じて決定します。算定式は、合理式と実験式とがあり、地方自治体で公式などが決められている場合は、その規定にしたがいます。

降雨強度とは

降雨強度とは、瞬間的な降雨の強さのことで、現在降っている雨がこのままの強度で1時間降り続いた場合に相当する雨量で表します。

例えば、15分間に10mmの降雨があった場合の降雨強度は以下のようになります。

$$10〔mm〕\times\frac{60}{15}=40〔mm/hr〕$$

気象庁では、時間雨量によって次のように分類しています。

弱い雨……………………3mm未満
やや強い雨………………10mm以上20mm未満
強い雨……………………20mm以上30mm未満
激しい雨…………………30mm以上50mm未満
非常に激しい雨…………50mm以上80mm未満
猛烈な雨…………………80mm以上

雨水量の算定手順

雨水量の算定手順は次の通りです。

①敷地内の種別ごとにその面積を求める。面積の単位はha。
②敷地内の種別ごとに、表4-32から流出係数を求める。
③該当する雨水量算定式(降雨強度公式)に面積と流出係数などを挿入し、計算をして計画雨水量を求める。
④上記③で求めた計画雨水量で、表4-16、表4-17より管径を選定する。

雨水量の算定

敷地内の雨水量は、下水道の管渠(きょ)決定法に準じて決定します。算定式は、合理式と実験式とがあり、地方自治体で公式などが決められている場合は、その規定にしたがいます。表4-31には、主な都市の雨水量算定式を示します。

降雨強度と降雨回数

単位時間当たりの降雨量を降雨強度といいます。

例えば、東京都の場合、1983年（昭和58年）では、降雨回数の多いのは降雨強度0.0mm/hは931回/年あり、このときの合計降雨量は0です。これは雨が降ったが、少ないため雨量計では計測できなかったからです。また、降雨量の多いのは5～20mm/hで降雨回数は36回で、降雨量は276mm/年でした。

表4-31 雨水量算定式（主要都市別）

（下水道排水設備指針と解説　1987年版）

主要都市名		降雨強度〔mm/h〕	確率年〔年〕	降雨強度公式	流出係数（平均）
北海道	札幌市	30.0	5.0	ビルクリーチーグラ式	0.40
					0.45
	旭川市	34.0	4.0	合理式 I ＝3400/40＋t	0.40
	函館市	35.0	4.0	合理式 I ＝3150/30＋t	0.40～0.50
	小樽市	21.5	3.0	合理式 I ＝1850/26＋t	0.45
青森県	青森市	30.0	5.0	合理式 I ＝2500/23＋t	0.40
					0.40～0.45
	弘前市	40.0	7.0	ブリックス式	0.60
	八戸市	30.0	4.0	ビルクリーチーグラ式	0.60
岩手県	盛岡市	37.0	8.0	ブリックス式	0.50
宮城県	仙台市	50.0	3.5	ビルクリーチーグラ式	0.50
秋田県	秋田市	35.0	-	合理式 I ＝2760/18.8＋t	0.20～0.50
山形県	酒田市	40.0	-	ビルクリーチグラ式	0.30～0.60
福島県	福島市	37.8	5.0	合理式 I ＝3140/23＋t	0.50
	いわき市	38.0	3.0	合理式 I ＝3800/40＋α・t	0.20～0.40
		40.0	5.0	ビルクリーチーグラ式	0.60
栃木県	宇都宮市	55.0	3.0	ブリックス式	0.40～0.60
	日光市	45.0	12.0		0.05～0.30
群馬県	前橋市	50.0	3.0	ビルクリーチーグラ式	0.50
	高崎市	50.0	3.0	合理式 I ＝5000/40＋t	0.30～0.50
千葉県	千葉市	50.0	5.0	合理式 I ＝5000/40＋t	0.50
	松戸市	50.0	-	ビルクリーチーグラ式	0.40
	佐倉市	50.0	5.0	合理式 I ＝4500/30＋t	0.40
東京都	23区	50.0		合理式I=5000/40+t	0.5
	八王子市	40.0		合理式I=4400/50+t	0.3～0.5
	武蔵野市	40.0		合理式I=3600/30+t	0.4～0.5
	三鷹市	40.0		合理式I=3600/30+t	0.4～0.5
	府中市	40.0		合理式I=3600/30+t	0.5
	町田市	40.0		合理式I=3600/30+t	0.4
	立川市	40.0		合理式I=3600/30+t	0.45
	調布市	50.0		合理式I=4500/30+t	0.3
	久留米市	40.0		合理式I=3600/30+t	0.35
	多摩市	50.0		合理式I=5000/40+t	0.6

神奈川県	横浜市	60.0		ブリックス式	0.5～0.75
				ビルクリーチーグラ式	
	川崎市	52.0		合理式I=7800/90+t	0.5
	横須賀市	60.0		ブリックス式	0.3～0.7
	藤沢市	50.0		ビルクリーチーグラ式	0.45～0.6
				ブリックス式	
	小田原市	50.0		ブリックス式	0.3～0.6
				ビルクリーチーグラ式	
	平塚市	40.5		合理式I=5600/80+t	0.4
	茅ヶ崎市	50.0		ビルクリーチーグラ式	0.5
	大和市	40.0		合理式I=4680/57+t	0.5
	逗子市	50.0		合理式I=4700/34+t	0.45
	鎌倉市	40.0		合理式I=4400/34+t	0.3～0.5
	相模原市	40.0		合理式I=5000/63+α・t	0.4
埼玉県	浦和市	51.8		合理式I=5700/50+t	0.4～0.5
	川口市	50.0		合理式I=5000/40+t	0.3
	川越市	50.0		ビルクリーチーグラ式	0.4～0.5
				合理式I=5000/40+t	
	大宮市	50.0		合理式I=5000/40+t	0.45
	熊谷市	53.5		合理式I=4600/26+t	0.5
	所沢市	50.0		ビルクリーチーグラ式	0.5
	秩父市	50.0		ブリックス式	0.7
	行田市	55.0		ビルクリーチーグラ式	0.5～0.6
	与野市	50.0		合理式I=5000/40+t	0.3～0.5
	飯能市	50.0		ビルクリーチーグラ式	0.5
	久喜市	50.0		ビルクリーチーグラ式	0.5
茨城県	水戸市	50.0		ブリックス式	0.6
	土浦市	50.0		ビルクリーチーグラ式	0.6
山梨県	甲府市	45.0	6.5	ビルクリーチーグラ式	0.40～0.50
新潟県	新潟市	40.0	20.0	ビルクリーチーグラ式	0.40～0.30
				合理式Ｉ＝2800/25＋t	
	長岡市	30.0	3.0	ビルクリーチーグラ式	0.70
富山県	富山市	40.0	3.0	ビルクリーチーグラ式	0.40～0.50
	高岡市	40.0	5.0	合理式Ｉ＝3200/20＋t	0.40
石川県	金沢市	50.0	4.5	合理式Ｉ＝5000/40＋t	0.20～0.50
福井県	福井市	45.5	4.0	ビルクリーチーグラ式	0.50
					0.60
長野県	長野市	45.0	5.0	ビルクリーチーグラ式	0.30～0.60
				ブリックス式	
	松本市	35.5	7.0	ビルクリーチーグラ式	0.60
	飯田市	33.0	-	ビルクリーチーグラ式	0.70

岐阜県	岐阜市	55.0	7.0	合理式 I＝210/t0.323	0.40～0.75
	大垣市	55.0	-		0.20～0.50
静岡県	静岡市	50.0	7.0	合理式 I＝5500/50＋t	0.39～0.63
	浜松市	45.0	3.0	合理式 I＝4500/40＋t	0.45
	熱海市	75.0	3.0	ブリックス式	0.70
愛知県	名古屋市	50.0	3.5	ビルクリーチーグラ式	0.60
				ブリックス式	
	豊橋市	47.4	5.0	合理式 I＝4500/35＋t	0.30～0.60
	一宮市	44.5	3.0	ビルクリーチーグラ式	0.80
三重県	津市	44.5	-	ビルクリーチーグラ式	0.50
	四日市市	50.0	4.0	合理式 I＝5000/50＋t	0.40
					0.50
滋賀県	大津市	60.0	10.0	ブリックス式	0.60
京都府	京都市	52.0	5.0	ブリックス式	0.10～0.60
	舞鶴市	47.0	3.0	合理式 I＝4700/39＋t	0.40
大阪府	大阪市	60.0	-	ブリックス式	0.50～0.60
	堺市	50.0	5.0	ビルクリーチーグラ式	0.50～0.60
			10.0	ブリックス式	
	豊中市	50.0	5.0	ブリックス式	0.70
兵庫県	神戸市	49.1	10.0	合理式 I＝400/0.04＋√t	0.50
	尼崎市	45.0	5.0	合理式 I＝4185/33＋t	0.50
	姫路市	40.0	5.0	合理式 I＝281.2/t0.72	0.40～0.50
奈良県	奈良市	50.0	-	ビルクリーチーグラ式	0.60
和歌山県	和歌山市	50.0	3.0		0.30～060
鳥取県	鳥取市	50.0	5.0	ブリックス式	0.20～0.50
				ビルクリーチーグラ式	
岡山県	岡山市	42.0	5.0	ビルクリーチーグラ式	0.70
	倉敷市	30.0	5.0	合理式 I＝2500/23＋t	0.40
		42.0	5.0	ビルクリーチーグラ式	0.50～0.70
広島市	広島市	45.0	5.0	ビルクリーチーグラ式	0.60
	呉市	45.0	5.0	ビルクリーチーグラ式	0.50
山口県	下関市	45.0	-	合理式 I＝4500/40＋t	0.50
	宇部市	42.1	5.0	合理式 I＝5400/47＋t	0.60
徳島県	徳島市	60.0	-	ビルクリーチーグラ式	0.50～0.60
香川県	高松市	45.0	15.0	ビルクリーチーグラ式	0.50
愛媛県	松山市	40.0	6.0	ビルクリーチーグラ式	0.50
高知県	高知市	70.0	5.5	ビルクリーチーグラ式	0.70

福岡県	福岡市	46.0	5.0	合理式 $I = 5100/50 + t$	0.40～0.50
		40.0	-		0.30
	北九州市	45.0	5.0	合理式 $I = 4500/40 + t$	0.20～0.80
		50.0	5.0	合理式 $I = 450/1.25 + \sqrt{t}$	0.20～0.70
		66.0	5.0	ビルクリーチーグラ式	0.20～0.50
	久留米市	50.5	5.0	合理式 $I = 429/0.83 + \sqrt{t}$	0.57
長崎県	長崎市	50.0	4.0	合理式 $I = 5000/40 + t$	0.30～0.70
	佐世保市	75.0	5.0	ビルクリーチーグラ式	0.60
熊本県	熊本市	50.0	7.0	合理式 $I = 5800/56 + t$	0.20～0.40
大分県	大分市	50.0	5.0	合理式 $I = 5687/50 + t$	0.35
宮崎県	宮崎市	55.0	3.0	合理式 $I = 7150/70 + t$	0.50
	延岡市	50.0	4.0	ビルクリーチーグラ式	0.20～0.60
		55.0	3.0	合理式 $I = 7150/70 + t$	0.50～0.60
鹿児島県	鹿児島市	60.0	6.0	合理式 $I = 6600/50 + t$	0.20～0.70
沖縄県	コザ市	60.9	5.0	ブリックス式	0.10～0.60

＊印が付いているものは『下水道排水設備指針と解説』1987年、それ以外は『下水道施設基準』(1967年)いずれも日本下水道協会制定より。
＊グレー欄はデータなし。

雨水量の算定資料

表4-32 流出係数表

種類	流出係数
建物屋根面積	0.9
不透面面積	0.9
浸透舗装面積	0.5
緑地面積	0.2
砂利地面積	0.3
間地面積	0.3

＊計算値は参考例。

表4-33 用途地域別平均流出係数

(下水道排水設備指針と解説　1987年版)

敷地内に間地が非常に少ない商業地域および類似の住宅地域	0.8
浸透面の野外作業場などの間地を若干持つ工業地域および庭が若干ある住宅地域	0.65
住宅公団地域などの中層住宅団地および1戸建住宅の多い地域	0.5
庭園を多く持つ高級住宅地域および畑地などが比較的多く残っている郊外地域	0.35

流達時間

流達時間は、流入時間と流下時間の和のことです。流入時間は、排水区域の距離、地表面の勾配など雨水管渠の基点に達するまでの時間をいい、人口密度の大きい地区では5分、人口密度の小さい地区では10分程度です。

流下時間は、雨水管渠の距離を管渠の仮定の平均流速で割った値であり、平均流速は0.8～3m/secの範囲です。通常は1m/secとしています。

流出係数

主に、下水道などに入る雨水量を算定するために、屋根、舗装、緑地などで降った場所の地下浸透量を差し引いた正味の雨水流出量の降雨量に対する割合を、流出係数といいます。

雨水流出量の算定式（合理式）について

計算 4-6	計算例
Q〔m^3/sec〕$= \frac{1}{360} \times C \times I \times A$ Q：雨水流出量〔m^3/sec〕 C：流出係数 A：排出区域の面積〔ha〕（10,000m^2） I：降雨強度〔mm/h〕 ＊降雨強度は限定地域なら地方自治体の Web サイトで公表されています。 ＊∴m^3/secになるのに、1/(3600×1000÷10000)＝1/360となります。	定数＝ 0.002778 ＝1/360 流出係数＝ 0.65 I＝ 100 mm/h A＝ 0.12 ha ∴ Q＝ 0.021667 m^3/sec

排水通気設備

4-15 排水ポンプ等の機器容量の決定

排水設備の機器容量の求め方

Point

- ▶ 排水槽の容量と排水ポンプの算定には余裕を含めて求めます。
- ▶ グリーストラップ、オイルトラップ等の容量算定は使用状況を見極めましょう。
- ▶ 排水ポンプの選定はメンテナンスを考慮して決定します。

排水槽と排水ポンプの算定

排水槽の種別や設置場所によってもその対応は異なってきます。

槽の種別には、雑排水槽、汚水槽、湧水槽、雨水槽があります。また汚水と雑排水、湧水と雨水の合流排水槽等もあります。それぞれ余裕を見込んで容量を算出しますが、大きければよいというわけではありません。

また、各排水槽に適したポンプの種別も選定しなければなりません。ポンプの口径も槽によって最小口径がありますので注意してください。

揚水量も槽の容量を10〜20分でくみ上げきれる容量とします。設置台数も2台設置が原則で、通常自動交互運転としますが、異常時は同時運転可能とします。

排水配管には逆流防止のため逆止弁や振動防止のためのフレキシブル継手等を設けます。

表4-34 排水槽の容量およびポンプの算定

区分	槽の種別	排水槽の容量		ポンプの種別	ポンプ最小径	揚水量
地上	雑排水槽	流れが定常的な場合	時間平均流量の4〜6時間分	雑排水用ポンプ	50A	ピット量(10〜20分〔L/min〕)
		流れが変動的な場合	時間最大流量の4時間分			
建物地下	汚水槽	時間平均流量の2〜2.5時間分(最小3.0m^3)		汚物用ポンプ	80A	
	雑排水槽	時間平均流量の2〜2.5時間分(最小2.0m^3)		雑排水用ポンプ	50A	
	湧水槽	2重床内は緩衝用(最小ピット容量1.5m^3)		湧水用ポンプ	40A	
	雨水排水槽	当該地の時間最大降雨量×流出面積×流出係数		雨水用ポンプ		
	上記の合流水用排水槽	各排水槽容量の合計		合流水用汚物・雑排水ポンプ		各揚水の合計とする

＊排水ポンプは原則として2台設置し、通常時は自動交互運転、異常時は同時運転可能とする。
＊排水ポンプの吐出管は垂直距離の長い場合、管路より逆流の恐れのある場合は、逆止弁を設ける。

排水ポンプの算定

<table>
<tr><th>計算 4-7</th><th>計算例</th></tr>
<tr><td>

■排水量
Q=VT/T

Q：排水量〔L/min〕
VT：排水槽の有効貯水量〔L〕
T：排出時間〔min〕
＊通常は10～20minです。

</td><td>

VT＝ 3000 L
T＝ 10 min

∴ Q＝ 300 L/min

</td></tr>
<tr><td>

■全揚程
H=K1 (H1+H2+H3+H4)

H：全揚程〔m〕
K1：余裕係数
H1：吸上げ水位差〔m〕
H2：押上水位差〔m〕
H3：出口水頭〔m〕
H4：管類摩擦抵抗〔m〕　＊通常H2の30%

</td><td>

H1＝ 1 m
H2＝ 4 m
H3＝ 1 m
H4＝ 1.2 m
K1＝ 1.1

∴ H＝ 8 m

</td></tr>
<tr><td>

■所要動力（軸動力）電動機出力

$$Ps=\frac{(Q\times H)}{(6120\times \eta p)}$$

$$Pm=K4\times\left(\frac{Ps}{\eta t}\right)$$

Ps：所要動力（軸動力）〔kW〕
Q：排水量〔L/min〕
H：全揚程〔m〕
ηp：ポンプ効率
Pm：電動機出力〔kW〕
K4：余裕係数　＊メーカーに確認すること。
ηt：伝導効率（=1.0）

</td><td>

Q＝ 300 L/min
H＝ 8 m
ηp＝ 0.45
K4＝ 1.1
ηt＝ 1.0

∴ Ps＝ 0.87 kW
∴ Pm＝ 0.79 kW
決定出力＝ 1.5 kW

</td></tr>
</table>

ポンプの仕様

形式	口径〔mm〕	揚水量〔L/min〕	揚程〔m〕	電動機出力〔kW〕	起動方式	台数	備考
DP-1	65	300	8	1.5	直入	2	自動交互

＊排水ポンプは原則として、ポンプを2台設置する。
＊排水ポンプの最小口径は、汚物用にあっては80A、その他は40Aとする。

4-16 グリース阻集器の算定

厨房排水は、グリストラップ等の阻集器を介して排水する

Point

- 阻集器は、点検・清掃が容易にでき、衛生上支障がない場所に設置します。
- 阻集器を建物内に設置する場合には、十分な防臭対策を講じてください。
- グリース阻集器の能力は、厨房を含む食堂面積に基づき決定します。

グリース阻集器の算定

ここでは、グリース阻集器(工場製造阻集器)の算定を解説します。SHASE-S217(空気調和・衛生工学会)に準じて行います。算定手順を次に示します。

グリース阻集器(工場製造阻集器)の算定

計算 4-8	計算例
■流入流量の算定 Q = Awm × (n/no) × (1/t × k) Q：流入流量〔L/min〕 A：厨房を含む店舗全面積〔m^2〕 wm：店舗全面積1m^2・1日当たりの使用水量〔L/m^2・日〕 n：回転数(1席・1日当たりの利用人数)〔人/席・日〕 no：補正回転数(標準値を下表に示す)〔人/席・日〕 t：1日当たりの厨房使用時間(標準値を下表に示す)〔min/日〕 k：危険率を用いて定めた時の流量の平均流量に対する倍率〔倍〕	種別＝ うどん A＝ 180 m^2 wm＝ 150 L/m^2・日 n＝ 4 人/席・日 no＝ 5 人/席・日 t＝ 720 min/日 k＝ 3.5 倍 ∴ Q＝ 105 L/min
■阻集グリースおよび堆積残さの質量の計算 G=Gu+Gb G：阻集グリースおよび堆積残さの質量〔kg〕 Gu：阻集グリースの質量〔kg〕 Gb：堆積残さの質量〔kg〕	Gu＝ 8.57 kg Gb＝ 3.53 kg ∴ Q＝ 12.10 kg
■阻集グリースの質量 Gu = Agu × (n/no) × iu × c2 Gu：阻集グリースの質量〔kg〕 A：厨房を含む店舗全面積〔m^2〕 gu：店舗全面積1m^2・1日当たりの阻集グリースの質量〔g/m^2・日〕 n：回転数(1席・1日当たりの利用人数)〔人/席・日〕 no：補正回転数(標準値を下表に示す)〔人/席・日〕 iu：阻集グリースの掃除周期〔日〕 c2：定数(＝10^{-3})〔kg/g〕	A＝ 180 m^2 gu＝ 8.5 g/m^2・日 n＝ 4 人/席・日 no＝ 5 人/席・日 iu＝ 7 日 c2＝ 0.001 kg/g ∴ Gu＝ 8.57 kg
■堆積残さの質量 Gb = Agb × (n/no) × ib × c2 Gb：堆積残さの質量〔kg〕 A：厨房を含む店舗全面積〔m^2〕 gb：店舗全面積1m^2・1日当たりの堆積残さの質量〔g/m^2・日〕 n：回転数(1席・1日当たりの利用人数)〔人/席・日〕 no：補正回転数(標準値を下表に示す)〔人/席・日〕 ib：堆積残さの掃除周期〔日〕 c2：定数(＝10^{-3})〔kg/g〕	A＝ 180 m^2 gb＝ 3.5 g/m^2・日 n＝ 4 人/席・日 no＝ 5 人/席・日 ib＝ 7 日 c2＝ 0.001 kg/g ∴ Gb＝ 3.53 kg

表4-35 各因子の標準値

種別＼因子		wm	t	k	gu	gb
		店舗全面積1m²・1日当たりの使用水量〔L/m²・日〕	1日当りの厨房使用時間〔min/日〕	危険率を用いて定めた時の流量の平均流量に対する倍率〔倍〕	店舗全面積1m²・1日当りの阻集グリースの質量〔g/m²・日〕	店舗全面積1m²・1日当りの堆積残さの質量〔g/m²・日〕
営業用厨房	中国（中華）料理	130	720	3.5	17	7.5
	洋食	95			8.5	3.5
	和食	100			7.5	3
	そば・うどん・ラーメン	150			8.5	3.5
	軽食	90			5.5	2.5
	喫茶	85			4	2
	ファストフード	40			3.5	1.5
社員・従業員用厨房		90	600		6.5	3

表4-36 補正回転数

種別＼因子		補正回転数（1席・1日当りの利用人数）〔人/席・日〕														
		厨房を含む店舗全面積〔m²〕														
		25～49	50～74	75～99	100～124	125～149	150～174	175～199	200～249	250～299	300～399	400～499	500～599	600～699	700～799	800～999
営業用厨房	中国（中華）料理			3.1	3.1	3.2	3.3	3.3	3.3	3.4	3.4	3.4				
	洋食				2	2.1	2.3	2.4	2.6	2.8	2.9	3.1	3.2	3.3	3.3	3.4
	和食			2.1	2.3	2.5	2.6	2.7	2.8	2.9	3	3.2				
	そば・うどん・ラーメン		2.9	3.5	4.1	4.4	4.8	5	5.2							
	軽食	3.3	4.2	4.4	4.7	4.8	4.9	4.9	5	5.1						
	喫茶	3.7	4.7	5.3	5.7	5.9	6	6.1	6.2							
	ファストフード	3.3	4.2	4.4	4.7	4.8	4.9	4.9	5	5.1						
社員・従業員用厨房							2.4	2.6	2.8	3	3.3	3.6	3.8	3.9	4.1	4.2

表4-37 グリース阻集（工場製造阻集器）の算定

計算 4-9	計算例
■流入流量 $Q = n \times vn \times \frac{1}{t} \times k$ Q：流入流量〔L/min〕 n：1日当たりの食数〔食/d〕 vn：1食当たりの使用水量〔L/食〕 t：1日当たりの厨房使用時間〔min/d〕 k：危険率を用いて定めたときの流量の平均流量に対する倍率	n= 280 食/d vn= 45 L/食 t= 600 min/d k= 3.5 ∴ Q= 73.5 l/min
■阻集グリース量 $G = n \times g \times i \times c2$ G：阻集グリース量〔kg〕 n：1日当たりの食数〔食/d〕 g：1食当たりのグリース阻集量および残さ堆積量〔g/食〕 i：掃除の周期〔d〕 c2：定数（$= 10^{-3}$）〔kg/g〕	n= 280 食/d g= 5 g/食 i= 7 d c2= 0.001 kg/g ∴ G= 9.8 kg

参考

食　数		100	300	500	800	1000	1500	2000
容量	貯蔵3分	60	180	300	480	600	900	1200
	時間5分	100	300	500	800	1000	1500	2000

4-17 ガソリン・オイル阻集器の算定

厨房排水と同様に、ガソリントラップ等の阻集器を介して排水する

Point

- 阻集器には、処理対象以外の排水を混入させてはなりません。
- オイル阻集器は、油水分離槽・油分離槽とも呼ばれています。
- 浮上油を分離し排水中への流出を防止し、沈殿分離で土砂等を捕集して下水管等の目詰まりを防止することが目的です。

ガソリン・オイル阻集器の算定

空気調和・衛生工学会規格(SHASE-S206-2000)に準拠して算定します。

グリース阻集器の認定品

阻集器の性能、構造、容量などについて、阻集器工業会で評価方法を定め、実験して合格品を認定し、認定マークを付けています。祖集器を設置する場合は、認定品を使用することが望ましいでしょう。

グリース阻集器内のくずは産業廃棄物

阻集器内を清掃する場合に出る廃棄物は、産業廃棄物として処理することが必要です。排水中に流したりすることのないようにしなければなりません。

グリース阻集器のトラップの役割

器具から排水を流す場合に、グリース阻集器まで配管や側溝を通して導きますが、阻集器は大気に開放されています。阻集器と排水管はつながっていますので、排水管内の悪臭や害虫を阻集器内に侵入させないためにトラップを設けます。工場製品の阻集器では、トラップも標準装備されています。

阻集器の清掃周期

とかく、清掃の不具合の指摘が多く、設置してあるにもかかわらず目的を果たしていない場合があります。定期的に除去することが必要で、その周期は一般には7～10日です。なお、阻集器内の受けカゴの厨芥は、原則として毎日除去することが必要です。悪臭を放ち非衛生的になる恐れがあります。

オイル阻集器の容量の算定

計算 4-10	計算例
■全容量の算定 O＝Su＋Ou＋Os＋Sb O：阻集器の全容量〔L〕 Su：上部空間層〔mm〕 Ou：オイル阻集層〔L〕 Os：オイル分離層〔L〕 Sb：土砂堆積層〔L〕	Su＝ 200 mm Ou＝ 0.108 L Os＝ 120 L Sb＝ 20 L ∴ O＝ 340.1 L
■上部空間層の算定 Su＝id＋Ld Su：阻集器の上部空間層〔L〕 id：流入側口径〔mm〕 Ld：標準水位面と上昇水位面との差〔mm〕 ＊180Lまでは100mmとし、それ以上では割増しとなる。	id＝ 100 mm Ld＝ 100 mm ∴ Su＝ 200 mm

■オイル阻集層 **Ou＝Oun×n×c** Ou ：オイル阻集層〔L〕 Oun：1台当たりオイル量〔g/台〕 ＊0.7（最小）～5.4（平均）～15（最大） n ：掃除の周期における洗車台数〔台〕、下式による n＝mw m：1日当たり洗車台数〔台/日〕 w：掃除の周期〔日〕 c：定数（＝0.001）〔L/g〕	Oun＝ 5.4 g/台 n＝ 20 台 c＝ 0.001 ∴ Ou＝ 0.108 L
■オイル分離層 **Os＝Q×T** Os：オイル分離層〔L〕 Q：流入流量〔L〕、下式による Q＝QmK＝(Qm1＋Qm2) K Qm：1分間当たり阻集器最大流入流量〔L/min〕 Qm1：水栓を使用する場合の流量〔L/min〕	Qm1＝ 40 L Qm2＝ 0 L K＝ 1 ∴ Q＝ 40 L T＝ 3 min ∴ Os＝ 120 L

水栓口径〔mm〕	13	20	25
水栓の流量〔L/min〕	17	40	65

Qm2：洗車機を使用する場合の流量〔L/min〕
K：最大流入流量時の標準流入流量に対する割合（1.0～2.0）
T：貯留時間〔min〕は下表による

貯留時間〔min〕	3以上	2以上	1以上
隔板1枚	95％以上	95％	90％
隔板2枚	98％以上	98％	95％
隔板3枚	98％以上	98％以上	95％以上

＊上記の値は実容量180Lまでの実験の結果。

■土砂堆積量 **Sb＝Sbn×n** Sb：土砂堆積量〔L〕 Sbn：1台当たり土砂量〔L/台〕 n：車両数〔台〕	Sbn＝ 1.0 L/台 n＝ 20 台 ∴ Sb＝ 20 L

	土砂量〔L/台〕
水栓または小型洗車機	0.5～1.0
自動洗車機	1.0～2.0

オイル排水と容量の算定技術資料

表4-38 洗車水量・貯留時間および土砂量

項　目	摘　要		
洗車水量（ただし、車の外部、底部を洗う場合）	カーワッシャーの場合	カーワッシャーの使用水量〔L/min〕	
	水栓の場合	小型カーワッシャーの使用水量（20L/min）に準ずる〔L/min〕	
貯留時間	阻集効率90％以上	隔板1枚	2分間以上
		隔板2枚	1分間以上
	阻集効率95％以上	隔板1枚	3分間以上
		隔板2枚	1分間以上
土砂量	スラッジ状	0.5～2.0〔L/台〕	
洗車台数	使用者と設計者が協議の上定める		
掃除の周期	使用者と設計者が協議の上定める		

表4-39 阻集器の種類

種　類	設置する施設	除去する物質
グリース阻集器	厨房のある施設	油類、厨芥
オイル阻集器	駐車場、ガソリンスタンド	ガソリン、土砂
砂阻集器	建設現場、バッチャープラント	土砂、砂利、セメント
プラスター阻集器	歯科技工室、外科ギブス室	プラスター、貴金属
毛髪阻集器	理髪店、美容院	毛髪
洗濯場阻集器	営業用洗濯場	布切れ、糸くず、ボタン

ガソリントラップの算定

計算 4-11	計算例
■流入流量 $Q1 = (q1 \times n1 + q2 \times n2) \times \frac{k}{75}$ Q1：流入流量〔L〕 q1：水栓1個当たりの流量〔L/min〕（＝17） n1：同時使用数〔個〕 q2：洗車機1台当たりの使用水量〔L/min〕 n2：同時使用〔個〕 k：安全率 ＊ただし、雨水が流入する場合は、平均降水量とし、上記Q1と比較し、大きい方の値とする。	q1＝ 17 L/min n1＝ 1 個 q2＝ 0 L/min n2＝ 0 個 k＝ 1.5 ∴ Q1＝ 17 L 平均降水量Q2＝ 15 L ∴ Q＝ 17 L
■土砂量 $S = (s1 \times n1 + s2 \times n2) \times W$ S：土砂量〔L〕 s1：水栓による洗車で出る土砂量〔L/台〕（＝0.5） n1：水栓による1日の洗車台数〔台/日〕 s2：洗車機による洗車で出る土砂量〔L/台〕（＝1.0） n2：洗車機による1日の洗車台数〔台/日〕 W：清掃の周期〔日〕	s1＝ 0.5 L/台 n1＝ 10 台/日 s2＝ 0 L/台 n2＝ 0 台/日 W＝ 7 日 ∴ S＝ 35 L
■ガソリントラップ容量 $V = Q + S$ V：トラップ容量〔L〕 Q：流入流量〔L〕 S：土砂量〔L〕	Q＝ 17 L S＝ 35 L ∴ V＝ 52 L

4 排水通気設備

4-18 排水トラップ

排水トラップは下水道の悪臭や害虫等の屋内侵入を防ぐ器具や装置

Point

- 排水管に必須なものですが、ごみがたまりやすく詰まりの原因になりやすい。
- 水による遮断構造をもつものを封水と呼びます。
- 一番の敵は、破封です。

トラップの目的

排水管や公共下水道などから、不快な臭気や小虫などが排水管を通じて、室内に侵入し、空気の汚染や衛生上支障ある影響をおよぼします。それらを阻止する目的で設置されるのがトラップです。何らかの原因でトラップの水がなくなると臭気が室内に入ってしまいます。

トラップの必要条件と封水深

トラップの機能を十分に生かすために必要な条件には、次のものがあります。

①完全に下水ガスを遮断する安定性
②構造が簡単で、材質は耐食性に優れていなければならない
③汚物等が停滞することなく、かつ排水により通水路を洗浄する構造
④水封を失いにくい構造

封水深とは、トラップの封水の深さをいいます。

水封は深いほど効果は有効ですが、深すぎると自浄力をなくし、トラップの底に汚泥等が滞留し、悪臭発生源となってしまいます。また、水封が浅いと破封(トラップ内の封水がなくなる現象)してしまい、機能を果たさなくなってしまいます。一般的には、50～100mmが適切とされています。

封水

水でつくられた栓の部分をいいます。器具の室内側と排水管側を遮断する役割で、異臭や下水ガスを室内に導入することを防止します。最も単純で確実な方法です。水を流すたびに封水は入れ替わるため死水の恐れはありませんが、長時間使用しないとトラップ内の水が蒸発して封水切れとなります。

封水強度

同じ条件で同時排水器具数を増やしていくと、トラップの種類によって早く封水が破壊されるものと、されにくいものがあります。これを封水強度といいます。ボトルトラップは封水強度は高く、サイホン式トラップは比較的小さいです。

表4-40 トラップの種類

トラップ名称	説　　明
Pトラップ	広く使用されている形の1つで、これに通気管を設置すれば水封も安定する。
Sトラップ	比較的使用されやすい形であるが、サイホン作用を起こしやすいので、原則的には採用しないほうが望ましい。
Uトラップ	横走配管の途中によく使用されるが、この形は配管中の流れを阻害する。
ドラムトラップ	水封部分が胴状の形をしており、管トラップより多量の水を貯えることで水封が破られにくい構造。
椀(わん)トラップ	流し、床排水などに多く使用されている。中の椀形金物に物が引っ掛かりやすく、そのため、椀を取り外す場合が多い。椀を外せばトラップの機能が果たせない。できれば使用しないほうがよい。
造り付けトラップ	衛生器具とトラップが一体となっているもの。大便器など。

ダブルトラップについて

トラップ自体が水で栓をしている状態で、トラップが2つ存在すると排水管内の空気を2つの水栓でふさいでいる状態と同じことになります。上流からいくら排水しても排水管内の空気を押しながら下流側へ流れていくことになります。よって、排水時トラップ同士間で排水管内は加圧された状態になります。

ダブルトラップは、単純に水が流れにくいだけではなく、排水器具のトラップが跳出してしまったり、排水管内の臭気が逆流する原因となります。

表4-41 トラップの破損現象

破封現象の名称	説　　明
自己サイホン作用	器具からの排水のように、トラップと排水管がサイホン管を形成してトラップ内の封水を失う現象。
吸出し作用	排水立管に隣接している箇所で、水の瞬間的な満水状態で流れた時、管内圧力で負圧になり、排水立管に吸込まれてしまい破封してしまう現象。
はね出し作用	排水立管内の一時的な多量の排水により、管内が正圧になると、トラップ内にある水がはね出し、破封してしまう現象。
毛管現象	トラップのウェア部に糸くずや毛髪がまたがって引っかかった場合、毛細管現象によって封水が流出してしまう現象。
蒸発	封水は常に蒸発により損失しています。長時間放置した状態にしておくと、自然蒸発により封水がなくなり、トラップ機能が壊れる。

4-19 排水・通気管材

排水・通気管の材料

Point

- ▶ 給水・給湯・排水用では、オールマイティな塩化ビニル管です。
- ▶ 給水・給湯用では、鋼管、ライニング鋼管、銅管、ステンレス管、樹脂管です。
- ▶ 排水用では、鋼管、ライニング鋼管、塩ビ管、耐火二層管、鋳鉄管です。

排水・通気設備に使用する主な管・継手類

配管材料には用途によって給水・給湯・排水用、給水・給湯用、排水用の3種類に大別されます。

表4-42 排水・通気設備に使用する主な管・継手類

名称			使用区分					備考
			屋外埋設	屋内配管	トレンチ・ピット内	住戸内配管	屋外露出配管	
管類	配管用炭素鋼鋼管	JISG3452		○	○	○	○	
	排水用タールエポキシ塗装鋼管	WSP 032		○	○	○	○	SGP-TA
	排水用硬質塩化ビニルライニング鋼管	WSP 042		○	○	○	○	D-VA
	硬質塩化ビニル管	JISK6741		○	○	○	○	VP
	排水用耐火二層管	FDPS-1		○	○	○	○	
	遠心力鉄筋コンクリート管	JISA5303	○					外圧管1種のB形
	陶管	JISR1201	○					
	メカニカル形排水用鋳鉄管	HASS 210		○	○			
継手	ねじ込み式排水管継手	JISB2303		○	○	○	○	
	排水鋼管用可とう継手	MDJ 002		○	○	○	○	コア継手
	排水用硬質塩化ビニル管継手	JISK6739		○	○	○	○	
	排水用耐火二層管継手	FDPS-2		○	○	○	○	
	遠心力鉄筋コンクリート管用異形管	JISA5303	○					
	陶管	JISR1201	○					
	メカニカル形排水用鋳鉄管	HASS 210		○	○			

第5章
衛生器具設備

衛生器具とは、大便器、小便器、洗面器、手洗い器、流し類、ビデ、シャワーや水栓類、およびその付属金具をいいます。本章では、器具選定の基本、設置数の求め方、設置スペース等を解説します。

5-1 衛生器具設備の概要

衛生器具の定義

Point

- **衛生器具とは、英語のsanitary wearの和訳であり、空気調和・衛生工学会規格があります。**
- **衛生器具は使う人にとって、衛生性・快適性・安全性・利便が高いことが求められます。**
- **衛生上の性能と共に環境的性能(省エネや音対策等)も重要視されています。**

衛生設備とは

衛生設備とは、水または湯を供給する給水器具や、洗い物を受け入れたり汚物を受け入れて排出するために設ける水受け容器・排水器具および付属品などを総称した名称です。

衛生器具が満たさなければならない一般的な条件は次に示す通りです。

①吸水性、腐食性がなく、耐久性のある容易に破損しない材料であること。
②衛生器具は一般的に建築仕上げ材料として室内に取り付けられるので、仕上がりの外観が美しく、また衛生的であること。
③器具の製作が容易であり、また取り付けが手軽に、確実に行えること。
④汚染防止を考慮した器具であること。

衛生器具に関する種類、形状、寸法、材質、機構、耐圧などのほとんどは、JISで定められています。代表的なものとして、JIS B 2061 給水栓、JIS A 5207 衛生陶器などがあげられます。

衛生器具の選定基本条件

衛生器具は、以下の条件を満たすものを選びます。

①使用者に対する適応

乳幼児、学童、成人、老人や身障者など使用者に適応した器具を選定します。

②地域に対する適応

寒冷地では、凍結破損の恐れがありますので、水抜き法や流動法で凍結を防止したり、寒冷地用器具を採用するなどの寒冷地対策をする必要があります。

③建物に対する適応

建物の種別、用途に応じて、適切な器具を選定します。設備ユニットなどグレードや大きさ、使用器具にも低騒音器具とか利用者の使用しやすい器具を、またメンテナンスの容易な器具を選定する考慮が必要です。

④規格に対する適応

衛生器具は、給水設備、排水設備との接点がありますので、上水を汚染させない器具等の配慮や、室内を衛生的に保つことが重要です。そのためには、建築基準法、地方自治体の条例、日本水道協会規格、JIS 規格品等に適合したものを選定しなければなりません。

⑤省エネに対する適応

衛生器具には節水装置を設け、水資源の有効利用を図ります。

表5-1 衛生設備の分類

衛生器具	給水器具	水(湯)を供給する器具(給水栓、止水栓、ボールタップなど)。
	水受け容器	使用する水(湯)や使用した水(湯)、洗浄される汚物を一時貯留、または排水系統に導くために用いられる容器・器具(洗面器、手洗い器、浴槽、便器など)。
	排水器具	水受け容器と排水管を接続する排水部の金具類(トラップなど)。
衛生器具設備		衛生器具と組み合わせて衛生的環境を構成維持するための設備。

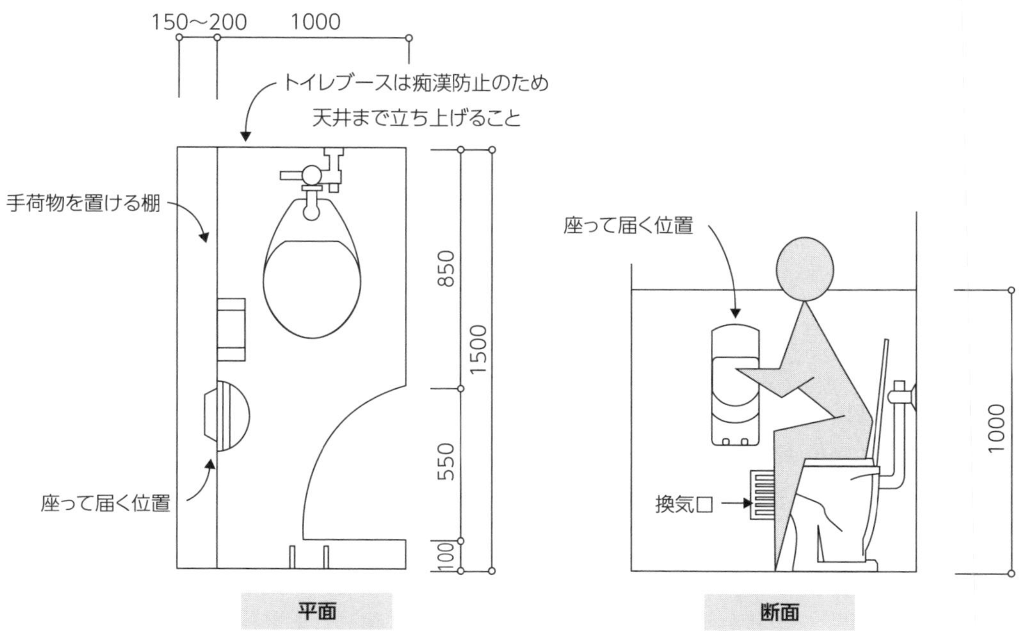

図5-1 設置場所とスペースの検討

5-2 衛生器具の選定手順

選定の手順を流れで理解する

Point

- 器具の種類とデザインは、グレードを考慮して選定します。
- 器具への配管(給水・給湯、排水管)スペースは十分に確保しましょう。
- 設置の地域への対応(寒冷地、塩害地対策)を忘れずに。

衛生器具の選定手順

デザイン優先とするのではなく、次の手順で確認や検討をしてください。

①衛生器具の設置個数の確認

建築設計者が決める場合がほとんどですが、器具数については、建築規模と用途により、必要器具数の確認をします。

②器具のデザインと種類の選定

発注者や設計者とグレードを考慮し選定します。バリアフリー化も検討します。

③設置スペースの検討

車椅子使用者への配慮がされているかも重要項目です。

④水圧確保の要否の確認

器具が必要とする水圧が、給水システムによって得られるか否かを検討します。特に、洗浄弁、サーモ付混合栓、シャワーなどには注意します。

⑤排水管のスペースの検討

器具への給水・給湯配管や器具からの排水管のスペースについて検討します。

⑥器具設置地域への対応

寒冷地については、凍結防止対策について検討します。寒冷地や井戸水を使用する場合では、水温と結露についてチェックし、ロータンク、ハイタンク、洗浄タンク密結形洋風便器などの結露防止に留意します。

⑦上記の条件がすべて満足されることを確認したうえで、器具を決定します。

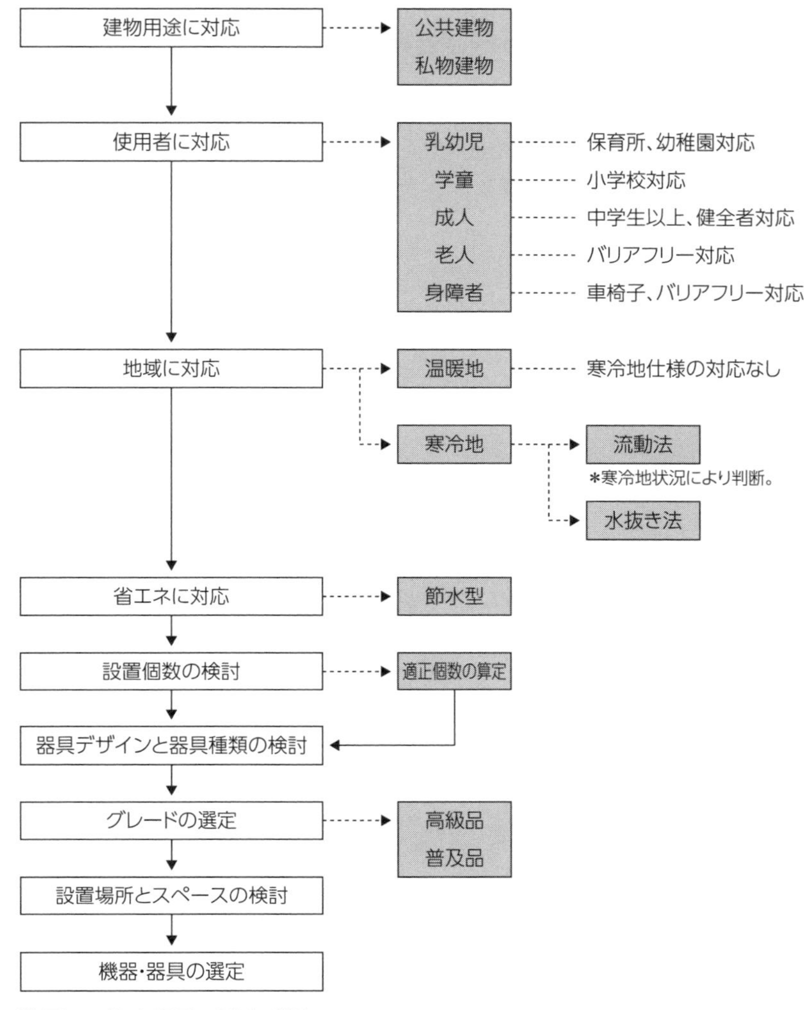

図5-2 衛生器具の選定手順

5-3 衛生器具とその特色

多種多様な器具から適切なものを選定する

Point

- 誰が、どこで、何のために使用するか等を考え、対応品を選定します。
- 器具の特色を熟知して適材適所の対策をしましょう。
- 無駄、無理、むらをなくし、器具の選定は慎重にしましょう。

大便器

大便器には、和風便器と洋風便器に大別されます。さらに機能によって次のように分類することができます。

表5-2 洗浄方式の種類

洗浄方式の別	特徴と使用上の留意点
ロータンク方式	給水管が13mmで低水圧でも使用でき、一般家庭に適した方式。便器の洗浄水量は、種類によって異なるが、現在では節水形が主流であり、サイホン作用を利用したものでも1回の洗浄水量を8Lに抑えられたものもある。
洗浄弁方式	連続使用ができるので、ホテルや事務所向き。瞬間的に多量の水が必要なため、給水管径や水圧が適切でないと洗浄不良をきたすので注意が必要。
ハイタンク方式	洗浄効果はロータンク方式に準じるが、洗浄音やタンクよりの結露水の問題があり、多くは採用されていない。

表5-3 ロータンク用大便器の洗浄水量

洗浄方式	標準洗浄水量〔L〕	
	節水形	従来形
サイホンゼット式・サイホン式	10～13	16～20
節水形サイホンゼット式およびサイホン式	9	13
セミサイホン式	8	-
節水形洗落し式および洗出し式	8	8
洗落し式・洗出し式	11	12

表5-4 大便器の種類

大便器の種別	特徴と使用上の留意点
洗出し式	和風便器に使用。臭気発散多い。和風は公衆用で多く利用される。
洗落し式	洗出し式より排出力・臭気発散では優れているが、満足度はない。安価なため普及形便器といえる。
サイホン式	洗出し式に比べ排出力が強力で、臭気の発散も少ない。優れた機能を発揮する便器。
サイホンゼット式	留水面がサイホン式よりさらに大きく、臭気の発散や汚物の付着がほとんどない、優れた便器。
ブローアウト式	排水路が大きく、詰まりがなく、洗浄力も強力だが、フラッシュ弁専用で、高水圧が必要となる。ロータンクとの組合せは不可。

表5-5 フラッシュバルブの使用条件

	大便器FVの使用条件		小便器FVの使用条件
	一般用・節水形	低圧用	
最低必要水圧〔kPa〕	流動時70 以上	流動時40 以上	流動時70 以上
最高水圧〔kPa〕	700	100	700
必要瞬間流量〔L/s〕	1.7 以上	1.2 以上	-
給水管径 (A)	25A以上	25A以上	15A

表5-6 器具最低必要圧力

器 具 名 称		必要圧力	
		〔kPa〕	〔kgf/cm^2〕
一般水栓		30	0.3
大便器洗浄弁	一般大便器用	70	0.7
	ブローアウト用	100	1
小便器洗浄弁	壁掛け形小便器用	30	0.3
	壁掛けストール形小便器用	50	0.5
	ストール小便器用	80	0.8
シャワー		70	0.7
ガス給湯器	4～5号	40	0.4
	7～16号	50	0.5
	20～30号	80	0.8

小便器

小便器は次のように分類することができます。

表5-7 小便器の種類

小便器の種別	特徴と使用上の留意点
壁掛け小便器 トラップ	壁に取り付ける壁掛け式のもので、普及品として使用されている。連立する場合は、仕切り板を併設する。
ストール小便器 トラップ	床に据え置く、ソデ付きの小便器で、大形・中形・小形の3種類がある。たれ受けが低いので子供から大人まで使用でき、公共用として多く使用されている。施工も容易な着脱式トラップ付小便器もある。
壁掛けストール小便器 トラップ	壁に取り付けるソデ付きの小便器で、大形・中形・小形の3種類がある。大形は、ホテルや事務所ビルの便所に多く使用されている。
筒形小便器	床に据え置く筒形の小便器。形状が筒形なので、店舗等での使用が多い。ただし、トラップなしなので、施工に難がある。

洗面器

洗面器は次のように分類することができます。

表5-8 洗面器の種類

洗面器の種別	特徴と使用上の留意点
壁掛け式洗面器	壁に取り付けるもので、取付金具には、バックハンガー式とブラケット式がある。
カウンターはめ込み形	・フレーム式 洗面器の周囲をステンレスフレームで縁取りしたもの。カウンターと洗面器に段差がなく、仕上がりはきれい。
	・セルフリミング式 洗面器の周囲にツバを設け、このツバ部をカウンターに引っ掛ける方式。洗面器とカウンターに段差ができる欠点はあるが、取り付けは容易。
	・アンダーカウンター式 カウンターの下に洗面器を取り付ける方式。カウンター面はすっきりするが、カウンターの切込木口が見えるため、カウンターの材質選定が大事となる。

その他

洗面化粧台は、キャビネットに洗面器、給排水金具を組み込み、収納部やカウンターを備えたユニット製品です。スペースに応じたレイアウトができ、人気のある製品です。

表5-9 その他の衛生機器

名　称	説　　明
洗面化粧台	さまざまな広さや間取り、使い勝手に対応する豊富なサイズ、部材、カラーがある。
水飲み器	公園や駅の構内などに多く見かける。最近はその数を減らしつつある。
ビデ	外観は便器と洗面台が一緒になった形状で、ビデ内に水や湯をためてデリケートゾーンを洗う。
ユニットバス	壁や天井、そして浴槽が一体となっている風呂のこと。
食器洗い機	食器を洗うだけではなく、洗浄後熱風で乾燥させるものが主流となっている。

浴槽

浴槽は、設置方法により分類します。

表5-10 設置形態による分類

据置き形	床に置く。メンテナンスがしやすい。
埋込み形	床の高さまで浴槽を埋め込む。浴槽に入りやすいうえに、浴室が広く見える効果がある。

表5-11 入浴形態による分類

和風浴槽	首から下の体全体を湯に沈めて入浴する。据え置きで使うとまたぎにくい。
洋風浴槽	足を伸ばして寝そべるように入浴する。浴槽の中で体を洗うタイプで、ホテルなどでよく使用される。
和洋折衷浴槽	肩まで湯につかり自然な体勢で入浴できる。市販単品浴槽、ユニットバス用ともこのタイプが圧倒的に使用される。

表5-12 材料による分類

鋳鉄ほうろう製	溶かした金属を鋳型の空間に流し込んで作った浴槽。重厚な雰囲気があり丈夫ではあるが、重量があるので階上の浴室に設置する場合は、構造躯体の確認が必要。
鋼版ほうろう製	鉄の板にガラス質のうわ薬を塗り、高温で焼き付けたもの。さまざまなカラー展開がされている。模様やつや消しタイプといった装飾性の高い浴槽もある。
人工大理石製	ポリエステル系とアクリル系に分類される。ポリエステル系は強度や耐薬品性に優れ、アクリル系は、ポリエステル系に比べると透明感が高く、耐候性や衝撃性などに優れている。いずれも保温性は高く、熱にも強い素材でメンテナンスも楽。
ステンレス製	耐久性がよく保温性能が高い。傷やサビに強く、メンテナンスも楽。着色したり、デザインに工夫した製品もみられる。
プラスチック(FRP)製	ガラス繊維強化プラスチックのこと。保温性もあり、耐薬品性、耐衝撃性もよく、カラーバリエーションも豊富。軽量な素材。
木製	ヒノキやヒバ、サワラなどが用いられることが多い。保温性、耐衝撃性や耐熱性も優れており、最近では、腐りにくく、手入れも簡単な商品も。

流し類

流し類は次のように分類することができます。

表5-13 流し類の種類

衛生器具名	特徴と使用上の留意点
掃除流し	床掃除のモップを洗ったりその他の雑用に使用される。
汚物流し	病院などで、おまるや尿瓶などの洗浄に使用されます。
実験用流し	病院や学校、研究室などで使用されるもの。ドラムトラップ等との組み合せに注意が必要。
洗髪器	理容院、美容院で使用するもので、湯水混合栓とヘアートラップに注意が必要。
温水洗浄便座	肛門洗浄やビデ機能を備えた大便器用の便座。温水洗浄のほか、温風乾燥、暖房便座機能を備えたものがある。

5-4 水栓器具とその特色

個々の特色

Point

- 人と水との共生をサポートする水栓には、利便性を重視してください。
- 水栓と器の組み合わせには、センスが求められます。
- デザイン性と機能性のよいものを選定してください。

給水・給湯方式による分類

単独水栓

給水・給湯の水栓がそれぞれ独立しているものです。取り付け方やめっき方法によって種類もたくさんあります。

湯水混合水栓

給水・給湯の水栓が一体化されたもの。次の種類があります。

表5-14 湯水混合水栓

2バルブ式	湯・水それぞれのハンドルを回し、吐水温度、吐水量の調節を行う基本的な構造。一時止水付きのものもある。
ミキシングバルブ式	1つのハンドルで温度調節ができるもの。
シングルレバー式	レバーハンドルの操作で、吐水、止水、水量調節、温度調節ができるもの。ミキシングバルブ式よりさらに操作しやすい。
サーモスタット式	温度調節ハンドルの目盛りを合わせ、希望温度設定で使用できるもので、給水・給湯の圧力が変化しても自動で温度調節ができる。

洗面器用水栓

手を洗う、顔を洗う、歯磨きする……。1日に何度も利用するものですから、気持ちよく使えるものを選定してください。

表5-15 水栓の種類

単水栓（立水栓）	湯水混合栓、２バルブとシングルレバー式がある。
湯水混合栓 （2バルブとシングルレバー式がある）	２バルブのコンビネーション、センタセットタイプにより１穴と２穴に注意が必要。
自動水栓	センサー方式により手を差し出すと水が出て、手を遠ざけると水が止まる。
シャンプー水栓	ハンドシャワー先端のタッチスイッチでこまめに水の出し止めができる。

配管方式による分類

露出型

給水・給湯配管は、壁などに埋め込みますが、器具は露出して取り付けるものです。

埋込型

給水・給湯配管も器具本体の機能部を壁内に埋め込むものです。

めっきの種類と特徴

同じ水栓でもめっきの種類の違いにより見方が変化しますので用途に応じて選択します。次の種類があります。

表5-16 めっきの種類

めっきの種類	特徴と使用上の留意点
ニッケルクロムめっき	一般品。表面は鏡のよう。美麗で青味を帯びた光沢を持ち、耐久性、耐磨耗性に富んでいます。
ニッケルクロムベロアめっき	耐久性・耐磨耗性はニッケルクロムめっき品と変わらないが、外観はつや消し調でにぶい光沢がある。
ゴールドめっき	外観は金特有の豪華さがあります。ただし、表面は柔らかいため傷つきやすく、磨耗しやすいので取り扱いには注意が必要。
ゴールドベロアめっき	豪華な雰囲気を損なわず、さらにつや消し効果がゴールドめっきとは一味違うムードをかもし出します。
温泉めっき	耐食性ニッケルクロムめっき。温泉などの箇所に利用される。
鉛めっき	耐薬品性に優れる。茶室の水場にも利用され、落ち着いた雰囲気がある。
ブロンズめっき	ニッケルクロムめっきよりさらに高級感があり、光沢もある。
銅めっき	金属特有の銅の光沢を出す。
カラー水栓	エポキシ樹脂を焼付塗装したもの。外観がカラフルで美しくモダン。表面が柔らかいので取り扱いには注意が必要。

5-5 衛生器具数の選定

「建築設計資料集成」、「HASS(空気調和衛生工学会)」による算定方法

Point

- 公共建物等については、法規による器具数算定法があります。
- 建物用途によっては居住者のみを対象としないで地域の誰もが利用しやすいものが望まれています。

衛生器具数の算定手順

個数算定のための留意事項には、①利用目的、②利用者数、③交通手段、④曜日または季節的な要因、⑤交通量から推定される立ち寄り率、⑥滞在時間、⑦周辺の状況、⑧集中度による待ち時間の長さ、⑨その他男女の便器数等があります。

建物用途によっても、立地条件によっても変化しますので十分協議して決定してください。

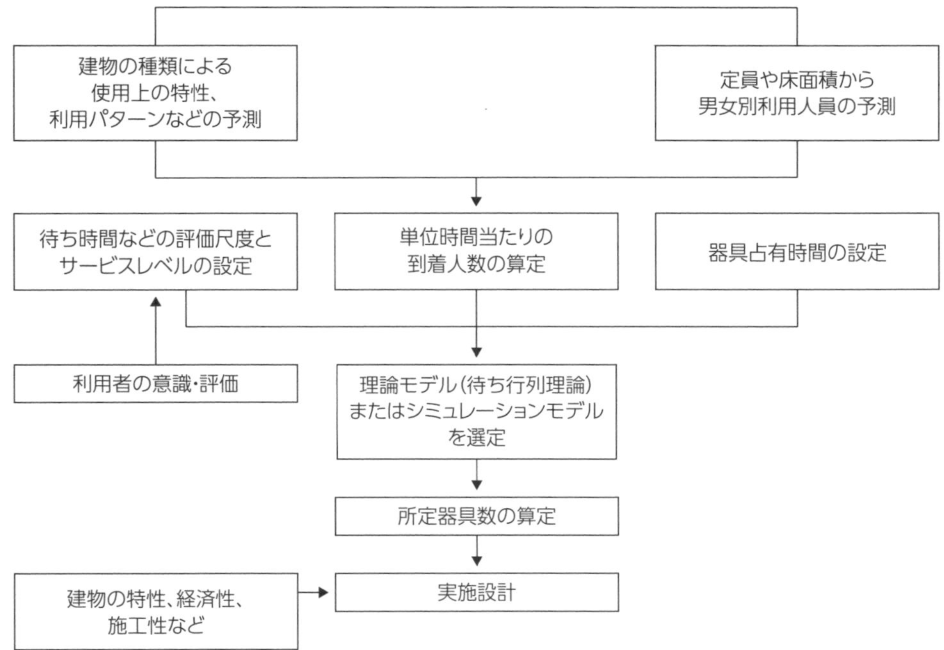

図5-3 衛生器具数の算定手順

法規等による所要器具数

学校の場合、旧文部省基準では「小便器数が男子生徒25人に1、大便器数は男子生徒数50人および女子生徒20人にそれぞれ1」と決められています。

その他の建物種別による主なものを表5-17に示します。

表5-17 建物種別による所要器具数

建物種別	適用法規等名称	区分	最小器具数〔個〕		備考
			大便器	小便器	
作業所・事業場	労働安全衛生規則	男子	**労働者数/60**	**労働者数/30**	同時に就業する労働者数
		女子	**労働者数/20**		
事務所	事務所衛生基準規則	男子	**労働者数/60**	**労働者数/30**	
		女子	**労働者数/20**		
事業附属寄宿舎（第1種寄宿舎）	事業附属寄宿舎規程	寄宿者数			
		100人以下	**寄宿者数/15**		
		101～500人	**7+（寄宿者数－100/20）**		
		501人以上	**27+（寄宿者数－500/25）**		
単身者共同宿舎	住宅金融公庫融資住宅建設基準		**階の収容人員/8** （男子最小1）（最小1） ＊洗面設備は各階ごとに階の収容人員/15 給水栓1個以上		便所・洗面所は階ごとに設ける
幼稚園	幼稚園設置基準	79人以下	**幼児数/20**		
		80～239人	**4+（幼児数－80/30）**		
		240人以上	**10+（幼児数－240/40）**		
保育所	児童福祉施設最低基準	男子	**幼児数/20**	**幼児数/20**	
		女子	**幼児数/20**		
劇場・映画館・演芸場・観覧場・公会堂・集会場	東京都建築安全条例	階の客席床面積			男子の大便器+小便器数と女子便器数は同数とする。
		$300m^2$以下	**客席床面積/15**		
		300～$600m^2$	**20+（客席床面積－300/20）**		
		601～900	**35+（客席床面積－600/30）**		男子の大便器は小便器5個以内ごとに1個設ける。
		$901m^2$以上	**45+（客席床面積－900/60）**		

資料

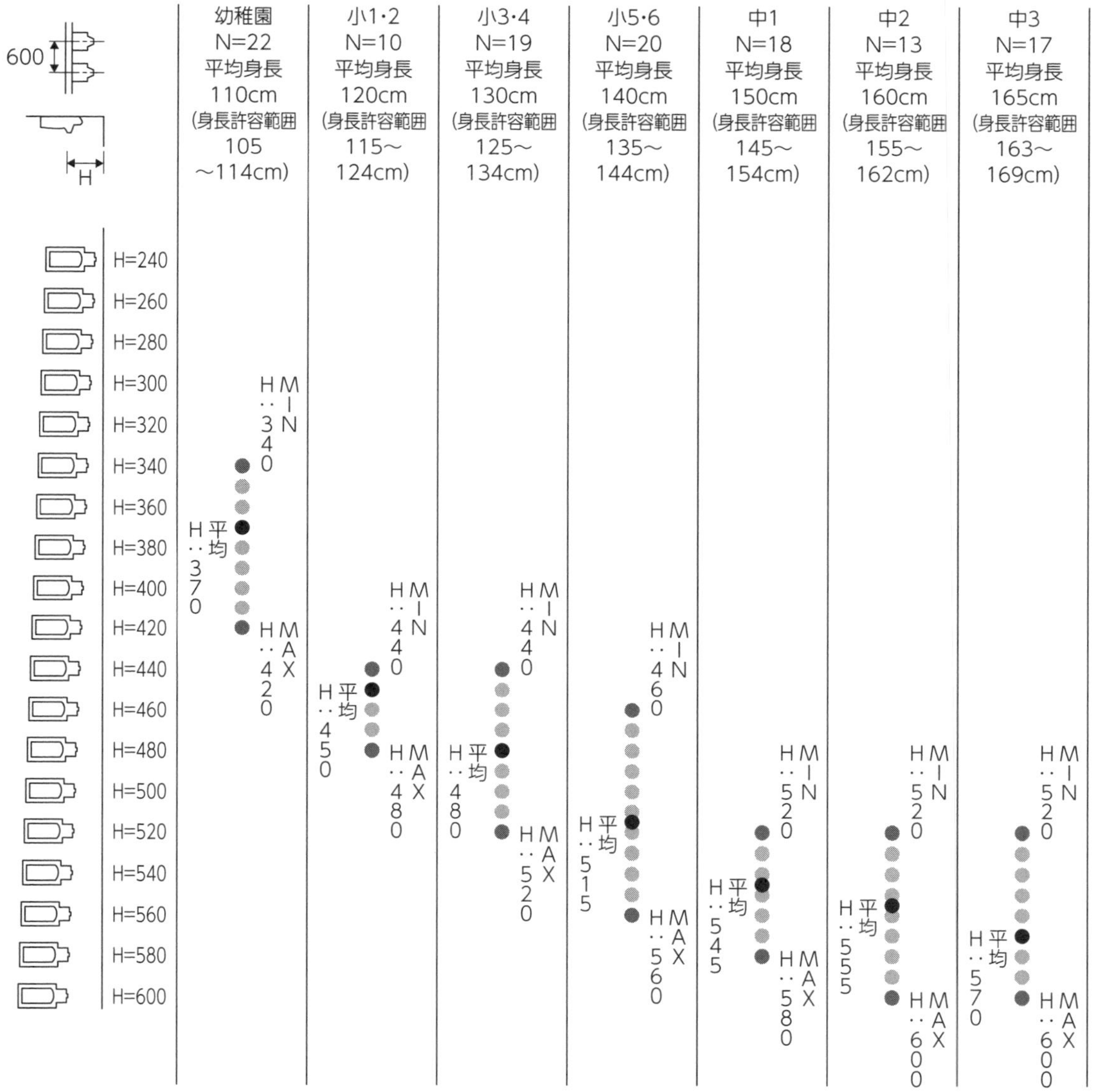

	幼稚園	小1·2	小3·4	小5·6	中1	中2	中3
N	N=22	N=10	N=19	N=20	N=18	N=13	N=17
平均身長	110cm	120cm	130cm	140cm	150cm	160cm	165cm
身長許容範囲	(身長許容範囲 105～114cm)	(身長許容範囲 115～124cm)	(身長許容範囲 125～134cm)	(身長許容範囲 135～144cm)	(身長許容範囲 145～154cm)	(身長許容範囲 155～162cm)	(身長許容範囲 163～169cm)
MIN	H:340	H:440	H:440	H:460	H:520	H:520	H:520
平均	H:370	H:450	H:480	H:515	H:545	H:555	H:570
MAX	H:420	H:480	H:520	H:560	H:580	H:600	H:600

＊使用器具　U57+T60P。
＊TOTO 標準寸法　幼児用　H=240mm　一般用 H=530mm　オフィス用 H=570mm。
＊一般用の寸法は中学 1 年生の男子平均身長 142cm を基準に動作研究を行って算出（1960 年 4 月）。
＊幼児用の H=240mm とは、幼児用小便器 U309 のリップ高さ。
＊オフィス用とはシステムトイレのこと。

出典：TOTO株式会社「TOTO通信」

図5-4 衛生機器の取付高さ

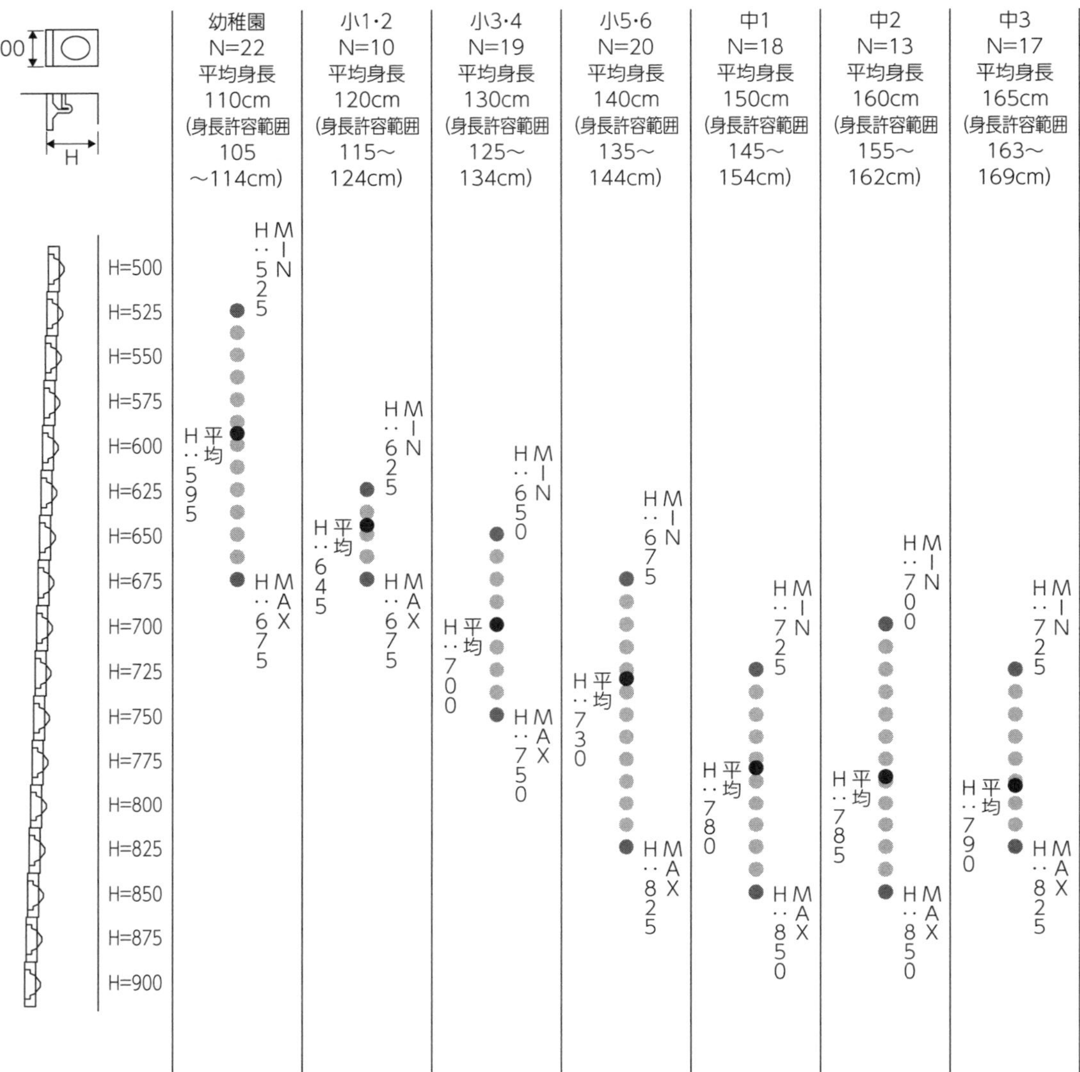

＊使用器具　L507+TL180A。
＊TOTO 標準寸法　幼児用　H=550mm　一般用 H=720mm　オフィス用 H=765mm。
＊一般用の標準用寸法は成人女性の平均身長 153cm を基準に動作研究を行って算出（1960 年 4 月）。
＊幼児用の H=550mm とは、幼児用流し SK218 の高さ。

出典：TOTO 株式会社「TOTO 通信」

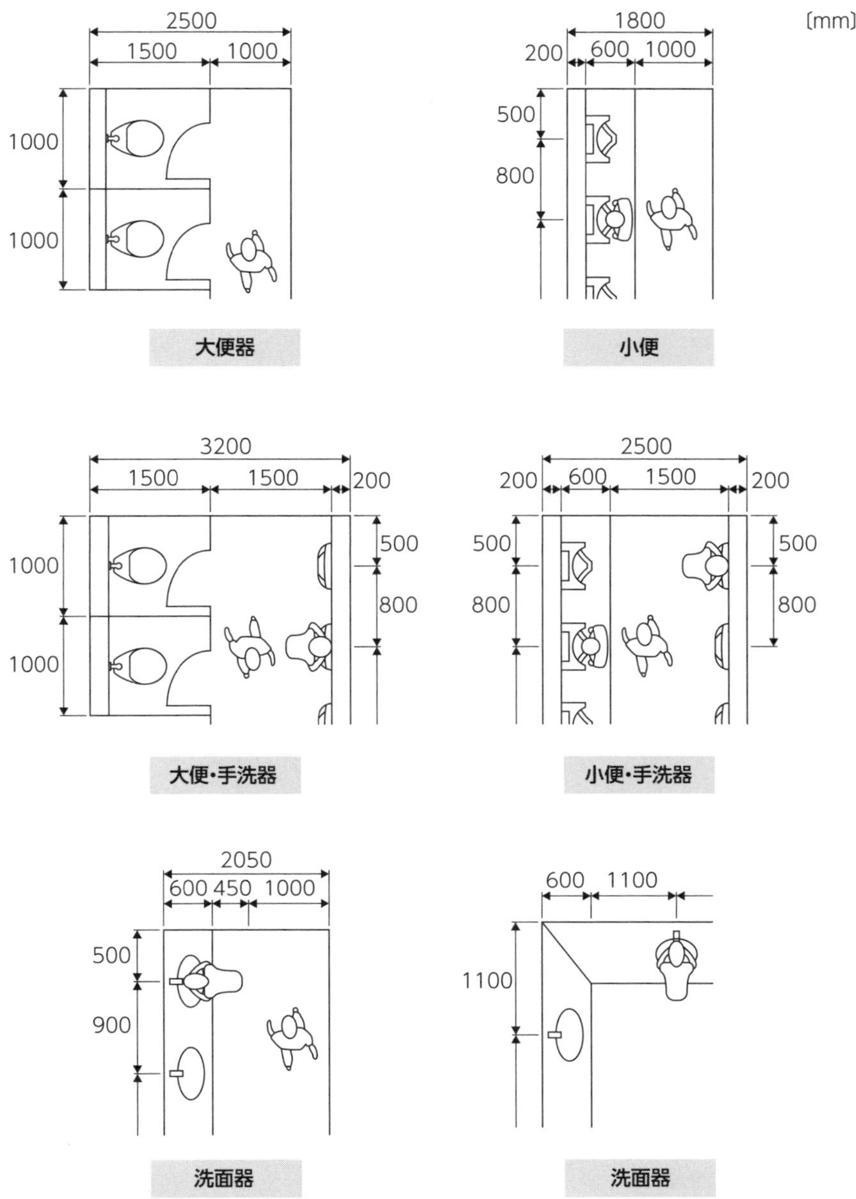

図5-5 衛生器具取付スペース

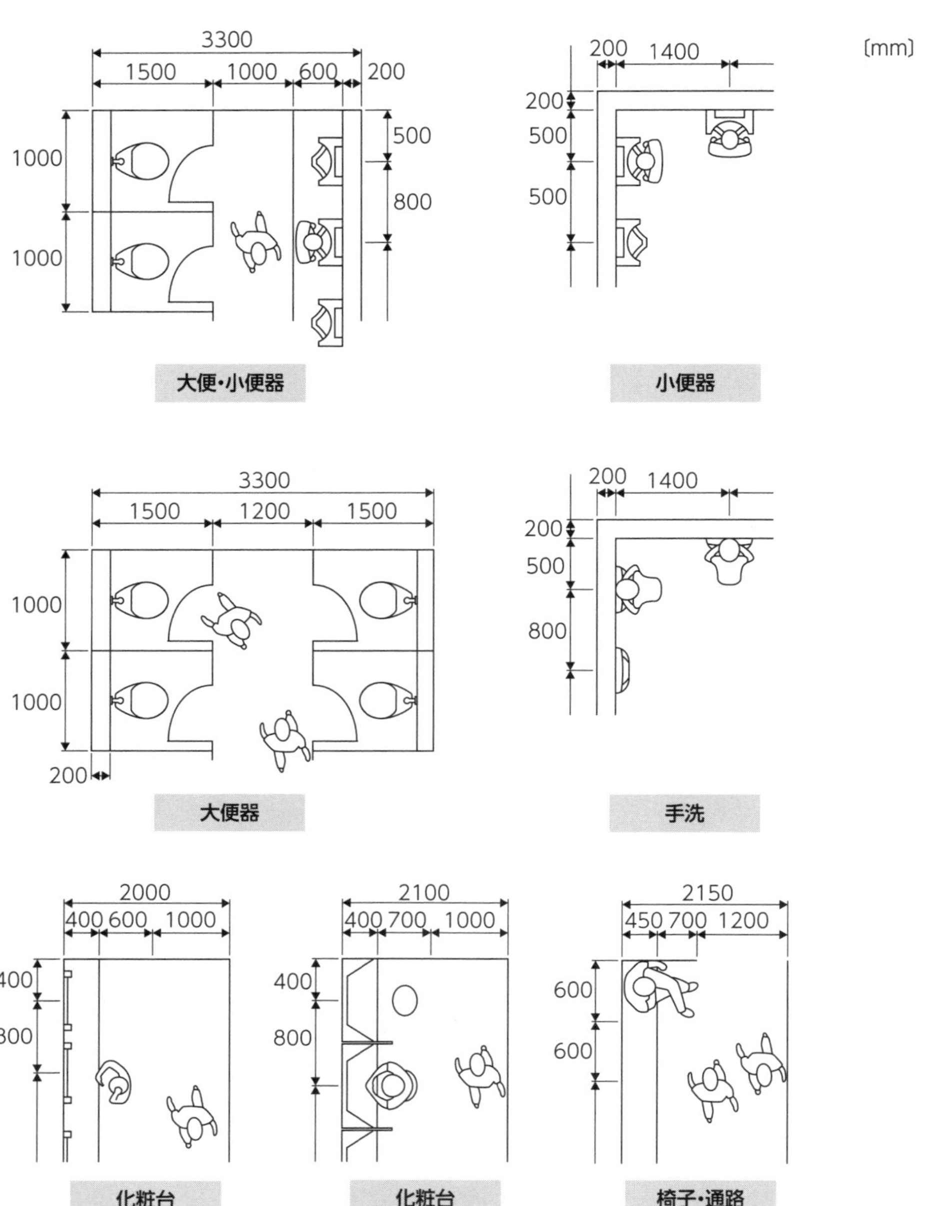

出典：「TOTO 通信」、TOTO 株式会社

5

衛生器具設備

第6章
消火設備

火災から人の生命と財産を保護しなければなりません。消火にはさまざまな方法や設備があります。建物にもさまざまな規制が敷かれています。

給排水衛生設備の中には、水による消火設備が含まれています。本章では、消防設備の解説や技術基準について解説します。

6-1 主な消火設備の専門用語

消防法で定められている消火設備の主な用語

Point

- 建築基準法と消防法が順守しなければならない法令です。
- 消防法令集を読破するためにも専門用語を身に付けましょう。
- 用語には、消火方法や器具名なども含まれます。

消火設備の用語説明

消防法令上の消防用設備とは、消防の用に供する設備、消防用水、消火活動上必要な施設に区分されており、「消防の用に供する設備」の中には消火設備、警報設備、避難設備があり、これらを消防用設備等と呼んでいます。

消火設備

消防・消火活動の用に供する設備の総称です。消火設備、警報設備、避難設備、消防隊の消火活動に必要な連結送水管、排煙設備、防火水槽などがあります。

屋内消火栓設備

火災の初期消火に供する設備の1つ。要所に設置された屋内消火栓箱内にホース､消火栓弁などがあり、これらからの放水により消火活動ができるものです。1号、易1号と2号があります。

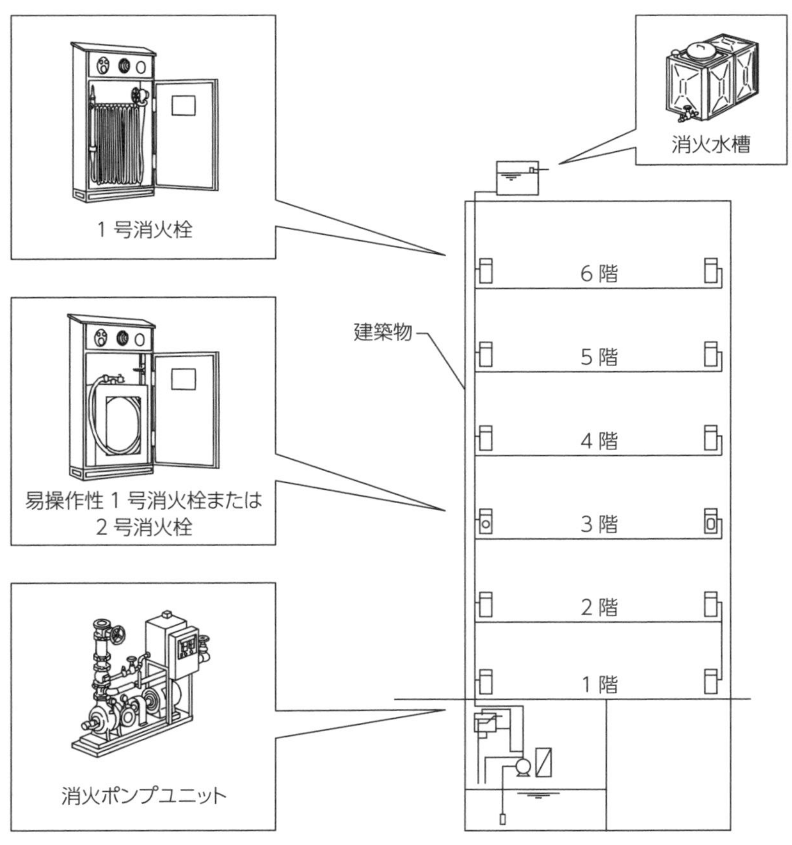

図6-1 屋内消火栓設備

スプリンクラー設備

天井面に配置設備されたスプリンクラーヘッドから放水して、火災の初期消火に供する設備の1つ。湿式、乾式、予作動式、開放式の各種方式があり、その設計・構築には、消防法に規定があります。

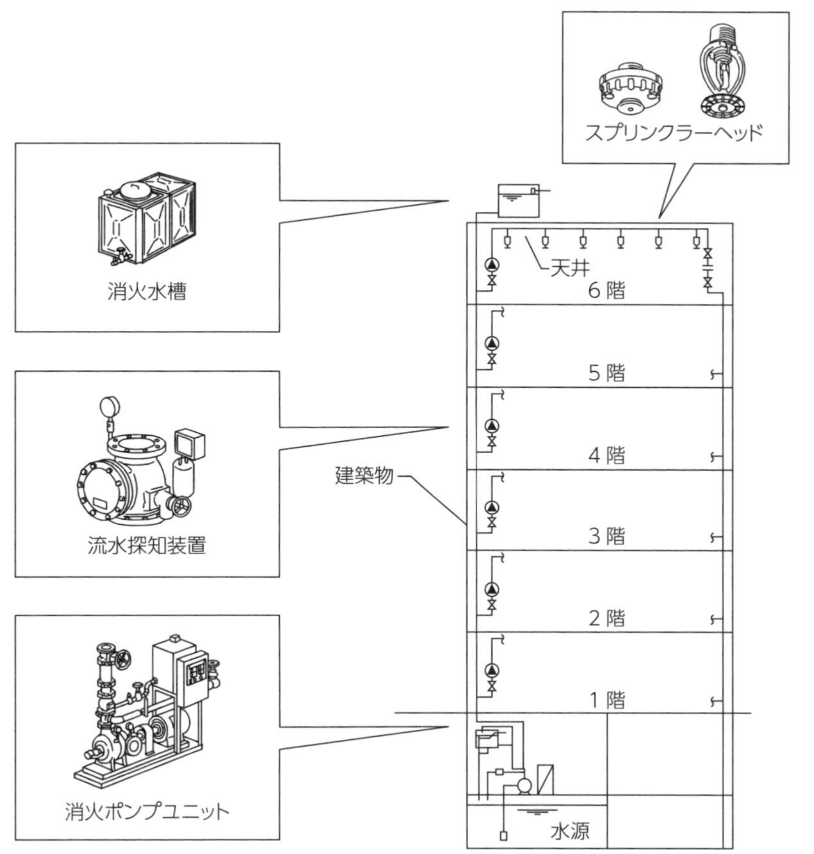

図6-2 スプリンクラー設備

サイヤミューズコネクション(送水口)

連結送水管設備に設置される高層建築物等で消防隊の消火活動を円滑に行うために設けられるものです。消防ポンプ車が水道本管等の地下消火栓よりの消火水をサイヤミューズコネクション(送水口)に接続し、ここから水を各階設置の放水口へ導き消防隊が消火活動を行うのです。

火災の種類

火災は、燃焼物の種類によって次のように分類されます。

A火災：木材、紙、織物などの一般可燃物の火災です。

B火災：石油類、その他可燃性液体、油脂などの火災です。

C火災：電気機器によって生じる火災で、電気火災とも呼ばれています。

その他火災：金属の化学反応、ガス等による火災です。

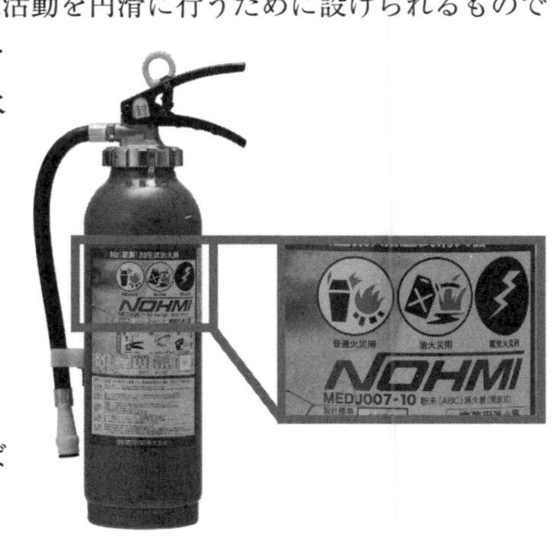

図6-3 消火器

燃焼の3要素

物質が酸化反応して熱を発生し、高温と光をともないながらその反応を継続する現象を燃焼といいます。燃焼するには、熱、酸素、燃料が必要となりますが、その3つが燃焼の3要素です。

消火は、燃焼の3要素のうち、1つ以上を除去することにより火災の燃焼作用を抑止する作業のことです。

不活性ガス消火設備

不活性ガス消火設備の消火剤には、CO_2、IG100（窒素）、IG55、IG541 の4種類があります。容器内に不活性ガスを貯蔵しておき、これらが放出される時の熱吸収による冷却作用と燃焼中の酸素濃度を低下させて窒息させる作用により消火する方法で、電気室等などの電気火災や油火災に使用されます。

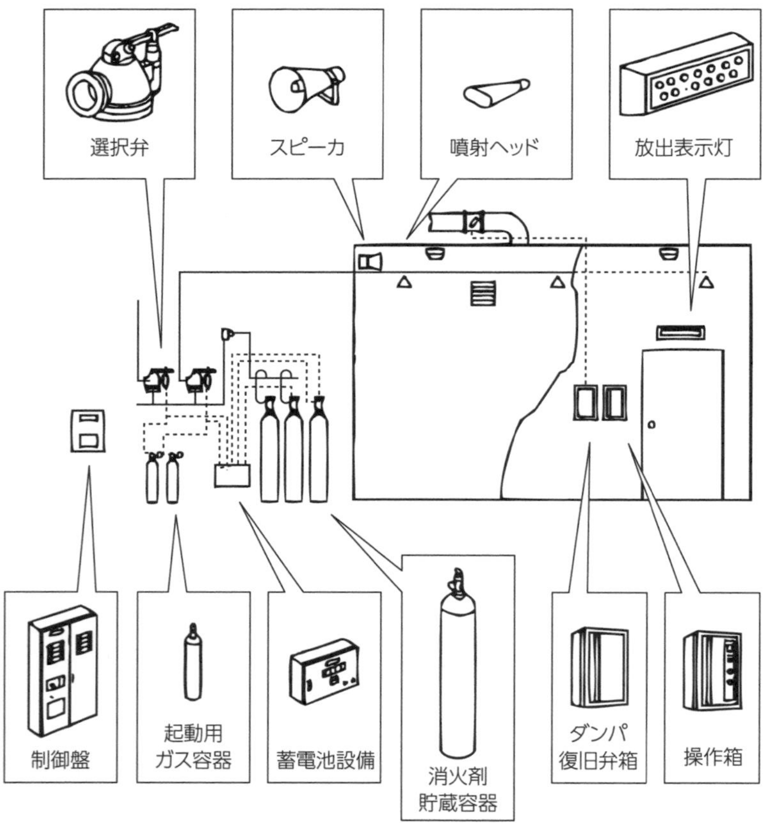

図6-4 不活性ガス消火設備

粉末消火設備

粉末消火設備は、水系消火設備が適さない場所、および水損を嫌う防火対象等の主として、油火災に用います。容器内に粉末を貯蔵しておき、放出されると粉末が熱によって分解し、CO_2を発生することによる空気の遮断効果、または空気中の酸素濃度を下げることによる窒息効果、燃焼反応の制御効果を利用する設備です。

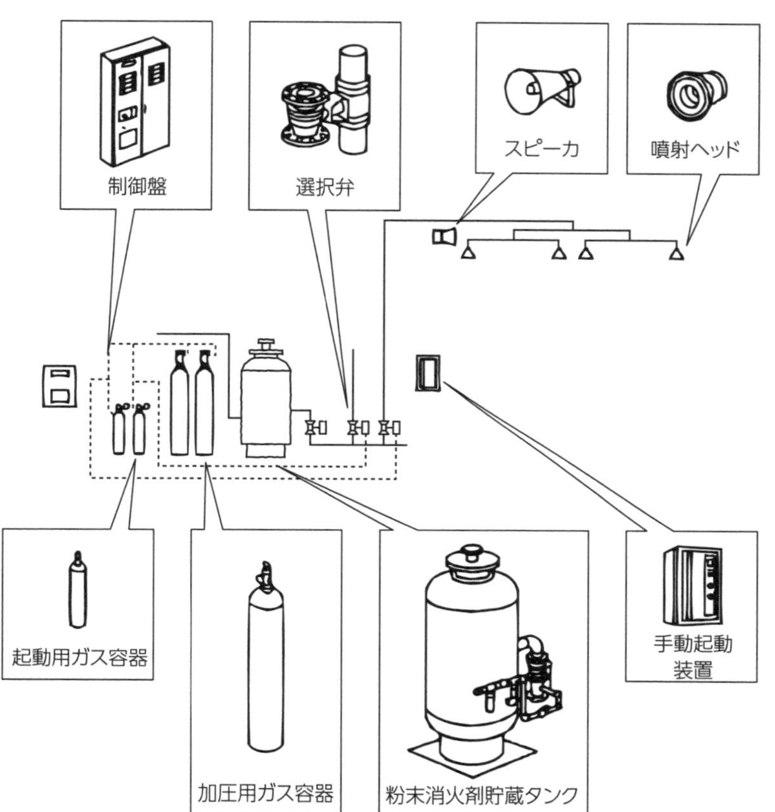

図6-5 粉末消火設備

6-2 消火設備の設置対象

「消防法施行令別表第1」によります

Point

- 「消防法施行令別表第1」に建物用途や規模を当てはめると設置の要否がわかります。
- 最終決定する際には、所轄消防署との事前協議が必要です。
- 特例を申請する際も、すべて消防署との協議を要します。

消火設備の設置

種々の消火設備の設置は、消防法施行令によって防火対象物に義務付けられています。

消火設備の種類と設置の対象は、消防法施行令別表第1により各消火設備の要否を確認し設計を開始します。なお、設置必要消火設備を決定する際には、最寄りの消防署との協議が必要です。

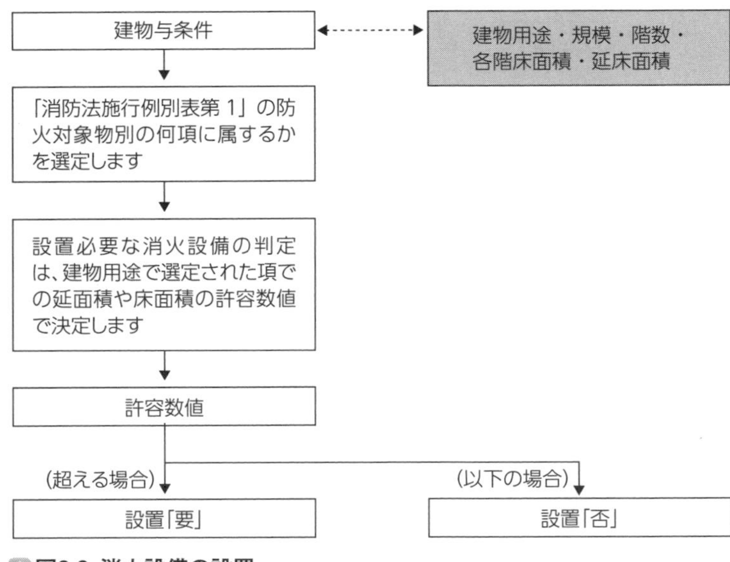

図6-6 消火設備の設置

消防法施行令別表第１の見方

無印 …… 一般延面積〔m^2〕

(　) …… 簡易耐火構造物の延面積〔m^2〕

〔　〕 …… 耐火構造物の延面積〔m^2〕

表6-1 消防法施行令別表第1(消火設備の種類と設置対象)①

防火対象物の別 ＼ 消防設備の種類			屋内消火栓設備 令第11条 一　般	屋内消火栓設備 令第11条 地階・無窓階又は4階以上の階	屋内消火栓設備 令第11条 指定可燃物
(1)	イ	劇場、映画館、演芸場、観覧場	延面積500m²以上　(1000)〔1500〕	床面積100m²以上 (200)〔300〕	危険物の規制に関する政令別表第四で定める数量の750倍以上(可燃性液体類を除く)
	ロ	公会堂、集会場			
(2)	イ	キャバレー、カフェ、ナイトクラブの類	700 (1400)〔2100〕	150 (300)〔450〕	
	ロ	遊技場、ダンスホール			
	ハ	風俗営業等の規制及び業務の適正化等に関する法律第二条第五項に規定する性風俗関連特殊営業を営む店舗((2)項ニ並びに(1)項イ、(4)項、(5)項イ及び(9)項イに掲げる防火対象物の用途に供されているものを除く。)その他これに類するものとして総務省令で定めるもの			
	ニ	カラオケボックスその他遊興のための設備又は物品を個室(これに類する施設を含む。)において客に利用させる役務を提供する業務を営む店舗で総務省令で定めるもの(例えばインターネットカフェ、テレクラ、個室ビデオ、マンガ喫茶等)			
(3)	イ	待合、料理店の類			
	ロ	飲食店			
(4)		百貨店、マーケット、その他の物品販売業を営む店舗又は展示場			
(5)	イ	旅館、ホテル、宿泊所の類			
	ロ	寄宿舎、下宿、共同住宅			
(6)	イ	(1)病院で診療科名中に特定診療科名(内科、整形外科、リハビリテーション科その他規則第5条第4項で定める診療科名等)を有し、療養病床又は一般病床を有するもの	700 (1400または基準面積1000のうちどちらか小さい方)〔2100または基準面積1000のうちどちらか小さい方〕		
		(2)診療所で診療科名中に特定診療科名(内科、整形外科、リハビリテーション科その他規則第5条第4項で定める診療科名等)を有し、4人以上の患者を入院させる施設を有するもの			
		(3)病院((1)以外)、有床診療所((2)以外)、有床助産所	700 (1400)〔2100〕		
		(4)無床診療所、無床助産所			
	ロ	(1)老人短期入所施設、養護老人ホーム、特別養護老人ホーム、軽費老人ホーム、有料老人ホーム等	700 (1400または基準面積1000のうちどちらか小さい方)〔2100または基準面積1000のうちどちらか小さい方〕		
		(2)救護施設			
		(3)乳児院			
		(4)障害児入所施設			
		(5)障害者支援施設			
	ハ	(1)老人デイサービスセンター、老人福祉センター等	700 (1000)〔2100〕		
		(2)更生施設			
		(3)助産施設、保育所、幼保連携型認定こども園、児童養護施設等			
		(4)児童発達支援センター等			
		(5)身体障害者福祉センター、地域活動支援センター等			
	ニ	幼稚園又は特別支援学校			
(7)		小学校、中学校、義務教育学校、高等学校、中等教育学校、高等専門学校、大学、専修学校、各種学校の類			
(8)		図書館、博物館、美術館の類			
(9)	イ	蒸気浴場、熱気浴場の類			
	ロ	イに掲げる公衆浴場以外の公衆浴場			
(10)		車両の停車場、船舶又は航空機の発着場			
(11)		神社、寺院、教会の類	1000 (2000)〔3000〕	200 (400)〔600〕	

(12)	イ	工場、作業場	700（1400）〔2100〕	150（300）〔450〕	
	ロ	映画スタジオ、テレビスタジオ			
(13)	イ	自動車車庫、駐車場			
	ロ	飛行機又は回転翼航空機の格納庫			
(14)		倉庫	700（1400）〔2100〕	150（300）〔450〕	
(15)		前各項に該当しない事業場（事務所、銀行、裁判所等）	1000（2000）〔3000〕	200（400）〔600〕	
(16)	イ	複合用途防火対象物のうちその一部が(1)～(4)、(5)項イ、(6)項又は(9)項イに掲げる防火対象物の用途に供されているもの			
	ロ	イに掲げる複合用途防火対象物以外の複合用途防火対象物			
(16-2)		地下街	150（300）〔450〕		
(16-3)		準地下街			
(17)		重要文化財、重要有形民俗文化財、史跡、重要美術品として認定された建造物			

表6-1 消防法施行令別表第1(消火設備の種類と設置対象)②

防火対象物の別 ＼ 消防設備の種類			スプリンクラー設備 令第12条 一般	地階・無窓階	4階以上10階以下の階	地階を除く階数が11以上の防火対象物	指定可燃物
(1)	イ	劇場、映画館、演芸場、観覧場	6000(平屋建以外)	1000	1500	全部	危険物の規制に関する政令別表第四で定める数量の1000倍以上(可燃性液体類を除く)
	ロ	公会堂、集会場					
(2)	イ	キャバレー、カフェ、ナイトクラブの類	6000(平屋建以外)	1000	1000	全部	
	ロ	遊技場、ダンスホール					
	ハ	風俗営業等の規制及び業務の適正化等に関する法律第二条第五項に規定する性風俗関連特殊営業を営む店舗((2)項ニ並びに(1)項イ、(4)項、(5)項イ及び(9)項イに掲げる防火対象物の用途に供されているものを除く。)その他これに類するものとして総務省令で定めるもの					
	ニ	カラオケボックスその他遊興のための設備又は物品を個室(これに類する施設を含む。)において客に利用させる役務を提供する業務を営む店舗で総務省令で定めるもの(例えばインターネットカフェ、テレクラ、個室ビデオ、マンガ喫茶等)					
(3)	イ	待合、料理店の類	6000(平屋建以外)	1000	1500	全部	
	ロ	飲食店					
(4)		百貨店、マーケット、その他の物品販売業を営む店舗又は展示場	3000(平屋建以外)	1000	1000	全部	
(5)	イ	旅館、ホテル、宿泊所の類	6000(平屋建以外)	1000	1500	全部	
	ロ	寄宿舎、下宿、共同住宅				11階以上の階	
(6)	イ	(1)病院で診療科名中に特定診療科名(内科、整形外科、リハビリテーション科その他規則第5条第4項で定める診療科名等)を有し、療養病床又は一般病床を有するもの	全部	1000	1500	全部	
		(2)診療所で診療科名中に特定診療科名(内科、整形外科、リハビリテーション科その他規則第5条第4項で定める診療科名等)を有し、4人以上の患者を入院させる施設を有するもの					
		(3)病院((1)以外)、有床診療所((2)以外)、有床助産所	3000(平屋建以外)				
		(4)無床診療所、無床助産所	6000(平屋建以外)				
	ロ	(1)老人短期入所施設、養護老人ホーム、特別養護老人ホーム、軽費老人ホーム、有料老人ホーム等	全部				
		(2)救護施設					
		(3)乳児院					
		(4)障害児入所施設					
		(5)障害者支援施設					
	ハ	(1)老人デイサービスセンター、老人福祉センター等	6000(平屋建以外)				
		(2)更生施設					
		(3)助産施設、保育所、幼保連携型認定こども園、児童養護施設等					
		(4)児童発達支援センター等					
		(5)身体障害者福祉センター、地域活動支援センター等					
	ニ	幼稚園又は特別支援学校					
(7)		小学校、中学校、義務教育学校、高等学校、中等教育学校、高等専門学校、大学、専修学校、各種学校の類				11階以上の階	
(8)		図書館、博物館、美術館の類					

(9)	イ	蒸気浴場、熱気浴場の類	6000 （平屋建以外）	1000	1500	全部	
	ロ	イに掲げる公衆浴場以外の公衆浴場				11階以上の階	
(10)		車両の停車場、船舶又は航空機の発着場					
(11)		神社、寺院、教会の類					
(12)	イ	工場、作業場					
	ロ	映画スタジオ、テレビスタジオ					
(13)	イ	自動車車庫、駐車場					
	ロ	飛行機又は回転翼航空機の格納庫					
(14)		倉庫	ラック式で高さ10mを超え、かつ延面積700（1400）〔2100〕m^2以上				
(15)		前各項に該当しない事業場（事務所、銀行、裁判所等）					
(16)	イ	複合用途防火対象物のうちその一部が(1)～(4)、(5)項イ、(6)項又は(9)項イに掲げる防火対象物の用途に供されているもの	特定用途部分の床面積の合計が3000m^2以上で当該部分の存ずる階	特定用途部分の床面積の合計が1000m^2以上で当該部分の存ずる階	特定用途部分の床面積の合計が1500m^2以上で当該部分の存ずる階	全部	
	ロ	イに掲げる複合用途防火対象物以外の複合用途防火対象物				11階以上の階	
(16-2)		地下街	延面積1000m^2以上・(6)項ロの用途に供される部分				
(16-3)		準地下街	延面積1000m^2以上でかつ特定用途部分の床面積の合計が500m^2以上のもの				
(17)		重要文化財、重要有形民俗文化財、史跡、重要美術品として認定された建造物				11階以上の階	

表6-1 消防法施行令別表第1（消火設備の種類と設置対象）③

防火対象物の別 ＼ 消防設備の種類			令第19条 屋外消火栓設備	令第28条の2 連結散水設備	令第29条 連結送水管
(1)	イ	劇場、映画館、演芸場、観覧場	1. 1階又は1階及び2階部分の床面積合計が、耐火建築物9000m^{2}以上、準耐火建築物6000m^{2}以上、その他の建築物3000m^{2}以上のもの 2. 同一敷地内にある2以上の建築物（耐火建築物及び準耐火建築物を除く）で相互の外壁間の中心線からの水平距離が1階にあっては3m以下、2階にあっては5m以下である部分を有するものは1の建築物とみなす	地階の床面積の合計が700m^{2}以上 (1)～(15)、(16-2)、(17)項	1. 地階を除く階数が7以上のもの（3階以上の階に設置） 2. 地階を除く階数が5以上で延べ面積6000m^{2}以上（3階以上の階に設置） 3. 令別表第一(16-2)に掲げる防火対象物で延面積が1000m^{2}以上 4. 令別表第一(18)項（設置については延長50m以上のアーケード設置基準による） 5. 道路の用に供される部分を有するもの
	ロ	公会堂、集会場			
(2)	イ	キャバレー、カフェ、ナイトクラブの類			
	ロ	遊技場、ダンスホール			
	ハ	風俗営業等の規制及び業務の適正化等に関する法律第二条第五項に規定する性風俗関連特殊営業を営む店舗（(2)項ニ並びに(1)項イ、(4)項、(5)項イ及び(9)項イに掲げる防火対象物の用途に供されているものを除く。）その他これに類するものとして総務省令で定めるもの			
	ニ	カラオケボックスその他遊興のための設備又は物品を個室（これに類する施設を含む。）において客に利用させる役務を提供する業務を営む店舗で総務省令で定めるもの（例えばインターネットカフェ、テレクラ、個室ビデオ、マンガ喫茶等）			
(3)	イ	待合、料理店の類			
	ロ	飲食店			
(4)		百貨店、マーケット、その他の物品販売業を営む店舗又は展示場			
(5)	イ	旅館、ホテル、宿泊所の類			
	ロ	寄宿舎、下宿、共同住宅			
(6)	イ	(1)病院で診療科名中に特定診療科名（内科、整形外科、リハビリテーション科その他規則第5条第4項で定める診療科名等）を有し、療養病床又は一般病床を有するもの			
		(2)診療所で診療科名中に特定診療科名（内科、整形外科、リハビリテーション科その他規則第5条第4項で定める診療科名等）を有し、4人以上の患者を入院させる施設を有するもの			
		(3)病院（(1)以外）、有床診療所（(2)以外）、有床助産所			
		(4)無床診療所、無床助産所			
	ロ	(1)老人短期入所施設、養護老人ホーム、特別養護老人ホーム、軽費老人ホーム、有料老人ホーム等			
		(2)救護施設			
		(3)乳児院			
		(4)障害児入所施設			
		(5)障害者支援施設			
	ハ	(1)老人デイサービスセンター、老人福祉センター等			
		(2)更生施設			
		(3)助産施設、保育所、幼保連携型認定こども園、児童養護施設等			
		(4)児童発達支援センター等			
		(5)身体障害者福祉センター、地域活動支援センター等			
	ニ	幼稚園又は特別支援学校			
(7)		小学校、中学校、義務教育学校、高等学校、中等教育学校、高等専門学校、大学、専修学校、各種学校の類			
(8)		図書館、博物館、美術館の類			
(9)	イ	蒸気浴場、熱気浴場の類			
	ロ	イに掲げる公衆浴場以外の公衆浴場			
(10)		車両の停車場、船舶又は航空機の発着場			
(11)		神社、寺院、教会の類			
(12)	イ	工場、作業場			
	ロ	映画スタジオ、テレビスタジオ			

<table>
<tr><td rowspan="2">(13)</td><td>イ</td><td>自動車車庫、駐車場</td><td rowspan="11">(前ページ同上)</td><td rowspan="11">(前ページ同上)</td><td rowspan="11">(前ページ同上)</td></tr>
<tr><td>ロ</td><td>飛行機又は回転翼航空機の格納庫</td></tr>
<tr><td colspan="2">(14)</td><td>倉庫</td></tr>
<tr><td colspan="2">(15)</td><td>前各項に該当しない事業場(事務所、銀行、裁判所等)</td></tr>
<tr><td rowspan="2">(16)</td><td>イ</td><td>複合用途防火対象物のうちその一部が(1)～(4)、(5)項イ、(6)項又は(9)項イに掲げる防火対象物の用途に供されているもの</td></tr>
<tr><td>ロ</td><td>イに掲げる複合用途防火対象物以外の複合用途防火対象物</td></tr>
<tr><td colspan="2">(16-2)</td><td>地下街</td></tr>
<tr><td colspan="2">(16-3)</td><td>準地下街</td></tr>
<tr><td colspan="2">(17)</td><td>重要文化財、重要有形民俗文化財、史跡、重要美術品として認定された建造物</td></tr>
</table>

適用消火設備　　令第12条～第18条

2023年4月1日現在

<table>
<tr><th colspan="3">消防設備
適用場所</th><th>スプリンクラー</th><th>水噴霧</th><th>泡</th><th>不活性ガス</th><th>ハロゲン化物</th><th>粉末</th></tr>
<tr><td rowspan="16">令別表第一の防火対象物の部分で</td><td colspan="2">屋上部分で回転翼航空機、垂直離着陸航空機の発着場</td><td></td><td></td><td>○</td><td></td><td></td><td>○</td></tr>
<tr><td rowspan="2">道路(総務省令で定めるもの)の用に供される部分</td><td>屋上部分600m²以上</td><td></td><td>○</td><td>○</td><td>○</td><td></td><td>○
(移動式)</td></tr>
<tr><td>その他　400m²以上</td><td></td><td></td><td></td><td></td><td></td><td></td></tr>
<tr><td rowspan="2">自動車の修理、又は整備の用に供される部分</td><td>地階、2階以上　200m²以上</td><td></td><td></td><td>○</td><td>○</td><td>□</td><td>○</td></tr>
<tr><td>1階　500m²以上</td><td></td><td></td><td></td><td></td><td></td><td></td></tr>
<tr><td rowspan="4">駐車の用に供される部分</td><td>地階、2階以上　200m²以上</td><td></td><td>○</td><td>○</td><td>○</td><td>□</td><td>○</td></tr>
<tr><td>1階　500m²以上</td><td></td><td></td><td></td><td></td><td></td><td></td></tr>
<tr><td>屋上部分　300m²以上</td><td></td><td></td><td></td><td></td><td></td><td></td></tr>
<tr><td>機械装置による駐車場　収容台数10台以上</td><td></td><td></td><td></td><td></td><td></td><td></td></tr>
<tr><td colspan="2">発電機、変圧器等の電気設備室　200m²以上</td><td></td><td></td><td></td><td>○</td><td>□</td><td>○</td></tr>
<tr><td colspan="2">鍛造場、ボイラー室、乾燥室等多量の火気使用部分　200m²以上</td><td></td><td></td><td></td><td>○</td><td>□</td><td>○</td></tr>
<tr><td colspan="2">通信機器室　200m²以上</td><td></td><td></td><td></td><td>○</td><td>○</td><td>○</td></tr>
<tr><td rowspan="4">指定数量の1000倍以上の指定可燃物を貯蔵し取り扱う部分</td><td>綿花類、木毛、かんなくず、ぼろ、紙くず、糸類、再生資源燃料、※1合成樹脂類</td><td>○</td><td>○</td><td>○</td><td>○
(全域放出方式)</td><td></td><td></td></tr>
<tr><td>ぼろ、紙くず、(動植物油がしみ込んでいるもの)、石炭、木炭</td><td>○</td><td>○</td><td>○</td><td></td><td></td><td></td></tr>
<tr><td>可燃性固体類、可燃性液体類、※2合成樹脂類</td><td>○
可燃性液体類を除く</td><td>○</td><td>○</td><td>○</td><td>□</td><td>○</td></tr>
<tr><td>木材加工品、木くず</td><td>○</td><td>○</td><td>○</td><td>○
(全域放出方式)</td><td>□
(全域放出方式)</td><td></td></tr>
</table>

注記

□：ハロン規制により適用できない部分がある。

※1：不燃性又は難燃性でないゴム製品、ゴム半製品、原料ゴム、ゴムくずに限る。

※2：不燃性又は難燃性でないゴム製品、原料ゴム、ゴムくずを除く。

6-3 屋内消火栓設備

消防隊が到着するまでの初期消火用に用いられるもの

Point

- 建物内にいる人々が操作を行うものです。
- 消火栓、ホース、筒先、ホース掛けなどが箱に収まった形で設置されています。
- 消火栓には、1号消火栓、易操作性1号消火栓、2号消火栓があります。

設計の手順

設置の要否の確認後、設置が必要となった場合、次の手順により設計作業を進めていきます。

①設置の要否の確認

消防法施行令別表第1により、設備の要否を確認します。最寄りの消防署との協議も行ってください。

②協議の結果、設置が必要となった場合

特例適用の要否を確認してください。

③屋内消火栓の設置位置と設置個数の決定

屋内消火栓の設置位置は、特に規定はありませんが、一般には廊下やホールなど消火活動および避難上有利な位置とします。

位置は、設置個数にも影響しますので、位置と個数を同時に検討しましょう。

1号・易1号と2号消火栓の3種類があります。その使い分けは、建築用途と面積から定められていますので注意します。

④消火用水槽(水源)の設計

水槽(水源)の有効容量は、1号と2号消火栓の場合とでは違いますので注意します。1号・易1号の場合は$V=2.6\times$同時開口数(N)、2号の場合は、$V=1.2\times$同時開口数(N)。同時開口数(N)は、共に最大2とします。

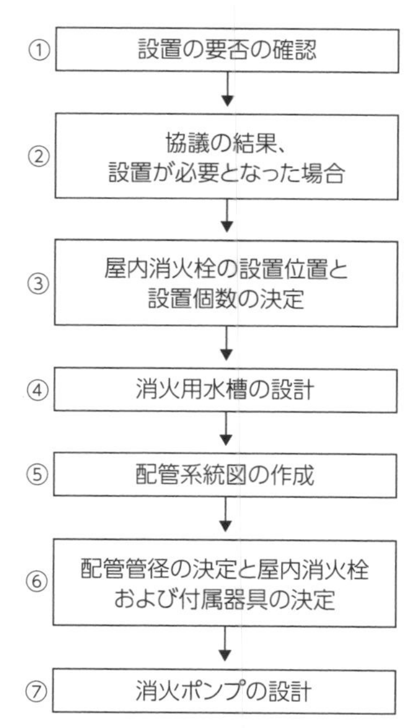

図6-7 設計の手順

⑤配管系統図の作成

機器類の配置を正確に決定後、着手します。配管の長さ、継手、弁類の種類や数量は配管の摩擦損失水頭を求めるうえで正確さが要求されます。

⑥配管管径の決定と屋内消火栓および付属器具の決定

主管（立管）の口径は、1号および易1号は50A以上、2号は32A以上とします。

開閉弁、ノズル、ホース等の付属器具を決定します。消火用充水タンクの容量は、0.5m^{2}以上（2号消火栓のみの場合は、0.3m^{2}以上）とします。ただし、当該タンクの水位が低下した場合に、自動的に給水できる呼び径25以上の補給水配管を設ける場合は、当該容量は0.2m^{2}以上でよいです（都予防事務審査・検査基準）。

⑦消火ポンプの設計

屋内消火栓設備の技術基準にしたがいます。1号・易1号と2号消火栓のポンプの仕様が違いますので注意してください。

使用圧力値（締切全揚程時の圧力）が1.6MPa以上となる部分、および連結送水管と兼用する場合で、その設計送水圧力が1.0MPaを超えるものは、圧力配管用炭素鋼鋼管（Sch40以上のもの）を使用します。

テスト弁は、1号消火栓は呼び径40A、易1号消火栓は呼び径30A、2号消火栓は呼び径25Aとし、屋上部分に設置します。

※屋内消火栓設備は、人が操作して火災を消火する設備です。1号消火栓は2人以上で操作しますが、易操作性1号消火栓、2号消火栓は1人で操作できます。

屋内消火栓設備の技術基準

表6-2 技術基準

（令11条3項1号・2号、規則12条1項・2項）

		屋内消火栓		
		1号消火栓	易操作性1号消火栓	2号消火栓
配置間隔と設置位置	水平距離	25m以下	25m以下	15m以下
配置間隔と設置位置	放水圧力	0.17～0.7MPa	0.17～0.7MPa	0.25～0.7MPa
配置間隔と設置位置	放水量	130L/min以上	130L/min以上	60L/min以上
配置間隔と設置位置	射程	規定なし	棒状7m、噴霧3.5m以上	棒状10m、噴霧5m以上
配置間隔と設置位置	開閉弁	呼称40A	呼称30A	呼称25A
水源の水量		**V≧2.6m³×N** N：同時開放個数（最大2個）	**V≧2.6m³×N** N：同時開放個数（最大2個）	**V≧1.2m³×N** N：同時開放個数（最大2個）
操　作		2名以上で操作	1人操作	1人操作
ホース継手		呼称40-2組	呼称30-1組	呼称25-1組
消防用ホース		呼称40布ホース	呼称30保形ホース	呼称25保形ホース
消防用ホース		15m　2本	30m　1本	20m　1本
ノズル		φ13×呼称40	棒状・噴霧切替	φ8　開閉付
ホース収納装置		ホース架櫛掛式	折畳み等収納方式等	ホースリール・折畳み収納式
ポンプ	吐出量	**150〔L/min〕×N** N：同時開放個数（最大2個）	**150〔L/min〕×N** N：同時開放個数（最大2個）	**70〔L/min〕×N** N：同時開放個数（最大2個）
ポンプ	全揚程	**H≧h1+h2+h3+17** h1：ホースの摩擦損失水頭（=7.8mAq） h2：ポンプから最遠端の消火栓までの配管摩擦損失水頭〔m〕 h3：フート弁から最上設置の消火栓までの落差水頭〔m〕	**H≧h1+h2+h3+17** h1：ホースの摩擦損失水頭（=25mAq） h2：ポンプから最遠端の消火栓までの配管摩擦損失水頭〔m〕 h3：フート弁から最上設置の消火栓までの落差水頭〔m〕	**H≧h1+h2+h3+25** h1：ホースの摩擦損失水頭（=12mAq） h2：ポンプから最遠端の消火栓までの配管摩擦損失水頭〔m〕） h3：フート弁から最上設置の消火栓までの落差水頭〔m〕
ポンプ	電動機容量	**Ps=(Q×H)/(6120×E)** **kW=1.1×(Ps/K)** Q：ポンプの定格吐出量〔L/min〕　H：ポンプの全揚程〔m〕 K：伝導効率（電動機の場合は1.0）　E：定格吐出量におけるポンプ効率		
ポンプ	ポンプ起動	遠隔起動	操作に連動	操作に連動
表示灯		取付面より15度以上の角度で、10m離れて識別可能とする。		
表示灯			天井型は、設置高さ3mで10m離れて1.5mの高さで識別	
配管	管材	①圧力配管用炭素鋼鋼管（JIS G 3454）を使用。 ②管継手は、ねじ込み式、溶接式のフランジ継手またはねじ込み式管継手を用いる。		
配管	立上り主管	50A以上 ＊ただし、主管が5階以上の場合は65A以上とする。	50A以上 ＊ただし、主管が5階以上の場合は65A以上とする。	32A以上
配管	横枝管	40A以上	32A以上	25A以上
備　考		1kgf/cm² = 10mAq 1kgf/cm² = 0.1MPa 管摩擦損失係数の計算式 **$H=1.2\times Q^{1.85}/D^{4.87}$** H：損失〔m〕（100m当たり） Q：流量〔L/min〕 D：管内径〔cm〕	1号消火栓	2号消火栓

屋内消火栓設備の技術資料

屋内消火栓設備の計算等で使用する技術資料です。

表6-3 ホースの摩擦損失水頭

〔m/100m〕

流量〔L/min〕	ホースの呼び径〔mm〕					
	40		50		65	
	麻ホース	ゴム内張り	麻ホース	ゴム内張り	麻ホース	ゴム内張り
130	26	12	7	3		
350					10	4
400						6

表6-4 配管径に対する流量

配管径〔A〕	受け持つ許容流量〔L/min〕
25	60
32	130
40	130
50	260
65	390
80	520
100	650

表6-5 屋内消火栓配管の管径

種　別	立管〔A〕	横枝管〔A〕
1号消火栓	50以上	40以上
易1号消火栓	50以上	32以上
2号消火栓	32以上	25以上

＊連結送水管と兼用する場合の立管管径は、呼び径100以上とする。

表6-6 ポンプの効率の最低値

（昭和55年消防庁第111号通達）

定格吐出量〔m^3/min〕	0.15以上 0.30未満	0.30以上 0.45未満	0.45以上 0.6未満	0.60以上 0.75未満	0.75以上 0.90未満	0.90以上 1.80未満	1.80以上 2.70未満	2.70以上
ポンプ効率〔%〕	37	44	47.5	49.5	51	52.5	57	59

表6-7 屋内消火栓の管長1m当たりの摩擦損失水頭

〔kPa〕

屋内消火栓の個数		流量〔L/min〕	管の呼び径〔A〕					
			32	40	50	65	80	100
1号消火栓	1	150		1.23	0.38	0.11	0.05	0.01
	2	300		4.44	1.38	0.41	0.18	0.05
2号消火栓	1	70	0.64	0.3	0.09	0.03		
	2	140	2.3	1.09	0.34	0.1		

表6-8 ノズルの放水量·先端圧力

（消防令代1条第3項、消防則第12条第7号）

種別	ノズルの放水量〔L/min〕	ノズルの先端圧力〔Mpa〕	
		最低	最高
1号消火栓	130	0.17	0.7
易1号消火栓	130	0.17	0.7
2号消火栓	60	0.25	0.7
広範囲型2号消火栓	80	0.17	0.7

表6-9 消火栓弁相当管長

形状		呼称口径〔A〕	相当管長〔m〕
アングル弁型		40	7.0
		50	9.0
		65	14.0
玉形弁型	玉形180°形	40	16.0
		50	18.0
		65	24.0
	玉形90°形	40	19.0
		50	21.0
		65	27.0

表6-10 易1号消火栓弁·ホース損失

標準型	棒状放水	0.24MPa（申請値）
	噴霧放水	0.24MPa（申請値）

データ：横井製作所資料より

表6-11 管·継手および弁類の直管換算相当管長（JIS G 3452）

■配管用炭素鋼鋼管の場合

（昭和51年4月5日、消防庁告示第3号）〔m〕

種類		管径〔A〕	25	32	40	50	65	80	100	125	150	200	250	300	350
管継手	ねじ込み式	45°エルボ	0.4	0.5	0.6	0.7	1.0	1.1	1.5	1.8	2.2	2.9	3.6	4.3	4.8
		90°エルボ	0.8	1.1	1.3	1.6	2.0	2.4	3.2	3.9	4.7	6.2	7.6	9.2	10.2
		リタンベンド（180°）	2.0	2.6	3.0	3.9	5.0	5.9	7.7	9.6	11.3	15.0	18.6	22.3	24.8
		チーズまたはクロス分流90°	1.7	2.2	2.5	3.2	4.1	4.9	6.3	7.9	9.3	12.3	15.3	18.3	20.4
	溶接式	45°エルボロング	0.2	0.2	0.3	0.3	0.4	0.5	0.7	0.8	0.9	1.2	1.5	1.8	2.0
		90°エルボショート	0.5	0.6	0.7	0.9	1.1	1.3	1.7	2.1	2.5	3.3	4.1	4.9	5.4
		90°エルボロング	0.3	0.4	0.5	0.6	0.8	1.0	1.3	1.6	1.9	2.5	3.1	3.7	4.1
		チーズまたはクロス分流90°	1.3	1.6	1.9	2.4	3.1	3.6	4.7	5.9	7.0	9.2	11.4	13.7	15.3
バルブ類		仕切り弁	0.2	0.2	0.3	0.3	0.4	0.5	0.7	0.8	1.0	1.3	1.6	2.0	2.2
		玉形弁	9.2	11.9	13.9	17.6	22.6	26.9	35.1	43.6	51.7	68.2	84.7	101.5	113.2
		アングル弁	4.6	6.0	7.0	8.9	11.3	13.5	17.6	21.9	26.0	34.2	42.5	50.9	56.8
		逆止弁（スイング形）	2.3	3.0	3.5	4.4	5.6	6.7	8.7	10.9	12.9	17.0	21.1	25.3	28.2

表6-12 管･継手および弁類の直管換算相当管長

設計送水圧力が1.0MPaを超える場合は、下記の圧力配管用炭素鋼鋼管(Sch40)0を使用します。

■圧力配管用炭素鋼鋼管 スケジュール40の場合

(昭和51年4月5日、消防庁告示第3号)〔m〕

種類		管径〔A〕	25	32	40	50	65	80	100	125	150	200	250	300	350
管継手	ねじ込み式	45°エルボ	0.4	0.5	0.6	0.7	0.9	1.1	1.4	1.8	2.1	2.8	3.5	4.2	4.7
		90°エルボ	0.8	1.1	1.2	1.6	2.0	2.4	3.1	3.8	4.5	6.0	7.5	9.0	10.0
		リタンベンド(180°)	2.0	2.6	3.0	3.9	4.8	5.7	7.5	9.3	11.0	14.6	18.2	21.8	24.3
		チーズまたはクロス分流90°	1.6	2.1	2.5	3.2	4.0	4.7	6.1	7.6	9.1	12.0	15.0	18.0	20.0
	溶接式	45°エルボロング	0.2	0.2	0.3	0.3	0.4	0.5	0.6	0.8	0.9	1.2	1.5	1.8	2.0
		90°エルボショート	0.4	0.6	0.7	0.9	1.1	1.3	1.6	2.0	2.4	3.2	4.0	4.8	5.3
		90°エルボロング	0.3	0.4	0.5	0.6	0.8	0.9	1.2	1.5	1.8	2.4	3.0	3.6	4.0
		チーズまたはクロス分流90°	1.2	1.6	1.9	2.4	3.0	3.5	4.6	5.7	6.8	9.0	11.2	13.4	15.0
バルブ類		仕切り弁	0.2	0.2	0.3	0.3	0.4	0.5	0.7	0.8	1.0	1.3	1.6	2.0	2.2
		玉形弁	9.0	11.8	13.7	17.6	22.0	26.0	34.0	42.0	50.3	66.6	82.9	99.2	111.0
		アングル弁	4.6	5.9	6.9	8.8	11.0	13.1	17.1	21.2	25.2	33.4	41.6	49.8	55.7
		逆止弁(スイング形)	2.3	3.0	3.4	4.4	5.5	6.5	8.5	10.5	12.5	16.6	20.7	24.7	27.7

表6-13 配管摩擦損失早見表(100m当たり)(JIS G 3452 SG)

流量〔L/min〕	口径A(下段は内径 単位:cm)									
	20	25	32	40	50	65	80	100	125	150
	2.16	2.76	3.57	4.16	5.29	6.79	8.07	10.53	13.08	15.52
60	54.95	16.65	4.76	2.26	0.7	0.21	0.09	0.02	0.01	
70	73.08	22.15	6.33	3	0.93	0.28	0.12	0.03	0.01	
120		60.04	17.15	8.14	2.53	0.75	0.32	0.09	0.03	0.01
130		69.62	19.88	9.44	2.93	0.87	0.37	0.1	0.04	0.02
140		79.85	22.8	10.83	3.36	1	0.43	0.12	0.04	0.02
150			25.91	12.3	3.82	1.13	0.49	0.13	0.05	0.02
190			40.12	19.05	5.91	1.75	0.76	0.21	0.07	0.03
220				24.98	7.75	2.3	0.99	0.27	0.09	0.04
260				34.03	10.56	3.13	1.35	0.37	0.13	0.06
300				44.35	13.76	4.08	1.76	0.48	0.17	0.07
350					18.3	5.43	2.34	0.64	0.22	0.1
400					23.43	6.95	3	0.82	0.29	0.12
450					29.13	8.64	3.73	1.02	0.35	0.15
600						14.71	6.34	1.74	0.6	0.26
750						22.22	9.58	2.62	0.91	0.4
800						25.04	10.8	2.96	1.03	0.45

■配管摩擦損失の計算

計算 6-1	計算例
$H = 1.2 \times \dfrac{Q^{1.85}}{D^{4.87}}$ H:損失〔m〕(100m当たり) Q:流量〔L/min〕 D:管内径〔cm〕 ＊昭和51年4月　消防庁告示第3号	Q = 150 L/min ∴ $Q^{1.85}$ = 10611.3 L/min D = 50 A ∴ 管内径 = 5.29 cm ∴ $D^{4.87}$ = 3336 ∴ H = 3.82 m/100m

6-4 屋外消火栓設備

屋外に設置し、軒高の高い工場、倉庫などの消火、延焼阻止に用いる

▶ **Point**

- ▶ 屋内消火栓より放水の能力が高い設備です。
- ▶ 屋外消火栓の設置は1・2階に限定され、3階以上に消火栓が必要な場合は、屋内消火栓が併設されます。

設計の手順

設置要否の確認後、設置が必要となった場合、次の手順により設計作業を進めていきます。

①設置の要否の確認

消防法施行令別表第1により、設備の要否を確認します。最寄りの消防署との協議も行ってください。

②協議の結果、設置が必要となった場合

特例適用の要否を確認してください。

③屋外消火栓の設置位置と設置個数の決定

屋外消火栓の設置間隔は、防火対象物の各部から1個のホース接続口までの水平距離を40m以内とし、その位置は、防火対象物の出入口または開口部付近とします。消火栓箱は、消火栓から歩行距離5m以内に設けます。

④消火用水槽の設計

消火用水槽（水源）の有効容量は、

$$V = 7(m^3) \times 設置個数(N)$$

＊設置個数(N)は、最大2。

水源の有効水量は、屋内消火栓設備に準じます。

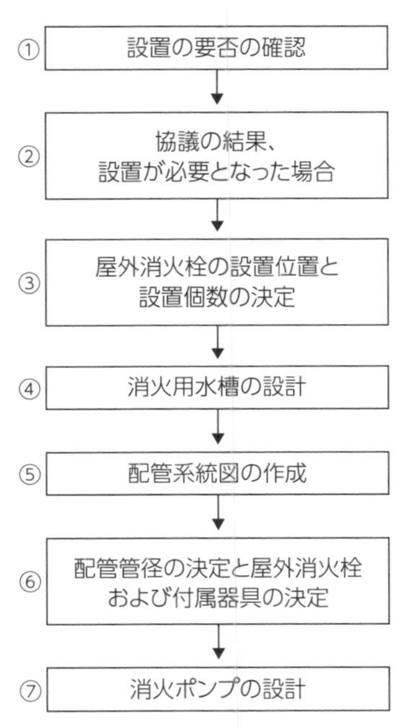

図6-8 設計の手順

⑤配管系統図の作成

機器類の配置を正確に決定後、着手します。配管の長さ、継手、弁類の種類や数量は配管の摩擦損失水頭を求めるうえで正確さが要求されます。

⑥配管管径の決定と屋外消火栓および付属器具の決定

配管は、屋内消火栓設備に準じますが、管径は単口形の屋外消火栓の場合は65mm以上、双口形の場合は100mm以上とします。

⑦消火ポンプの設計

屋外消火栓設備の技術基準にしたがいます。屋内消火栓設備に準じますが、その起動装置は手動式が一般的です。

屋外消火栓設備の技術基準

表6-14 技術基準

(令19条3項、規則22条)

		屋外消火栓
配置間隔と設置位置	水平距離	40m以下
	放水圧力	0.25～0.6MPa
	放水量	350L/min以上
水源の水量		**V≧1.2×7.0m^3×N** N：同時開放個数(最大2個)
ポンプ	吐出量	**400〔L/min〕×N** N：同時開放個数(最大2個)
	全揚程	**H≧h1+h2+h3+h4** h1：ホースの摩擦損失水頭(=4.0mAq) h2：ポンプから最遠端の消火栓までの配管摩擦損失水頭〔m〕 h3：フート弁から最上設置の消火栓までの落差水頭〔m〕 h4：ノズルの放水圧力水頭〔m〕(=25)
	電動機容量	**Ps=(Q×H)/(6120×E)** **KW=1.1×(Ps/K)** Q：ポンプの定格吐出量〔L/min〕 H：ポンプの全揚程〔m〕 K：伝導効率(電動機の場合は1.0) E：定格吐出量におけるポンプ効率
	ポンプ起動	遠隔起動
表示灯		取付面より15度以上の角度で、10m離れて識別可能とする。表示灯は始動表示灯兼用とする。
配管	配管方式	①配管は専用とする。 ②湿式とする。 ③配管には、他用途のための分岐管を設けない。
	管材	①圧力配管用炭素鋼鋼管(JIS G 3454)を使用。 ②管継手は、ねじ込み式、溶接式のフランジ継手またはねじ込み式管継手を用いる。
	主管	①管径は単口形の屋外消火栓の場合は65A以上、双口形の場合は100A以上。
	その他	①消火栓箱は、消火栓から歩行距離5m以内に設置する。

表6-15 配管径に対する流量

配管径〔A〕	管の受け持つ流量〔L/min〕
65	350
100	700

6-5 スプリンクラー設備

火災を自動的に感知して散水し消火をします

Point

- 欧米では火災報知設備より優先して取り付けることが義務付けられています。
- 設備のコストは最も高いのですが、火災時の安全を図るにはよい設備です。
- 大量の人命にかかわる事態が懸念される場所で使用されます。

設計の手順

設置要否の確認後、設置が必要となった場合、次の手順により設計作業を進めていきます。

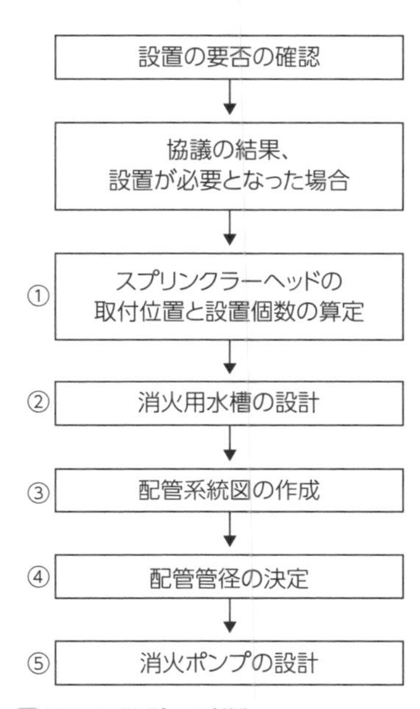

図6-9 設計の手順

①スプリンクラーヘッドの取付位置

スプリンクラーヘッドの取付位置は、消防法に規定される建物の各部から1個のヘッドまでの水平距離に基づいて決定します。

設置数は、設置位置を中心に規定の水平距離で描く円に、各部のすべてが包含される数とします。

②消火用水槽の設計

消火用水槽（水源）の有効容量は以下の通りです。

V≧1.6×ヘッドの設置個数（Nまたは同時開放数）

③配管系統図の作成

ヘッドの配置を正確に決定後、着手します。

配管の長さ、継手、弁類の種類や数量は配管の摩擦損失水頭を求めるうえで正確さが要求されますのでわかりやすく立体的に書きます。

④配管管径の決定

配管の管径は、受け持つスプリンクラーヘッドの個数に基づいて決定します。

⑤消火ポンプの設計

スプリンクラー設備の技術基準にしたがいます。

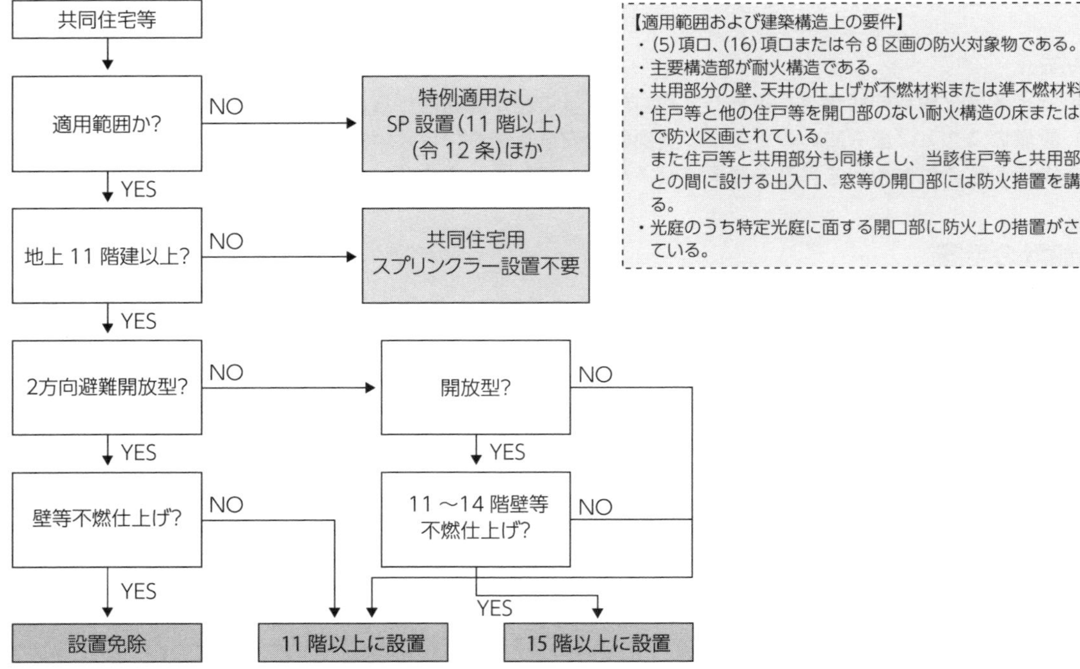

図6-10 住宅用スプリンクラー設備設置の要否フローチャート

スプリンクラー設備基準

表6-16 標準型スプリンクラーヘッドの設置基準

<table>
<tr><th colspan="7" rowspan="2">防火対象物の区分</th><th colspan="5">感度種別1種かつ有効散水半径2.6m以上のヘッド(高感度ヘッド)
(ラック式倉庫は感度種別1種かつ有効散水半径2.3mのヘッド)</th></tr>
<tr><th>ヘッド防護半径</th><th>ヘッド取付高さ</th><th>同時開放個数</th><th>ポンプ吐出量</th><th>水源水量</th></tr>
<tr><td rowspan="2">開放型スプリンクラー設備</td><td colspan="3" rowspan="2">舞台部</td><td colspan="3">10階以下の階に存する場合</td><td colspan="5" rowspan="2">–</td></tr>
<tr><td colspan="3">11階以上の階に存する場合</td></tr>
<tr><td rowspan="14">閉鎖型湿式スプリンクラー設備</td><td rowspan="7">①ラック式倉庫</td><td>等級</td><td>収納物の区分</td><td>収納容器、梱包等</td><td rowspan="4">水平遮蔽版有</td><td>Ⅰ</td><td rowspan="6">棚以外の部分2.1m以下
棚部分2.5m以下かつ2連以下毎</td><td rowspan="3">4m以下毎</td><td rowspan="3">24個</td><td rowspan="3">3120L/min以上</td><td rowspan="2">82.08m^{3}以上</td></tr>
<tr><td>Ⅰ</td><td rowspan="2">下記除く指定可燃物1000倍以上
高熱量溶融性物品300倍以上</td><td>高熱量溶融性物品10倍以上</td><td>Ⅱ</td></tr>
<tr><td rowspan="2">Ⅱ</td><td>その他のもの</td><td>Ⅲ</td><td>54.72m^{3}以上</td></tr>
<tr><td rowspan="2">下記除く指定可燃物100倍以上
高熱量溶融性物品30倍以上</td><td>高熱量溶融性物品10倍以上</td><td>Ⅳ</td><td>6m以下毎</td><td>16個</td><td>2080L/min以上</td><td>36.48m^{3}以上</td></tr>
<tr><td rowspan="2">Ⅲ</td><td>その他のもの</td><td rowspan="2">無</td><td>Ⅲ</td><td>4m以下毎</td><td>24個</td><td>3120L/min以上</td><td>82.08m^{3}以上</td></tr>
<tr><td rowspan="2">その他のもの</td><td>高熱量溶融性物品10倍以上</td><td>Ⅳ</td><td>6m以下毎</td><td>16個</td><td>2080L/min以上</td><td>54.72m^{3}以上</td></tr>
<tr><td>Ⅳ</td><td>その他のもの</td><td></td><td></td><td></td><td></td><td></td><td></td><td></td></tr>
<tr><td rowspan="2">②地下街・準地下街</td><td colspan="5">地下街</td><td>火気使用部分1.9m以下
その他2.3m以下
＊1</td><td>店舗、事務所等に供される部分6m以下
地下道10m以下</td><td rowspan="2">12個</td><td rowspan="2">1080L/min以上</td><td rowspan="2">19.2m^{3}以上</td></tr>
<tr><td colspan="5">準地下街</td><td>火気使用部分1.9m以下
その他
耐火以外2.3m以下
耐火2.6m以下
＊1</td><td>6m以下</td></tr>
<tr><td colspan="6">③「指定可燃物」を危険物の規制に関する政令別表第四で定める数量の1000倍以上貯蔵し、又は取り扱うもの</td><td>1.9m以下
＊1</td><td>6m以下</td><td>16個</td><td>1440L/min以上</td><td>25.6m^{3}以上</td></tr>
<tr><td rowspan="4">④(①～③以外の防火対象物)</td><td rowspan="3">地階を除く階数が10以下</td><td rowspan="2">(4)項及び(16)項イで(4)項の用途に供される部分が存するもの</td><td colspan="3">百貨店及び1000m^{2}以上の小売り店舗</td><td rowspan="4">耐火以外2.3m以下
耐火2.6m以下
＊1</td><td rowspan="2">6m以下</td><td>12個</td><td>1080L/min以上</td><td>19.2m^{3}以上</td></tr>
<tr><td colspan="3">その他</td><td rowspan="2">8個</td><td rowspan="2">720L/min以上</td><td rowspan="2">12.8m^{3}以上</td></tr>
<tr><td colspan="4">その他</td><td>10m以下</td></tr>
<tr><td colspan="5">地階を除く階数が11以上</td><td>6又は10m以下
＊2</td><td>12個</td><td>1080L/min以上</td><td>19.2m^{3}以上</td></tr>
<tr><td colspan="7">乾式・予作動式の同時開放個数、ポンプ吐出量及び水源水量</td><td colspan="5">上記湿式に対し、1.5倍のヘッド数分で算出（小数点以下切り上げ）
ラック式倉庫は令32条の適用により緩和規定あり。</td></tr>
</table>

＊1：R＝Xr　R：防護半径m　r：ヘッドの有効散水半径m　X：係数　表中の数値はr＝2.6mのヘッドの場合を示す。
＊2：・(4)項の用途に供される部分　6m以下　それ以外　10m以下

<table>
<tr><th colspan="7" rowspan="2">防火対象物の区分</th><th colspan="5">感度種別２種かつ有効散水半径2.3m以上のヘッド及び
感度種別１種かつ有孔散水半径2.3mノヘッド
（ラック式倉庫は感度種別２種かつ有効散水半径2.3mのヘッド）</th></tr>
<tr><th>ヘッド防護半径</th><th>ヘッド取付高さ</th><th>同時開放個数</th><th>ポンプ吐出量</th><th>水源水量</th></tr>
<tr><td rowspan="2">開放型スプリンクラー設備</td><td colspan="3" rowspan="2">舞台部</td><td colspan="3">10階以下の階に存する場合</td><td rowspan="2">1.7m以下</td><td rowspan="2">—</td><td>最大放水区域の設置個数a</td><td>a×90
L/min以上</td><td>a×1.6倍
×1.6m³
以上</td></tr>
<tr><td colspan="3">11階以上の階に存する場合</td><td>最大設置階の設置個数b</td><td>b×90
L/min以上</td><td>b×1.6m³
以上</td></tr>
<tr><td rowspan="15">閉鎖型湿式スプリンクラー設備</td><td rowspan="7">①ラック式倉庫</td><td>等級</td><td>収納物の区分</td><td>収納容器、梱包材等</td><td rowspan="4">水平遮蔽版有</td><td>Ⅰ</td><td rowspan="6">棚以外の部分2.1m以下
棚部分2.5m以下かつ２連以下毎</td><td rowspan="3">4m以下毎</td><td rowspan="3">30個</td><td rowspan="3">3900
L/min以上</td><td rowspan="2">102.6m³
以上</td></tr>
<tr><td>Ⅰ</td><td rowspan="2">下記除く指定可燃物1000倍以上
高熱量溶融性物品300倍以上</td><td>高熱量溶融性物品10倍以上</td><td>Ⅱ</td></tr>
<tr><td rowspan="2">Ⅱ</td><td>その他のもの</td><td>Ⅲ</td><td>68.4m³以上</td></tr>
<tr><td rowspan="2">下記除く指定可燃物100倍以上
高熱量溶融性物品30倍以上</td><td>高熱量溶融性物品10倍以上</td><td>Ⅳ</td><td>6m以下毎</td><td>20個</td><td>2600
L/min以上</td><td>45.6m³以上</td></tr>
<tr><td rowspan="2">Ⅲ</td><td>その他のもの</td><td rowspan="2">無</td><td>Ⅲ</td><td>4m以下毎</td><td>30個</td><td>3900
L/min以上</td><td>102.6m³
以上</td></tr>
<tr><td rowspan="2">その他のもの</td><td>高熱量溶融性物品10倍以上</td><td>Ⅳ</td><td>6m以下毎</td><td>20個</td><td>2600
L/min以上</td><td>68.4m³以上</td></tr>
<tr><td>Ⅳ</td><td>その他のもの</td><td></td><td></td><td></td><td></td><td></td><td></td><td></td></tr>
<tr><td rowspan="2">②地下街・準地下街</td><td colspan="5">地下街</td><td>火気使用部分1.7m以下
その他2.1m以下</td><td>店舗、事務所等に供される部分6m以下
地下道10m以下</td><td rowspan="2">15個</td><td rowspan="2">1350
L/min以上</td><td rowspan="2">24m³
以上</td></tr>
<tr><td colspan="5">準地下街</td><td>火気使用部分1.9m以下
その他
耐火以外2.3m以下
耐火2.6m以下</td><td>6m以下</td></tr>
<tr><td colspan="6" rowspan="2">③「指定可燃物」を危険物の規制に関する政令別表第四で定める数量の1000倍以上貯蔵し、又は取り扱うもの</td><td rowspan="2">1.7m以下</td><td rowspan="2">6m以下</td><td>1種：16個</td><td>1440
L/min以上</td><td>25.6m³以上</td></tr>
<tr><td>2種：20個</td><td>1800
L/min以上</td><td>32.0m³以上</td></tr>
<tr><td rowspan="4">④（①～③以外の防火対象物）</td><td rowspan="3">地階を除く階数が10以下</td><td rowspan="2">(4)項及び(16)項イで(4)項の用途に供される部分が存するもの</td><td colspan="3">百貨店及び1000m²以上の小売り店舗</td><td rowspan="4">耐火以外2.1m以下
耐火2.3m以下</td><td rowspan="2">6m以下</td><td>15個</td><td>1350
L/min以上</td><td>24.0m³以上</td></tr>
<tr><td colspan="3">その他</td><td rowspan="2">10個</td><td rowspan="2">900
L/min以上</td><td rowspan="2">16.0m³以上</td></tr>
<tr><td colspan="4">その他</td><td>10m以下</td></tr>
<tr><td colspan="5">地階を除く階数が11以上</td><td>6又は10m以下 *2</td><td>15個</td><td>1350
L/min以上</td><td>24.0m³以上</td></tr>
<tr><td colspan="7">乾式・予作動式の同時開放個数、ポンプ吐出量及び水源水量</td><td colspan="5">上記湿式に対し、1.5倍のヘッド数分で算出(小数点以下切り上げ)
ラック式倉庫は令32条の適用により緩和規定あり。</td></tr>
</table>

＊1：　R＝Xr　R：防護半径m　r：ヘッドの有効散水半径m　X：係数　表中の数値はr＝2.6mのヘッドの場合を示す。
＊2：　・(4)項の用途に供される部分　6m以下　それ以外　10m以下

水源水量は、表6-19により算出した個数に1.6m^2を乗じて得た量以上を設けます。

また、小区画ヘッドについては1m^2を乗じて得た量以上(ラック式倉庫のうち等級がⅢまたはⅣのもので水平遮蔽板が設けられているものにあっては2.28m^2、その他のものにあっては3.42m^2を乗じて得た量以上)を設けます。

ただし、ヘッドの設置個数が表の個数に満たない時は、当該設置個数とします。

表6-17 小区画型スプリンクラーヘッド、側壁型スプリンクラーヘッドの設置基準

<table>
<tr><th></th><th colspan="3">防火対象物の区分</th><th>ヘッド防護半径</th><th>ヘッド取付高さ</th><th>同時開放個数</th><th>ポンプ吐出量</th><th>水源水量</th></tr>
<tr><td rowspan="3">小区画型1種ヘッド</td><td colspan="3">表6-16④の防火対象物のうち、(6)項イ(1)、(2)および(6)項ロで基準面積1000m^2未満のもの</td><td rowspan="3">2.6m以下かつ防護面積13m^2以下</td><td rowspan="3">10m以下</td><td>4個</td><td>240L/min以上</td><td>4.0m^3以上</td></tr>
<tr><td rowspan="4">表6-16④の防火対象物のうち、(5)項、(6)項の防火対象物及び、(16)項で(5)項、(6)項に供される部分</td><td rowspan="2">宿泊室、病室、その他これらに類する室(宿泊室等)</td><td>地階を除く階数が10以下</td><td>8個</td><td>480L/min以上</td><td>8.0m^3以上</td></tr>
<tr><td>地階を除く階数が11以上</td><td>12個</td><td>720L/min以上</td><td>12.0m^3以上</td></tr>
<tr><td rowspan="2">側壁型1種ヘッド</td><td rowspan="2">宿泊室等、及び廊下、通路その他これらに類する部分</td><td>地階を除く階数が10以下</td><td rowspan="2">水平方向
両側各1.8m以下
かつ
前方方向3.6m以下</td><td rowspan="2">10m以下</td><td>8個</td><td>720L/min以上</td><td>12.8m^3以上</td></tr>
<tr><td>地階を除く階数が11以上</td><td>12個</td><td>1080L/min以上</td><td>19.2m^3以上</td></tr>
</table>

<table>
<tr><td rowspan="2">加圧送水装置</td><td>ポンプ方式</td><td>①水源の水位がポンプより低い場合には、ポンプを有効に作動できる容量の専用呼水槽(減水警報および自動補給水装置付)を設けること。
②吸水管は、ポンプごとに専用とし、濾過装置(フート弁に附属するものを含む)を設ける水源水位がポンプより低い場合はフート弁を、その他のものにあっては止水弁を設けること。なお、フート弁は容易に点検を行うことができるものであること
③ポンプの吐出量は、ヘッドの同時開放個数に90L/min(小区画型ヘッドにあっては60L/min、ラック式倉庫にあっては130L/min)を乗じて得た量以上の量とすること。
④ポンプの全揚程は、次式により求める。
H＝h1＋h2＋10〔m〕
H：ポンプの全揚程〔m〕
h1：配管の摩擦損失水頭〔m〕
⑤ポンプの吐出量が定格の150％における全揚程は、定格の65％以上であること
⑥ポンプは専用とする。ただし、他の消火設備と兼用する場合で、それぞれの設備の性能に支障を生じないものにあってはこの限りではない。
⑦ポンプには、吐出側に圧力計、吸込側に連成計を設けること。
⑧ポンプには、性能試験装置(定格運転試験)および締切運転時の水温上昇防止用逃がし配管を設けること。
⑨原動機は、電動機(モーター)を使用すること。</td></tr>
<tr><td>高架水槽方式</td><td>①落差(高架水槽の下端からヘッドまでの垂直距離)は、次式により求める。
H＝h1＋10〔m〕
H：必要な落差〔m〕
h1：配管の摩擦損失水頭〔m〕
②高架水槽には水位計、排水管、溢水用排水管、補給水管、およびマンホールを設けること。</td></tr>
</table>

スプリンクラー設備の設置基準

表6-18 特定施設水道連結型スプリンクラー設備

特定施設水道連結型スプリンクラー設備は、令別表第一(6)イ(1)、(2)および(6)項ロのうち、基準面積1000m^{2}未満のものに設置することができる。

建築条件	ヘッドの種類	ヘッド放水量		ヘッド防護半径	同時開放個数	ポンプ吐出量	水源水量
		天井高さ3m未満の部分	3m以上10m以下の部分				
内装仕上げが火災予防上支障がないもの	小区画型	0.02MPa以上かつ15L/min以上	0.02MPa以上かつ15L/min以上	2.6m以下かつ防護面積13m^{2}以下	最大の放水区域に設置されるヘッド個数(最大4個)	設置不要 設置の場合、設置個数(最大4個)×20L/min以上	設置不要 設置の場合、1.2m^3
	開放型	―		1.7m以下		※1	
内装仕上げが火災予防上支障があるもの	小区画型	0.05MPa以上かつ30L/min以上	0.05MPa以上かつ30L/min以上	2.6m以下かつ防護面積13m^{2}以下		設置不要 設置の場合、設置個数(最大4個)×35L/min以上	設置不要 設置の場合、設置個数(最大4個)×0.6m^3
	開放型	―		1.7m以下		※1	

開放型スプリンクラーヘッドを用いる場合のポンプ吐出量については所轄消防に確認願います。

表6-19 放水型ヘッド等を用いるスプリンクラー設備を設ける部分

スプリンクラー設備の設置を要する部分で、次に示す部分には放水型ヘッド等を用いるスプリンクラー設備を設ける。

防火対象物の区分	設置個所	床面から天井までの高さ
令別表第一(16の2)項 地下街	店舗、事務所等	6mを超える部分
	地下道	10mを超える部分
令別表第一(16の3)項 準地下街		6mを超える部分
その他の部分 (舞台部、ラック倉庫は除く)	可燃物が大量に存し、消火が困難と認められる次の部分 ・指定可燃物を貯蔵し、又は、取り扱う部分 ・令別表第一(4)項(百貨店、マーケット等)及び(16)項イのうち、(4)項に供される部分(通路、階段、その他これらに類する部分を除く)	6mを超える部分
	上記以外の部分	10mを超える部分

6-6 連結送水管設備

高層の建築物において、消防隊が消防ホースなどの扱いで手間取らないように、あらかじめ建築物を縦断して設けられた送水用の配管

Point

- 送水口に消防ポンプ車からの送水管を連結することで、各階設置の放水口から加圧状態の消火用水が得られます。
- 消防隊は、比較的短いホースを火災現場付近の放水口に接続するだけで消火作業が行えます。

設計の手順

設置要否の確認後、設置が必要となった場合、次の手順により設計作業を進めていきます。

①設置の要否の確認

消防法施行令別表第2により、設備の要否を確認します。最寄りの消防署との協議も行ってください。

②協議の結果、設置が必要となった場合

特例適用の要否を確認してください。

③送水口および放水口の取付位置と設置数の決定

放水口は、3階以上の各階に設置します。地階、地上1・2階は通常設置不要ですが、所轄消防署の指導にしたがいます。

その階の各部分から1つの放水口までの水平距離が50m以下となるように設置します。

各階ごとに半径50mの円にすべての部分が包含できる数とします。

放水口の口径を65mmとします。地上11階以上に設ける放水口は、双口形としてノズル・ホースを常備するホース格納箱を設置します。

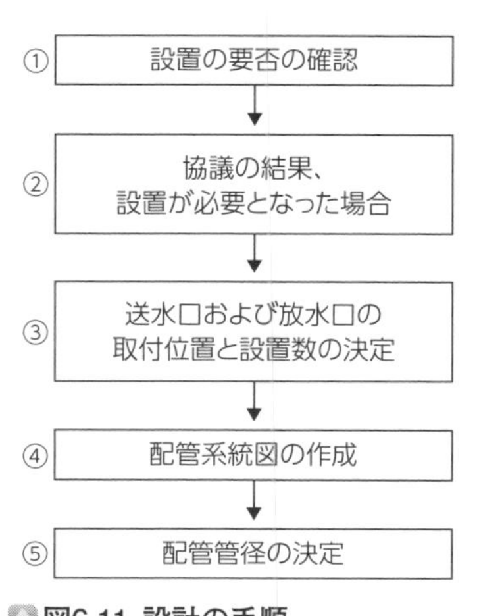

図6-11 設計の手順

また、放水口の取付位置は、床面から0.5m以上、1.0m以下の高さに設置します。11階以上には、放水用器具を格納した箱を付置しますが、長さ20mのホース4本以上と筒先2本以上が必要です。

格納箱は1つの直通階段について階数3以内ごとに1つの放水口から歩行距離5m以内で消防隊が有効に消火活動ができる位置とします。

送水口は、口径65mmの双口形とし、連結送水管の立管の数以上設置します。送水口の取付位置は、消防ポンプ車が容易に接近できる位置とし、建物の外部または外壁に、地上0.5m以上、1.0m以下の高さに設置します。

④配管系統図の作成

送水口、放水口の配置を正確に決定後、着手します。配管を正確にわかりやすく立体的に書きます。

⑤配管管径の決定

連結送水管の主管は、100mm以上とし、枝管は65mmとします。

送水口への接続配管は100mmとします。

11階以上または31m以上の建物高さの場合は、管内を湿式とします。

連結送水管設備の技術基準

表6-20 技術基準

		連結送水管
放水口の設置基準	一般建物	3階以上の階に、階ごとに放水口を中心に半径50mの円ですべての床面積が覆われるように配置する。
	地下街	放水口を中心に半径50mの円で覆われるように配置する。
	アーケード	放水口を中心に半径25mの円で覆われるように配置する。
設置位置		消防隊が有効に活動できるよう避難階に直接通じる階段室内、その附室および非常用エレベータの乗降ロビーのいずれかとする。
放水圧力		0.6MPa以上
送水口		消防ポンプ車が容易に接近できる場所に双口形を高さ0.5～1.0mに立管の数以上設置する。
配管	方式	①湿式を原則とする。 ②立主管は呼び径100A以上、横引き管は呼び径65以上とする。 ③最上部に設置された放水口の高さが地盤面から50m以下のものは、その主管を屋内消火栓の主管と兼用することができる。 ④送水口の付近には、止水弁および逆止弁を設ける。 ⑤屋上に呼び径65Aの放水口を設ける。 ⑥地上11階以上の建物に設置する連結送水管で高さが70mを超える建物には、ブースターポンプを火災等の災害による被害を受ける恐れが少ない箇所に、送水上支障のないように設ける。
	管材	①圧力配管用炭素鋼鋼管（JIS G 3454）を使用。ただし、設計放水圧力が1MPaを超える場合は、JIS G 3454のうち、呼び厚さがスケジュール40以上の管とする。 ②管継手は、ねじ込み式、溶接式のフランジ継手またはねじ込み式管継手を用いる。
加圧送水装置		①地上11階以上で高さが70mを超える建物は湿式とすると共に加圧送水装置を設ける。 ②ポンプ吐出量は、当該設置個数最大数（最大を3とする）に800L/minを乗じた量以上とする。
非常電源		非常電源を附属し2時間以上作動すること。
11階以上の放水口		放水口は、双口形とする。
ホース格納箱		①11階以上には放水用器具を格納した箱を設置する（ホース20m×4本、筒先2本以上）。 ②格納箱は1の直通階段で階数3以内ごとに1の放水口から歩行距離5m以内で有効に消火活動ができる位置。

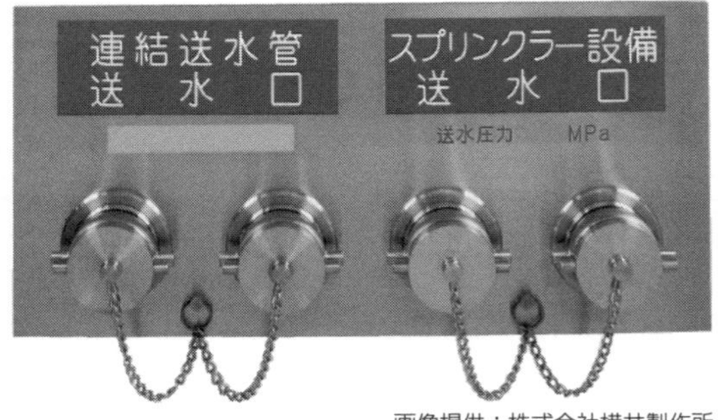

画像提供：株式会社横井製作所

図6-12 ねじ式双口送水口2連型

主管内径の特例を適用する場合の水力計算

主管径を100A未満にする場合は、次の水力計算式に選定した100A未満の主管径（65A以上にかぎる）の流量に対する数値を入れて、設計送水水頭の値を求め、その値が160m以下である場合に、選定した100A未満の主管径とすることができます。

<table>
<tr><th>計算 6-2</th><th>計算例</th></tr>
<tr><td>Hmax ≧ H
$H = \frac{(h1 + h2 + h3 + h4 + h5)}{100} + ha + n$

H：設計送水水頭〔m〕(最大160m＝1.6MPa)
h1 ：送水口(130m ≒ 38.3 × 3.4)
h2 ：L1(配管直管＋管継手等) × a
h3 ：L2(配管直管＋管継手等) × b
h4 ：放水口(177m ≒ 22 × 8.04)
h5 ：ホース等(1177m ≒ 25 × 40m+22 × 8.04)
ha ：落差(地盤面から最上階の放水口までの高さ)〔m〕
n ：フォグガンのノズル先端水頭〔m〕(100m＝1.0MPa)</td><td>h1 = 130 m
h2 = 19.96033 m
h3 = 0.2412 m
h4 = 177 m
h5 = 1177 m　∴ H = 139.0420153
ha = 24 m
n = 100 m　160 ≧ 139.0　判定 ○</td></tr>
</table>

表6-21 配管(JIS G 3454、Shc40)の摩擦損失水頭(100m当たり)

(JIS G 3454、Shc40)

	配管流量〔L/min〕	呼び径65A	呼び径80A	呼び径100A
a	800	28.97m	12.67m	3.40m
b	400	8.04m	3.51m	0.94m

6-7 連結散水設備

あらかじめ配置してある散水ヘッドに消防隊が水を送り消火を図る設備

Point

- ▶ 消火活動上必要な施設の1つです。
- ▶ 散水ヘッド、配管、弁類および送水口から構成されています。
- ▶ 消防ポンプ車から送水口を通じて送水し、散水ヘッドから放水します。

設計の手順

設置要否の確認後、設置が必要となった場合、次の手順により設計作業を進めていきます。

①散水ヘッドの取付位置と設置数の決定

散水ヘッドの設置間隔、送水口およびその取付位置を決定します。連結散水設備の技術基準を参照してください。

②配管系統図の作成

送水口、散水ヘッドの配置を正確に決定したうえで、配管系統図の作成に着手してください。配管を正確にわかりやすく立体的に書きます。

③配管管径の決定

散水ヘッドの取り付け個数に応じ、決定します。

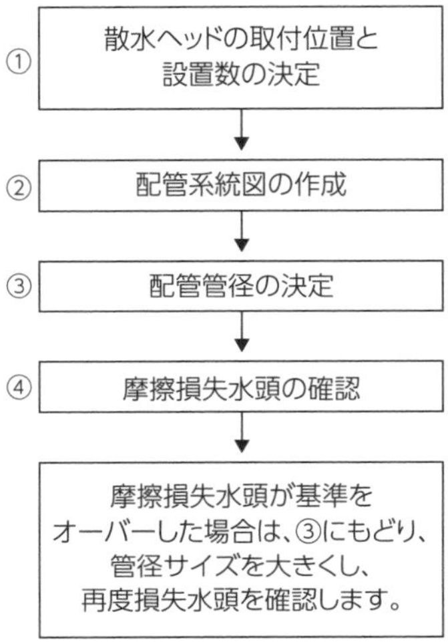

① 散水ヘッドの取付位置と設置数の決定
↓
② 配管系統図の作成
↓
③ 配管管径の決定
↓
④ 摩擦損失水頭の確認
↓
摩擦損失水頭が基準をオーバーした場合は、③にもどり、管径サイズを大きくし、再度損失水頭を確認します。

図6-13 連結散水設備の決定

④摩擦損失水頭の確認

送水口から最遠の散水ヘッドまでの摩擦損失水頭は50m以下とします。この場合の散水ヘッド1個当たりの流量は、放水圧5.0kg f/cm^{2}で180L/minとして、屋内消火栓設備の場合と同様に計算します。
摩擦損失水頭が基準をオーバーした場合は、③に戻り管径サイズを大きくして再度損失水頭を確認します。

連結散水設備の技術基準

表6-22 技術基準

（規則30条）

<table>
<tr><th>項　目</th><th colspan="3">内　　容</th></tr>
<tr><td rowspan="5">散水ヘッド配置</td><td>種別</td><td>ヘッド水平距離</td><td>送水区域ヘッド数</td></tr>
<tr><td>開放型散水ヘッド</td><td rowspan="2">3.7m以下</td><td rowspan="2">10個以下</td></tr>
<tr><td>閉鎖型散水ヘッド</td></tr>
<tr><td>閉鎖型スプリンクラーヘッド</td><td>スプリンクラー設備に同じ
（高感度型ヘッドを除く）</td><td>20個以下</td></tr>
<tr><td colspan="3">①散水ヘッドを傾斜した天井または屋根の下面に設ける場合、ヘッドの軸心が取付面に対して直角になること。
②散水ヘッドは開放型または閉鎖型いずれか1つの種類とします。
③消防庁長官が定める基準に適合するものであること。</td></tr>
<tr><td>選択弁</td><td colspan="3">選択弁を設ける場合は送水口付近に設けること。</td></tr>
<tr><td>送水口位置</td><td colspan="3">送水口は、消防ポンプ自動車が容易に接近できる位置に設けます。</td></tr>
<tr><td>配　管</td><td colspan="3">①管継手バルブ類の材質は、JIS G 5101またはG 5702に適合しまたは同等以上の強度、耐蝕性および耐熱性を有するもの。
②管は亜鉛メッキ他、耐食措置を講じたもの。
③管の接続は、ねじ接続とする（差込溶接式や耐熱措置を講じたフランジ継手等を使用するときはこの限りでない）。
④配管の支持金具は堅牢で耐熱性のもの。
⑤ヘッドの個数に応じ、管径は下表による。
<table><tr><th>散水ヘッドの個数</th><th>1個</th><th>2個</th><th>3個</th><th>4個～5個</th><th>6個～10個以下</th></tr><tr><td>管の呼径</td><td>32A以上</td><td>40A以上</td><td>50A以上</td><td>65A以上</td><td>80A以上</td></tr></table></td></tr>
<tr><td>送水口</td><td colspan="3">①送水口は双口形のものとする。
②地盤面からの高さ0.5m以上1.0m以下または、地盤面からの深さが0.3m以内の箇所に設けること。
③送水口は、見やすい箇所に連結散水設備の送水口である旨を表示した標識を設け、送水区域、選択弁、送水口を明示した系統図を設けること。</td></tr>
</table>

6-8 水噴霧消火設備

水を霧状に噴射し、油火災等を鎮圧する設備

Point

- 屋外タンクなどの容器にも、水を噴霧することでタンクの損傷による火災の拡大を防ぐ効果があります。
- 天井の高い空間では、不向きです。

設計の手順

設置要否の確認後、設置が必要となった場合、次の手順により設計作業を進めていきます。

①水噴霧ヘッドの配置と設置個数の決定

水噴霧ヘッドの配置は、防護対象物の全表面を噴霧が覆うよう配置します。水噴霧ヘッドは用途により、構造、放水圧、放水角、放水量、有効射程、噴霧粒子径などの性能が異なり、種類も多くあります。一般に使用されるヘッドは、放水圧1～7kg f/cm^2、放水量20～200L/min、放水角度 45°～120° です。

① 水噴霧ヘッドの配置と設置個数の決定
↓
② 水源容量の算定
↓
③ 配管系統図の作成
↓
④ 配管口径の決定と水噴霧消火設備及び附属器具の決定
↓
⑤ 加圧送水装置の設計

図6-14 設計の手順

②水源容量の算定

床面積 50m^{2}以下の有効容量は、**V＝床面積×標準放射量×20分以上**

床面積50m^{2}以上の有効容量は、**V＝50m^2×標準放射量×20分以上**です。

③配管系統図の作成

機器類の配置を正確に決定後着手します。配管の長さ、継手、弁類の種類や数量は配管の摩擦損失水頭を求めるうえで正確さが要求されます。

④配管口径の決定と水噴霧消火設備および付属器具の決定

⑤加圧送水装置の設計

水噴霧消火設備の技術基準を参照してください。

画像提供：株式会社横井製作所

図6-15 水噴霧吐水口

水噴霧消火設備の技術基準

表6-23 技術基準

(令14条、規則16条・17条・32)

配置間隔と設置位置	水噴霧ヘッドの配置	防護対象物の全表面を噴霧が覆うように配置する。
	放水圧力	消火用　3.5kg/cm^2 防護用　1.0kg/cm^2
	放水角度	45°〜120°
	放水量（面積当り）	①準危険物・特殊可燃物を貯蔵し取扱場所 ②駐車の用に供される部分20L/min・m^2
水源容量		①床面積50m^{2}以下　床面積×標準放水量×20分以上 ②床面積50m^{2}以上　50m^2×標準放水量×20分以上
ポンプ	吐水量	Q〔L/min〕≧q×N q：ヘッド1個当たりの流量〔L/min〕 N：同時に放水するヘッド数
	全揚程	H≧h1+h2+h3〔m〕 h1：ヘッドの放水圧換算水頭〔m〕 h2：ポンプからヘッドまでの配管摩擦損失水頭〔m〕 h3：フート弁からヘッドまでの落差水頭〔m〕
	電動機容量〔kW〕	Ps=（Q×H）/（6120×E） KW=1.1×（Ps/K） Q：ポンプの定格吐出量〔L/min〕 H：ポンプの全揚程〔m〕 K：伝導効率（電動機の場合は1.0） E：定格吐出量におけるポンプ効率
配管	管材	①圧力配管用炭素鋼鋼管（JIS G 3454）を使用する ②管継手は、ねじ込み式、溶接式のフランジ継手または、ねじ込み式管継手を用いる。
	主管	管径は、開放形スプリンクラ設備に準拠。
備考		駐車の用に供される部分の排水設備に注意してください。 ・床面の勾配は、2/100以上とする。 ・駐車場所には、車路に接する部分を除き、高さ10cm以上の区画境界堤を設ける。 ・油分離装置付の消火ピットを設ける。 ・車路に排水溝を設け、かつ、長さ40mごとに1個の集水管を設置し消火ピットに連結する。

6-9 泡消火設備

消火能力が高く、油火災に威力を発揮するため、駐車場などに使用される

Point

- 水を含んだ泡を用いるため、コンピュータ関連の部屋や電気施設には適しません。
- 泡放出口にはいろいろな種類があります。一般には「フォームヘッド」です。
- 泡放出口から放出する際に空気を吸い込み泡を形成して燃焼面を覆います。

設計の手順

設置要否の確認後、設置が必要となった場合、次の手順により設計作業を進めていきます。

①泡消火栓設備の種類の選択

泡消火設備には固定式と移動式があります。また、泡の膨張比によって、低発泡と高発泡にも区分されます。固定式は泡ヘッドを設置し、移動式は屋内消火栓のようにホース・ノズルを内蔵した泡消火栓を設置します。

②泡ヘッドの取付位置と設置個数の算定

泡ヘッドは、防火対象物の種別に応じて設置します。泡ヘッドの設置間隔と取付高さは、泡ヘッドの種類に応じて配置します。

③泡ヘッドの放射量の算定

防火対象物および泡消火剤の種別に応じて算定します。

④付属機器類の算定

起動装置、自動警報装置、放射区域の制限を算定します。

⑤泡消火ポンプの設計

泡消火ポンプの吐出量を以下の式にしたがって算出します。

泡ヘッドの場合

Q≧q×N

高発泡用泡放出口の場合

全域放出方式……Q≧qv×v
局所放出方式……Q≧qs×S

Q：ポンプの吐出量〔L/min〕
q：泡ヘッドの放射量〔L/min〕
N：最大面積に設ける泡ヘッド数
qv：放射量〔L/min〕
qs：放射量〔L/min〕
v：防護区域の冠泡体積〔m^3〕
S：防護区域の面積〔m^3〕

* ポンプの全揚程は、水噴霧消火設備に準拠。
* 配管の摩擦損失水頭計算は、スプリンクラー設備に準拠。

⑥水源の容量の算定

水源の容量V〔m^2〕を以下の式にしたがって算出します。

泡ヘッドの場合

$V \geqq Q \times 10 \times 10^{-3}$

高発泡用泡放出口の場合

全域放出方式……$V \geqq q \times v$

局所放出方式……$V \geqq Q \times 20 \times 10^{-3}$

Q：ポンプの吐水量〔L/min〕

q：冠泡体積1m^3当たりの泡水溶液量〔m^3〕

v：冠泡体積〔m^3〕

⑦泡消火剤の貯蔵量の算定

泡消火剤の貯蔵量Wf〔m^3〕は以下の式にしたがって算出します。

$Wf \geqq V \times \mu$

V：水源容量〔m^3〕

μ：泡消火剤の希釈容量濃度（0.03または 0.06）

⑧配管系統図の作成

⑨配管口径の決定

画像提供：株式会社横井製作所

図6-16 泡消火設備フォームヘッド

泡消火設備の技術基準

表6-24 技術基準

（令15条、規則18条・32条）

<table>
<tr><th colspan="2" rowspan="2"></th><th colspan="3">泡消火設備</th></tr>
<tr><th colspan="2">フォームヘッド</th><th>泡消火栓</th></tr>
<tr><td rowspan="5">設置基準</td><td>設置位置</td><td colspan="2">床面積$9m^2$に1個以上設置。
（散水障害が起きないように注意すること）</td><td>消火栓を中心に、半径15mの円で全ての床面積が覆われるようにすること。</td></tr>
<tr><td>放水圧力</td><td colspan="2">1kg/cm^2以上10kg/cm^2以下</td><td>1kg/cm^2以上10kg/cm^2以下</td></tr>
<tr><td rowspan="3">放水量
（放射量）</td><td>泡消火薬剤種別</td><td>（$1m^2$当たり）</td><td rowspan="3">100L/min</td></tr>
<tr><td>水成膜</td><td>3.7L/min以上</td></tr>
<tr><td>合成界面活性剤</td><td>8.0L/min以上</td></tr>
<tr><td rowspan="3">ポンプ</td><td rowspan="2">吐出量
〔L/min〕</td><td colspan="2">上記放水量×面積が最大の放射区域のヘッド総数</td><td>100×消火栓設置個数（最大2）以上</td></tr>
<tr><td colspan="3">フォームヘッドと泡消火栓が併設されている場合で、同一階に併設されている場合は両者の合計、異なる階に併設されている場合は大なる方の吐出量とする。</td></tr>
<tr><td>全揚程</td><td colspan="3">水噴霧消火設備に準拠。</td></tr>
<tr><td colspan="2" rowspan="2">水源水量</td><td colspan="2">上記ポンプの吐出量10分間以上</td><td>1.5×消火栓設置個数（最大2）以上</td></tr>
<tr><td colspan="3">フォームヘッドと泡消火栓が併設されている場合は、ポンプ吐出量の考え方に準拠。</td></tr>
<tr><td colspan="2">放射区域</td><td colspan="3">放射区域の面積は、$50m^2$以上、$100m^2$以下。</td></tr>
<tr><td rowspan="2">配　管</td><td>管　材</td><td colspan="3">①圧力配管用炭素鋼鋼管（JIS G 3454）を使用する
②管継手は、ねじ込み式、溶接式のフランジ継手または、ねじ込み式管継手を用いる。</td></tr>
<tr><td>主　管</td><td colspan="3">管径は、開放形スプリンクラ設備に準拠。ただし、摩擦損失水頭が大きすぎる場合は、管径を大きくする。</td></tr>
</table>

泡消火設備の設置技術資料

表6-25 泡消火設備の種類

<table>
<tr><th>設備の方式</th><th colspan="2">泡放出口</th><th>分類</th></tr>
<tr><td rowspan="4">固定式</td><td rowspan="3">泡ヘッド</td><td>フォームウォータ</td><td rowspan="3">低発砲</td></tr>
<tr><td>スプリンクラヘッド</td></tr>
<tr><td>フォームヘッド</td></tr>
<tr><td colspan="2">高発砲用泡放出口</td><td>高発砲</td></tr>
<tr><td>移動式</td><td colspan="2">泡ノズル</td><td>低発砲</td></tr>
</table>

＊低発砲：膨張比が20以下の泡。
＊高発砲：膨張比が80以上100未満の泡。

表6-26 泡ヘッドの適用防火対象物

<table>
<tr><th>防火対象物又はその部分</th><th>泡ヘッド種別</th><th>有効防護面積</th></tr>
<tr><td rowspan="2">航空機の格納庫及び屋上部分の発着場等</td><td>フォーム・ウォーター</td><td rowspan="2">$8m^2$</td></tr>
<tr><td>スプリンクラーヘッド</td></tr>
<tr><td>道路の用に供される部分、駐車場、修理工場棟</td><td>フォームヘッド</td><td>$9m^2$</td></tr>
<tr><td rowspan="3">指定可燃物</td><td>フォームヘッド</td><td>$9m^2$</td></tr>
<tr><td>フォーム・ウォーター</td><td rowspan="2">$8m^2$</td></tr>
<tr><td>スプリンクラーヘッド</td></tr>
</table>

表6-27 フォームヘッドの放射量

防火対象物またはその部分	泡消火薬剤	放射量〔L/min・m²〕
道路の用に供される部分、駐車場、修理工場等	たん白泡	6.5
	合成界面活性剤泡	8.0
	水成膜泡	3.7
指定可燃物	たん白泡	6.5
	合成界面活性剤泡	6.5
	水成膜泡	6.5

表6-28 高発砲用泡放出口の泡水溶液放出量

（全域放出方式）

防火対象物またはその部分	膨張比による種別	放出量〔L/min･m²〕
航空機の格納庫 屋上部分の回転翼航空機の発着場	第１種	2.00
	第２種	0.50
	第３種	0.29
駐車場、修理工場等	第１種	1.11
	第２種	0.28
	第３種	0.16
第１類、第２類、第４類の準危険物または 特殊可燃物を貯蔵し、または取り扱うもの	第１種	1.25
	第２種	0.31
	第３種	0.18
特殊可燃物を貯蔵し、または取り扱うもの	第１種	1.25

＊第１類準危険物：亜塩素酸塩類、臭素酸塩類等。
＊第２類準危険物：油紙類および油布類、油かす等。
＊第４類準危険物：ラッカー、松やに、パラフィン等。

表6-29 移動式泡消火設備

区分	水源水量	備考
駐車場、修理工場等	100L/min×15分間	各部分から１のホース接続口までの水平距離が15m以下。
その他	200L/min×15分間	

6-10 粉末消火設備

凍結の恐れがある場所等ではよく用いられる

Point

- 移動式は、設置の容易性と経済性から駐車場によく使用されます。
- 使用する消火薬剤が粉末でそれ自体には消火能力も噴出圧力もないため、加圧源が必要です。

設計の手順

設置要否の確認後、設置が必要となった場合、次の手順により設計作業を進めていきます。

①粉末消火設備の種類の選択

全域放出方式、局所放出方式、移動式があります。

②噴射ヘッドの取付位置と設置個数の算定

③消火剤の貯蔵量の算定

消火剤は、法で規定されています。

④加圧用ガス量の算定

一般には、窒素ガスを使用します。

⑤付属機器類の決定

消火剤貯蔵容器、圧力調整器、安全弁、区画選択弁、制御盤，手動起動装置などを決定します。

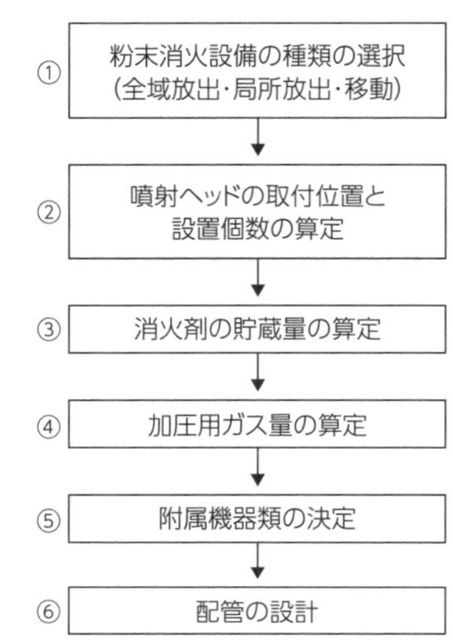

図6-17 設計の手順

⑥配管の設計

配管材や弁類を決定し、配管の分岐は、放射圧が均一となるようにすべてトーナメント形式とします。分岐は上流側にある屈曲部から分岐点までの長さを管径の20倍以上とします。

粉末消火設備の技術基準

表6-30 技術基準

（令18条、規則21条･32条）

<table>
<tr><th colspan="2"></th><th>全域放出方式</th><th>局所放出方式</th></tr>
<tr><td colspan="2" rowspan="2">噴射ヘッド</td><td>・放射された消火剤が防護区画の全域に均一に、かつ、速やかに拡散するように設ける。
・消火剤の量（下表参照）を30で除して得られた量以上の量を毎秒当りの放射量として放射できるもの。
・噴射ヘッドの放射圧力は、1kgf/cm^2以上であること。</td><td>・全域放出方式の噴射ヘッドの基準による。
・有効射程内に防護対象物が入るように設ける。
・危険物が飛散しない箇所に設ける。</td></tr>
<tr><td colspan="2">・移動式設備の配置で、ホース接続口は、防護対象物の各部分から15mの水平距離以内に設ける。</td></tr>
<tr><td rowspan="2">消火剤</td><td>貯蔵量</td><td>$W \geqq \alpha \times V + \beta \times s$

α：防護区画体積1m^3当たりの消火剤量〔kg/m^3〕
V：防護区画の体積〔m^3〕
β：開口部面積1m^3当たりの追加消火剤量〔kg/m^2〕
s：開口部の面積〔m^2〕</td><td>・火災時、燃焼面が一面に限定され、かつ、可燃物が飛散する恐れのない場合
$W \geqq \gamma \times S \times 1.1$
r：単位表面積当たりの消火剤量〔kg/m^3〕
S：防護対象物の表面積〔m^2〕
・前記以外の対象物の場合
$W \geqq (X - Y \times a \div A) \times V \times 1.1$
X、Y：下表を参照
<table><tr><th rowspan="2">消火剤の種別</th><th>(1)</th><th colspan="2">(2)</th></tr><tr><th>単位表面積当りの消火剤の量γ〔kg/m^3〕</th><th>X</th><th>Y</th></tr><tr><td>1種</td><td>8.8</td><td>5.2</td><td>3.9</td></tr><tr><td>2種</td><td>5.2</td><td>3.2</td><td>2.4</td></tr><tr><td>3種</td><td>5.2</td><td>3.2</td><td>2.4</td></tr><tr><td>4種</td><td>3.6</td><td>2</td><td>1.5</td></tr></table>a：防護対象物周囲の実際にある壁の合計面積〔m^2〕
A：防護空間の壁の面積（壁のない部分は壁があると仮定した面積）〔m^2〕
V：防護空間の体積〔m^3〕
・通信機器室の場合
$W \geqq (X - Y \times a \div A) \times 0.7 \times V \times 1.1$
X･Y･a･A･Vは前記と同じ</td></tr>
<tr><td>放射時間</td><td colspan="2">30秒以内</td></tr>
<tr><td colspan="2">加圧用ガスの量</td><td colspan="2">加圧用ガス量 G〔L〕
$G \geqq 40 \times W$（窒素ガス使用の場合）
$G \geqq (20 \times W) \times 2$（二酸化炭素使用の場合）
W：消火剤の貯蔵量〔kg〕</td></tr>
<tr><td rowspan="2">配管</td><td>管材</td><td colspan="2">①圧力配管用炭素鋼鋼管（JIS G 3454）を使用する。
②管継手は、ねじ込み式、溶接式のフランジ継手または、ねじ込み式管継手を用いる。</td></tr>
<tr><td>弁類</td><td colspan="2">ボール弁を使用する。</td></tr>
<tr><td colspan="2">備考</td><td colspan="2">・移動式の消火剤の貯蔵量W〔kg〕
$W \geqq \alpha \times n$
α：単位ノズル当たりの消火剤の量〔kg〕
n：ノズルの数
・移動式のホースの長さ
20m以上</td></tr>
</table>

粉末消火設備の設置技術資料

表6-31 粉末消火剤重量当たりの貯蔵容器の内容量

消火剤の種別	消火剤当たりの内容量〔L/kg〕
第１種粉末（炭酸水素ナトリウムを主成分とするもの）	0.80
第２種粉末（炭酸水素カリウムを主成分とするもの）	1.00
第３種粉末（リン酸アンモニウムを主成分とするもの）	1.00
第４種粉末（炭酸水素カリウムと尿素の反応生成物）	1.25

表6-32 粉末消火設備（全域放出方式）の消火剤貯蔵量算出基準値

消火剤の種別	防護区画体積当りの消火剤量　α〔kg/m^3〕	開口部面積当りの消火剤量　β〔kg/m^2〕
第１種	0.60	4.50
第２種	0.36	2.70
第３種	0.36	2.70
第４種	0.24	1.80

表6-33 粉末消火設備（局所放出方式）の消火剤貯蔵量算出基準値

消火剤の種別	(1)	(2)	
	単位表面積当りの消火剤の量　γ〔kg/m^2〕	X	Y
第１種	8.8	5.2	3.9
第２種	5.2	3.2	2.4
第３種	5.2	3.2	2.4
第４種	3.6	2.0	1.5

表6-34 移動式粉末消火設備の単位ノズル当たりの消火剤の量とノズルの放射量

消火剤の種別	消火剤の量〔kg〕	ノズルの放射量〔kg/min〕
第１種	50	45
第２種	30	27
第３種	30	27
第４種	20	18

6-11 消火器設備

誰でも知っている初期の火災を消すための可搬式の消防用設備

Point

- 一般的に普及しているのは、加圧式ABC粉末消火器です。
- 1981年規格改正により操作法が規格統一され、誰でも使用できます。
- ①安全栓を抜く→②ノズルを火元に向ける→③レバーを握るの操作です。

消火器の設置基準

防火対象物の区分A ～ Gに該当する行に、消火器の設置個数の算出式が示されています。ただし、この数値は最低設置数ですので注意してください。

表6-35 設置基準

（規則6条·7条·8条）

防火対象物の区分		能力単位の算出式
A	面積のいかんにかかわらず設けるもの	能力単位の数値の合計数≧延べ面積または床面積/50m^2
B	延面積150m^{2}以上のもの、または床面積50m^{2}以上のもの	能力単位の数値の合計数≧延べ面積または床面積/100m^2
C	延面積300m^{2}以上のもの、または床面積50m^{2}以上のもの	能力単位の数値の合計数≧延べ面積または床面積/200m^2
D	少量危険物を貯蔵し、または取り扱うもの	能力単位の数値の合計数≧危険物の数量/危険物の指定数量
E	指定可燃物を貯蔵し、または取り扱うもの	能力単位の数値の合計数≧指定可燃物の数量/指定可燃物の単位数量×50
F	電気設備のある場所	床面積100m^{2}毎に1個以上設定する
G	ボイラ室等多量の火気を使用する場所	能力単位の数値の合計数≧その場所の床面積/25m^2

＊主要構造部が耐火構造で、かつ内装制限した防火対象物は、算出式の分母の面積を2倍とする。
＊火災区分に適応する消火器を設置する。
＊階ごとに設置するとともに、防火対象物の各部分から歩行距離20m以内に設置する。
＊電気設備がある場所、多量の火気を使用する場所に設けるものはFおよびGによる。なお、この場合には設備のある各部分から歩行距離20m以内に設置する。
＊指定可燃物の数量が単位数量の500倍以上となる場合には、適応する大型消火器を階ごとに設置するとともに、防火対象物の各部分から歩行距離30m以内に設置する。なお、A～Dと同一となる場合には大型消火器の有効範囲内は能力単位を1/2に減少できる。

表6-36 消火器性能基準

型	消火薬剤の種類	薬剤量	能力単位	放射時間約〔sec〕	放射距離〔m〕	総重量〔kg〕	全高〔mm〕	全幅〔mm〕
小型6型	強化液	6.0L	A-2·B-1·C	43	5～10	12	660	210
小型6型	機械泡	6.0L	A-2·B-12	53	3～6	11.8	630	230
小型7型	二酸化炭素	3.2kg	B-2·C	16	2～4	12	540	270
小型10型	粉末	3.0kg	A-3·B-7·C	13	3～6	6	510	220
小型10型		3.5kg	A-3·B-7·C	17	3～6	6.4	520	220
大型50型	粉末	20.0kg	A-10·B-20·C	35	5～9	46	840	360

＊大型消火器は車載式であるので、上記寸法のほか、奥行は約400mmある。
＊上表の放射時間、放射距離は、温度20℃における場合のものである。

屋内消火栓箱の大きさ

屋内消火栓箱(ホース格納箱)には、種類がたくさんありメーカーにより外形寸法にも多少の差があります。その代表的なものを示します。

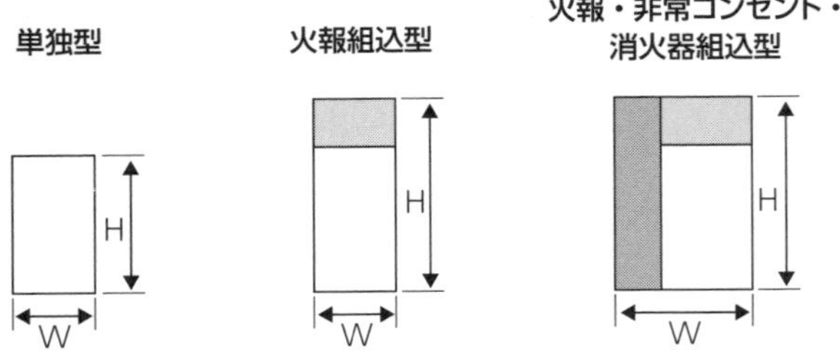

図6-18 屋内消火栓箱

表6-37 屋内消火栓箱の寸法

種別および組み合せ		消火栓弁放水口	ノズル	ホース	外形寸法 H×W×D〔mm〕
単独型	屋内消火栓(1号)	40φ:1個	13φ×40φ:1本	40φ×15m:2本	1050×700×200
	屋内消火栓(1号)放水口併設	40φ:1個	13φ×40φ:1本	40φ×15m:2本	1050×750×230
		65φ:1個			
	屋内易操作性1号消火栓	32φ:1個	13φ×32φ:1本	32φ×30m:1本	1000×650×250
	屋内消火栓(2号)	25φ:1個	8φ×25φ:1本	25φ×20m:1本	900×750×200
	屋外消火栓ホース格納箱	65φ:1個	19φ×65φ:1本	65φ×20m:2本	1300×900×250
	放水口	65φ:1個	設けない	設けない	500×400×240
	放水口(表示灯組込)	65φ:1個	設けない	設けない	700×400×240
火報組込型	屋内消火栓(1号)	40φ:1個	13φ×40φ:1本	40φ×15m:2本	1350×700×200
	屋内消火栓(1号)放水口併設	40φ:1個	13φ×40φ:1本	40φ×15m:2本	1350×750×230
		65φ:1個			
	屋内易操作性1号消火栓	32φ:1個	13φ×32φ:1本	32φ×30m:1本	1300×650×250
	放水口	65φ:2個	19φ×65φ:1本	65φ×20m:2本	1500×900×240
	屋内消火栓(1号)放水口併設	40φ:1個	13φ×40φ:1本	40φ×15m:2本	1500×900×300
		65φ:2個	19φ×65φ:1本	65φ×20m:2本	1500×900×400
火報・非常コンセント・消火器組込型	屋内消火栓(1号)放水口併設	40φ:1個	13φ×40φ:1本	40φ×15m:2本	1500×1200×350
		65φ:2個	19φ×65φ:1本	65φ×20m:2本	

＊上表中の外形寸法は、メーカーによって若干異なる。

6-12 消火設備の非常電源

電気を動力源とする消防用設備等には設置が必要です

Point

- ▶ 火災等により常用電源が停電してもこれに替えて電力を供給できるものです
- ▶ 非常電源には非常電源専用受電設備、自家発電設備、蓄電池設備又は燃料電池設備の４種類が定められています
- ▶ 定期に点検し、管轄の消防署等への報告が義務付けられています。

消火設備の非常電源

非常電源は、消防用設備等の種類に応じて設置するものです。

表6-38 消火設備の非常電源の種類と容量

消火設備の種類	非常電源の種別	容量
屋内消火栓設備 屋外消火栓設備 水噴霧消火設備 スプリンクラ設備 泡消火設備	非常電源専用受電設備（ただし、延面積が1000m^{2}以上の特定防火対象物及び特定防火対象物を除く、地階を除く階数が11以上で延面積が3000m^{2}以上又は地階を除く階数が7以上で延面積が6000m^{2}以上の防火対象物は除く） 自家発電設備又は蓄電池設備	30分以上
二酸化炭素消火 粉末消火設備	自家発電設備又は蓄電池設備	60分以上
自動火災報知設備 非常警報設備 （非常ベル、自動式サイレン、放送設備）	非常電源専用受電設備（ただし、延面積が1000m^{2}以上の特定防火対象物を除く）、又は蓄電池設備	10分以上
ガス漏れ火災警報設備	自家発電設備（２回線を１分間有効に作動させ、同時にその他の回路を１分間監視状態にすることができる容量以上の容量を有する予備電源又は蓄電池設備を設ける場合に限る。）又は、蓄電池設備	10分以上
誘導灯	蓄電池設備	20分以上
排煙設備	非常電源専用受電設備（ただし、延面積が1000m^{2}以上の特定防火対象物及び特定防火対象物を除く、地階を除く階数が11以上で延面積が3000m^{2}以上又は地階を除く階数が7以上で延面積が6000m^{2}以上の防火対象物は除く） 自家発電設備又は蓄電池設備	30分以上
連結送水管の加圧送水装置	自家発電設備又は蓄電池設備	120分以上
非常コンセント設備	非常電源専用受電設備（ただし、延面積が1000m^{2}以上の特定防火対象物及び特定防火対象物を除く、地階を除く階数が11以上で延面積が3000m^{2}以上又は地階を除く階数が7以上で延面積が6000m^{2}以上の防火対象物は除く） 自家発電設備又は蓄電池設備	30分以上
無線通信補助設備	蓄電池設備	30分以上

表6-39 各設備に使用する非常電源

	非常電源の種類 各設備	非常電源専用受電設備	自家発電設備	蓄電池設備	燃料電池設備
1	屋内消火栓 スプリンクラー 泡・排煙	○	○	○	○
2	不活性ガス ハロゲン化物 粉末	×	○	○	○
3	自動火災報知 非常警報 無線通信補助	○	×	○	×
4	誘導灯	×	×	○	○

第7章
ガス設備

ガスには、都市ガスとLP ガス（プロパンガス）の2種類があります。地域によってガス使用区分が分かれます。これらのガスを給湯や台所での燃焼器具へ供給するガス設備は、生活には欠かすことのできない設備です。

本章では、ガスの種類や特徴およびガスの安全性について解説します。

7-1 主なガス設備の専門用語

ガスに関する重要な用語

Point

- ガス設備独自の専門用語があります。
- 都市ガス、LPガスの特性や特徴をマスターしましょう。
- ガスの安全対策も熟知しましょう。

ウォッベ指数

供給ガスの熱量〔MJ〕をその供給ガスの比重(空気を1とする)の平方根で割った値で示されます。

都市ガスの種類を表す記号(ガスグループ)は数字とアルファベットの組み合わせで表現しています。数字は、熱量を比重の平方根で割ったウォッベ指数を、キロカロリー換算し1000で割ったものを整数化したものにほぼ該当し、記号については、Aから順に速くなる燃焼速度を表します。Aは「遅い」(50cm/sec)、Bは「中間」(70cm/sec)、Cは「速い」(90cm/sec)です。

ガスの圧力

ガスの圧力には、高圧、中圧、低圧があります。一般の住宅やビルで使用されるものは低圧がほとんどで、高圧・中圧は、工業用やビル冷暖房用等、特にガスの消費量が多い場合や燃焼器の仕様により低圧より高い圧力が必要とされる場合に用いられます。

高圧 …… 圧力1.0MPa以上
中圧 …… 圧力0.1MPa以上1.0MPa未満
低圧 …… 圧力0.1MPa未満

一般的に供給されている低圧は2.5kPa以下です。

ガバナ(整圧器)

ガスを高い圧力から必要な圧力まで減圧するための装置です。

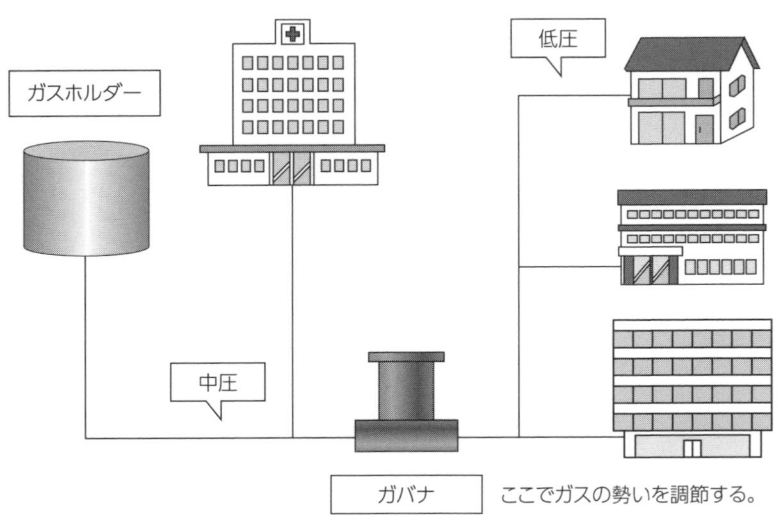

図7-1 ガバナ(整圧器)

引込み管ガス遮断装置

引込み管に設置し、危急の場合にガスの供給を遮断することができる装置です。

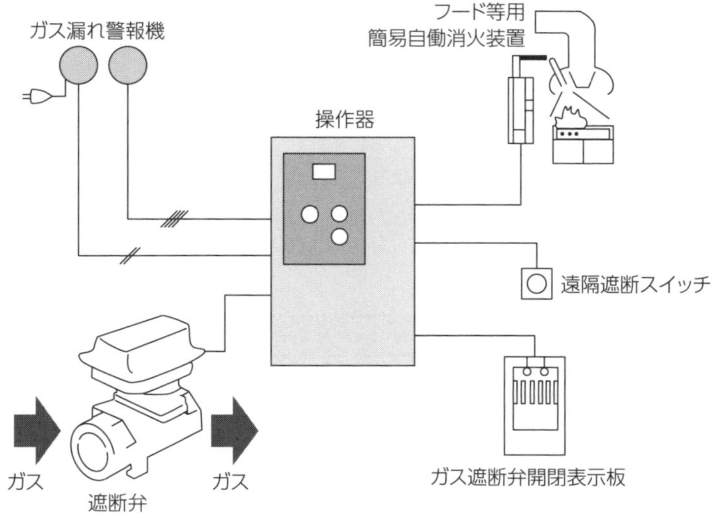

図7-2 引込み管ガス遮断装置

昇圧防止装置

都市ガスの比重は空気より軽いため、高層階への立上り管は、建物自体の高度差により圧力変化を生じます。ガスの静圧はガス事業者が定める供給圧力の上限を超える場合には、昇圧防止器を付けます。

東京ガスの場合は、2.5kPaを超えると必要となります。高度差の目安は44m以上です。

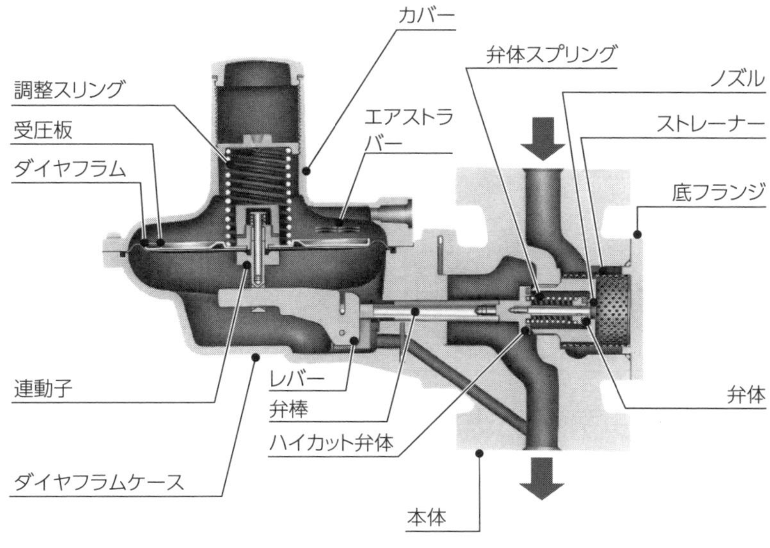

図7-3 昇圧防止装置

離隔距離

ガス管と電線、ガス管と避雷導線等には、事故防止のため省令等で定められた離隔距離が必要となります。

事故防止のため離隔距離が必要となり、省令等での規定がありますので注意が必要です。詳細については(財)日本ガス機器検査協会編ガス機器の設置基準および実務指針に基づきます。

ガス設備のSI単位について

1999(平成11)年10月1日より、単位がSI単位に準拠することになりました。発熱量はJ(ジュール)、圧力はPa(パスカル)、ガス消費量はW(ワット)、力はN(ニュートン)の単位を用います。

表7-1 SI単位

	従来単位	SI単位	備　考
圧力	kg/cm^2	kPa	$1kgf/cm^2$=98.0665kPa
	mmH_2O	Pa	$1mmH_2O$=9.80665Pa
	mmHg	kPa	1mmHg=0.13332kPa
発熱量	$kcal/m^3$	kJ/m^3	$1kcal/m^3=4.1865kJ/m^3$
ガス消費量	kcal/h	kW	1kcal/h=0.001163kW
	kg/h		1kg/h=13.96kW
力	kgf	N	1kgf=9.80665N
応力	kgf/mm^2	N/mm^2	$1kgf/mm^2=9.80665N/mm^2$

ガスの種類

ガス機器は、その機器に適合した種類のガスでないと安定した燃焼ができず危険な事故のもととなります。ガス機器には適合すべきガスの種類が表示されています。使用される地区でのガスの種類の確認が必要で、必ずその種類に適合したガス機器を選定しなければなりません。全国で使用されているガスの種類と供給地区を下表に示します。

ガス事業法では、これらの都市ガスを比重、熱量、燃焼速度の違いにより区分しています。全国で238のガス事業者(平成12年3月現在)があり、ガスの種類は7種類となっています。

表7-2 ガスの種類

(都市ガス工業概要)

種類	ガスグループ	ウォッベ指数	燃焼速度の範囲
1	13A	52.7～57.8	35～47
2	12A	49.2～53.8	34～47
3	6A	24.5～28.2	34～45
4	5C	21.4～24.7	42～68
5	L1 (6B、6C、7C)	23.7～28.9	42.5～78
6	L2 (5A、5B、5AN)	19～22.6	29～54
7	L3 (4A、4B、4C)	16.2～18.6	35～64

表7-3 主なガス事業者の供給ガスの種類

ガス事業者	ガスの種類	発熱量〔MJ/m^3〕	供給区域
北海道ガス	13A	45	札幌市、小樽市、千歳市、函館市、北見市など
旭川ガス	13A	45	旭川市、江別市、東神楽町など
釧路ガス	13A	45	釧路市など
室蘭ガス	13A	45	室蘭市、登別市など
東京ガス	13A	45	東京、千葉、神奈川、埼玉、宇都宮、日立、甲府、長野、群馬など
東海ガス	13A	45	静岡、焼津市など
東邦ガス	13A	45	名古屋市、一宮市、春日井市、東海市、岐阜市、知多市など
大阪ガス	13A	45	大阪市、神戸市、京都市、奈良市、大津市、和歌山市など
四国ガス	13A	46	高松市、徳島市、丸亀市、高知市、今治市、松山市、宇和島市など
西部ガス	13A	45	福岡地区、北九州地区、久留米市、佐賀市の一部
	13A	46	熊本市、長崎市、佐世保市、島原市、大牟田市など
宮崎ガス	13A	46.05	宮崎市、都城市、延岡市など
日本ガス	13A	46.05	鹿児島市など
沖縄ガス	13A	43.5	那覇市、浦添市、豊見城市、宜野湾市など

※必ずその地域のガス供給会社でガス種を確認してください。

ガスの比重

空気を1とした時のガスの重さを表します。都市ガスは空気より軽いですが、プロパンガスは空気より重くなっています。

表7-4 ガスの比重

空気を1とした時のガスの重さを表します。

ガ　ス	比　重
13A	0.66
12A	0.66
5C	0.67
6A	1.24

＊LPガスの比重は約1.5。

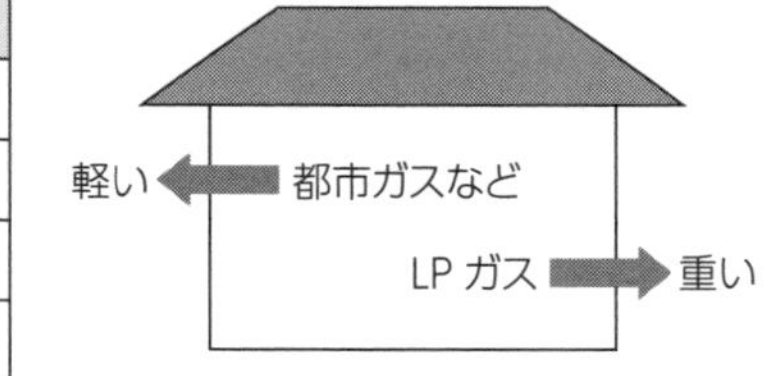

7-2 ガスの供給方式

供給方式と所有区分

▶ **Point**

- ▶ ガス機器には適合するガスの種類がラベルに明示されています。
- ▶ ガスメーターは安全装置付マイコンメーターにしましょう。
- ▶ 都市ガスの所有区分は敷地境界線です。

都市ガスとLPガス

都市ガスは、道路に埋設された都市ガス本管より敷地内へ引き込まれ、ガスメーターを経て使用するガス機器へ配管供給されます。

都市ガスの場合、所有区分は水道設備とは異なり、敷地境界線で区分されます。道路側はガス会社の負担所有権(財産)となり、敷地内が使用者所有権(財産)となります。ただし、ガスメーターはガス会社からの貸与品となります。

LPガスは、天然ガスを冷却液化したものをボンベに詰めて、使用箇所へ供給されます。このガスは常温でも加圧すれば簡単に液化します。少量ならば貯蔵や取り扱いは容易ですが、貯蔵能力1000kg(50kgボンベの場合は20本以上)を貯蔵する場合は、「液化石油ガス貯蔵基準」の適用を受けます。

LPガスの場合、所有区分は、ボンベから調整器を経てマイコンメーターまでの供給管を含む範囲はプロパンガス供給事業者の所有となり、メーター以降の、使用する各ガス機器までの機器と配管は使用者の所有となります。

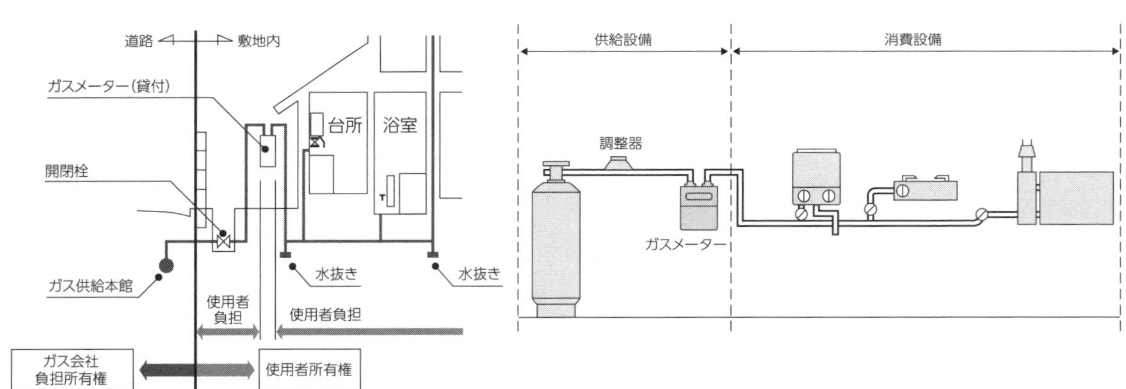

図7-4 都市ガスの所有区分

図7-5 LPガスの所有区分

7-3 ガス設備設計の手順

ガス設備の設計のフロー

Point

- 必ず事前調査でガス供給事業者と計画案について協議・確認をします。
- 本来はガス設備の工事は、ガス供給事業者の責任施工です。
- どんなことでもガス供給事業者と協議して設計を進めてください。

ガス設備設計の手順

①事前調査

建築の基本設計の段階より当該地区のガス供給事業者と打ち合わせをし、ガス設備に関する基本事項を調査・確認をします。

1.ガス事業者名、担当者名、連絡(電話)
2.ガス種別および発熱量
3.ガス本管に関する事項(有無、管種、管径、供給圧力、埋設深度、引き込み方法および工事区分、公道部分の引き込み延長工事、道路管理者名)
4.ガス負担金の有無
5.機器および浴槽等のガス事業者の認定
6.LPガスから都市ガスへの転換の目途(時期、問い合せ先および連絡)
7.その他特別に留意しなければならない事項等

上記7点を確認し、現地調査書に記載します。

②ガス機器の選定

使用するガス機器選定の条件を満足させます。ガス機器選定については、詳細を後述します。

③設置場所の決定・給排気設備の決定

ガス機器には、燃焼廃ガスの排出方法を考慮しなければなりません。ガス機器には、開放式、半密閉式、密閉式、屋外用などに分類されます。給排気方式についても十分な検討が必要です。

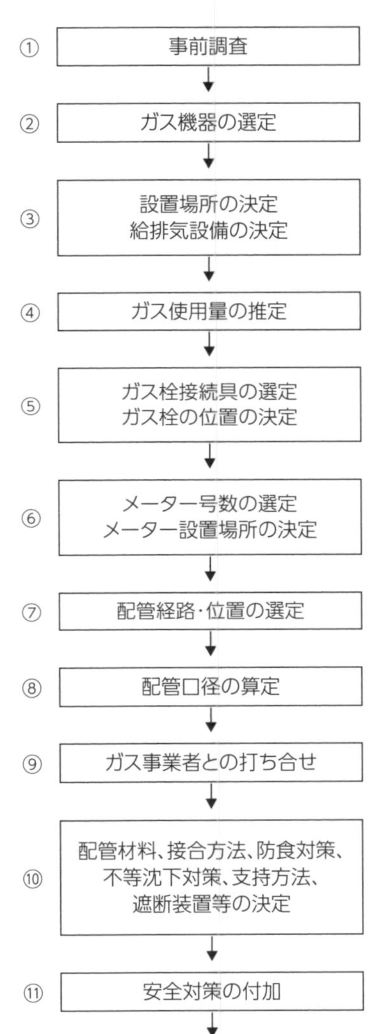

図7-6 設計の手順

表7-5 ガス機器の種類

給排気方式	対応ガス機器
CF式(自然排気式)	半密閉式
FE式(強制排気式)	半密閉式
BF式(自然給排気)	密閉式
FF式(強制給排気)	密閉式
RF式	屋外用

表7-6 ガス機器の分類

設置場所	ガス機器の分類	給排気方法	詳　細
屋内	開放式ガス機器	なし	燃焼用の空気を屋内から取り、燃焼排ガスをそのまま屋内に排出する方式。
	半密閉式ガス機器	自然排気式（CF式）	燃焼用の空気を屋内から取り、自然通気力により燃焼排ガスを排気筒を用いて屋外に排出する方式。
		強制排気式（FE式）	燃焼用の空気を屋内から取り、燃焼排ガスをファンを用いて強制的に排気筒から屋外に排出する方式。
	密閉式ガス機器	自然給排気式（BF式）	給排気筒を外気に接する壁を貫通して屋外に出し、自然通気力によって給排気を行う方式。
		強制給排気式（FF式）	給排気筒を外気に接する壁を貫通して屋外に出し、ファンにより強制的に給排気を行う方式。
屋外	屋外用ガス機器	自然排気式	自然通気力で排気を行う方式。
		強制排気式	ファンで強制的に排気を行う方式。

④ガス使用量の推定

ガス使用量の推定は、ガス機器の種類、数量、1時間当たりのガス使用量とそれらの同時使用率によって決定します。

⑤ガス栓接続具の選定・ガス栓の位置の決定

ガス栓からガス機器とのあいだの接続部分においてガス漏れ等を防止するための接続方法を選定します。その際、ガス栓の位置も考慮します。

⑥メーター号数の選定・メーター設置場所の決定

ガスメーターは、推定したガス消費量を計量しうる能力をもつ最小のものとします。メーター設置場所は、検針や維持管理の容易な場所とします。

⑦配管経路・位置の選定

配管経路・位置は、保安の確保を図り、配管の支持やガス管との離隔距離にも注意して計画をします。

⑧配管口径の算定

配管口径は、推定したガス量に対してガス管の取出し点からガス栓までの配管の圧力損失がガス供給事業者の定める値以内となるように決定します。

⑨ガス事業者との打ち合わせ

①～⑧までの計画した段階で、ガス事業者との打ち合わせを行います。

設計者とガス事業者との十分な協議によってお互いが満足のいく内容となりましたら次の段階へと移ります。

⑩配管、接合方法、防食対策、不等沈下対策、支持方法、遮断装置等の決定

ガス供給事業者の責任施工となりますので、ガス事業者との打ち合わせの時に建設現場の状況に食い違いがないかを確認します。特に不等沈下対策の必要があるかどうかなど、周囲環境にも気を付けなければなりません。

⑪安全対策の付加

ガス漏れ警報設備、緊急ガス遮断装置等の安全対策の付加を考慮します。

⑫設計図の作成

これまでの設計手順にしたがって、建築意匠と適合するように設計図を作成します。配管口径や配管経路、弁ならびに安全対策等を最終段階で、再びガス供給事業者の承認を受けます。

表7-7 内管の埋没深さ（標準値）

場　　所	埋設深さ（土被り）
重量車両が通る恐れのある場所	0.6m以上
車両等重量物（車両以外）の荷重がかかる場所	0.3m以上
上記以外の場所	0.15m以上

公道の掘削工事について

道路が新舗装の場合は、原則として下記の期間は掘削ができません。あらかじめ供給管を先行して敷地内までガス管を敷設する場合は、有償となります。

表7-8 公道の掘削不能期間

道路の舗装状況	掘削不能期間
簡易舗装（主に歩道など）	1年間
中級舗装（主に一般区、市、町道など）	3年間
高級舗装（主に主要幹線道路など）	5年間

ガス機器選定のポイント

①供給ガスの種類に適合した機器であることを確認します

ガス機器には、適合するガスの種類が表示されていますので必ず確認してから選定してください。

②燃焼方式が安全な機器を選定します

ガス機器には、燃焼廃ガスの排出方法で分類されています。

③便利で効率よく使用できる機器を選定します

④十分な能力のある機器を選定します

⑤暖房、給湯器類の機器は、密閉式か屋外用ガス機器を選定しましょう

⑥開放式ガス機器を選定する場合は、換気設備を必ず考慮しなくてはなりません

⑦ガス機器の設置場所は、火災予防条例等関連法規の規制にしたがいます

7-4 ガス使用量の算定

設置されるガス機器のガス消費量によって決定される

▶ **Point**

- ▶ **ガス機器が1個である場合の設計流量は、その機器の定格流量とします。**
- ▶ **ガス機器が2個以上の場合の設計流量は、用途別設計流量の算出方法によります。**
- ▶ **使用状況が明らかな場合は、その使用状況に適した流量を設計流量とします。**

ガス使用量の算定

ガス使用量の算定は、ガス機器の種類、数量、1時間当たりのガス消費量と同時使用率によって算定できます。

計算 7-1	計算例
■ガス消費量の換算 **ガス流量〔m³/h〕Q** **$= \dfrac{3.6〔MJ/kW·h〕×消費量Q'〔kW〕}{供給ガスの発熱量〔MJ/m^3〕}$**	ガス種別＝ 13A 定数＝ 3.6 MJ/kW·h 消費量Q'＝ 30.0 kW 発熱量＝ 45.0 MJ/m³ ∴ ガス消費量Q＝ 2.40 m³/h
■LPGを重量換算する場合 ※液化石油ガスを重さで換算する場合は、1kg/h=14kWなので、14で割ります。	ガス種別＝ LPG 定数＝ 14.0 MJ/kW·h 消費量Q'＝ 30.0 kW ∴ ガス消費量Q＝ 2.14 kg/h

ガス供給事業者では、標準の同時使用率を定めていますが、実状の使用条件との食い違い等がないかを検討します。

一般的には、設置されるすべてのガス機器のガス消費量を合算するわけでなく、例えば、表7-9に示すような方法で設計対象機器を選定し、配管区間ごとの設計流量を設定します。

1住戸当たりの同時使用率は、標準70%としますが、業務用は図7-7と表7-12に示します。また、集合住宅の共用部分の同時使用率は、表7-10に示します。複合建物の場合は、各々の用途でガス流量を算出し、共用部配管のガス量は、それぞれ算出した値の合計値とします。

表7-9 設計対象機器選定方法

	対象機器	選定方法
厨房用	コンロ （コンロおよび付属の魚焼グリル等）	・取り付けバーナの能力の大きいものから2個分を設計対象とする。ただし、機種が未定の場合の設計流量はバーナ1個0.29m³/hとし、2個分を計上する。
	その他厨房機器 （オーブン、炊飯器等。レンジについているオーブンを含む）	・能力の大きいもの1個を設計対象とする。 ・機種未定の場合の設計流量は、0.49m³/hとする。
風呂・給湯用	風呂給湯機器	・1台の機器の中にバーナが2個以上設けられているものは、バーナの機能別に分けて別々に扱う。 ・大きいもの2個を設計対象とする。

暖房用	暖房機器 (集中方式、個別方式とも共通)	・1台の機器の中にバーナが2個以上設けられているものは、バーナの機能別に分けて別々に扱う。 ・大きいもの2個を設計対象とする。 ・個別暖房機で機種未定の場合の設計流量は、0.29m³/hとする。
衣類乾燥用	衣類乾燥器	・能力の大きいもの1個を設計対象とする。 ・機種未定の場合の設計流量は、0.24m³/hとする。
その他用	その他機器	・その他機器は非設計対象とする。

＊上記手順で非設計対象としたものでも、設計対象とすべきと判断されるものは、対象機器として扱う。

表7-10 集合住宅用に対する供給管・共用部配管の同時使用率

区分 戸数〔戸〕	β1 一般集合住宅〔%〕	β2 TES設置集合住宅〔%〕	区分 戸数〔戸〕	β1 一般集合住宅〔%〕	β2 TES設置集合住宅〔%〕
1	100	100	21	27	35
2	73	78	22	27	35
3	62	68	23	26	34
4	55	62	24	26	34
5	50	58	25	25	33
6	47	56	26	24	32
7	44	53	27	24	31
8	42	51	28	23	31
9	40	48	29	23	31
10	38	47	30～34	22	30
11	38	47	35～39	20	28
12	36	45	40～44	19	27
13	35	43	45～49	18	25
14	34	41	50～59	17	24
15	33	40	60～69	16	24
16	32	40	70～99	16	23
17	31	40	100～199	15	21
18	30	38	200～299	14	19
19	29	37	300～499	13	18
20	28	35	500以上	12	17

データ：『ガス設備とその設計』、東京ガス、2016年

表7-11 業務別の床面積当たりの標準熱量

店舗の種類		設置機器が決定していない場合の床面積当りの標準ガス流量 〔m³/h・m²〕
各店舗	喫茶店	0.04～0.06
	レストラン・和食	0.08～0.11
	中華・麺類	0.14～0.18

データ：『ガス設備とその設計』、東京ガス、2016年

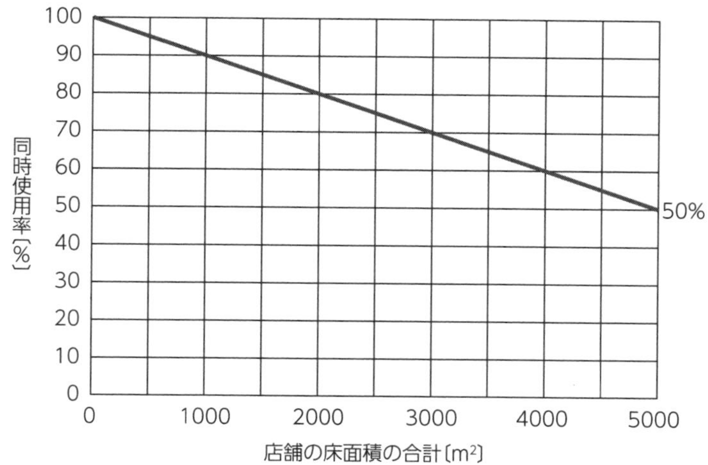

図7-7 店舗の床面積に対する供給管・供用部配管の同時使用率

表7-12 同一機種が複数ある場合の機種別同時使用率

機器数〔個〕＼同時使用率〔%〕	① 給湯室の給湯機器・湯沸器・その他機器	② 手洗用の湯沸器	③ 旅館・ホテルの客室の暖房機器
1～5	100	100	100
6～10	70	70	95
11～15	60	50	80
16～20	55	30	78
21～	55	30	75

＊病院、診療所で患者用のテーブルコンロ類は、上表中②による。
＊病院、診療所の医療機器は、上表中③による。
＊学校の実験室、工作室、体育館等の特別教室で使用するガス機器は、上表中③による。

データ：『ガス設備とその設計』、東京ガス、2016年

本書では、ガス機器の表示ガス消費量〔kW〕からのガス流量〔m^3/h〕への換算は、次式によります。

45〔MJ/m^3N〕のガス地区の場合、
1〔kW〕当たり流量＝0.0839〔m^3/h〕

7-5 ガスメーターの選定

ガスメーターはガスの使用量を算出するために設置します

Point

- 通常の建物用は、低圧用膜式メーター(マイコンメーター)です。
- 使用最大流量160m³/h以上には、ルーツメーター(回転式メーター)です。
- 超高層建物用で中圧使用のガスメーターは、ルーツメーターまたはデルタメーターを用います。

ガスメーターの選定

ガスメーターはガス供給事業者からの貸与品となりますが、設置にともなう付属の設備は施主負担となります。ガスメーターは、設計流量(ガス使用量)により選定します。

表7-13 ガスメーターの大きさ

ω：メーター出入間寸法を示す。

型式	号数	メーター寸法〔mm〕				標準取付スペース〔mm〕			メーター接続口径(A)	出入管接続口径(A)	重量〔kg〕
		W(幅)	ω	D(厚)	H(丈)	W(間口)	d(奥行)	h(高さ)			
N	1 1.6	174	130	133	212	360 (360)	200 (220)	400 (570)	20	20	2.2
JB				150	293	380 (360)	245 (220)	530 (650)			3.1
N	2.5	174	130	138	232	360 (360)	200 (220)	450 (590)			2.7
NB					280	380 (360)	225 (220)	500 (630)			3.2
N	4 6	195	130	156	262	380 (360)	220 (220)	470 (620)			3.5
NB NI					324	380 (360)	245 (220)	530 (680)			4.4
NN	10	300	220	213	341	560	325	870	32	32	9
NB NS					422						11
NN	16	300	220	213	341	560	325	870	40	40	9
NB NS					422						11
N	25 30	418	220	368	452	1100	470	870	50	50	22
NS											24
N	40 50	513	320	424	574	1200	530	970			35
NS											41
N	65 100 120	639	380	519	728	1380	850	1200	80	80	66
NS											74

＊( )内はメーターユニット(屋内用)を壁直付け固定した場合の値。

データ：「ガス設備とその設計」、東京ガス、2016年

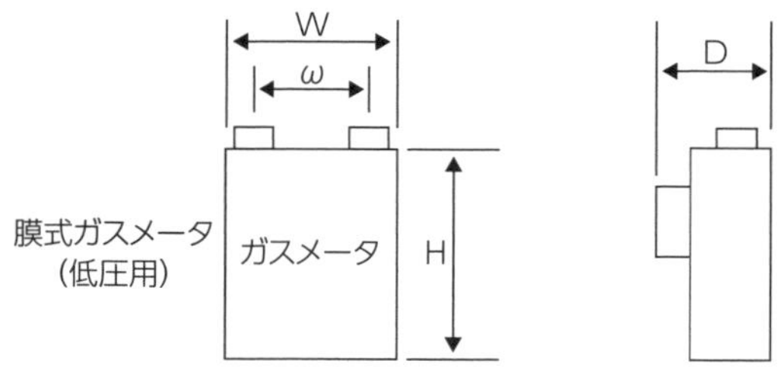

図7-8 ガスメーターの寸法

表7-14 ガスメーター選定表

設計流量〔m³/h〕	標準形式・号数	使用最大流量 Qmax〔m³/h〕	種類	備考
～1.00 以下	JB1	1.0	膜式メーター(マイコンメーター)	・リモートプラス、マイツーホー等を行う場合は、超音波メーター(UH型)を使用します。なお、エネファーム設置需要家でリモートプラス、マイツーホー等を行う場合は、NI型を設置します。
1.01～1.60 以下	JB1.6	1.6		
1.61～2.50 以下	NB2.5	2.5		
2.51～4.00 以下	NB4	4.0		・通過ガスメーターとして設置する場合は、マイコン機能が無いN型を設置します。
4.01～6.00 以下	NB6	6.0		
6.01～10.00 以下	NB10	10.0	膜式メーター(マイコンメーター)	・リモートプラス、マイツーホー等を行う場合は、NS型を設置します。 ・通過ガスメーターとして設置する場合は、マイコン機能が無いNN型を設置します。
10.01～16.00 以下	NB16	16.0		
16.01～25.00 以下	NS25	25	膜式メーター(マイコンメーター)	・通過ガスメーターとして設置する場合は、マイコン機能が無いN型を設置します。
25.01～30.00 以下	NS30	40		
30.01～40.00 以下	NS40	40		
40.01～50.00 以下	NS50	65		
50.01～65.00 以下	NS65	65		
65.01～100.00 以下	NS100	100		
100.01～120.00 以下	NS120	160		
120.01～160.00 以下	R 160	160	ルーツメーター(回転式メーター)	上流側にフィルターを設置します。
160.01～250.00 以下	R 250	250		
250.01～400.00 以下	R 400	400		
400.01～650.00 以下	R 650	650		
650.01～1,000.00 以下	R1000	1000		
1,000.01～1,600.00 以下	R1600	1600		

7-6 ガス配管の設計

配管経路は、安全性、施工性、将来計画、経済性などを考慮して決定します。

Point

- 建築設備との調和、維持管理の容易性も考慮してください。
- 供給条件、設計条件、施工条件などを把握して設計を進めましょう。
- 建物飛び込み部には、不等沈下対策を講じてください。

配管経路・位置の選定

配管の経路および位置は保安の確保を図るため次の原則により行います。

①建物への引込み配管は、原則として1建物1本とします

②土中埋設部、その他隠蔽配管は、道路または建物に対して、原則として直角または平行とし、斜配管は行わない

③配管は、外力その他により損傷する恐れのない経路位置とします

④配管は、工事や点検の容易な場所に設置するものとし、下記場所への設置は行わない

・建築物、構築物の基礎面下
・第3者の敷地内
・エレベータの昇降路内

⑤次の個所への配管は極力避けます

・土間コンクリート下の土中
・表玄関、車庫、庭園、樹木の密集した場所
・浴室、便所内等常に水あるいは汚水にさらされ腐食の恐れのある場所

⑥建物の壁、床等を貫通する場合は次の位置とします

・建築構造上支障の生じない個所
・貫通位置はできるだけ露出部とします
・防水処理部は原則として避けます

配管の支持方法

配管は、自重、振動、管伸縮等の影響を考慮して、必要な間隔および強度をもった支持具で支持します。

支持金物、支持金物の取付部、支持金物を取り付ける構造物・基礎等は、必要な強度および荷重の伝達性能を有することとします。

配管の支持は、必要な支持条件にあった支持方法および構造とします。

表7-15 横引き配管の標準支持間隔

呼び径〔A〕	単位重量〔kg/m〕	自重支持		呼び径〔A〕	単位重量〔kg/m〕	自重支持	
		間隔〔m〕	重量〔kg〕			間隔〔m〕	重量〔kg〕
15	1.31	1.8	2.4	**50**	5.31	3	15.9
20	1.68	1.8	3	**80**	8.79	3	26.4
25	2.43	2	4.9	**100**	12.2	4	48.8
32	3.38	2	6.8	**150**	19.8	4	79.2
40	3.89	2	7.8	**200**	30.1	5	150.5

表7-16 立配管の標準耐震支持間隔

呼び径〔A〕	耐震支持間隔		単位重量〔kg/m〕
	床面各層にまたがる場合	外壁等を立ち上がる場合〔m〕	
15	各層	1〜1.5	1.31
20	各層	1〜2	1.68
25	各層	1〜2	2.43
32	各層	1〜3	3.38
40	各層	1〜4	3.89
50	各層	1〜5	5.31
80	各層	2〜7	8.79
100	各層	2〜9	12.2
150	2層ごと	2〜12	19.8
200	2層ごと	5〜13	30.1

7-7 ガス配管口径の決定

ガス機器のガス消費量[m^3/h]によって決定される

Point

- 使用状況が不明な場合は予想される機器の最大ガス消費量を設計流量とします。
- 設計における端数処理は、流量は小数点3位以下、圧力損失は小数点2位以下は切り捨てとします。

ガス配管口径の決定手順

以下の手順で、配管口径を決定します。

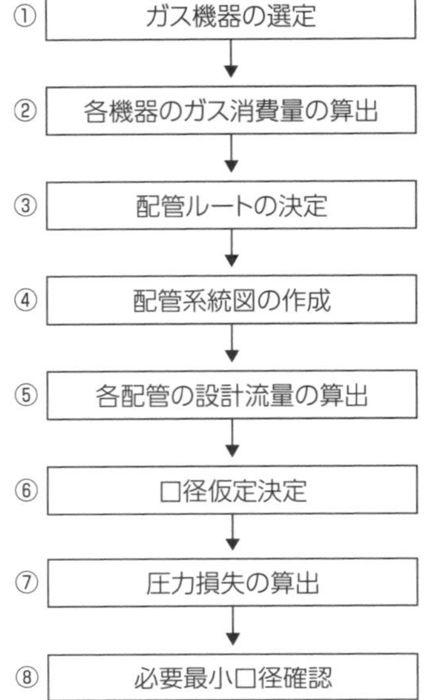

図7-9 決定手順

①ガス機器の選定

建物用途、種類、数量、定格ガス消費量、使用場所の調査・選定をします。

②各機器のガス消費量の算出

使用する各ガス機器の時間当たりのガス消費量を算出します。

③配管ルートの決定

適切な配管ルートを決定します。

④配管系統図の作成

各配管部の延長の長さ、高低差を算出します。

⑤各配管の設計流量の算出

使用するガス機器類の数量から同時使用率を考慮し、対象となる各配管の設計流量の算出を行います。

⑥口径仮定決定

管種により、使用できる口径を考慮し仮定的に決定します。ガス流量チャート図等を参考にします。

⑦圧力損失の算出

系統ごとの各配管部圧力損失値の総和が許容圧力損失値以下となるように算出します。その際、配管口径と関連しますので、口径仮定決定した段階の口径でよいかの確認が必要となります。

⑧必要最小口径確認

⑦で算出した圧力損失と⑥で口径仮定決定したもので、より必要最小口径であるかを確認します。

管径決定のための設計手順

配管口径は、系統ごとの各配管部圧力損失値の総和が許容圧力損失値以下となるように決定します。ガス供給事業者にその技術資料がありますので入手してください。

許容圧力損失

供給管取出し部からガス栓までの配管の許容圧力損失値は下記の通りです。

表7-17 供給管取出部からガス栓までの配管の許容圧力損失値 〔Pa〕

配管系統	許容圧力損失	圧力損失の標準的配分	
		供給管取出部～メータコック	メータコック～ガス栓
通常配管系統	150	60	90
フレキ配管の風呂給湯用の配管系統	210	60	150

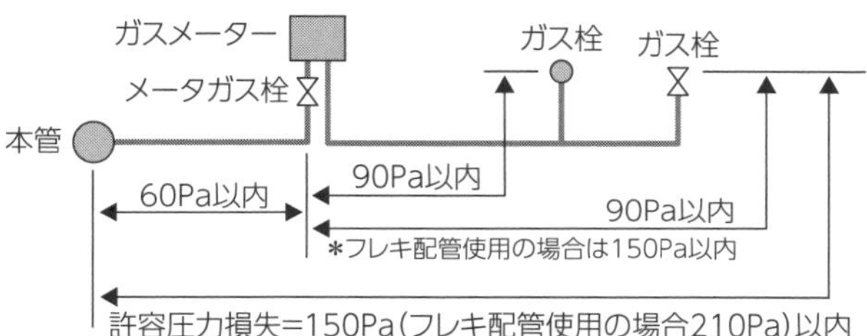

図7-10 許容圧力損失

各配管部の圧力損失の算定式

各配管部の圧力損失の算定式を示します。

鋼管・PE 管の配管の場合

$\Delta H = \alpha \times Q^2 \times L$

⊿H：圧力損失〔Pa〕

α：継手等を考慮した管種口径別圧力損失係数

Q：設計流量〔m^3/h〕

L：配管の長さ〔m〕

計算 7-2	計算例
■鋼管の場合 $\Delta H = \alpha \times Q^2 \times L$ ⊿H：圧力損失〔Pa〕 α：継手等を考慮した係数 Q：設計流量〔m^3/h〕 L：配管の長さ〔m〕	管種＝ 鋼管 管径＝ 40 A α＝ 0.027 Q＝ 24.0 m^3/h L＝ 15.0 m ∴ ⊿H＝ 233.3 Pa

■PE管の場合 **⊿H=α×Q²×L** ⊿H：圧力損失〔Pa〕 α：継手等を考慮した係数 Q：設計流量〔m^3/h〕 L：配管の長さ〔m〕	管種＝ PE管 管径＝ 30 A α＝ 0.049 Q＝ 6.0 m^3/h L＝ 6.0 m ∴ ⊿H＝ 10.6 Pa
■フレキ配管の場合 **⊿H=α1×L+α2×N** ⊿H：圧力損失〔Pa〕 α1：フレキ管1m当りの圧力損失〔Pa/m〕 L：配管の長さ〔m〕 α2：フレキチーズ1個当りの圧力損失〔5.0Pa/m〕 N：フレキチーズの数〔個〕	管径＝ 20 A ガス流量＝ 1.8 m^3/h α1＝ 2 L＝ 6.0 m α2＝ 5.0 Pa/m N＝ 4 個 ∴ ⊿H＝ 32.0 Pa ※？マークが表示されたら管径又はガス流量の再選択して下さい。
■高低差による圧力変化 **⊿P=4.56H** ⊿P：見掛上の圧力上昇分〔Pa〕 H：配管の高低差〔m〕	H＝ 19.2 m ∴ ⊿P＝ 87.6 Pa

表7-18 αの値

（13Aの場合）

管種	呼び径〔A〕	α値
鋼管(SGP)	15	4.8
	20	0.812
	25	0.219
	32	0.049
	40	0.027
	50	0.00724
	80	0.000616
	100	0.000225
	150	0.0000364
ポリエチレン管(PE管)	25	0.219
	30	0.049
	50	0.0115
	75	0.00111
	100	0.000359
	150	0.0000526

データ：『ガス設備とその設計』、東京ガス、2016年

フレキ配管の場合

前ページからの計算式&計算例を参照

表7-19 1m当たりの圧力損失

口径	ガス流量〔m^3/h〕															
	0.15	0.2	0.3	0.4	0.5	0.6	0.7	0.8	0.9	1	1.5	2	2.5	3	3.5	4
8A	2	3.2	6	9.2	13	25	35	47.5	62	80						
10A			1.8	2.8	3.9	5.1	8	11.5	15	20	50					
15A					1.3	1.7	2.15	2.6	3.2	5	13	23	37	53	73	

口径	ガス流量〔m^3/h〕															
	1.5	2	2.5	3	3.5	4	4.5	5	5.5	6	6.5	7	7.5	8	8.5	9
20A	2	4	6.5	9	12.5	16.5	20	25	30	36	44	50	56	63	72	
25A		1.8	2.8	3.8	5.1	6.7	8	10	12	14	16.8	19	21.5	24.5	27	30.5

高低差による圧力変化

配管に高低差がある場合は、下記の圧力変化が生じますので配管の口径を決定する時は、これを考慮します(立管では、ガス比重が空気より小さいので上部では圧力が上昇します)。

⊿P＝4.56H

⊿P：見かけ上の圧力上昇分〔Pa〕

H：配管の高低差〔m〕

配管口径の決定(口径決定起点からガス栓まで)

口径決定起点とは、ガスメーターの出口側点のことです。

表7-20 ガスメーター〜ガス栓までの距離別に口径とガス消費量〔kW〕 (13A用)

口径〔A〕／最大平面距離〔m〕	10A	20A	25A
0〜7	18.6kW以下	93.0kW以下	93.0kW超
7.1〜12	14.0kW以下	69.8kW以下	69.8kW超
12.1〜20	11.6kW以下	58.1kW以下	58.1kW超

7-8 LPガスの基本事項

プロパンガスやブタンを主体としたガスで常温で加圧し液化したもの

Point

- LPガスはガスボンベ内では液体を、気化装置を経てガス化させて供給します。
- LPガスは、空気より重いため下部に滞留します。ガス漏れ感知器は下部に設置するのはそのためです。

LPガスの種類

一般的なLPガスは、液化石油ガスの保安の確保および取引の適正化に関する法律とその規則等により、その組成が定められています。

表7-21 LP ガスの規格

名　称	プロパンおよびプロピレンの合計量の含有率	エタンおよびエチレンの合計量の含有率	ブタジエンの含有率
い号液化石油ガス	80%以上	5%以下	0.5%以下
ろ号液化石油ガス	60%以上80%未満	5%以下	0.5%以下
は号液化石油ガス	60%未満	5%以下	0.5%以下

＊圧力は、温度40℃において15.6kgf/cm^{2}以下とする。
＊含有率は、モル比によるものとする。

LPガス用ガス機器

LPガス用ガス機器のうち、カセットコンロ、瞬間湯沸器、ストーブ、風呂バーナ、風呂釜等は液化石油ガス法で第1種液化石油ガス器具として指定されており、国家検定合格品として合格の表示がなされたものを使用しなければなりません。

気化方式

気化方式には、主に家庭用用途の個別供給方式で利用される蒸発器をもたない自然気化方式と、多量なガス使用量でも対応可能な蒸発器を備えた強制気化方式があります。

画像提供：伊藤工機株式会社Webサイト

図7-11 液化ガス蒸発器（ベーパライザー）

7-9 LPガス設備設計の手順

基本的には、都市ガスと同様です

Point

- 貯蔵や取り扱いが容易で、都市ガス供給のない地域で広く使用されています。
- 供給方式には、個別供給方式、小規模集団供給方式、中規模集団供給方式、業務用供給方式・大規模供給方式があります。

設計の手順

以下の手順で設計してください。基本は都市ガスと同じです。

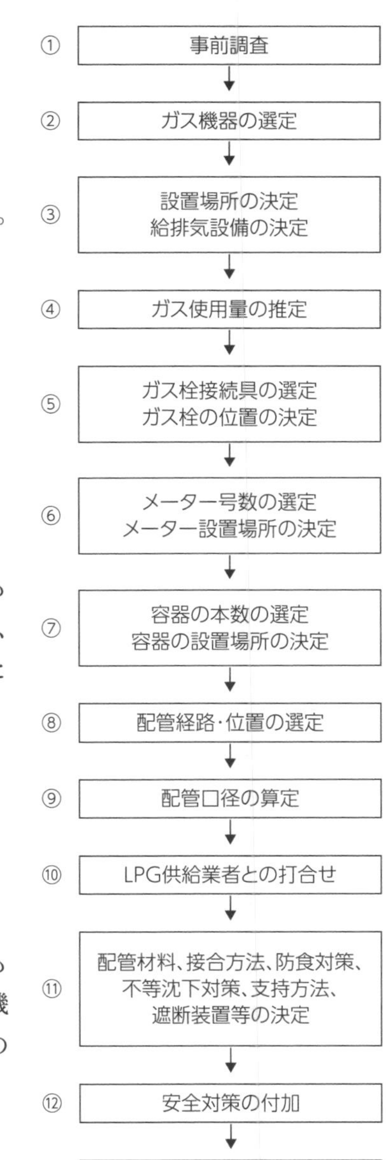

図7-12 設計の手順

①事前調査

当該地区のガス供給方式の検討と供給事業者の有無の確認します。

②ガス機器の選定

都市ガス設備の場合と同様です。

③設置場所の決定・給排気設備の決定

都市ガス設備の場合と同様です。

④ ガス使用量の推定

ガス使用量は、使用するガス機器の種類、数量と同時使用率をもとに算定します。この数値を最大消費量といい、ボンベの設置本数、調整器容量、ガスメーターや配管口径等を決定するうえで基礎となりますので、重要な要素となります。

⑤ガス栓接続具の選定・ガス栓の位置の決定

都市ガス設備の場合と同様です。

⑥メーター号数の選定・メーター設置場所の決定

ガスメーターは、最大消費量の1.2倍以上の最大流量を表示したものを選定します。調整器は、ボンベ内の高圧のガスを使用ガス機器に適した低圧に減圧する装置ですが、最大消費量の1.5倍以上の容量のものを選定します。

⑦容器の本数の選定・容器の設置場所の決定

容器の本数は最大消費量と容器のガス発生能力により算出します。容器の設置場所にも、設置基準がありますので順守してください。

⑧配管経路・位置の選定

保安の確保を図り、配管の支持やガス管との離隔距離にも注意し計画します。

⑨配管口径の算定

配管の圧力損失の算定は、都市ガスに準拠します。

⑩LPガス事業者との打ち合わせ

①～⑨までの計画した段階で打ち合わせます。

⑪配管材料、接合方法、防食対策、支持方法、不等沈下対策、遮断装置等の決定

配管材料および継手材料は、腐食や損傷を防止するために液化石油ガス法施行規則関係基準に定める材料の基準に適合するものを使用します。

⑫安全対策の付加

都市ガスの場合と同様ですが、LPガス用ガス漏れ警報器を設置する位置は、ガスの比重が空気より重いので床面より30cm以内に設置します。

⑬設計図の作成

ガス使用量

都市ガス設備の場合と同様です。ただし、ガス量〔kg /h〕が不明で、ガス消費量〔kcal/h〕が明記されている場合は、ガス消費量〔kcal/h〕を、12000〔kcal/h〕で割ってください。算出された数値がガス量〔kg /h〕です。

同時使用率

都市ガス設備の場合と同様です。

ガスメーター

ガスメーターの大きさや設置場所の選定において基本的には、都市ガス設備を参考にしていただければ問題はありません。

ガス栓および接続具の選定

基本的には、都市ガス設備を参考にしていただければ問題はありません。

配管経路および位置

基本的には、都市ガス設備を参考にしていただければ問題はありません

表7-22 一般家庭用燃料器具のガス消費量

器具名	摘　　要	1時間当り消費量〔kg/h〕
1口テーブルコンロ	中形	0.17
		0.24
2口テーブルコンロ		0.32
3口コンロ	グリル付	0.45
2口レンジ		0.47
3口レンジ		0.63
炊飯器	1.0L炊き	0.1
	2.0L炊き	0.12
瞬間湯沸器	4号	0.67
	5号	0.8
	7号	1.25
	10号	1.58
	12号	2.16
	16号	2.55
	20号	3.16
	24号	3.7
	32号	4.9
貯湯式湯沸器	11L形	0.38
	20L形	0.64
	45L形	0.87
	60L形	1.06
	90L形	1.35
風呂バーナー	1号	0.84
	2号	1
	3号	1.25
ガスストーブ	6畳用	0.13
	6畳用～8畳用	0.2
	16畳用	0.45

表7-23 同時使用率

燃焼器具数〔個〕	同時使用率〔%〕
1～5	100
6～10	70
11～15	60
16～	55

＊厨房等の場合は、100%とする。 データ：『業務用LPガス設備設計施工指針』

7-10 LPガス機器類

使用するガス機器は、LP ガス適応品を選定する

Point

- LPガス用には、都市ガス機器とほとんど同様な機種があります。
- 容器(ボンベ)数の算定は、使用量法と容器交換周期法の、いずれか大なる数値を採用します。

ガス栓の種類と用途例

都市ガス設備と同様です。下記に示します。

表7-24 ガス栓の種類と用途

種類		入口側接合部形状、口径	出口側接合部形状、口径			主な用途
			形状	呼び9.5mm		
				1口	2口	
ヒューズガス栓	露出型	ねじ1/2	ホースエンド	○	○	テーブルコンロ、炊飯器、ストーブ、小型オーブン、卓上型貯湯湯沸器
			コンセント	○	○	
	埋込型		ホースエンド	○	–	
			コンセント	○	–	
フレキガス栓		ねじ1/2～3/4	ねじ	1/2～3/4		瞬間湯沸器、風呂釜、暖房機
ねじガス栓		ねじ1/2～2	ねじ	1/2～2		配管

接続管と燃焼機器の適切な組み合わせ

基本的には都市ガス設備と同様ですが、口径の呼び方や大きさがLPガス用ですので注意してください。

表7-25 接続管と燃焼機器の適切な組み合わせ

接続管の種類		口径の呼び							瞬間湯沸器、風呂釜、ストーブ、貯湯湯沸器、レンジ、暖房機	テーブルコンロ、炊飯器、小型ストーブ、小型オーブン
		7mm	9.5mm	10mm	14mm	1/2A	3/4A	1A		
コンセント付	ゴム管		○							○
	塩化ビニルホース		○							○
ゴム管			○							○
ゴム継手付塩化ビニルホース			○							○
燃焼器用ホース		○		○	○				○	○
金属フレキシブルホース						○	○	○	○	
金属管						○	○	○	○	

ガスメーター号数と使用最大流量の関係

ガスメーターの号数は、最大流量〔m³/h〕で表示されています。適切な選定をしてください。

表7-26 ガスメーター号数と使用最大流量の関係

号　数	2	3	5	7	10	15	30	50	90	120	150
使用最大流量〔m³/h〕	2	3	5	7	10	15	30	50	90	120	150

表7-27 ガスメータの抵抗

号　数	流　量〔m³/h〕		圧力損失〔mmH₂O〕	参考最大流量〔kg/h〕
	最　小	最　大		
3	0.02	3	15	6
5	0.03	5		10
7	0.05	7		14
10	0.08	10		20
15	0.09	15		30
30	0.15	30		60
50	0.3	50		100
90	0.54	90		180
120	0.72	120		240

表7-28 号数と最大使用流量

号　数	最大使用流量〔m³/h〕
S	2.5
SB4	4
SB6	6
SB10	10
SB16	16

容器（ボンベ）の設置本数

容器数の算定は、使用量法と容器交換周期法の、いずれか大なる数値を採用します。一般に使用される容器容量は50kg、20kg、10kgがあります。

また、LPガスの組成は、下表に示すように、「い号」・「ろ号」・「は号」の3種ですが、一般的には、「い号」あるいは「ろ号」が使用されています。

算定式

使用量法

計算 7-3	計算例
■使用量法 $Bn1 = \frac{Q}{K \times 14}$ Bn1：必要ボンベ数〔本〕 Q：最大ガス消費量〔kW〕 K：容器の標準ガス発生能力〔kg/h・本〕	Q = 15.5 kW K = 1.63 kg/h・本 ∴ Bn1 = 0.7 本
■容器交換周期法 $Bn2 = \frac{Q \times t \times d}{W \times 14}$ Bn2：必要ボンベ数〔本〕 Q：最大ガス消費量〔kW〕 t：1日使用時間〔hr/日〕 d：容器の交換周期日数〔日〕 W：容器1本の容量	Q = 15.5 kW w = 50 kgボンベ t = 8 hr/日 d = 14 日 ∴ Bn2 = 2.5 本

容器の本数は、使用量(使用するガス量を気化しうるに十分な容量)と、交換周期(容器交換日までの消費量)を基準にして算出し、いずれか大なる数値を採用します。

容器よりの気化量は、残液量30%として、外気温を考慮して決定します。

ガスの規格は、「い号」とします。

容器(ボンベ)に関する設計資料

表7-29 容器の標準ガス発生能力(気温5℃、残液30%の時) (国交省・建築設備設計基準　平成14年版)

液化石油ガスの規格	1回の消費状況の例	容器1本のガス発生能力〔kg/h〕				
		10kg容器	20kg容器	50kg容器(自動切替調整器使用)		
				5℃	0℃	−5℃
い号	1時間消費	0.70	1.35	4.20	3.20	2.10
	1.5時間消費	0.55	1.00	3.03	2.37	1.63
	長時間連続消費	0.35	0.60	1.80	1.40	1.05
ろ号	1時間消費	0.40	0.75	1.70		
	1.5時間消費	0.30	0.55	1.25		
	長時間連続消費	0.20	0.35	0.75		
は号	プロパン・プロピレンの合計量の含有率が40%以上で、かつ、気温が15℃以上の場合は、ろ号に準ずる。					

＊10kg容器に限り、1回の消費状況が0.5時間消費の場合は、上表のガス発生能力の2倍の数値を取ることができる。

表7-30 容器2本当りのガス発生能力〔kg /h〕

外気温度〔℃〕	ガス組成（プロパン）〔%〕	手動切替又は容器１本立ての場合			自動切替式調整器を使用した場合		
		50kg容器	20kg容器	10kg容器	50kg容器	20kg容器	10kg容器
5	95以上	4.4	1.8	0.9	6.1	2.5	1.3
	80～95未満	3.2	1.3	0.7	4.7	2.0	1.0
0	95以上	3.7	1.5	0.8	5.0	2.0	1.1
	80～95未満	2.5	1.0	0.5	3.7	1.5	0.8
－5	95以上	3.0	1.2	0.7	4.0	1.6	0.9
	80～95未満	1.8	0.8	0.4	2.6	1.1	0.6
－10	95以上	2.4	1.0	0.5	3.0	1.2	0.6
	80～95未満	1.1	0.5	0.3	1.6	0.7	0.3
－15	95以上	1.7	0.7	0.4	2.0	0.8	0.4
	80～95未満	0.5	0.2	0.1	0.6	0.2	0.1
－20	95以上	1.0	0.4	0.2	1.0	0.4	0.2
	80～95未満	－	－	－	－	－	－

＊手動切替または容器１本立ての場合、残りガス30%の時に容器内の蒸気圧が0.7kgf/cm^{2}を保持するための蒸気量である。
＊自動切替式の場合、使用残ガス50%の時に容器内の蒸気圧が1.0kgf/cm^{2}を保持するための蒸発量である。
＊両者とも、消費時間の長い場合は蒸発量を上表より少なく見積もること。

7-11 LPガス配管口径の求め方

都市ガス設備と同様な計算手順

Point

- LPガス設備で使用する単位表示が都市ガス設備と異なりますので注意してください。
- 飲食店や旅館など大量にガスを消費する施設へは、バルク貯槽によります。

配管口径の算定手順

基本は、都市ガスの口径決定とほぼ同じです。都市ガスとの大きな違いは、容器、調整器やベーパライザの設置などの点だけです。

①配管の流量の算出

ガス器具のガス消費量に同時使用率を乗じて算出します。

②配管の口径の決定

ガスの供給源から最高、最遠点のガス栓までの配管換算表を基準とし、液化石油ガス流量線図によって決定します。

③ガス供給圧力の決定

280±50mmH_2Oとします。

④燃焼器具入口圧力の決定

最小200mmH_2Oとします。

⑤配管の許容圧力損失の決定

30mmH_2O以内とします。

この配管系の中にガスメーター（最大圧力損失15mmH_2O）が入る場合は、継手等を含むガス配管全体の許容圧力損失は、15mmH_2O以内となるように配管口径を定めます。

⑥ガス配管の最小口径の決定

原則として呼び径15とします。

図7-13 LPガスの許容圧力損失

7 ガス設備

計算式

通常は、低圧ガスの輸送式にはポールの公式を用います。ガス流量や管の内径などの単位表示に注意してください。

計算 7-4	計算例
$Q=0.707\sqrt{\dfrac{D^5\times H}{9.8\times S\times L}}$ Q：ガス流量〔m^3/h〕 D：管の内径〔cm〕 H：圧力差〔mmH_2O〕 H＝(許容圧力損失)－(メーター・ガス栓・立上り管の損失) S：ガスの比重 ガスの比重：エタン 1.05／プロパン 1.52／ブタン 2.007 L：管の長さ(継手等の相当長を含めた長さ)〔m〕	D＝ 2.5 cm H＝ 30.0 mmH_2O S＝ 1.52 L＝ 18.0 m ∴ Q＝ 2.3 m^3/h

ガスの比重		
ガスの比重	エタン	1.05
	プロパン	1.52
	ブタン	2.007

管径を求める際の技術資料

LPガスは、空気より比重が重いので備考に示した換算公式を利用します。

表7-31 立上り管による圧力降下

比重／立上り〔m〕	H 圧力降下〔Pa〕	
	プロパン 1.52	ブタン 2.0
1	6.57	12.7
3	19.7	38.1
5	33.0	63.5
10	65.9	126.5
20	99.0	191.2
30	131.4	254.0
40	197.1	381.5

計算 7-5	計算例
$H=9.8\times 1.293\times (S-1)\times h$ H：圧力降下〔Pa〕 S：ガスの比重 h：立上り〔m〕 1.293：空気の密度(0℃、1013hPa)	S＝ 1.52 h＝ 6.0 m 空気の密度＝ 1.293 ∴ H＝ 39.5 Pa

LP配管の管摩擦損失計算の際に、直管+局部抵抗により求めますが、その場合には下記に示した資料を参考にしてください。

表7-32 局部抵抗の相当長

〔m〕

呼び径	仕切弁	玉形弁	チー軸方向	チー軸方向	45°エルボ	エルボ
3/8	0.1	1.0	0.1	0.4	0.1	0.2
1/2(15)	0.1	1.5	0.15	0.7	0.2	0.3
20	0.2	2.5	0.25	1.0	0.3	0.45
25	0.2	3.0	0.35	1.3	0.4	0.6
32	0.3	4.0	0.45	1.7	0.55	0.8
40	0.3	5.0	0.55	2.1	0.7	1.0
50	0.4	6.0	0.7	2.6	0.85	1.3
65	0.5	8.0	0.9	3.2	1.0	1.7
80	0.7	10.0	1.1	4.0	1.2	2.1

データ:『家庭用LPガスの設備要領』、日本LPガス団体連絡協議会

ガスメーターの抵抗は、製造メーカーにより若干の差はありますが、標準な抵抗値を示します。詳細に求めたい場合は、製造メーカーにお問い合せください。

表7-33 ガス計量器の抵抗

号数	流量〔m³/h〕		ガスメータ圧力損失〔kPa〕	参考ガス流量〔kg/h〕最大
	最小	最大		
3	0.02	3	0.15	6
5	0.03	5	0.15	10
7	0.05	7	0.15	14
10	0.08	10	0.15	20
15	0.09	15	0.15	30
30	0.15	30	0.15	60
50	0.3	50	0.15	100
90	0.54	90	0.15	180
120	0.72	120	0.15	240

資料

ガス栓の種類別のLPガス通過量〔kg /h〕により圧力損失が求められます。

表7-34 ガス栓の液化石油ガス通過量と圧力損失

No.	ガス栓の種類			
	入口側	出口側		備考
①	1/2	9.5mmホース口(プラグを含む)	1口	10kW型ヒューズガス栓
			2口	
②			1口	15kW型ヒューズガス栓
			2口	
③	1/2		1口	可とう管ガス栓
④	3/4		1口	
⑤	1		1口	
⑥	1/2		1口	ねじガス栓 メータガス栓 中間ガス栓
⑦	3/4		1口	
⑧	1		1口	
⑨	$1\frac{1}{4}$		1口	
⑩	$1\frac{1}{2}$		1口	
⑪	2		1口	

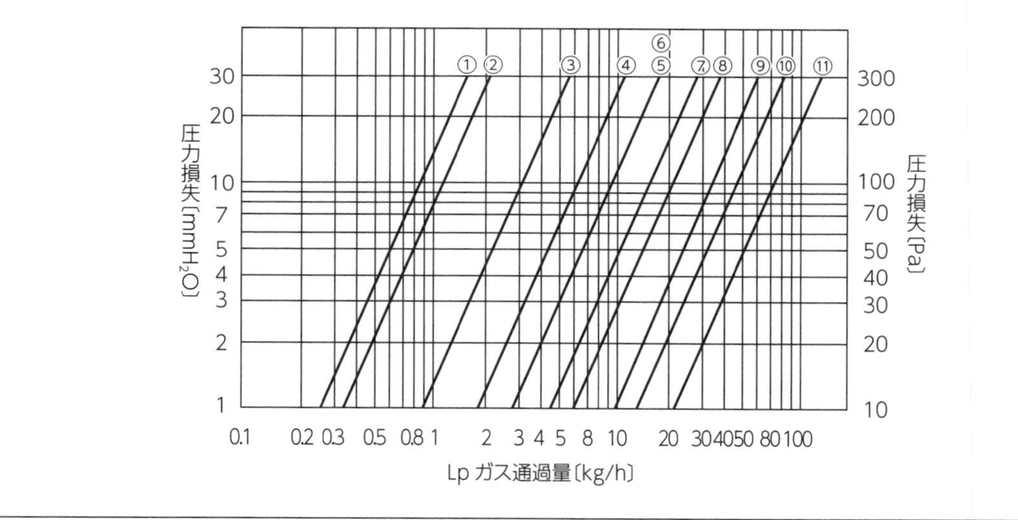

表7-35 LPガス低圧配管の寸法早見表

〔m〕

配管の長さ〔m〕	3	4	5	6	7	8	9	10	12.5	15	17.5	20	22.5	25	27.5	30	呼び径 A〔B〕	15 (1/2)	20 (3/4)	25 (1)	32 ($1\frac{1}{4}$)	40 ($1\frac{1}{2}$)
配管中の圧力損失〔Pa〕	3.0	4.0	5.0	6.0	7.0	8.0	9.0	10.0	12.5	15.0	17.5	20.0	22.5	25.0	27.5	30.0	ガス消費量〔kW〕	10.1	23.2	46.4	95.2	145.3
	5.0	6.7	8.3	10.0	11.7	13.3	15.0	16.7	20.8	25.0	29.2	33.3	37.5	41.7	45.8	50.0		13.0	30.0	59.9	122.8	187.5
	8.0	10.7	13.3	16.0	18.7	21.3	24.0	26.7	33.3	40.0	46.7	53.3	60.0	66.7	73.3	80.0		16.4	38.0	75.8	155.4	237.2
	10.0	13.3	16.7	20.0	23.3	26.7	30.0	33.3	41.7	50.0	58.3	66.7	75.0	83.3	91.7	100.0		18.4	42.4	84.7	173.7	265.2
	13.0	17.3	21.7	26.0	30.3	34.7	39.0	43.3	54.2	65.0	75.8	86.7	97.5	108.3	119.2	130.0		20.9	48.4	96.6	198.1	302.4
	15.0	20.0	25.0	30.0	35.0	40.0	45.0	50.0	62.5	75.0	87.5	100.0	112.5	125.0	137.5	150.0		22.5	52.0	103.9	212.8	324.8
	18.0	24.0	30.0	36.0	42.0	48.0	54.0	60.0	75.0	90.0	105.0	120.0	135.0	150.0	165.0	180.0		24.6	56.9	113.7	233.1	355.8
	20.0	26.7	33.3	40.0	46.7	53.3	60.0	66.7	83.3	100.0	116.7	133.3	150.0	166.7	183.3	200.0		26.0	60.0	119.8	245.7	375.0
	23.0	30.7	38.3	46.0	53.7	61.3	69.0	76.7	95.8	115.0	134.2	153.3	172.5	191.7	210.8	130.0		27.9	64.4	128.5	263.5	402.2
	25.0	33.3	41.7	50.0	58.3	66.7	75.0	83.3	104.2	125.0	145.8	166.7	187.5	208.3	229.2	250.0		29.0	67.1	134.0	274.7	419.3
	30.0	40.0	50.0	60.0	70.0	80.0	90.0	100.0	125.0	150.0	175.0	200.0	225.0	250.0	275.0	300.0		31.8	73.5	146.8	300.9	459.3
	35.0	46.7	58.3	70.0	81.7	93.3	105.0	116.7	145.8	175.0	204.2	233.3	262.5	291.7				34.4	79.4	158.5	325.0	496.1
	40.0	53.3	66.7	80.0	93.3	106.7	120.0	133.3	166.7	200.0	233.3	266.7	300.0					36.7	84.9	169.5	347.5	530.4
	45.0	60.0	75.0	90.0	105.0	120.0	135.0	150.01	187.5	225.0	262.5	300.0						39.0	90.0	179.7	368.5	562.6
	50.0	66.7	83.3	100.0	116.7	133.3	150.01	166.7	208.3	250.0	291.7							41.1	94.9	189.5	388.5	593.0
	60.0	80.0	100.0	120.0	140.0	160.0	180.0	200.0	250.0	300.0								45.0	104.0	207.5	452.6	649.6
	70.0	93.3	116.7	140.0	163.3	186.7	210.0	233.3	291.7									48.6	112.3	224.2	459.7	701.6
	80.0	106.7	133.3	160.0	188.7	213.3	240.0	266.7										52.0	120.0	239.7	491.4	750.1
	100.0	133.3	166.7	200.0	233.3	266.7	300.0											58.1	134.2	267.9	549.4	828.6
	120.0	160.0	200.0	240.0	280.0													63.6	147.0	293.5	601.8	918.6
	140.0	186.7	233.3	280.0														68.7	158.8	317.0	650.0	992.2
	160.0	213.3	266.7															73.5	169.8	338.9	694.9	1060.8

■3本+3本

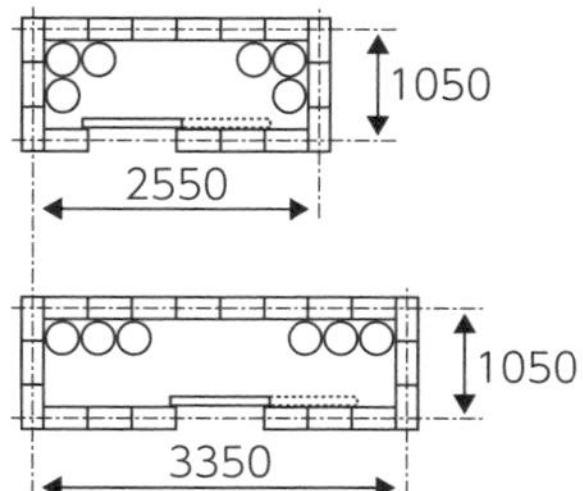

■4本+4本

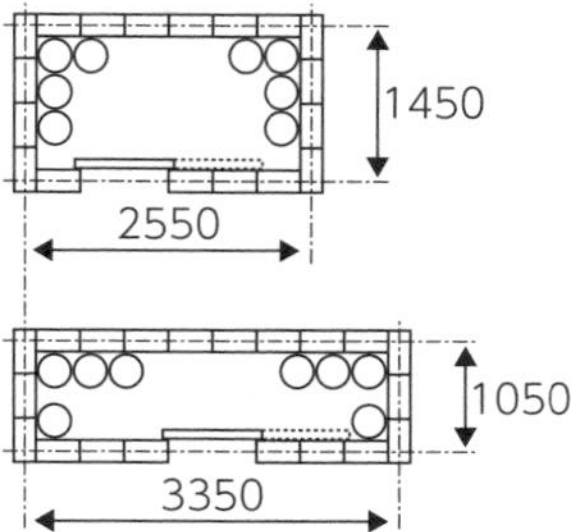

■5本+5本

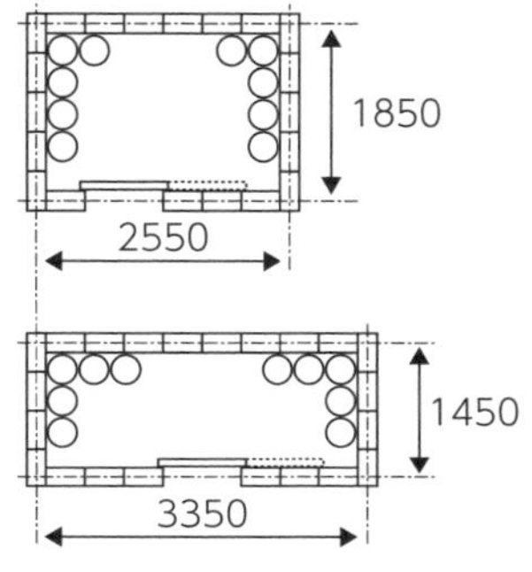

■6本+6本

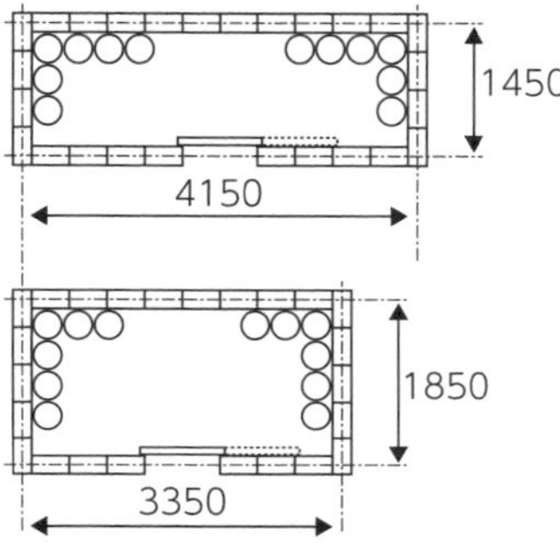

■7本+7本

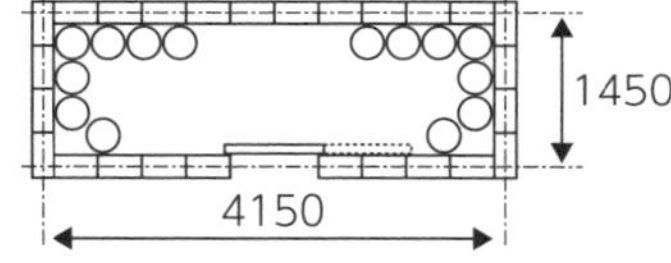

■8本+8本

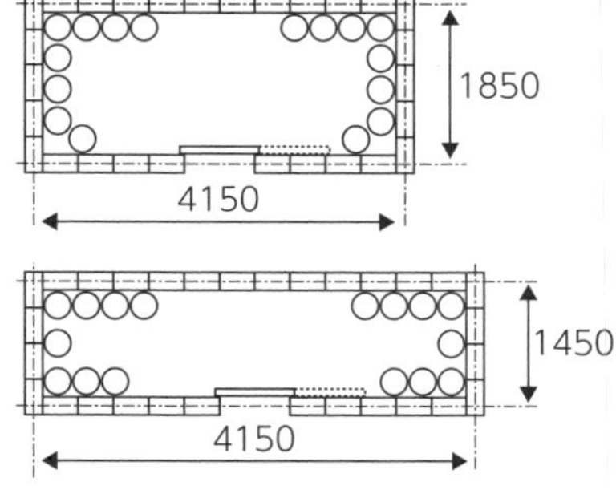

■9本+9本

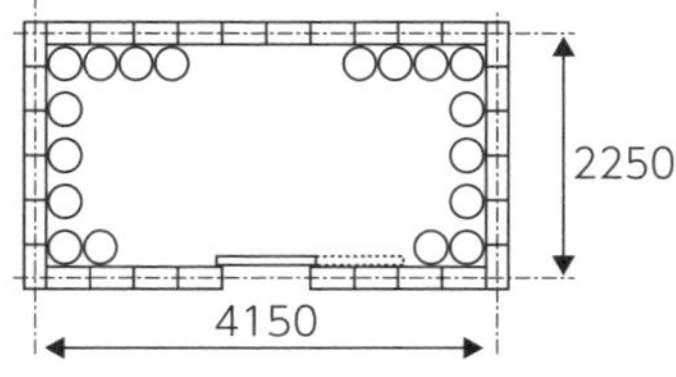

図7-14 LPガスボンベ室の標準設置〔mm〕

第8章

し尿浄化槽設備

し尿浄化槽は、公共下水道が整備されていない地域で、汚水・雑排水を処理し、公共用水域(側溝、河川、湖沼、海など)に放流するための設備または施設です。

本章では、浄化槽の選定や設置に関する基本と仕組みを解説します。

8-1 し尿浄化槽設備の基礎

浄化槽の設置台数は年々減少している

Point

- **インフラ整備が行き届かない地域において、し尿と、台所・浴室等から排出される生活雑排水と合わせて処理する施設がし尿浄化槽です。**
- **生活廃水には排水基準が定められています。**

浄化槽設備の現状

2015（平成27）年度末での浄化槽の普及人口は1167万人で、普及率は9.14%です。年々わずかですが減少傾向にあります。

浄化槽は、主に都市インフラ整備の行き届かない地域で1戸ごとに設置され、し尿と、台所・浴室等から排出される生活雑排水とあわせて処理する施設として利用されています。

河川の自然浄化能力が活用でき、水量確保に役立つことなどがあげられ、家屋が散在する地域における生活排水対策の有効な手段ともなっています。

しかし今後、下水道の供用区域の拡大により、浄化槽普及人口はますます減少していくでしょう。したがって、浄化槽の設置も少なくなっていきますが、ゼロになるのは当分先のことになります。地域によっては、都市インフラ整備すら不可能と思われる場所があるからです。

し尿浄化槽とは

公共下水道が整備されていない地域では、汚水・雑排水を合併浄化槽で処理し、公共用水域（側溝、河川、湖沼、海など）に放流します。

公共用水域の環境保全のために、それぞれの水域には、排水放流性能が規制されています。計画に際しては、行政との協議・打ち合わせが必須となります。

生活排水の排水基準

し尿浄化槽は、その性能を通常排水基準のように用いています。水質は、建築基準法施行令第 32 条に規制されています。区域および処理対象人員の区分に応じ、それぞれ同表に定める性能を有するものでなければなりません。

表8-1 生活排水の排水基準

合併処理浄化槽を設ける区域	処理対象人員〔人〕	性能	
		生物化学的酸素要求量の除去率〔%〕	浄化槽からの放流水の生物化学的酸素要求量〔mg/L〕
特定行政庁が衛生上特に支障があると認めて規則で指定する区域	50以下	65以上	90以下
	51以上500以下	70以上	60以下
	501以上	85以上	30以下
特定行政庁が衛生上特に支障がないと認めて規則で指定する区域		55以上	120以下
その他の区域	500以下	65以上	90以下
	501以上2000以下	70以上	60以下
	2001以上	85以上	30以下

＊この表における処理対象人員の算定は、国土交通大臣が定める方法により行うものとする。
＊生物化学的酸素要求量の除去率とは、浄化槽への流入水の生物化学的酸素要求量の数値から放流水の生物化学的酸素要求量の数値を減じた数値を浄化槽への流入水の生物化学的酸素要求量の数値で除して得た割合をいう。

8-2 し尿浄化槽設備の用語

浄化槽は「生き物」です。微生物の働きで汚泥を処理する施設です

Point

▶ 公共下水道以外に放流しようとする場合は、衛生上支障がない構造のし尿浄化槽を設けなければなりません。

BOD (Biochemical Oxygen Demand)

水の汚濁状態を表す有機汚濁指標の1つ。生物化学的酸素要求量のこと。水中の有機物は好気性微生物の作用を受けて少しずつ酸化、分解され、安定化していきますが、この過程で消費される酸素量をBOD値といいます。この値が大きいほど汚濁が著しいということになります。

BOD除去率

流入排水中のBOD のうち、処理装置等の中で除去された割合。次式で算出します。

$$\text{BOD除去率〔\%〕} = \frac{\text{（流入BOD濃度－流出BOD濃度）}}{\text{（流入BOD濃度} \times 100\text{）}}$$

＊濃度の単位は〔mg/L〕

BOD量

対象とする水の中に含まれるBODの総重量。次式で算出します。

$$\text{BOD量〔kg/日〕} = \text{流入汚水量〔m}^3\text{/日〕} \times \frac{\text{BOD濃度〔mg/L〕}}{1000}$$

COD (Chemical Oxygen Demand)

海域や湖沼の汚染の度合いを示す指標。化学的酸素要求量のこと。水中の有機物等の汚濁物質が化学的に酸化する時に消費される酸素の量で表されます。数値が高いほど水中の汚濁物質の量が多いといえます。

DO (Dissolved Oxygen)

水中に溶解している分子状の酸素、溶存酸素のこと。水中にDOのある状態を好気性、ない状態を嫌気性といいます。汚染中においては酸素を消費する物質、主として有機質の腐敗性物質が溶存酸素を消費します。したがって、溶存酸素の多少は試料の汚染状態の一端を示すもの、ということができます。

FRP (Fiber Reinforced Plastics)

ガラス繊維強化プラスチックの略称。工場生産型の浄化槽の大部分がこれを材料としています。FRP製浄化槽の利点は、成型が容易、大量生産向き、軽量であるため運搬が容易で、施工が容易です。欠点としては、集中した荷重に弱く、浄化槽の埋め戻し時や運搬時に1点に荷重がかからないようにする必要があります。

PH(Potential Hydrogen または Power of Hydrogen)

溶液中の水素イオンの濃度を水素イオン濃度指数といいます。PH7で中性、PH<7で酸性、PH>7でアルカリ性です。特殊な例をのぞいて河川水などの表流水は中性付近の値を示します。

SS(Suspended Solids)

水中に浮遊する物質の量。水の濁りの原因となり、SSが大きくなると魚類に対する影響が現れます。

T−N

有機性窒素化合物および無機性窒素化合物に含有されている窒素の総量。全窒素あるいは総窒素ともいいます。富栄養化の原因物質の1つです。

T−P

種々のリン化合物中に含有されるリンの全量。全リン、総リンともいいます。富栄養化の原因物質の1つです。

維持管理

浄化槽の装置や機器がもつ機能を十分に発揮させるため定期的に行う保守点検および清掃の作業です。

1次処理

浄化槽の1次処理装置としては、汚水中の浮遊物質の除去や貯留を行う沈殿分離槽や嫌気ろ床槽等があります。

汚泥移送装置

汚泥を移送する際に用いる装置です。

汚水衛生処理率

全人口のうち、下水道、合併処理浄化槽等により生活雑排水も含めた生活排水が衛生処理されている人口の比率です。

汚泥処理

汚水処理にともなって発生した汚泥に、濃縮、消化、脱水、乾燥、焼却等の処理を行うことです。汚泥処理の目的は、有機物質を無機化する質の安定化、病原微生物を死滅させる安全化、処理量を少なくする減量化です。

嵩(かさ)上げ

工場生産浄化槽において、流入管底が標準工事より深くなり、槽を深く埋める時に、槽本体の開口部に立ち上げ枠を継ぎ足すことです。

型式認定

工場で製造される浄化槽についての国土交通大臣の認定制度で、浄化槽の構造面の適正化、届出事務等の円滑化のため、浄化槽法第13条で規定されています。

合併処理浄化槽

し尿と台所、風呂、洗濯、洗面所などの生活雑排水を合わせた生活排水を処理する浄化槽。単独処理浄化槽と比べて、はるかに処理能力が高く、BOD除去率90%以上、処理水BOD20mg/L以下と、下水道の終末処理場と同等の放流水質に処理できるものです。近年は、窒素やリンも除去できる機能が付いた高度処理型も開発されています。

環境基準

環境基本法により大気汚染、水質汚濁、土壌汚染、騒音の4項目について人の健康を保護し、生活環境を保全するために定められた環境上の基準。水質汚濁にかかわる項目としてはカドミウム、シアン、水銀等に対する人の健康保護や、PH、BOD、SS等に対する生活環境の保全があります。

環境基本法

環境保全に関する基本法です。公害の種類を大気汚染、水質汚濁、土壌汚染、騒音、振動、地盤沈下および悪臭の7項目に分けたうえで、それらを防止するための事業者、国、地方公共団体、国民の債務や環境基準等が定められています。

基礎

上部構造物を安全に支持し、沈下、傾斜等を起こさないために設けるものです。上部構造物からの荷重を地盤または地業に伝えるための基礎スラブと、それより下に設けた敷き砂利、割栗石、または杭等の地業の総称です。

逆洗

接触材、ろ材等の充填層内の目詰まりの原因となっている過剰な生物膜や夾雑物等を取りのぞく操作のことです。

下水道

下水の排除のために設けられる排水管、排水渠、その他の排水施設、これに接続して下水を処理するために設けられる処理施設(浄化槽をのぞく)のこと。またはこれらの施設を保管するために設けられるポンプ施設、その他の施設の総称です。

嫌気性処理

処理装置内に酸素がないような状態にし、嫌気性微生物(酸素がない状態で生育する微生物)を増殖させ汚水中の汚濁物質を分解する処理法のことです。

嫌気ろ床槽

嫌気ろ床(プラスチック等のろ材を充填して形成したろ床)を設けた槽。汚水中の固形物の分離等を目的としています。

好気性処理

酸素が十分にある状態で好気性微生物(酸素がある状態で生育する微生物)の存在のもとに汚水を浄化する処理法です。

公共水域

河川、湖沼、港湾、沿岸海域、その他公共の用に供される水域およびこれに接続する公共水路をいい、地下水は含まれません。

高度処理

汚水処理において、従来の処理よりも高度な処理内容や処理レベルを可能とする操作です。

高度処理型浄化槽

窒素またはリンの除去能力を有する合併処理浄化槽のことです。

小型合併処理浄化槽

合併処理浄化槽のうち、処理対象人員が50人以下のものです。

3次処理

排水処理において、処理の順序を表す用語で、1次処理(沈殿処理)および2次処理（生物処理)に付加する処理をいいます。

残留塩素

水中に残留している有効塩素のことです。浄化槽法に基づく浄化槽の水質検査では、比色法により検出されることが望ましいとされています。

浄化槽汚泥

浄化槽の清掃時に引き出される汚泥のことです。

浄化槽工事

浄化槽を設置し、またはその構造もしくは規模の変更をする工事のことです。

浄化槽法

浄化槽によるし尿、生活雑排水の適正な処理を図り、これを通じて生活環境の保全および公衆衛生の向上に寄与することを目的とする法律です。

消毒槽

水に塩素を接触させて消毒を行う槽のことです。塩素剤として次亜塩素酸カルシウム系や塩素化イソシアヌル酸系の錠剤が用いられています。

処理対象人員

浄化槽の処理規模を表す指標の1つ。建築物から排出される生活排水の水量、水質から算定した汚濁負荷量を1人1日当たりの人口当量(ある排水が標準家庭下水の何人分に相当するかを示す値)に換算した人員のことです。

処理対象人員算定基準

浄化槽の処理対象人員の算定にかかわる基準。JIS A 3302に定められています。

水質汚濁防止法

水質の向上および事業場の排水を規制し、生活排水対策の実施を推進することによって公共用水域および地下水の汚濁防止を図り、また被害者の保護を図ることを目的としています。浄化槽では501人槽以上が特定施設とされているほか、水域によって201～500人槽がみなし特定施設に指定されています。

スカム

嫌気ろ床槽や沈殿槽等の水面に浮上した固形物のことです。

逆洗装置

接触ばっ気槽等において、逆洗を行う装置です。

生活環境項目

生活環境に影響をおよぼす恐れのあるものとして定められた項目をいい、PH、BOD、COD、DO、SS、大腸菌群、n-ヘキサン抽出物質含有量、全窒素、全リンの9項目について定められています。

接触材

接触ばっ気槽内に充填し、生物膜を付着させるための担体です。

接触ばっ気槽

接触ばっ気法を用いた生物反応装置で、接触材、ばっ気装置、逆洗装置および汚泥移送装置から構成されています。

送風機

酸素を供給する機械の総称です。浄化槽ではブロワともいいます。

単独処理浄化槽

浄化槽のうち、水洗便所排水のみを処理するものです。

沈殿槽

汚水等を緩やかに流すことにより、水中に懸濁する固形物を沈殿分離し、上澄水を流出させる単位装置です。

沈殿分離槽

汚水中に含まれる浮遊物質や夾雑物を沈殿分離するとともに、分離された固形物および生物処理工程から移送された汚泥を貯留する単位装置です。

2次処理

1次処理で除去できない微細なSSや溶解性有機物質を細菌を主体とする微生物による生物吸着・酸化作用により除去する処理工程です。

農業集落排水事業

農業振興地域の整備に関する法律に基づき指定される、農業振興地域で行われる国庫補助による農業集落排水施設の整備事業です。

排水基準

水質汚濁防止法により定められた、全国一律に適用される放流水の水質基準のことです。

ばっ気

接触ばっ気槽等で浄化に貢献する微生物群に必要な酸素を供給するための操作です。

富栄養化

窒素やリン等の栄養塩類(植物の生育を促進する成分)の流入により、海域や湖沼の植物プランクトンが多量に発生し、次第に水質汚濁が進行していく現象のことです。

閉鎖性水域

内海、内湾、湖沼のことです。河川や外洋に比べて水の交換が悪く、富栄養化が生じやすいです。

法定検査

浄化槽法において定められた水質に関する検査です。

8-3 し尿浄化槽の豆知識

浄化槽の種類とその保守

Point

- 浄化槽は、バクテリアの分解能力で生活廃水を浄化する設備です。
- 単独処理浄化槽は、便所の汚水のみを処理する浄化槽です。
- 浄化槽の法的義務は「浄化槽法」に定められています。

浄化槽の仕組み

便所や台所、風呂、洗濯などの生活排水を浄化槽へ導入し、浄化槽内でバクテリア（微生物）の働きにより分解処理をして、上澄みの水だけを槽外へ排出するという仕組みです。

単独処理浄化槽と合併処理浄化槽の違い

単独処理浄化槽は、便所の汚水のみを処理する浄化槽です。よって、建物内の配管系統は汚水管と雑排水管の分流配管系統としなければなりません。

合併処理浄化槽は、汚水のほか雑排水も含めて排出するすべての排水を処理します。ただし、雨水は含みません。2001（平成13）年4月からは浄化槽設置の際には原則、合併処理浄化槽が義務付けられています。

■単独処理浄化槽

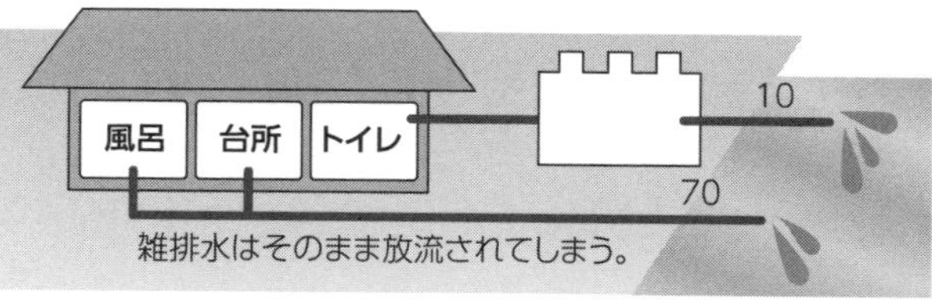

■合併処理浄化槽

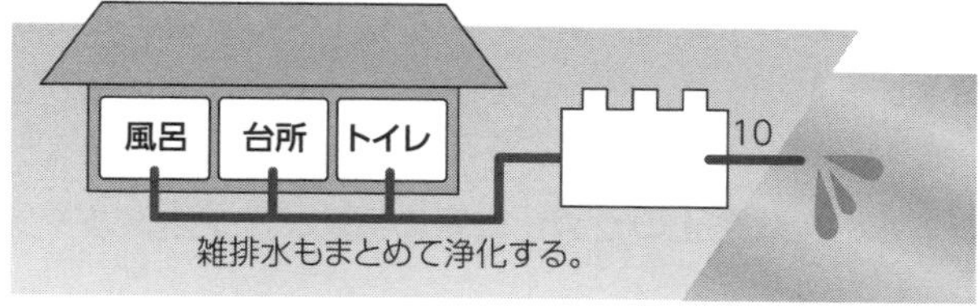

図8-1 単独処理浄化槽と合併処理浄化槽

浄化槽の法的義務

浄化槽法（昭和60年10月施行）では、「浄化槽の保守点検と清掃を毎年、法律で定められた回数を行い、その記録を3年間保存しなければならない。また、指定検査機関の行う水質に関する検査を受けなければならない」と定めています。所有者等を浄化槽管理者と定め、点検保守・清掃・法定検査を3つの義務として課しているのです。

浄化槽法の規定に違反すると処罰されることがあります。

8-4 浄化槽の設計

建築物の用途別によるし尿浄化槽の処理対象人員算定基準から設計がはじまります

Point

- 浄化槽法の改正により、2001(平成13)年4月1日以降は「合併処理浄化槽」の設置が義務付けられました。
- 「単独処理浄化槽」が廃止されました。

設計基準

①建物からの生活排水を終末処理場を有する公共下水道以外に放流する場合は、合併処理浄化槽を設置します

②浄化槽の構造は、建築基準法の定めるところによります

③処理方式の選定に際しては、建物の用途、放流水質、気象条件、立地条件、公害問題、維持管理等を考慮し総合的に選定します

設置原則事項とその留意事項

浄化槽の設置は、原則として次のようになります。

①建物からの排水がポンプアップなしで流入しうるよう、低地に設置します

②排水先の水位変動による汚水の逆流がないようにします

③公害問題を起こさないよう建物から離して設置します。ただし、やむを得ず建物に近接して設置する場合は、特に防臭・防音に傾注します

④周囲の空地は緑化とします。また、危険防止のため、周囲に柵を、マンホールやチェッカープレートには脱落防止装置を設けます

⑤収集運搬車による汚泥搬出が容易に行えるようにします

⑥躯体構造については、次の関連事項を建築担当者と十分打ち合わせをします
- 設置場所の地質、杭の必要性、土留め工法
- 地下水位による槽の浮力
- 槽上部をやむを得ず駐車場にする場合の荷重割増

⑦施設内には、必要に応じて、清掃用水栓、コンセント、照明器具等を設けます

⑧機械室および上屋の換気回数は、10～15回/hとします。なお、換気ダクトの材料は、耐食性のよいものを使用します

浄化槽の選定手順

浄化槽の選定に当たっては次の手順にしたがってください。

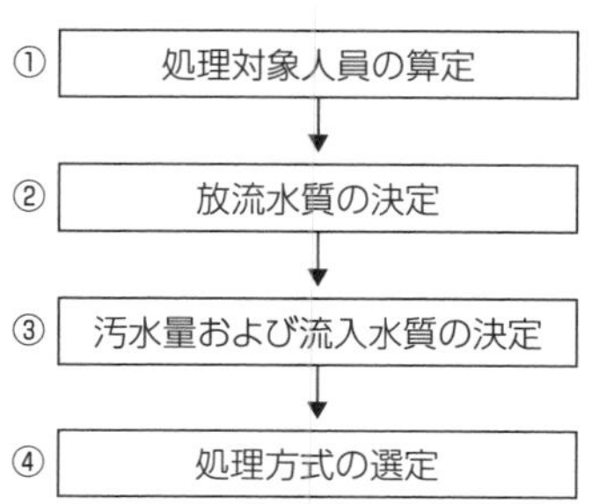

図8-2 選定手順

①処理対象人員を算定

「建築物の用途別によるし尿浄化槽の処理対象人員算定基準(JIS A 3302－2000)」(平成12年3月31日改正)により、処理対象人員を算定します。

②放流水質の決定

放流先の河川等の放流水質の基準値を行政と協議し、放流水質を決定します。

③対象人員の算定数より、汚水量の算出をします。次に、流入水質を決定します

④浄化槽の処理方式の選定

専門製造メーカーとの相談および協議をして選定するのがよいでしょう。

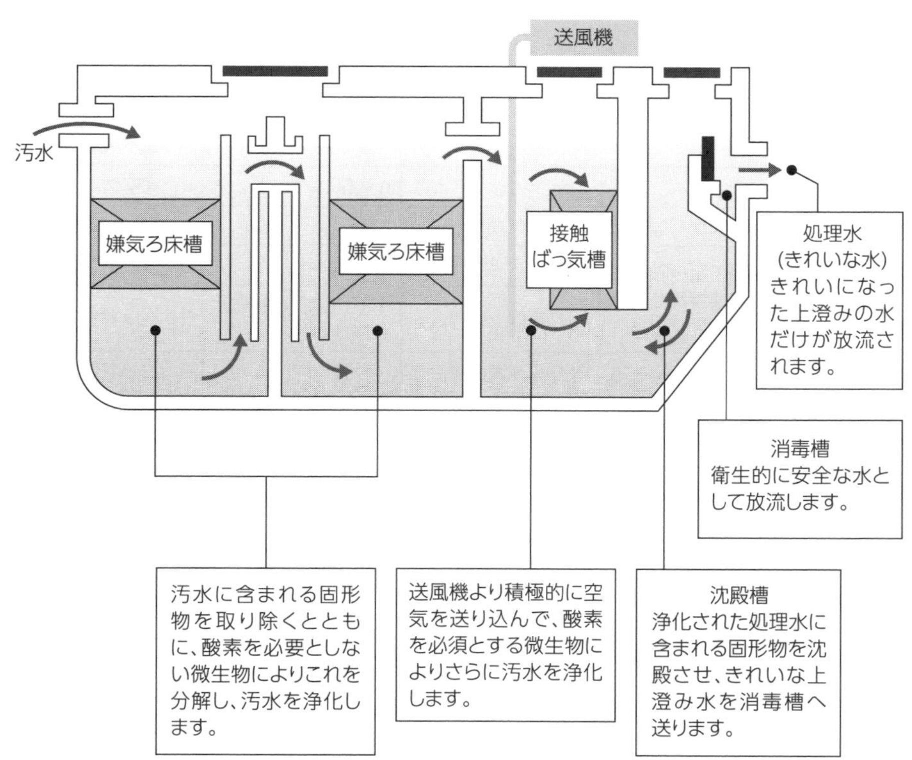

図8-3 合併浄化槽の仕組み(嫌気ろ床ばっ気方式)

表8-2 処理対象人員算定基準 (JIS A 3302-2000)

(JIS A 3302-2000)

類似用途番号	建築用途					処理対象人員 算定人員n〔人〕	処理対象人員 算定単位
1	集会場施設関係	イ	公会堂・集会場・劇場・映画館・演芸場			n＝0.08A	A：延べ面積〔m^2〕
		ロ	競輪場・競馬場・競艇場			n＝16C	C：総便器数〔個〕
		ハ	観覧場・体育館			n＝0.065A	A：延べ面積〔m^2〕
2	住宅施設関係	イ	住宅			A≦130：n＝5 A>130：n＝7 2世帯住宅：n＝10	A：延べ面積〔m^2〕 n：人員〔人〕
		ロ	共同住宅			n＝0.05A	A：延べ面積〔m^2〕ただし、1戸当たりnが3.5人又は2人(1戸が1居室だけで構成されている場合に限る)とし、1戸当たりのnが6人以上の場合は1戸当たりのnを6人とする。
		ハ	下宿・寄宿舎			n＝0.07A	A：延べ面積〔m^2〕
		ニ	学校寄宿舎・自衛隊キャンプ宿舎・老人ホーム・養護施設			n＝P	P：定員〔人〕
3	宿泊施設関係	イ	ホテル・旅館			n＝0.15A	結婚式場・宴会場有 A：延べ面積〔m^2〕
						n＝0.075A	結婚式場・宴会場無 A：延べ面積〔m^2〕
		ロ	モーテル			n＝5R	R：客室数
		ハ	簡易宿泊所・合宿所・ユースホステル・青年の家			n＝P	P：定員〔人〕
4	医療施設関係	イ	病院 療養所 伝染病院	業務用の厨房設備または洗濯設備を設ける場合	300床未満の場合	n＝8B	B：ベッド数〔床〕
					300床以上の場合	n＝11.43 (B-300) +2400	B：ベッド数〔床〕
				業務用の厨房設備または洗濯設備を設けない場合	300床未満の場合	n＝5B	B：ベッド数〔床〕
					300床以上の場合	n＝7.14 (B-300) +1500	B：ベッド数〔床〕
		ロ	診療所・医院			n＝0.19A	A：延べ面積〔m^2〕
5	店舗関係	イ	店舗・マーケット			n＝0.075A	A：延べ面積〔m^2〕
		ロ	百貨店			n＝0.15A	A：延べ面積〔m^2〕
		ハ	飲食店	一般の場合		n＝0.72A	A：延べ面積〔m^2〕
				汚濁負荷の高い場合		n＝2.94A	A：延べ面積〔m^2〕
				汚濁負荷の低い場合		n＝0.55A	A：延べ面積〔m^2〕
		ニ	喫茶店			n＝0.80A	A：延べ面積〔m^2〕
6	娯楽施設関係	イ	玉突場・卓球場			n＝0.075A	A：延べ面積〔m^2〕
		ロ	パチンコ店			n＝0.11A	A：延べ面積〔m^2〕
		ハ	囲碁クラブ・麻雀クラブ			n＝0.15A	A：延べ面積〔m^2〕
		ニ	ディスコ			n＝0.50A	A：延べ面積〔m^2〕
		ホ	ゴルフ練習場			n＝0.25S	S：打席数〔数〕
		ヘ	ボーリング場			n＝2.50L	L：レーン数〔レーン〕

類似用途番号	建築用途					処理対象人員 算定人員n〔人〕	処理対象人員 算定単位
6	娯楽施設関係	ト	バッティング場			n＝0.20S	S：打席数〔数〕
		チ	テニス場			ナイター設備無 n＝2S	S：コート面数〔面〕
						ナイター設備無 n＝3S	S：コート面数〔面〕
		リ	遊園地・海水浴場			n＝16C	C：便器数〔個〕
		ヌ	プール・スケート場			n＝20C+120U/8×t	C：便器数〔個〕 U：小便器数〔個〕 t：1～2
		ル	キャンプ場			n＝0.56P	P：収容人員〔人〕
		ヲ	ゴルフ場			n＝21H	H：ホール数〔ホール〕
7	駐車場関係	イ	サービスエリア	便所	一般部	n＝3.60P	n：人員〔人〕 P：駐車ます数〔ます〕
					観光部	n＝3.83P	
					売店なしパーキングエリア	n＝2.55P	
				売店	一般部	n＝2.66P	
					観光部	n＝2.81P	
		ロ	駐車場・自動車車庫			n＝20C+120U/8×t	t：0.4～2.0
		ハ	ガソリンスタンド			n＝20	1営業所当たり
8	学校施設関係	イ	保育所・幼稚園・小学校・中学校			n＝0.20P	P：定員〔人〕
		ロ	高等学校・大学・各種学校			n＝0.25P	P：定員〔人〕
		ハ	図書館			n＝0.08A	A：延べ面積〔m^2〕
9	事務所関係	イ	事務所			厨房設備有 n＝0.075A	A：延べ面積〔m^2〕
						厨房設備無 n＝0.06A	A：延べ面積〔m^2〕
10	作業所関係	イ	工場・作業所・研究所・試験所			厨房設備有 n＝0.75P	P：定員〔人〕
						厨房設備無 n＝0.30P	P：定員〔人〕
11	1～10の用途に属さない施設	イ	市場			n＝0.02A	A：延べ面積〔m^2〕
		ロ	公衆浴場			n＝0.17A	A：延べ面積〔m^2〕
		ハ	公衆便所			n＝16C	C：総便器数〔個〕
		ニ	駅・バスターミナル			乗降客10万人/日未満 n＝0.008P	P：乗降客数〔人/日〕
						乗降客10万人/日～20万人未満 n＝0.010P	P：乗降客数〔人/日〕
						乗降客20万人/日以上 n＝0.013P	P：乗降客数〔人/日〕

＊共同住宅において1戸当たりのnが3.5人以下の場合は、1戸当たりのnを3.5人とする。または、2人(1戸が1居室だけで構成されている場合に限る)とし、1戸当たりのnが6人以上の場合は1戸当たりのnを6人とする。
＊女子専用便所にあっては、便器数のおおむね1/2を小便器とみなす。

資料

ちょこっと計算集

本文にて 計算 が付いている公式をデータ化しています。ちょっとした確認のための計算や、公式を理解するためのデータです。

本文と照らし合わせながらご利用ください。

ー使い方ー

①黄色と緑色のセルに入力をすると、公式にのっとった解を得ることができます。

②バックデータは欄外に掲載しています。計算の確認などにご利用ください。

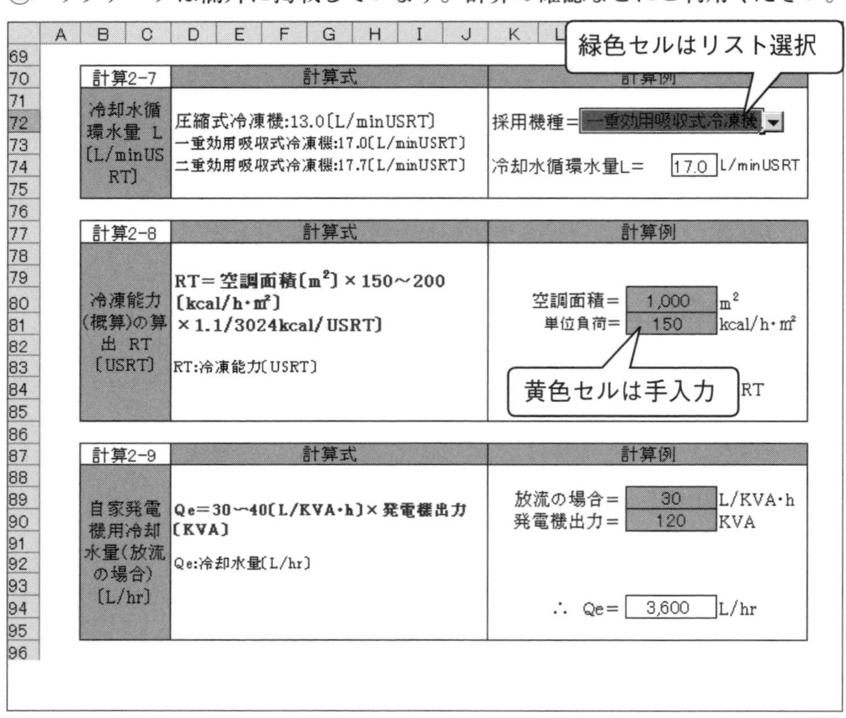

＊現在黄色のセルに入っている数値は、計算の一例です。

ー目次ー

設備計算 書式集

実務に必要な各種計算を網羅した計算書式集です。

バックデータは、『建築設備設計基準』(国土交通省)および『空気調和・衛生工学便覧』を採用しています。画面右側に計算手順や注意事項が記載されているため、操作マニュアルがなくても簡単に操作できます。

出力フォームは国土交通省仕様に準拠しています。セルに色は付いていますが、印刷はA4モノクロで出力するよう設定しています。公共建築物はもとより民間建築物の計算書としてそのまま提出できます。

バックデータはすべて公開しています。環境に合わせてオリジナルの書式にアレンジすることが可能です。

ー使い方ー

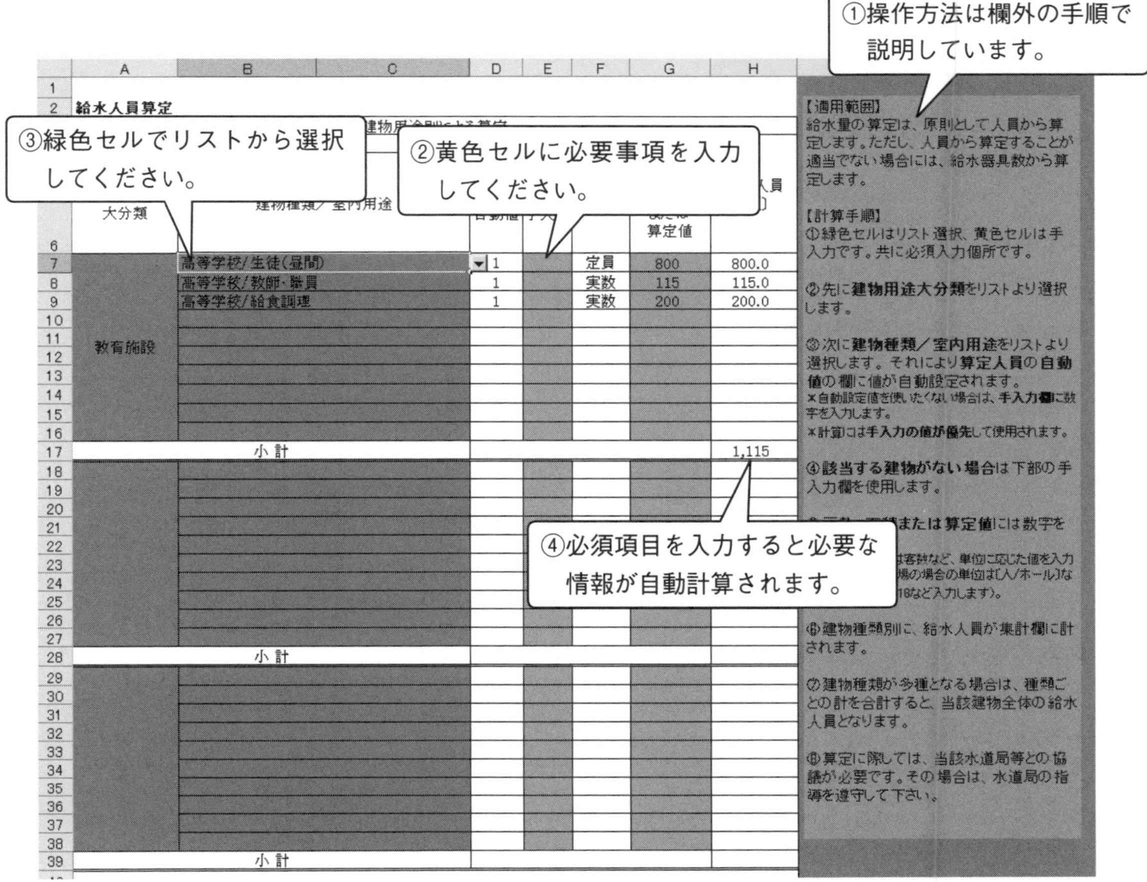

＊現在セルに入っている数値は、計算の一例です。

ー目次ー

使用条件

- 提供されるデータは、本書『給排水衛生設備実務パーフェクトマニュアル』を購入された方が使用するためのものです。
- 収録されたデータを無断で譲渡、販売、複製することは禁じられています。
- 収録されたデータを利用したことによる、いかなる結果に対しても秀和システムおよび著者は責任を負いません。
- 収録されたデータを実行するためのOSおよびアプリケーションは含まれていません。別途必要なものをご用意ください。
- 収録されたデータの一部は、お使いのパソコンのマシン環境によっては十分に動作しないものもあります。あらかじめご了承ください。
- 以上の条件に同意した場合のみ使用することができます。なお、ご使用を開始した時点で、これらの条件に同意したものとさせていただきます。
- コンピュータの操作や知識(コンピュータの起動方法、WindowsなどのOSやアプリケーションのExcelなどの設定方法、コンピュータ本体や周辺機器の設定方法)などに関してのお問い合わせは、本書の内容の範囲外です。

記号・単位の基礎知識

給排水衛生設備の計画・設計において押さえておきたい記号や単位についてまとめました。

ギリシア文字一覧

大文字	小文字	読み方	主な用例
Α	α	アルファ	角度、角加速度、α線、α波
Β	β	ベータ	角度、β線
Γ	γ	ガンマ	角度、比重、γ線、100万分の1g（重量の単位）
⊿	δ	デルタ	厚さ、密度、増分（数学）、三角州
Ε	ε	イプシロン	誘電率、放射率
Ζ	ζ	ツェータ（ジータ）	
Η	η	イータ	
Θ	θ	シータ	角度、θ波
Ι	ι	イオタ	
Κ	κ	カッパ	熱伝導率
Λ	λ	ラムダ	波長
Μ	μ	ミュー	平均値、摩擦係数、10の－6乗（接頭語）
Ν	ν	ニュー	振動数
Ξ	ξ	クサイ（クシー）	
Ο	ο	オミクロン	
Π	π	パイ	円周率、円順列（数学）、浸透圧
Ρ	ρ	ロー	密度
Σ	σ	シグマ	総和（数学）、標準偏差（統計）
Τ	τ	タウ	τ粒子
Υ	υ	ウプシロン	
Φ	φ	ファイ	直径、空集合（数学）、黄金比（数学）
Χ	χ	カイ（ヒィー）	リアクタンス、χ2乗分布（統計）
Ψ	ψ	プサイ	
Ω	ω	オメガ	電気抵抗の単位、角速度、1の3乗根

接頭語の名称と倍数

接頭語の名称	略号	単位に乗ぜられる倍数
ヨタ	Y	10^{24}
ゼタ	Z	10^{21}
エクサ	E	10^{18}
ペタ	P	10^{15}
テラ	T	10^{12}
ギガ	G	10^{9}
メガ	M	10^{6}
キロ	K	10^{3}
ヘクト	h	10^{2}
デカ	da	10

接頭語の名称	略号	単位に乗ぜられる倍数
デシ	d	10^{-1}
センチ	c	10^{-2}
ミリ	m	10^{-3}
マイクロ	μ	10^{-6}
ナノ	n	10^{-9}
ピコ	p	10^{-12}
フェムト	f	10^{-15}
アト	a	10^{-18}
ゼプト	z	10^{-21}
ヨクト	y	10^{-24}

SI単位

設計の業界は、尺貫法→メートル法→SI単位と、計量単位が時代ごとに変わってきたという歴史があります。

メートル法は、日本でも1951年から使われていましたが、1960年に「国際単位系」(SI：Système International d'Unités)の採用が国際機関で決議されました。

これにより、日本でも1991年に計量法が改正され、1992年4月からSI単位が規準として使われるようになりました。

SI接頭辞

SI基本単位の前に付けて用いるものがほとんどですが、MN(メガニュートン)やhPa(ヘクトパスカル)のように、SI組立単位に対しても用いられます。

10 n	接頭辞	記号	十進数表記
10^{24}	ヨタ	Y	1,000,000,000,000,000,000,000,000
10^{21}	ゼタ	Z	1,000,000,000,000,000,000,000
10^{18}	エクサ	E	1,000,000,000,000,000,000
10^{15}	ペタ	P	1,000,000,000,000,000
10^{12}	テラ	T	1,000,000,000,000
10^{9}	ギガ	G	1,000,000,000
10^{6}	メガ	M	1,000,000
10^{3}	キロ	k	1,000
10^{2}	ヘクト	h	100
10^{1}	デカ	da	10
10^{0}	なし	なし	1
10^{-1}	デシ	d	0.1
10^{-2}	センチ	c	0.01
10^{-3}	ミリ	m	0.000 001
10^{-6}	マイクロ	μ	0.000 000 001
10^{-9}	ナノ	n	0.000 000 000 001
10^{-12}	ピコ	p	0.000 000 000 000 001
10^{-15}	フェムト	f	0.000 000 000 000 000 001
10^{-18}	アト	a	0.000 000 000 000 000 000 001
10^{-21}	ゼプト	z	0.000 000 000 000 000 000 000 001
10^{-24}	ヨクト	y	0.000 000 000 000 000 000 000 000 001

参考文献

「空気調和衛生工学便覧」、社団法人空気調和衛生工学会

「空調・給排水の大百科」、社団法人空気調和衛生工学会

「建築設備設計基準」、国土交通省大臣官房官庁営繕部設備・環境課

「建築設備の知識」、社団法人建築設備技術者協会

「建築設備設計マニュアル」、社団法人建築設備技術者協会

「空気調和・衛生設備データブック」、社団法人空気調和衛生工学会

「図解入門よくわかる最新建築設備の基本と仕組み」、秀和システム

「図解入門よくわかる最新給排水衛生設備の基本と仕組み」、秀和システム

図・索引

▸第1章 給排水衛生設備の基礎知識

▸第2章 給水設備

第3章　給湯設備

第4章 排水通気設備

第5章 衛生器具設備

第6章 消火設備

第7章　ガス設備

第8章　し尿浄化槽設備

索引

表・索引

第1章 給排水衛生設備の基礎知識

第2章 給水設備

第3章　給湯設備

第4章 排水通気設備

第5章 衛生器具設備

第6章 消火設備

第7章　ガス設備

第8章　し尿浄化槽設備

ちょこっと計算・索引

第1章　給排水衛生設備の基礎知識

第2章　給水設備

第3章 給湯設備

第4章 排水通気設備

書式表 ダウンロード提供

第1章 給排水衛生設備の基礎知識

第2章 給水設備

第3章 給湯設備

第4章　排水通気設備

第5章　衛生器具設備

第6章　消火設備

第7章 ガス設備

第8章 し尿浄化槽設備

索引

か行

さ行

た行

な行

は行

ま行

や行

ら行

わ行

著者プロフィール

土井　巖(どい　いわお)

(有)巖技術研究所　代表取締役、建築設備士、建築設備検査資格者

【略歴】

1947年生 茨城県出身、専修大学商学部卒業。
1965年4月(株)相和技術研究所技術部入社、1969年3月退社。
1969年4月 巖技術研究所設立
1970年4月有限会社巖技術研究所成立、現在に至る。

1981年～1983年　YMCA一級建築士受験講座・設備担当講師
1989年4月～1996年3月　青山設計製図専門学校建築設備科講師
その他、水槽診断士認定講習会、マンション維持管理士受験講座の講師などを歴任。

【著書・その他】

初級給排水衛生設備設計マニュアル・主査(東京都設備設計事務所協会編、丸善)
初級空気調和設備設計マニュアル・主査(東京都設備設計事務所協会編、丸善)
初級電気設備設備設計マニュアル・主査(東京都設備設計事務所協会編、丸善)
KHP設計マニュアル・編纂委員長(石油連盟共著)
床暖房設備設計マニュアル・編纂委員長(床暖房施工協会共著)
KHP設計・施工マニュアル(共著、エクスナレッジ発行)
図解入門よくわかる最新建築設備の基本と仕組み(秀和システム)
図解入門よくわかる最新給排水衛生設備の基本と仕組み(秀和システム)
空調設備実務パーフェクトマニュアル(秀和システム)
給排水衛生設備実務パーフェクトマニュアル(秀和システム)
設備計算ソフト「インカル」開発・制作、
現在は「スリーエスSSS」〔ファインジャパン販売〕
1997年9月号～2009年3月号 月刊「コア」実務講座連載　日本設備工業新聞社発行

参考文献

「空気調和衛生工学便覧」、社団法人空気調和衛生工学会
「空調・給排水の大百科」、社団法人空気調和衛生工学会
「建築設備設計基準」、国土交通省大臣官房官庁営繕部設備・環境課
「建築設備の知識」、社団法人建築設備技術者協会
「建築設備設計マニュアル」、社団法人建築設備技術者協会
「空気調和・衛生設備データブック」、社団法人空気調和衛生工学会
「図解入門よくわかる最新建築設備の基本と仕組み」、秀和システム

パスワード 6001

本書サポートページ

●秀和システムのウェブサイト

https://www.shuwasystem.co.jp/

●ダウンロードサイト

本書で使用するダウンロードデータは以下のサイトで提供しています。

https://www.shuwasystem.co.jp/support/7980html/7112.html

使用方法は、『「設備計算 書式集」の使い方』をご覧ください。

・「設備計算_書式集」(実務に必要な各種計算を網羅した計算書式集)

・「ちょこっと計算集」(ちょっとした計算練習や公式学習に便利な計算集)

図版制作　：株式会社ベクトライズ
カバーデザイン　：緒方裕子

給排水衛生設備実務パーフェクトマニュアル[第2版]

発行日　2023年 11月 20日　第1版第1刷

著　者　土井　巌

発行者　斉藤　和邦

発行所　株式会社　秀和システム

〒135-0016
東京都江東区東陽2-4-2　新宮ビル2F
Tel 03-6264-3105（販売）　Fax 03-6264-3094

印刷所　三松堂印刷株式会社

ISBN978-4-7980-7112-1 C3052